中国共产党历史（地方卷）集成　社会主义革命和建设时期

中国共产党辽宁历史

第二卷（1949—1978）

中共辽宁省委党史研究室 著

中共党史出版社

图书在版编目（CIP）数据

中国共产党辽宁历史．第二卷，1949—1978／中共辽宁省委党史研究室著．-- 北京：中共党史出版社，2024.10

（中国共产党历史（地方卷）集成．社会主义革命和建设时期）

ISBN 978-7-5098-5866-0

Ⅰ．①中… Ⅱ．①中… Ⅲ．①中国共产党—地方组织—党史—辽宁—1949-1978 Ⅳ．①D235.31

中国国家版本馆 CIP 数据核字（2024）第 066359 号

书　　名：中国共产党辽宁历史 第二卷（1949—1978）
作　　者：中共辽宁省委党史研究室

出版发行：中共党史出版社
责任编辑：李亚平
责任校对：申宁
责任印制：段文超
社　　址：北京市海淀区芙蓉里南街 6 号院 1 号楼　邮编：100080
网　　址：www.dscbs.com
经　　销：新华书店
印　　刷：保定市中画美凯印刷有限公司
开　　本：710mm × 1000mm　1/16
字　　数：430 千字
印　　张：29.25
版　　次：2024 年 10 月第 1 版
印　　次：2024 年 10 月第 1 次印刷
书　　号：ISBN 978-7-5098-5866-0
定　　价：72.00 元

此书如有印装质量问题，请联系中共党史出版社读者服务部　电话：010-83072535

第二卷

目录

第一编
从新民主主义到社会主义的过渡

（1949年10月—1956年9月）

第三编
“文化大革命”和对“左”倾错误的抵制与抗争
（1966 年 5 月—1976 年 10 月）

第四编
在徘徊中前进和实现伟大的历史转折

（1976年10月—1978年12月）

第　一　编

从新民主主义到社会主义的过渡

（1949 年 10 月—1956 年 9 月）

中华人民共和国的成立，开启了中华民族伟大复兴的历史新纪元。领导和组织人民革命取得胜利的中国共产党，成为在全国范围执掌政权的党，担负起领导全国各族人民建设新生活的重任，中华民族开始了为实现国家富强、人民幸福的新任务而奋斗的征程。党的历史揭开了新的篇章。在中国共产党的领导下，辽宁地区各级党组织在建立地方各级人民政权，巩固人民民主专政国家制度的基础上，积极带领广大人民群众，一方面肃清国民党反动势力，剿匪反霸，镇压反革命；另一方面开展社会民主改革，恢复发展国民经济，胜利完成各项任务。到1952 年底，辽宁地区工农业生产达到历史最高水平，全面恢复了遭到严重破坏的国民经济，为开展有计划的经济建设和社会主义改造准备了条件。

1953 年，中共中央正式提出党在过渡时期的总路线，辽宁地区各级党组织带领广大人民群众，以总路线为指针，有计划地完成对农业、手工业和资本主义工商业的社会主义改造，进行以工业化为主导的大规模经济建设，同时加强民主与法制建设，推进教育、科技、文化等建设。顺利实施第一个国民经济发展五年计划，社会主义基本制度初步确立，为辽宁政治、经济、文化和社会各项事业的发展进步奠定了政治前提和制度基础。

第一章

新中国成立初期辽宁地区各项工作的开展

1949年10月1日，中华人民共和国中央人民政府成立。在中共中央和中共中央东北局的领导下，辽宁地区各级党委和政府领导全省人民积极开展镇压反革命运动，肃清国民党反动派的残余势力；积极贯彻党的民族政策，促进民族团结；宣传贯彻新《婚姻法》，改变旧的封建陈腐观念；禁毒禁赌禁娼，净化社会风气等。新中国成立初期，辽宁地区为巩固新生的人民政权工作取得巨大成效。

一、新中国成立初期辽宁地区的行政区划

新中国成立初期，辽宁地区仍沿用1949年4月的行政区划设置，即，辽东省（原辽宁、安东省合并）、辽西省（原辽北、辽西省合并）和沈阳、鞍山、抚顺、本溪4个东北行政区直辖市及旅大地区（中国共产党领导的特殊解放区）。辽东、辽西省人民政府和沈阳、鞍山、抚顺、本溪市人民政府及旅大行政公署由东北人民政府（原东北行政委员会）领导。中共辽东、辽西省委和中共沈阳、鞍山、抚顺、本溪市委及中共旅大区委隶属于中共中央东北局党组织。1950年10月中共旅大市委、市政府设立后，辽东省、辽西省人民政府和沈阳、旅大（今大连）、鞍山、抚顺、本溪市

人民政府由东北人民政府领导。中共辽东、辽西省委和中共沈阳、旅大、鞍山、抚顺、本溪市委均隶属中共中央东北局党组织。1953 年 3 月 12 日,中央人民政府政务院发布决定,将沈阳、旅大、鞍山、抚顺、本溪 5 个东北行政区直辖市改为中央直辖市,仍由东北行政委员会代表中央人民政府进行领导和监督。1954 年 7 月 23 日,中央人民政府作出撤销大区一级行政机构和合并若干省、市建制的决定后,东北行政委员会发布《关于贯彻中央人民政府〈关于撤销大区一级行政机构和合并若干省、市建制的决定〉的实施方案的命令》,将辽东、辽西两省合并为辽宁省,原辽东省所辖的通化专区各县及通化市、辽源市划归吉林省。原辽西省所辖的四平市、梨树县、双辽县划归吉林省。沈阳、旅大、鞍山、抚顺、本溪五市并入辽宁省建制,改中央直辖市为省辖市。

辽东、辽西两省政权组织和党的组织基本情况。1949 年 4 月,东北行政委员会发出《为重划东北行政区划并任命各省主席、副主席令》,决定组建辽东、辽西两省。辽东省人民政府下辖市、地、县政权组织包括:通化行政专员公署,安东(今丹东)、通化、营口、辽阳、西安(今吉林省辽源市)5 个市政府和临江、辉南、辑安、长白、抚松、通化、柳河、靖宇、宽甸、凤城、孤山(孤山县于 1949 年 6 月撤销)、抚顺、本溪、桓仁、新宾、安东、海城、辽阳、营口、盖平、新金、庄河、岫岩、复县、清原、西安(今吉林省东辽县)、海龙、东丰、西丰 29 个县政府。1950 年 4 月 21 日,辽东省人民政府将东丰、西安和西丰 3 个县划归省政府直接领导。1952 年 4 月 3 日,西安市改称辽源市。9 月 16 日,撤销抚顺、本溪 2 个县,所辖地区分别划入抚顺市和本溪市,自此到 1954 年 7 月,辽东省设 5 个市、26 个县。辽西省人民政府下辖市、地、县政权组织包括:锦州、山海关、阜新、四平 4 个市政府和锦县、锦西、绥中、兴城、义县、铁岭、法库、康平、昌图、昌北、开原、梨树、双辽、黑山、北镇、阜新、彰武、新民、辽中、台安、盘山 21 个县政府。1952 年 11 月 15 日,山海关市划归河北省建制,自此到 1954 年 7 月,辽西省设 3 个市、21 个县。

1949 年 5 月,经中共中央东北局决定,成立中共辽东、辽西省委员会。辽东省委所属的市、地、县委包括:通化地委和安东、营口、辽阳、通化、西安 5 个市委,临江、辉南、辑安、长白、抚松、通化、柳河、靖宇、宽甸、凤城、抚顺、本溪、桓仁、新宾、安东、海城、辽阳、营口、盖平、新金、庄河、岫岩、复县、清原、西安、海龙、东丰、西丰28个县委。辽西省委所属的市、地、县委包括:锦州、阜新、四平和山海关4个市委和绥中、兴城、锦西、锦县、义县、北镇、黑山、阜新、彰武、新民、辽中、台安、盘山、铁岭、开原、法库、康平、昌图、昌北、梨树、双辽21个县委。

二、辽宁地区第一次党的代表会议召开

新中国成立之初,根据《中共中央关于各地召开各界代表会议的指示》,辽宁地区相继召开了党的代表会议。

1949年10月25日至11月1日,中国共产党辽东省第一次党代表会议在安东市召开。出席会议代表345人,列席代表156人[①]。会议的主要议题是:讨论1950年的经济建设计划和冬季工作。省委书记洛甫(张闻天)代表省委作了题为《辽东省当前情况与今年冬季工作》的报告,省委副书记、省人民政府主席刘澜波作了题为《辽东省1950年的财政经济建设计划》的报告。洛甫在报告中分析了国内外的政治形势,阐明了辽东地区的政治经济情况,要求在全面抓好各项建设的同时,要特别注意搞好党的建设,克服官僚主义,进一步转变领导作风,把党的组织领导提高到政治领导水平。出席会议的代表进行了分组讨论和大会发言。会议期间,中共中央东北局组织部副部长张明远在会上传达了中国人民政治协商会议的精神。最后,洛甫作总结报告。会议通过了《中共辽东省第一次党代表会议的决议》,提出了要以最大的努力,紧紧以生产为中心,认真发扬党内外民主,转变领导作风,密切联系群众,充分发挥干部与群众的积极性与创造性,胜利地完成当年冬季工作任务,并为实现辽东省1950年的财政经济计划,打下良好的思想与物质基础。

1950年4月1日至6日,中国共产党辽西省第一次党代表会议在

① 中共辽东省委:《关于召开全省第一次党代表会议的通知》(省字第22号)(1949年9月17日),辽宁省档案馆馆藏档案。

锦州召开。出席会议代表206人[①]。省委书记郭峰代表省委作了题为《关于1950年辽西省经济建设任务》的报告。会议的主要议题是：全年的经济建设和当前农村工作中的春耕、修堤、救灾三结合及区村的组织领导等问题。会议号召要树立正确的经济建设观点，大力发展生产，学会组织领导经济建设的新方法，不断提高领导经济建设水平。

1950年4月10日至14日，中国共产党沈阳市第一次党代表会议召开，出席会议代表246人。市委书记黄欧东代表市委作了题为《为贯彻东北党代表会议的决议而奋斗》的工作报告。报告简要总结了沈阳解放一年多来的工作，并提出1950年的主要工作任务是加快恢复和发展国民经济。为了保证新一年工作任务的实现，报告分别就面向生产、依靠工人、克服困难、开展新纪录运动、改善组织领导等问题作了详细说明。

1950年4月9日至12日，中国共产党旅大区（1950年10月15日改为旅大市委）第一次党代表会议召开。出席会议的正式代表513人，列席代表87人。会上，区委书记欧阳钦代表区委作了题为《切实地贯彻东北第一次党代表会议的精神到旅大地区工作中去》的报告。会议传达了东北党代表会议精神，讨论了生产责任制、开展新纪录运动、干部思想作风建设、农村工作、公安保卫工作，以及如何把东北党代表会精神贯彻到实际工作中去等问题，确定1950年的中心任务是开展经济建设，特别是工业建设。为了完成这一任务，会议提出要发展文化事业与培养各种建设干部；要树立全局观念，加强党的领导。

1949年9月23日，中国共产党鞍山市第一次党代表会议召开。85名代表出席会议，列席代表54人。会议主要议题是：关于厉行节约、反对浪费、贯彻整编、实行经济核算、全力进行生产。同时，在工矿企业抓好建党工作。市委书记杨春茂在会上作了报告。会议通过了市委常委、市长刘云鹤准备在市人民代表会议上作的报告提要。这次会议把经济建设和党的组织建设紧密结合起来，发挥了党组织在经济建设中的领导

---

① 郭峰、傅雨田：《辽西省关于党代会情况的报告》（1950年4月13日），辽宁省档案馆馆藏档案。

作用,加强了党员的党内民主意识。

1950 年 7 月 13 日至 24 日(中间休会 5 天),中国共产党抚顺市第一次代表会议召开。出席会议的正式代表 349 名,列席代表 23 名,来宾 4 名,旁听 40 名。市委书记王新三代表市委作了题为《团结全体工人阶级贯彻党的政策把经济建设提高一步》的工作报告。会议的基本任务是:贯彻落实中共七届三中全会精神,发挥全体党员的积极性、增强责任心,团结全体工人阶级、全市人民,贯彻中共中央和中共中央东北局的各项政策,把经济建设在现有的基础上提高一步。市委副书记张烈代表市委作了总结报告。

1950 年 4 月,中国共产党本溪市第一次代表会议召开,120 名党员代表参加。会议听取了市委书记李亚光作的工作报告,集中讨论了全市工矿企业的提案。代表们充分发扬民主,从市委领导分工到党在工矿企业的组织、宣传、工会、公安工作等方面,向市委提出了意见和建议。

中共辽东、辽西省,中共沈阳、旅大、鞍山、抚顺、本溪市第一次党的代表会议都强调,要充分调动人民群众的积极性,重视教育和培养各级干部,以适应大规模经济建设的需要。要克服前进道路上的一切困难,组织一个经济建设的高潮,努力完成新时期党在辽宁地区的历史任务。

面对新中国成立初期的复杂形势和种种困难,辽宁地区各级党代会在争取财政经济状况的根本好转、巩固新生的人民政权、开创建设事业等方面都作了部署,提出了具体要求,为全面完成国民经济恢复任务,提供了政治上、思想上和组织上的保证。

三、召开各界人民代表会议

新中国成立初期,中共中央和中央人民政府十分重视人民政权建设。召开地方各级各界人民代表会议,是调动人民当家作主积极性,密切政府同群众联系,巩固新生人民政权的重要组织形式和方法。

在辽宁全境解放后,新中国成立之前,辽宁地区开展了民主建政工作,相继建立了农会。当时,多数农村地区尚未成立政府,是由农会代行政权。大部分地区按照中共中央指示精神,进行了村、区、县三级人民代表会议和三级政府委员会的选举。

1949 年 7 月 31 日,中共中央在《关于迅速召开各界代表会议和人民代表会议的指示》中强调:“凡三万人口以上的城市,在解放两个月至迟三个月后,即应召开各界代表会议,以为党与政府密切地联系人民群众的重要方法之一”。“关于各解放区召开党的各级代表大会及代表会议一事,必须与召开各界代表会议及人民代表大会一事配合举行,不可再推迟。”[①]1949 年 8 月 13 日,毛泽东在北平市各界人民代表会议上提出,全国各城市都应迅速召开各界人民代表会议,加强政府与人民的联系,协助政府进行各项建设工作,克服困难,为召集普选的人民代表大会准备条件。1949 年 9 月,中共中央东北局和东北人民政府发出《关于召开城市人民代表会议一些具体问题的指示》。

根据中共中央、中央人民政府政务院[②]和中共中央东北局、东北人民政府的指示精神,以及东北地区城市解放较早、各种群众组织多已建立的实际情况,中共辽东、辽西省委和中共沈阳、旅大、鞍山、抚顺、本溪市委于 1949 年 8 月和 9 月间分别向所属各市县发出关于召开各级人民代表会议的指示。指示指出,为了进一步发扬民主,密切联系群众,克服官僚主义,转变领导作风,团结教育群众,充分发挥群众的积极性和创造性,更好地完成艰巨的经济建设和文化建设工作,必须把人民国家的民主集中的政权制度——人民代表会议制度建立起来。指示要求,首先在 3 万人口以上的城市,于 1949 年 9 月前后召开各界人民代表会议,然后逐级组织指导各区、村召开人民代表会议。对市、县、区、村在一定时间内召开人民代表会议的制度也作了相应规定。

---

① 《中共中央关于迅速召开各界代表会议和人民代表会议的指示》(1949 年 7 月 31 日),中共中央文献研究室、中央档案馆编:《建党以来重要文献选编(1921—1949)》第 26 册,中央文献出版社 2011 年版,第 610 页。

② 中华人民共和国中央人民政府政务院于 1949 年 10 月 1 日成立。1954 年宪法规定设立中华人民共和国国务院,撤销政务院,其全部职责由国务院行使。

1949年9月25日至10月1日，沈阳市第一届第一次各界人民代表会议召开，出席会议代表428人。会议的主要议题是：贯彻恢复与发展生产的方针，加强市政管理与建设，发展郊区农业生产。1951年4月12日至15日，旅大市第一届第一次人民代表会议召开，出席会议代表388人。会议的主要议题是：确定巩固国防，发展生产，培养干部，普及文化为基本任务。1949年9月25日至27日，鞍山市第一届各界人民代表会议召开，出席会议代表108人。会议的主要议题是：动员全市人民行动起来，尽快恢复鞍钢生产，支援全国社会主义建设。1949年7月12日，抚顺市召开各界人民代表大会，出席会议代表55人。1949年9月28日至29日，本溪市第一届第一次各界人民代表会议召开，出席会议代表80人。会议的主要议题是：讨论厉行节约、克服浪费、发展生产、建设本溪等重大问题。

辽东、辽西两省所辖的安东、营口、辽阳、锦州、阜新等市，从1949年9月开始，相继召开了首届各界人民代表会议。各市县的人民代表会议先于省人民代表会议召开，为省人民代表会议的召开奠定了基础。1950年2月1日至8日，辽东省第一届各界人民代表会议第一次会议在安东市（今丹东市）召开。出席会议代表372人，列席会议的农业、工业劳动模范148人。会议听取和审查了省人民政府主席刘澜波所作的《辽东省人民政府1949年的工作报告》，听取和讨论了省委书记洛甫（张闻天）所作的《把辽东省的生产建设提高一步》的报告。会议还通过了《关于拥军优属的决议》《关于拥护东北人民政府发行1950年建设公债的决定》，并通过了两则通电。会议于8日选举了省人民政府主席，副主席和委员。选举了省各界人民代表会议协商委员会主席、副主席和委员。

1951年12月23日至27日，辽东省第二届各界人民代表会议第一次会议在安东市召开。出席会议代表454人。会议听取和审查了省人民政府主席高扬所作的《关于两年来政府工作及1952年任务的报告》，听取和讨论了省委书记张启龙关于开展增产节约运动的讲话。会议于27日选举了省人民政府主席、副主席和委员。选举了省各界人民代表会议协商委员会主席、副主席和委员。

1950年12月25日至31日，辽西省第一届各界人民代表会议第一次会议在锦州市召开。出席会议代表404人[①]。会议听取和审查了辽西省人民政府主席杨易辰所作的《辽西省人民政府一年半的生产建设工作的报告》,听取和讨论了省委书记郭峰代表省委向会议提出的《目前辽西情况和今后辽西人民的任务的建议》。会议还通过了《关于加强今冬农业生产的决议》《关于加工订货的决议》《关于〈号召全省人民厉行节约〉的决议》《关于发展运输的决议》《关于50年推广改良农具善后处理的决议》和提案审查委员会《关于提案审查报告》。会议于30日选举了省人民政府主席、副主席和委员。选举了省各界人民代表会议协商委员会主席、副主席和委员。辽西省只召开一届省各界人民代表会议。

至1950年底,辽宁各地先后召开各界人民代表会议,充分发扬民主,讨论决定本地区的重大事项,有力地推动了政府工作,加强了人民政权建设,并普遍建立了各界代表会议的常设机构——协商委员会及其常务委员会。各界人民代表会议这种地方政权的组织形式,带有过渡的性质,它为地方人民代表大会的建立和政治协商会议地方组织的建立准备了必要条件。

为了进一步加强民主建政工作,推动各地代表会议代行人民代表大会职权工作的迅速开展,1951年4月,中央人民政府政务院发出《关于人民民主政权建设工作的指示》,要求"凡尚未代行人民代表大会职权的县、市各界人民代表会议,应积极创造条件,以便迅速代行人民代表大会的职权"[②]。按照政务院的指示精神,从1951年下半年起至1952年底,先后进入代行人民代表大会职权、民主选举同级人民政府新阶段,完成了各界代表会议代行人民代表大会职权的任务,相继选出了各县、市的县长、市长和同级人民政府委员会。同时,农村召开了人民代表会议或人民代表大会,选举产生了村人民政府。辽宁地区人民政权建设和民主政治建设的新发展,在政治、经济生活中发挥了重要作用。

在新中国成立初期开展民主建政工作一年多的时间里,辽宁地区通过实施各界人民代表会议制度,密切了政府与人民群众的联系,有力

① 《几年来的民族工作情况》,辽宁省档案馆馆藏档案。

② 《政务院关于人民民主政权建设工作的指示》,中共中央文献研究室编:《建国以来重要文献选编》第2册,中央文献出版社2011年版,第208页。

地推动了政府工作,取得了一些成绩:一是各届人民代表会议会前普遍从思想上和组织上进行了比较充分的准备,深入开展了宣传动员工作,使各界代表和广大群众进一步提高了政治觉悟和思想认识,增强了他们的责任心和积极性,广大群众自动地起来协助政府推行各项政令。二是人民政府能比较多地了解各阶层人民的生活和要求,少犯官僚主义的错误。各阶层代表相聚一堂,充分发表自己的主张和见解,相互切磋协商,避免工作发生偏差并及时纠正错误。各界人民代表会议代表,通过民主选举为主,聘请和推派为辅的三种形式产生,具有一定的广泛性。省市各界人民代表会议的代表不仅有党政机关领导干部、工农群众、军队官兵、学生和文化教育界的代表,还有各群众团体、民主党派、各界爱国进步人士、街道居民、烈军属、荣复转业军人和少数民族的代表,这种广泛性调动了各阶层人民参政议政的积极性。三是各地召开的会议都结合当地实际,讨论当前急需解决的问题。如灾害严重的营口市侧重讨论了生产自救的办法。沈阳、鞍山、抚顺、本溪等城市,侧重研究了城市为生产建设服务的相应措施。沈阳、锦州、安东等市为消除私营工商业者的思想顾虑,着重讨论了劳资关系的问题,进一步落实保护私营工商业的政策等。

当然,在人民政权的建设工作中,也存在着一些缺点和偏差。主要表现在:一些县的领导干部和区、村干部,对人民民主专政尚缺乏完整的了解,对各界代表会议的性质、作用、意义缺乏足够的认识。有的地方把会议当成一种形式,开了会,通过决议,就算完成了上级任务;还有的地方会议抓不住中心,报告内容包罗万象,样样都讨论,又样样讨论不好。少数领导干部不信任广大群众,不愿听取群众的意见,"左"倾关门主义和宗派主义在一些地方时有表现。

四、毛泽东视察辽宁

1950 年 2 月 28 日,刚刚率中国党政代表团访苏归来的毛泽东和周恩来到达沈阳,开始对辽宁视察。2 月 28 日晚,毛泽东和周恩来入住宾馆后，立即接见了东北局及辽宁地区的党政负责同志，听取他们的简短汇报。

3 月 1 日，毛泽东同东北局及辽宁地区党政负责同志谈话，重点讲了七届二中全会精神。他说：“我们的基层组织是贯彻中央精神的，总的形势是好的。但是还存在问题，包括我们各级领导干部在内。这次我和恩来同志路过东北，主要想了解一下东北的工作情况，了解东北地方工业生产情况。发现浪费太大。我在哈尔滨提过不要大吃大喝，到沈阳一看比哈尔滨还厉害。我和恩来不是为了吃喝，搞那么丰盛干什么？你们要做刘宗敏，我可不想当李自成啊！中央三令五申，要谦虚谨慎、戒骄戒躁，要艰苦奋斗，你们应做表率。”①

3 月 1 日下午，毛泽东与周恩来、越南共产党领袖胡志明等视察了中国医科大学。毛泽东步入中国医科大学内，大厅正面墙上悬挂着他在 1941 年为中国医科大学题写的红底黑字的“救死扶伤，实行革命的人道主义”，他微微停步，从头至尾看了一下。在基础医学院会议室，毛泽东对胡志明说：“越南正在与帝国主义战争，可以派人来中国医大看看，吸取一些经验作参考。”胡志明说：“越南正在抗战，中国的经验值得越南学习。回国后，将派卫生部长率代表团专门到中国医大参观学习。”不久，两位领导人的指示便得到落实，越南卫生部长率队到中国医大参观访问十余天。

毛泽东听完了中国医大的情况汇报后，说：“中国医大，过去是我党、我军最早创办的一所医科学校。多年来，为中国革命培养了大批人才，为抗日战争、解放战争做出了贡献。现在情况变了，全国解放了，今后的任务更加繁重。教育一定要坚持理论和实践的结合，教育要为无产阶级政治服务，一定要把人民的医科大学办好。”中国医科大学校长王斌请毛泽东为中国医科大学题写校牌，当毛泽东得知原来的校牌是郭沫若写的，便谦虚地说：“郭沫若是才子，比我写得好，我就不写了。”接着，毛泽东视察了微生物、药理、生理教研室。

---

① 中共中央文献研究室编：《毛泽东年谱（1949—1976）》第 1 卷，中央文献出版社 2013 年版，第 97 页。

3月2日上午,毛泽东和周恩来看望了在沈阳工作的苏联专家,听取他们对经济建设的意见和建议,下午到沈阳橡胶一厂看望了广大工人。毛泽东来到生产车间,和操纵机器的工人们亲切握手,并仔细询问了每个生产过程,还认真地听操作工人解释配胶的方法。毛泽东走到工人张希文旁边,张希文紧张地急忙把和胶的脏手在裤子背后蹭了又蹭,才握住毛泽东的手,激动得不知说什么才好。毛主席离开后,厂工会创刊了"生产小报",纪念毛泽东亲临参观过的光荣。创刊号上刊登了工人们给毛泽东的信,信上说:"你临走时,说我们工厂搞得'很好!很好!'我们一定要保持这个荣誉,争取十一月完成全年计划。到那时我们要给你打电报,也报答给你四个字:'放心!放心!'"①

3月3日,毛泽东在沈阳召开中共中央东北局高级干部会议。会上,毛泽东就签订《中苏友好同盟互助条约》、访苏感受和我国经济建设问题发表讲话。"最近我们和苏联订了一个条约,这个条约的前途是很大的,在全世界会发生很大影响……我们参观了苏联一些地方,使我特别感兴趣的是他们的建设历史。他们现在的工厂有很大规模,我们看到这些工厂,好像小孩子看到了大人一样,因为我们的工业水平很低。但是,他们的历史鼓励了我们。我们参观了列宁格勒、莫斯科、西伯利亚的几个工厂,我们又看到了那些已经发展起来的农庄,问了这些工厂、农庄发展起来的历史。他们现有的许多大工厂在十月革命时很小或者还没有。汽车工厂、飞机工厂在十月革命时只能搞修理,和我们现在差不多,不能造汽车,不能造飞机。过了若干年以后可以造一些,但造的数目也很少。他们那时比欧洲小国丹麦造的还少,而现在一个工厂一年能造出几万台汽车。这一历史告诉我们一些什么呢?这就是说,我们现在可以从极小的修理汽车、修理飞机的工厂,发展到制造汽车、制造飞机的大工厂。其他方面,将来我们的发展也是很大的。现在没有的,将来我们可以制造出来。苏联同志告诉我们,我们会很快地发展起来的。"毛泽东指出:"第一个社会主义国家发展的历史,给我们提供了最好的经验,我们可以用他们的经验。现在我们在全国范围内开始了经济建设……东北条件

① 《毛主席在橡胶一厂》,《东北日报》1950年3月8日第1版。

比全国好，早把敌人赶走了，土地改革也完结了，已经转入到经济建设。东北是全国的工业基地，希望你们搞好这个工业基地，给全国出机器，出专家。”① 毛泽东对辽宁的谆谆教诲为东北、为辽宁的建设和发展指明了方向。

五、贯彻党的民族政策

新中国成立前夕，《中国人民政治协商会议共同纲领》规定了我国的民族政策：“中华人民共和国境内各民族一律平等，实行团结互助，反对帝国主义和各民族内部的人民公敌，使中华人民共和国成为各民族友爱合作的大家庭。”“人民政府应帮助各少数民族的人民大众发展其政治、经济、文化、教育的建设事业。”②

辽宁地区是一个多民族杂、散居地区，除汉族外，还有满族、蒙古族、朝鲜族、回族和锡伯族等 43 个少数民族。新中国成立后，辽宁地区的各级党组织和政府认真执行党的民族政策，加强领导，发展少数民族的政治、经济、教育和文化事业，提高少数民族的生活水平，促进民族团结，为社会主义革命和建设作出积极贡献。

政治方面体现民族平等。民族平等首先是政治上的平等，参政议政管理国家事务是实行民族平等的最根本的权利。辽宁地区的各级党委和政府为了保证各少数民族在国家政治生活中的平等权利和地位，在省市县各级历届人民代表名额分配时，对少数民族都作了适当的照顾。如：辽东省第一届人民代表会议代表 372 人，其中朝鲜族 8 人，回族 2

① 中共中央文献研究室编：《毛泽东年谱（1949—1976）》第 1 卷，中央文献出版社 2013 年版，第 99 页。

② 《中国人民政治协商会议共同纲领》（1949 年 9 月 29 日），中共中央文献研究室、中央档案馆编：《建党以来重要文献选编（1921—1949）》第 26 册，中央文献出版社 2011 年版，第 767、768 页。

人;第二届人民代表会议代表454人,其中少数民族10人[①]。辽西省第一届各界人民代表会议共有代表404名,其中少数民族代表20名。省人民政府39名委员中,有少数民族委员1名。省协商委员会的39名委员中,有少数民族委员2名,占全体委员总数的5%[②]。在阜新县各界人民代表会议的323名代表中,有少数民族代表87人,占代表总数的24%;17名常务委员中,有少数民族委员4名,占委员总数的23%。阜新县人民政府中有蒙古族副县长[③]。

根据《中国人民政治协商会议共同纲领》关于民族政策的要求和新中国成立三年来各地民族工作的经验,1952年8月,中央人民政府颁布了《中华人民共和国民族区域自治实施纲要》《关于地方民族民主联合政府实施办法的决定》以及《关于保障一切散居的少数民族成分享有民族平等权利的决定》。8月25日,东北人民政府颁发《东北民族区域自治及民族民主联合政府实施方案》。根据党的民族政策的有关决定,辽宁在少数民族比较集中的地区实行了民族区域自治制度并成立了民族民主联合政府。1952年9月17日,辽东省颁布了《辽东省民族区域自治及民族民主联合政府实施方案》。在所辖的柳河、辉南、抚松、长白县建立了朝鲜族自治村。辽西省所辖的凌源、建平、朝阳、北票、建昌、喀喇沁左旗、阜新、彰武县建立了蒙古族自治村。民族自治村可召开本级人民代表大会选举自治村人民政府,并按照《省各界人民代表会议组织通则》,定期召开会议。在辽东省的长白县、辑安县(今集安)和辽西省的阜新县成立了县级民族民主联合政府;辽西省的村级民族民主联合政府达到105个。

注重少数民族干部的培养。积极培养少数民族干部,是做好民族工作的关键。1950年,中央人民政府颁布的《培养少数民族干部试行方案》提出:有计划地培养和造就一大批从事政治、经济和文化工作的行政干部和各种专业技术干部。辽宁地区各级党组织和政府积极贯彻党

---

① 辽宁省地方志编纂委员会办公室编:《辽宁省志·少数民族志》,辽宁民族出版社2000年版,第541页。

② 《几年来的民族工作情况》,辽宁省档案馆馆藏档案。

③ 《几年来的民族工作情况》,辽宁省档案馆馆藏档案。

的选拔培养民族干部政策，高度重视少数民族干部的培养和使用，在党政及各条战线适当配备了少数民族干部和专业人才，不断扩大少数民族干部的来源，改善了少数民族干部的年龄结构和知识结构。以阜新县为例，1951 年，阜新县干部总数为 2035 名，其中蒙古族干部为 379 名，满族干部 2 名，回族干部 1 名。少数民族干部占干部总数的 18.7%[①]。辽东省在新中国成立后的三年中，共培养少数民族干部 3000 余名，在各级党政机关和工矿企业中担任领导职务。据统计，1952 年辽宁地区党政机关共有少数民族干部 4200 余名。少数民族干部的培养，对民族地区各项工作的开展起了很大的推动作用。

改善经济状况。土改中，少数民族农民与汉族农民同样分得了土地、房屋、牲畜及生产工具等，生产积极性十分高涨，人民政府又帮助他们改变了一些落后的生产习惯，使粮食产量不断提高。如在阜新县泊歹营子村，粮食总产量由 1943 年的 707 石，提高到 1951 年的 1156.5 石。少数民族的购买力也逐年增长，辽西省少数民族的购买力 1952 年较 1951 年提高 43.9%，较 1950 年提高 106.6%，改变了新中国成立前衣不遮体，每人摊不上一床被子的贫困状况。有的农户还铺上了毡子和新褥子，生活水平显著提高[②]。为改变少数民族生活贫困的状况，人民政府积极帮助他们解决就业和安置问题。如回族，新中国成立前从事牛羊、饭馆、食品类经营活动的商户，生活不稳定，失业情况十分严重。新中国成立后，人民政府组织他们重新就业，进入工矿企业、基本建设等部门工作。对于一时不能解决就业问题的，也做了必要的安置。

1952 年 7 月，中央少数民族访问团到沈阳、锦州、阜新、义县、凌源、喀喇沁左旗等少数民族地区，慰问了当地各族群众，向少数民族群众赠送了毛泽东主席题词“中华人民共和国各民族团结起来”的锦旗，颁发了纪念章，还赠送了许多药品、图书和医疗器械，所到之处受到各族人民群众的热烈欢迎。

---

① 项福生主编:《阜新蒙古族自治县民族志》，辽宁民族出版社 1991 年版，第 191 页。

② 《几年来的民族工作情况》，辽宁省档案馆馆藏档案。

六、开展镇压反革命运动

辽宁地区全境解放后到新中国成立前，虽然对反革命分子进行了严厉打击，但仍有一些反革命分子潜伏下来，他们不甘于失败，伺机进行种种破坏活动。国民党地下党团组织，与敌伪残余合流，秘密组织反革命土匪武装，阴谋颠覆人民政权；日本帝国主义统治时期的一大批特务、汉奸、间谍，摇身变成美蒋特务活动的骨干力量，勾结地主恶霸攻击人民政权，大肆残害农会干部和翻身农民。朝鲜战争爆发后，各种潜伏的反革命分子纷纷抬头，组织武装叛乱，积极配合蒋介石“反攻大陆”阴谋，大肆进行破坏活动。辽西地区解放较晚，敌我相持斗争时间较长，潜散于各地的国民党军官兵、特务、警察及反动地主武装人数较多且多年未曾根绝；活动于辽西的反动封建会，持续历史久，地区广泛，明目繁多；潜散在辽西各地的国民党官兵、警察、特务、惯匪和反动会道门头子甚多。他们在“潜伏待机”的计划下，通过各种渠道和手段混入党政机关、工厂、学校等部门，乘机兴风作浪，屡屡进行破坏活动，矛头直接指向新生的人民民主政权。辽东地区各类反革命分子的破坏活动也十分猖獗。特别是朝鲜战争爆发后，他们错误地认为“第三次世界大战即将开始，蒋介石反攻大陆的时机已经到来”，竟有恃无恐地破坏工厂，烧毁仓库，抢劫粮食、财物，暗杀党政干部，反革命气焰越发嚣张。国民党反动派残余势力和其他反革命分子在辽宁各地的种种破坏活动，引起了各地人民群众的极大愤慨，他们强烈要求人民政府予以坚决镇压。因此，坚决镇压一切反革命活动，严厉打击一切危害人民的反革命分子，保卫革命胜利成果，成为巩固新生的人民政权的一项紧迫任务。为了巩固新生的人民民主政权，在中共中央和中共中央东北局领导下，辽宁境内各省、市、县发动本地区广大群众，积极深入地开展了镇压反革命运动，沉重地打击了反革命残余势力，为人民生产、生活创造了安定环境。

1950 年 10 月 10 日，中共中央发出《关于镇压反革命活动的指示》，要求在全国范围内开展一场大张旗鼓的镇压反革命运动。强调“各级党委，对于已被逮捕及尚未被逮捕的反革命分子，应即领导与督促主管部门，根据已有的材料，按照‘镇压与宽大相结合’的政策，经过审慎的研究，分别地加以处理。”[①] 中共中央东北局也作出相关指示。根据中央及东北局的指示要求，辽东、辽西省委、省政府和沈阳、旅大、鞍山、抚顺、本溪等市委、市政府都及时作出具体部署。从 1950 年 12 月起，一场大规模的镇压反革命运动（以下简称镇反运动）在辽宁地区展开。镇反运动的原则是“党委领导，书记动手，专门机关与一般机关相结合”。镇反运动的步骤是先内后外，先主后次；先城市，后农村。镇反运动打击的重点是特务、土匪、恶霸、反动党团骨干及反动会道门头子等。

1950 年 12 月到 1951 年 9 月，为镇反运动的第一阶段，主要以打击城市中的反革命分子为主和清理“中层”“内层”工作。根据中央和东北局有关镇压反革命的指示精神，辽宁地区各级党委、政府组建了镇反领导机构，具体领导本地区的镇反运动。中共辽东、辽西省委建立了审查处理反革命案犯委员会，领导、组织和检查本地区的镇反运动。中共沈阳市委成立了镇反工作委员会，负责领导全市的镇反运动，同时还成立了由市长、公安局长、检察署长、法院院长组成的四人审核委员会，负责审批重要案件。中共旅大市委决定由公、检、法等部门组成执行委员会，领导全市的镇反运动。中共鞍山市委决定由组织、公安和人事等部门组成审查委员会，并在市内和鞍山钢铁公司，分别成立了分会，领导镇反运动。中共抚顺市委成立五人审核委员会，指导公、检、法部门开展镇反运动。中共本溪市委在全市相继召开 567 场时事政治报告和 2123 次大中小型控诉会，控诉反革命分子的罪行。辽宁各地镇反专门领导机构成立后，结合本地实际情况，普遍制订了镇压反革命的工作计划。

1951 年 4 月，辽宁各地在经过调查、取证的基础上，逮捕了一大批反革命分子。在这次行动中，辽东省委书记亲临一线指挥、省委委员按地区分工负责，“镇反工作团”分赴各地工作。辽西省的 25 个市、县统

① 《中共中央关于镇压反革命活动的指示》（1950 年 10 月 10 日），中共中央文献研究室编：《建国以来重要文献选编》第 1 册，中央文献出版社 2011 年版，第 365 页。

一时间、统一行动,共逮捕千余名反革命罪犯。沈阳市万余名干警和武装人员,逮捕反革命分子千余名。旅大市委三位书记参加市公安局党组会议,共同研究确定逮捕反革命分子名单,并由市公安局局长、法院院长、检察署署长、公安总队司令员等主要负责人组成执行委员会,调集2000多名公安干部,按照预捕名单逮捕反革命分子。鞍山、抚顺、本溪市也逮捕了一批反革命分子。

辽宁各地在集中逮捕一批反革命分子后,分别召开群众大会,进行公开审判,大张旗鼓地处决了一批罪大恶极的反革命分子。在处理中,各级党委认真执行政策,重点打击那些人民十分痛恨的反革命分子、土匪和恶霸,对那些罪行较轻、愿意悔改的反革命分子则给予宽大处理。

为把镇反运动引向深入,使群众充分了解反革命分子对人民民主专政的危害,1951年4月28日,东北局向东北各省、市发出《关于镇压反革命宣传工作的指示》,提出要动员与组织一切宣传力量,利用一切宣传工具,采取各种有效的宣传形式,向人民群众做宣传。为此,辽东、辽西省委和沈阳、旅大、鞍山、抚顺、本溪市委及其所辖各地均成立了镇反宣传委员会,具体指导镇反宣传工作。辽东省委组织干部学习镇压反革命的有关文件,以提高干部的政治觉悟。同时,大力开展对人民群众的宣传教育工作,激发人民群众对反革命分子的仇恨心,从而提高群众的政治觉悟。辽西省委用宣传教育去发动和组织群众,充分发挥群众防奸除奸的积极性,使镇压反革命工作真正成为广大群众的行动。沈阳市在各区、机关、学校、工厂举办群众控诉大会,放映镇反电影,还组织近百个宣传队,进行广泛深入的宣传。沈阳市公安局制订的《镇反宣传工作计划》,得到了上级公安机关的重视和肯定,并由国家公安部批转全国。旅大市发出《关于加强镇压反革命宣传工作的通知》后,多次举办控诉会、反革命罪证展览会等。鞍山、抚顺、本溪等市都遵照东北局的指示精神,多次召开公审会、控诉会、报告会等。

通过广泛的宣传,激发了辽宁人民参与镇反运动的积极性,使镇反运动深入人心。强大的宣传声势,也使反革命分子受到震慑,他们逐渐开始分化,纷纷向公安机关投案自首。

随着镇反运动的开展,清理"外层"(即清查隐藏在社会上的反革命分子）的工作基本告一段落。1951 年 5 月 21 日，中共中央发出《关于清理“中层”“内层”问题的指示》，要求在清理“外层”工作取得巨大胜利的基础上，镇反工作重点转入清查隐藏在人民解放军和人民政府机关内部（即“中层”）和隐藏在共产党内（即“内层”）的反革命分子，同时号召各种政治上有问题的人交代清楚历史，坦白隐藏的问题，以洗清嫌疑，卸掉包袱，专心为人民工作。从 7 月份开始，辽宁地区镇反工作重点转向清理“中层”和“内层”。省、市委、政府联合部署，要求各级党委有计划、有步骤地对机关、企业人员进行清理。在清理工作中，讲明政策，号召有问题的人交代清楚自己的历史，对于罪恶深重拒不坦白者，经批准予以逮捕法办。对于一般政治性问题随时弄清，经过动员、学习文件、交待政策，坦白交待问题。各地在开展清查工作中，又发现和清理出一批反革命分子。

为了认真贯彻第三次全国公安会议确定的镇反工作方针和工作路线，辽宁各地在公检法机关严格依法办案的基础上，成立了有民主人士参加的反革命案件审查委员会，参与案件处理的审查工作，对定罪、量刑提出审议意见，发挥执法监督作用。锦州市和锦县（今凌海市）在审查处理反革命案件中，有的审查委员会委员就所审查的案件深入基层听取意见；有的委员将案卷与《惩治反革命条例》反复比照，进行讨论；有的委员根据所搜集到的群众意见和要求，补充反革命案犯罪行材料；有的委员发现量刑过重案件，建议从轻量刑，使案件得到公正处理。通过案件审查工作的开展，弄清了大多数人的政治面貌和历史问题，纯洁了组织，有力地配合和推动了镇反运动的顺利开展。到 1951 年 10 月底，第一阶段大规模的镇反运动基本结束。

1951 年 10 月至 1952 年 10 月，辽宁地区开始第二阶段的镇反运动。主要是集中力量发动群众，镇压农村地区的反革命分子，改造不纯的基层政权，巩固农村人民民主专政。

在部分农村地区，由于土地改革进行得不彻底，一部分封建势力残存下来。其中，有特务经过伪装，混入政府直接操纵政权的；有地主分子用小恩小惠笼络部分干部而间接掌握政权的；还有封建会道门头子，利用落后群众控制政权的。情况十分复杂，党和政府颁布的政策、制定的法令无法贯彻。为了改变这种局面，1951 年 10 月 18 日，东北局发出《关于在解放较晚地区充分发动群众镇压反革命、彻底改造村政权的指示》，要求各地在农村和城市郊区继续深入发动群众开展镇反运动。

经东北局批准，辽西省委首先进行试点，于 1951 年秋收前，在锦县、黑山、兴城等县农村开展了镇压反革命和有重点地整顿农村基层组织的群众运动。为了使运动健康发展，1951 年 7 月，辽西省委发出《省委关于加强领导挂锄后的农村镇反工作与有重点的整顿农村基层组织的通知》，并制定了《目前农村镇反工作提纲》。辽西省委在镇反试点中还特别指出，这次农村镇反须与改造村政权相结合，而农村镇反与整顿基层组织的性质完全不同，对待反革命分子是用镇压的方法，而对基层组织的整顿即用批评与自我批评的方法来进行。经过一段时间实践，辽西农村镇反试点工作取得了较好的成绩，反革命分子受到沉重打击。

1951 年 11 月，东北局发出《辽西省委关于镇压反革命和改造村政权的具体政策说明及东北局批示》《辽西省委关于如何正确掌握与深入领导，发动群众，镇压反革命改造村政权搞好生产工作的通知及东北局的批示》，肯定了辽西省镇反试点经验，并加以总结和推广。秋收后，辽西、辽东两省遵照东北局《关于在解放较晚地区充分发动群众镇压反革命、彻底改造村政权的指示》精神，对所辖各县农村发动群众镇反、改造村政权作出具体部署。沈阳、旅大、鞍山、抚顺、本溪等市也作出在市郊和所属农村深入开展镇反、改造村政权的决定。

辽宁地区各省、市委均派出得力干部深入农村，与县、区、村干部组成工作组，协助各县、区委开展镇压反革命的群众运动。辽东省组织训练干部，派工作团到辽阳、抚顺、西丰、海城等县重点农村帮助工作。辽西省根据重点村内部的复杂程度、分散情况及其他条件，有重点地配备与调整工作组骨干。沈阳市委抽调 200 余名干部于 11 月中旬赴苏家屯、深井子、马三家子、新城子 4 个中心区，协助当地党委开展发动群众、彻底镇压反革命、改造村政权的工作。

为保证镇反运动健康发展，中央针对农村镇反期间，若干地区出现的工作草率现象和某些干部群众滋长的“多捕多杀”情绪，及时提出“适当收缩”的方针。为贯彻这一方针，辽东省公安厅抽调处、科级干部等30余名，组成10个小组，有重点地对东沟（今东港市）、凤城、岫岩、本溪、庄河、宽甸、抚顺、西丰等11个县的已捕案犯和预捕名单进行检查，并及时将情况通报东北各地，要求认真检查，迅速处理错捕案件。同时规定逮捕一定要经过省委或地委批准，严禁扩大现行犯的范围。

由于农村镇反运动准备充分，政策明确，措施得力，农村广大群众被发动起来以后，纷纷检举揭发封建残余分子、反革命分子的罪行，在掌握确切证据之后，坚决镇压首恶分子，清除了混入村政权的各类反革命分子、敌对分子；同时大胆提拔一批贫雇农积极分子担任村长、村农会主任，使他们成为村政权的核心。经过这一阶段的镇反工作，广大农民群众的政治觉悟得到了提高，贫雇中农的政治地位得到巩固，使农村基层政权牢牢掌握在贫雇农手中。

1952年11月，辽宁地区的镇反运动转入第三阶段。在镇反运动不彻底地区，以搜捕漏网的反革命分子为工作重点；在镇反运动较为彻底地区，加强对已逮捕的反革命分子的管制工作，同时对案件进行复查判定、检验镇反工作成效。经过前两个阶段的工作，还普遍存在镇反运动不平衡、不彻底的问题。同时，境外势力加紧派遣特务，境内潜伏特务也伺机而动。

在敌情不断发生变化的情况下，辽宁地区根据《第五次全国公安会议决议》和公安部1952年7月17日颁布的《管制反革命暂行办法》以及东北公安局长会议精神，对镇反运动进行加强与整顿。首先，针对农村还有在逃的反革命分子尚未归案，少数灾区和偏僻地区的基层政权仍被封建反动势力操纵，部分厂矿企业反革命积案尚未得到查处等情况，本着"适当收缩"精神，在这些镇反运动不彻底地区，继续搜捕漏网的反革命分子。其次，整顿对反革命分子的管制工作，1953年一二月间，各地针对管制工作中存在多管、错管和漏管的问题，先后集中一批公安干部进行调查核定。经过复查整顿，基本解决了错管、漏管现象，教育了干部和群众，确定了政府管制与群众监督、劳动改造与思想教育相结合的政策。再次，辽东、辽西省及沈阳、旅大、鞍山、抚顺、本溪市分别召开市、县公安局长联席会议，对镇反及复查判定工作进行全面部署。辽东、辽西分别派1000名和2000名干部组成工作组，深入到村屯，依靠群众，逐村逐屯地进行调查摸底，复查敌情，发动群众点评镇反成果。1953 年 6 月，辽宁地区镇压反革命运动结束。

通过开展镇压反革命运动，给反革命分子以致命的打击，深刻教育了干部和群众，使他们克服了轻敌麻痹思想，提高了政治觉悟和革命警惕性，进一步巩固了新生的人民政权。镇反运动后期，在广大城乡、工矿企业、机关和学校建立了治安保卫委员会和小组，健全了各项治安管理制度，加强了对反革命分子和敌对分子的监督改造工作，从而使社会秩序日趋稳定，保障了经济恢复和社会改革的顺利进行，有力地支援了抗美援朝战争。

七、宣传贯彻《中华人民共和国婚姻法》

改革封建婚姻制度，是党推进民主改革和社会改造的一个重要方面。新中国成立之初，旧社会遗留下来的男尊女卑、强迫婚姻、买卖婚姻、早婚、重婚、纳妾、收童养媳等婚姻制度仍广泛存在。为彻底废除这一封建落后的婚姻制度，1950 年 4 月 13 日，中央人民政府委员会举行第七次会议，审议通过了《中华人民共和国婚姻法(草案)》。4 月 30 日，毛泽东签发命令公布《中华人民共和国婚姻法》(简称《婚姻法》)，自 5 月 1 日起施行。这是新中国成立后颁布的第一部基本法律。

《婚姻法》规定了两条基本原则：“第一条，废除包办强迫、男尊女卑、漠视子女利益的封建主义婚姻制度。实行男女婚姻自由、一夫一妻、男女权利平等、保护妇女和子女合法利益的新民主主义婚姻制度。第二条，禁止重婚、纳妾。禁止童养媳。禁止干涉寡妇婚姻自由。禁止任何人借婚姻关系问题索取财物。”[①]《婚姻法》彻底否定了旧中国盛行的包办婚姻和干涉婚姻自主的旧制度，对有关婚姻关系的建立、夫妻间的权利和义务、父母子女之间的关系、离婚、离婚后子女的抚养和教育、离婚

---

① 《中华人民共和国婚姻法》，中共中央文献研究室编：《建国以来重要文献选编》第 1 册，中央文献出版社 2011 年版，第 148 页。

后的财产和生活等内容，作了具体规定。

党和政府非常重视《婚姻法》的贯彻执行，在《婚姻法》通过当天，中共中央发出《关于保证执行婚姻法给全党的通知》，要求“党、政、军、民各级机关在群众中组织传达学习，深入宣传，进行长期教育，促进与依靠群众的觉悟来解决群众自己的问题，防止发生强迫命令的现象。”5月1日，中共中央发出《关于执行中华人民共和国婚姻法的通知》，要求“全党同志应认真研究《婚姻法》，保证予以正确执行。各级党委尤须采取适当办法，动员和组织党员向广大群众做宣传解释《婚姻法》的教育工作，使《婚姻法》成为群众中家喻户晓乐意执行的法律文件”①。

《婚姻法》颁布后，中共辽东、辽西省委和中共沈阳、旅大、鞍山、抚顺、本溪市委分别发出关于宣传贯彻执行《婚姻法》的指示，颁布《婚姻登记暂行办法》。各级妇联都把宣传贯彻《婚姻法》当作头等大事，积极协同司法、民政、工会、青年团等有关部门、团体进行广泛宣传，力求家喻户晓。各级党组织和政府采用报纸、广播、黑板报、戏剧、电影、连环画、年画、演唱、座谈会、讲演等各种形式广泛宣传《婚姻法》，使有关新型婚姻制度的法律规定通过群众喜闻乐见的形式得到传播和认可。通过《婚姻法》的实施，广大妇女从封建包办买卖婚姻的枷锁中解放出来，新的婚姻关系日渐呈现。据辽西省统计，到1951年9月末，辽西各地法院共受理婚姻案件13964件，其中离婚案件13036件，这些婚姻案件绝大多数是由女方提出的。

1951年9月，中央人民政府政务院《关于检查婚姻法执行情况的指示》下达后，9月22日，东北人民政府召开会议，检查《婚姻法》执行情况及讨论如何继续贯彻《婚姻法》等问题。10月1日，东北人民政府发出《关于切实贯彻执行婚姻法的指示》。按照中共中央及中共中央东北局的指示要求，辽宁地区各级妇联立即抽调干部，组成各级检查机构，协同司法、民政、工会、青年团等有关部门、团体，深入城市和农村进行检查。在检查中发现，部分偏僻落后的农村和街道，变相买卖和包办婚姻、

---

① 《中共中央关于执行中华人民共和国婚姻法的通知》（1950年5月1日），中央档案馆、中共中央文献研究室编：《中共中央文件选集》第3册，人民出版社2013年版，第3页。

虐待和杀害妇女的现象仍然存在。1950 年 5 月至 1951 年 11 月,沈阳市因离婚而发生杀害妇女的案件达 103 件。1952 年 1 月至 6 月,辽西省因婚姻问题被杀的妇女 14 人,自杀的 25 人,受重伤的 35 人。有些基层干部存在“宁拆十座庙,不破一门婚”的迷信思想和“嫁鸡随鸡”的封建宗法思想,对有正当理由要求离婚的妇女,百般阻挠,有的甚至私设公堂殴打要求离婚的妇女。

针对各地在贯彻《婚姻法》过程中出现的情况,1952 年 11 月和 1953 年 2 月,中共中央、中央人民政府政务院先后发出指示,要求各地开展一次贯彻《婚姻法》的大规模运动。根据中央和政务院《关于开展大规模地宣传婚姻法和检查婚姻法执行情况的群众运动的指示》精神,辽宁地区各省、市、县均成立贯彻婚姻法运动委员会,各级党委和政府的领导任主任和副主任,宣传、监察、法院、民政和妇联等部门负责人任委员,委员会下设办公室。1953 年 3 月,为深入贯彻《婚姻法》,辽宁地区普遍开展了宣传贯彻《婚姻法》运动月活动。

辽东省为进一步宣传贯彻《婚姻法》,分别召开城乡广播大会,受教育面达 90% 以上,基本达到了“家喻户晓,深入人心”的效果。在贯彻《婚姻法》运动月中,辽东省培训了 7 万多名区村干部,为贯彻《婚姻法》打下了良好的基础。沈阳市专门成立市区两级委员会,统一指导运动月活动的开展。旅大市妇联在“三八”节到来之际,举行纪念大会暨贯彻《婚姻法》代表会议,配合有关部门在全市开展了贯彻《婚姻法》运动月活动。鞍山市举行贯彻《婚姻法》广播大会,组织全市各单位及街道居民组、农村家家户户收听。抚顺市委批转抚顺市贯彻《婚姻法》运动委员会《关于贯彻〈婚姻法〉的报告》,要求各级党委加强对贯彻《婚姻法》工作的领导。本溪市各企事业单位也纷纷开展宣传贯彻《婚姻法》的活动。

1953 年 4 月,贯彻《婚姻法》运动月结束,贯彻《婚姻法》的工作转入经常化轨道。通过贯彻《婚姻法》运动月的深入宣传和反复讲解《婚姻法》,广大干部、群众认清了落后的封建婚姻制度的危害,从思想上划清新民主主义婚姻制度与封建主义婚姻制度的界限,扫除了贯彻实施《婚姻法》的障碍,从而更加自觉地拥护和执行《婚姻法》。

在《婚姻法》颁布后的两年多时间里，辽东、辽西省法院受理的不合理包办买卖婚姻和虐待妇女婚姻案件2.69万件，其中90%以上都得到合理解决。辽西省义县有120名童养媳解除了不合理的婚姻关系。沈阳市从1951年至1952年底离婚4999对，其中因废除买卖关系而离婚4465对，占89%。本溪、锦州、安东三市5个试点街道，从1950年《婚姻法》颁布到1953年3月共结婚359对，其中自主婚姻165对，占45.9%；半自由婚姻170对，占47.3%。

《婚姻法》的颁布和实行，彻底废除了旧中国所遗留的封建婚姻制度，广大群众普遍树立起婚姻自由、男女平等的思想，在全社会逐步建立起新型婚姻关系，废除了大量买卖婚姻，促进社会风气发生了很大改变。《婚姻法》将广大妇女从封建落后的思想意识和陈规陋习的束缚中解放出来，中国妇女的精神面貌从此焕然一新。

八、扫除旧社会痼疾的斗争

新中国成立初期，许多旧社会痼疾，如卖淫嫖娼、贩毒吸毒、设庄赌博等仍然存在，继续毒化社会风气，破坏社会秩序，人民生活尚难安宁。为此，党和政府采取一系列措施予以严厉打击。辽宁地区各级党委和政府积极响应、迅速行动，开始了禁娼、禁毒、禁赌等工作。

取缔妓馆，改造娼妓。妓馆娼妓是旧社会遗留下来的社会问题，大多数妓女是因为被骗或因为贫穷没有出路被迫卖身的，经受着人间地狱的苦难。集聚在城市的妓院，不仅是进行淫乱的场所，也是社会上偷盗抢劫、吸毒贩毒、敲诈勒索等犯罪活动的藏纳之地，社会危害极大。

新中国成立到1952年10月，通过采取限制和查封等办法，沈阳公开营业的妓馆还有12家。10月12日，沈阳市政府正式宣布封闭妓馆，由公安、法院、民政、卫生、妇联等部门联合组成“查封妓馆打击暗娼指挥部”，于当晚统一行动，查封了全市妓馆12家，逮捕了妓馆业主、老鸨、暗娼业主，强制收容了“大茶壶”（妓馆业主帮手），并收容妓女57名、暗娼48名,没收了妓馆的财产。1950年1月6日,营口市政府配合公安局将该市19家妓院全部查封,65名饱受摧残和剥削的妓女被集中到妇女生产教育院,进行教育改造。1952年9月6日,锦州市抽调公安局、民政局、卫生局、妇联等单位抽调干部组成行动小组,查封了市内残存的13家妓院,依法对罪行严重的妓馆业主和老鸨进行了惩处。对其中极少数罪大恶极人员处以死刑,其他人员根据其罪行程度分别被判处有期徒刑,对有一般罪行的业主、老鸨宣布监督改造。

对妓女进行收容和改造。集中收容改造之初,由于部分妓女对党的政策不甚了解,他们有的装疯,有的寻死,有的想跑,有的绝食。负责教养的女干部,通过耐心细致的思想工作,稳定了她们的情绪。医务人员给她们查病治病,解除了她们身体上的痛苦。教养人员想尽办法对她们进行政治教育,并采取学文化、学技能、学操办家务等方式,使她们逐渐觉醒,联系自己的身世开展诉苦活动,揭露旧社会的罪恶制度。经过集中教育、治疗和劳动锻炼,妓女们的思想觉悟和身体状况发生了很大变化,都认真接受改造,同过去的恶习决裂,愿意做自食其力的劳动者。政府根据她们的具体情况进行妥善安置,有家可归者送回家,有配偶者助其团聚,无家可归者组织她们掌握一技之长,使之成为自食其力的劳动者。经过思想教育、体检治疗等工作,治愈了一些妓女的疾病,戒掉了毒瘾。

截至1952年末,辽宁地区各市县妓院全部被取缔,娼妓基本绝迹。从此,处于社会底层的妓女获得了新生,嫖娼宿妓的丑恶现象被彻底根除,千百年来吃人的娼妓制度在辽宁地区被彻底埋葬。人民群众交口称赞道:“几千年没有解决的问题,在共产党领导下解决了!”

肃毒禁烟,打击制贩毒要犯。1950年2月24日,中央人民政府政务院发布《关于严禁鸦片烟毒的通令》,号召各省、市、县人民政府迅速成立禁烟委员会,广泛开展禁毒宣传,提高广大群众对烟毒危害的认识,深入发动人民起来检举揭发种烟、制毒、运毒、吸毒的一切违法犯罪行为。同年10月,东北人民政府颁布《东北区禁烟毒实施办法》,规定对吸、食、扎、烫、种植、运输、贩卖、制造和私藏烟毒者,一律严加禁绝。随后,辽宁地区由省长、市长、县长亲自挂帅,层层下达,一级抓一级,一抓到底。还充分运用广播、报纸、幻灯等舆论工具，大力宣传中央及地方的禁毒通令与决议、烟毒危害和戒毒须知等。一些地区组织了以工人、学生、居民等积极分子组成的禁毒宣传队，深入城镇、街道、工厂、学校、农村，进行各种生动形象的戒毒宣传和演出。一些地区向重灾区派驻工作组，以点带面，依靠群众抓线索，总结经验，宣传典型，促进后进，打击顽固派，严查大案。还有一些地区召开群众座谈会、控诉大会、坦白检举大会、宣判大会等。由于辽宁地区灵活运用中央禁烟通令和地方戒毒决议，贯彻争取多数、打击首犯、严查宽办等方针政策，一场既轰轰烈烈又扎扎实实的禁烟毒运动如火如荼地开展起来。沈阳、锦州等地公安系统在人民群众的检举揭发下，破获了一大批贩毒制毒大案。辽东省各市、县公安局共破获制、运、贩毒案件 867 起，处理案犯 1445 名，收缴毒品 117.31 千克，并设立了强制禁毒戒烟所①。1950 年处理烟毒案 3000 多件，1951 年处理烟毒案 1600 多件。

1952 年，中共中央决定再开展一次群众性禁毒运动。随后，全国各地纷纷成立禁毒委员会，掀起了全民参与的禁毒运动。5 月 3 日，东北人民政府作出《关于根绝烟毒处理贩毒分子的决定》。按照决定精神，辽宁各地在烟毒流害严重的地区大张旗鼓地开展了群众性肃毒运动。辽西省各市、县均成立肃毒运动委员会，下设肃毒办公室，以公安机关为主，宣传、司法、民政等部门参加，经过调查准备，统一行动，共逮捕毒犯 458 名，缴获大批毒品、毒具、毒资。结合公开宣判毒犯，采取多种形式，广泛深入地进行肃毒戒烟的宣传教育，受教育人数达 100 多万人，占人口总数的 63%。人民群众对政府的禁毒戒烟举措一致赞扬，并积极检举密告烟毒分子，贩毒人员纷纷向公安机关坦白登记。到 1952 年 12 月末，辽西省 12 个重点市县对毒犯判处死刑 5 名、死缓 4 名、无期徒刑 13 名、有期徒刑 333 名，判处管制 342 名。到 1952 年 10 月末，辽东省 22 个重点市县共逮捕毒犯 1607 名，除缴获毒品、毒具、毒资外，还铲除烟苗 780 亩；共处理毒犯 1208 名，其中判处死刑 15 名、无期徒刑 15 名。沈

① 辽宁省地方志编纂委员会办公室编:《辽宁省志·公安志》，辽宁科学技术出版社 1999 年版，第 244 页。

阳市由公安、民政、卫生、法院等部门组成禁烟办公室，在全市开展群众性禁绝烟毒运动。公安局在调查研究、准确掌握情况的基础上，于 1952 年 8 月 5 日、23 日和 9 月 4 日进行了三次大搜捕，缴获大量毒品、毒具、毒资，一大批制、贩毒品惯犯落网。司法机关召开三次公审大会，依法严惩 740 名贩毒犯。通过禁毒运动，沈阳市贩卖、制造、吸食毒品的社会积弊基本铲除[①]。旅大、鞍山、抚顺、本溪等市通过开展群众性禁烟禁毒活动，收缴了大量毒品，逮捕了大批毒犯。据不完全统计，仅辽东、辽西省和沈阳、鞍山市就逮捕毒犯 2911 人，缴获烟土 2435.85 千克、海洛因 7071 克。经过持续不断肃毒，大部分烟民通过在群众监督下进行自戒，以及在政府举办的戒烟所内或收容到劳动教养院内强制戒烟，彻底戒除烟毒。至 1952 年底，辽宁地区烟毒流害基本肃清。

查禁赌博活动，严惩赌头赌徒。赌博也是社会的一大毒瘤。新中国成立后，人民政府明令禁止赌博，将赌博定为妨害社会管理秩序罪。从 1950 年至 1951 年，全国深入开展了禁赌运动。按照要求，辽宁地区各级政府多措并举，严厉查禁、打击赌博活动，收缴赌资、销毁赌具，赌头、赌棍受到严厉惩处。赌博现象逐渐得到遏制。

通过禁黄赌毒斗争，彻底荡涤了旧社会残渣余孽，为净化社会空气、保护人民身心健康、保障社会安定、巩固新生的人民政权起到了重要作用，充分展现了中国共产党改造社会、改造世界的强大力量。

---

① 中共沈阳市委党史研究室编:《中国共产党沈阳地方组织志》，白山出版社 1998 年版，第 110 页。

第二章

支援抗美援朝战争

正当全国人民集中力量争取财政经济状况基本好转的时候，新中国又面临着外部侵略的威胁。1950 年 6 月 25 日，朝鲜内战爆发。美国政府从其全球战略和冷战思维出发，作出武装干涉朝鲜内战的决定，并派遣第七舰队侵入台湾海峡。10 月初，美军不顾中国政府一再警告，悍然越过三八线，把战火烧到中朝边境。侵朝美军飞机多次轰炸中国东北边境地区，给人民生命财产造成严重损失，我国安全面临严重威胁。值此危急关头，应朝鲜党和政府请求，中国党和政府以非凡气魄和胆略作出抗美援朝、保家卫国的历史性决策。辽宁与朝鲜隔江相望，特殊的地理位置使辽宁成为“后方的前方和前方的后方”，既是抗美援朝战场的大后方又是全国支援抗美援朝的前线。辽宁人民在中国共产党的领导下，一面进行经济恢复工作，一面积极支援抗美援朝战争。

一、组织和动员全省人民参加抗美援朝运动

成立抗美援朝分会

1950 年 10 月 19 日，肩负祖国人民重托的中国人民志愿军，跨过鸭绿江，进入朝鲜战场，开始了伟大的抗美援朝战争。10 月 26 日，中国人民保卫世界和平反对美国侵略委员会（简称抗美援朝总会）在北京成

立，负责统一领导全国人民的抗美援朝、保家卫国运动和保卫世界和平运动。按照抗美援朝总会关于开展抗美援朝运动的通告要求，中共辽东、辽西省委和中共沈阳、旅大、鞍山、抚顺、本溪市委分别发出响应中央号召、普及与深入开展抗美援朝运动的指示，并先后成立了省、市抗美援朝分会，动员辽宁地区人民积极响应党的号召，以高度的政治热情积极行动起来，掀起轰轰烈烈的抗美援朝保家卫国运动。

1950 年 11 月 26 日，抗美援朝总会旅大市分会成立，中共旅大市委副书记、市总工会主席郭述申任主席。12 月 15 日，抗美援朝总会鞍山市分会成立，中共鞍山市委职工部部长杨克冰任主席。1951 年 2 月 16 日，抗美援朝总会抚顺市分会成立，中共抚顺市委副书记漆克昌任主席。4 月 4 日，抗美援朝总会本溪市分会成立，中共本溪市委书记李亚光任主席。4 月 9 日，抗美援朝总会辽西省分会成立，中共辽西省委副书记傅雨田任主席。4 月 10 日，抗美援朝总会沈阳市分会成立，市总工会主席张力克任主席。4 月 23 日，抗美援朝总会辽东省分会成立，中共辽东省委副书记刘子载任主席。1951 年下半年后，辽宁地区各市县大都成立了分会，许多工厂、部队、机关、行业、群众团体设有相应组织和支会。至 11 月，各区均设立抗美援朝支会，村设支分会。为了便于组织领导和开展抗美援朝工作，辽东、辽西省和沈阳、旅大、鞍山、抚顺、本溪市以及各县抗美援朝分会，均由同级人民政府领导任总分会或分会负责人，组成人员主要包括党政军领导和各民主党派、群众团体的代表。在党中央的领导下，辽宁地区各级抗美援朝分会积极组织和动员辽宁人民参加抗美援朝运动，为辽宁抗美援朝运动的蓬勃发展奠定了坚实的组织基础。

开展抗美援朝保家卫国宣传教育

1950 年 10 月 26 日，中共中央发出《关于在全国进行时事宣传的指示》。《指示》指出，要在全体人民中广泛开展有关时事的宣传活动，以消灭恐美心理，确立胜利的信心。在全国发动和领导了以“三视”（仇视、鄙视、蔑视美帝国主义）为中心的宣传教育运动。

按照中共中央的统一部署，中共辽东、辽西省委和中共沈阳、旅大、鞍山、抚顺、本溪等市委分别对抗美援朝宣传教育运动作出部署，制定了普及抗美援朝时事宣传工作计划。11 月 10 日，辽东省委宣传部发出《关于开展抗美援朝保家卫国宣传运动的指示》。同日，旅大市委发出《关于全力动员抗美援朝保家卫国工作的指示》。11 月 26 日，辽西省委发出《关于巩固反美侵略政治动员的成果，普及与深入抗美援朝运动的指示》。沈阳、鞍山、抚顺、本溪等市委也分别发出关于开展抗美援朝保家卫国宣传活动的指示。

按照中共中央和中共中央东北局的指示精神，辽宁地区各级党政军群的领导干部积极投身对这一工作的领导。各级宣传、文教部门采取多种形式，进行时事宣传。沈阳市委、市政府主要领导同志在全市作报告几十场，全市各单位通过创作美术作品、戏剧演出、出板报等各种宣传活动进行“三视”宣传教育。旅大市各类剧团、戏剧小组和各类专业、业余文艺工作者都参加到抗美援朝宣传运动中。鞍山市组织 1300 余人的宣传队，演出皮影剧、小歌剧、小话剧等，进行“三视”宣传教育。本溪市举办抗美援朝图片下乡巡展，市文工团排演话剧《抗美援朝保家卫国》《胜利属于人民》40 余次，进行“三视”宣传教育。辽宁地区各级党委还积极建立宣传员队伍和宣传网，深入城乡和企事业单位、机关、学校进行宣讲。沈阳市有 1386 名宣传员经常深入基层进行宣传，各级工会组织以“抗美援朝，保家卫国”为主题举行时事报告会，开展演讲比赛活动。旅大市组织起万余人参加的宣传队伍，建立各类读报组、收音组、广播站，宣传中国人民志愿军的英雄事迹。鞍山市充分利用《工人生活》报和鞍山广播电台，使广大群众及时了解抗美援朝有关情况。锦州市分别组织了由各群众团体、宣传部门和由锦州师范学校、锦州中学、锦州铁中、锦州育贤中学师生组成的两支宣传队，各街道通过各种形式及时通报朝鲜战争的最新消息。营口市经过选拔组成 12 个宣传鼓动组，深入市区、农村基层单位开展宣传动员。

美国为了把日本作为其在亚洲进行侵略扩张的基地，加快了重新武装日本的步伐，激起了中国人民的一致反对。1951 年 2 月 2 日，中共中央发出《关于进一步开展抗美援朝爱国运动的指示》，将“反对美国重新武装日本,争取全面的公正的对日和约”作为开展抗美援朝爱国运动三件中心工作①的第一件。从1951年2月开始,辽宁各地陆续举行各种形式的控诉美帝暴行大会。2月20日和4月5日,抚顺市分别举行有1.2万余人参加的“巩固中苏同盟,反对美帝国主义武装日本”群众示威游行和有各界人民代表2万余人参加的“公祭平顶山惨案3000多死难同胞,控诉美帝国主义、日寇罪行大会”。本溪市抗美援朝分会成立后的一个月内,全市172名报告员作报告567次,听众达40.6万余人,召开大小控诉会2123次,受教育群众达4.6万人。市广播电台组织召开控诉会,听众达5万余人。处于中朝边界的安东地区,深受美机的侵害。仅1951年4月7日至12日,安东市民就被炸死90余人,炸伤500人,炸毁房屋1700余间。为了愤怒声讨美帝国主义的滔天罪行,安东市先后召开了60多次群众大会、3000多次控诉会、265次座谈会,有4.7万人参加;同时安东市工人林贤亭、学生刘相民等8人以“东北人民控诉团”名义参加了东北地区广播大会,并于4月底组成东北人民控诉美帝国主义侵略暴行代表团,赴京参加控诉活动。代表团在北京的血泪控诉,激起首都人民和全国人民支援抗美援朝的巨大热情。

1951年3月17日,中共中央东北局发出《关于深入开展抗美援朝运动工作的指示》,其中心内容是着重揭露美国的侵略罪行,宣传中国人民志愿军和朝鲜人民军的伟大胜利及其意义,说明抗美援朝的重要意义,真正做到家喻户晓、妇孺皆知。全东北大、中、小城市要在五一国际劳动节当天举行示威游行,乡村也要尽可能地举行爱国游行示威。按照东北局的指示,1951年5月1日,辽宁各地广泛举行了声势浩大的抗美援朝、反对武装日本、保卫世界和平的示威游行。辽东省有384.13万人参加了示威游行;辽西省30余个中小城镇及98%以上的农村举行了“五一”示威大游行,参加示威游行人数达442.2万,占全省人口的

---

① 中央明确爱国运动的三件中心工作:反对美国重新武装日本,争取全面的公正的对日合约;募集救济品、慰劳品,组织慰问团,救济朝鲜难民,慰劳中国人民志愿军和朝鲜人民军;发起订立爱国公约,开展生产竞赛和拥军优属工作。

60%[①]。旅大市20万余人参加集会和游行示威，旅大市委书记欧阳钦到会进行抗美援朝宣传。鞍山参加群众集会和示威游行人数达16万人。抚顺市举行声势浩大的“五一劳动节抗美援朝示威大会”，15万人参加示威游行。阜新市举行了有2.8万人参加的游行示威活动，并向抗美援朝总会和中国人民志愿军发致敬电。

与此同时，世界和平理事会要求美、苏、中、英、法五大国缔结和平公约，“号召一切爱好和平的人民支持这个缔结和平公约的要求”，“号召所有善良的人们和所有致力于和平的团体在这个宣言上签名”[②]。为响应世界和平理事会的倡议，全国范围内开展了拥护五大国缔结和平公约运动。在争取缔结和平公约、反对美帝国主义重新武装日本的签名投票运动中，辽东省投票反对美国武装日本的人数达524.7万，签名要求缔结五大国和平公约的人数达523.1万。辽西省有540万人参加了反对美帝国主义武装日本，拥护五大国缔结和平公约投票签名运动。沈阳市有近120万人在宣言上签名和投票，充分表现了全市人民反对战争、热爱和平的坚强意志。旅大市有80余万人在拥护五大国缔结和平公约的宣言上签名，约80万人投票反对美帝国主义武装日本。鞍山市有23.4万余人在拥护五大国缔结和平公约和反对美国武装日本的签名投票运动中签名和投票。抚顺市举行了拥护五大国订立和平公约签名广播大会，会后参加投票的有23.5万人。本溪市拥护世界和平理事会决议和反对美帝国主义武装日本签名、投票的人数占全市人口80.2%之多。

经过各种形式的爱国主义和国际主义思想教育，辽宁人民更加明确了抗美援朝运动的必要性和重大意义，对美帝国主义的侵略行径有了更加清醒的认识，基本上清除了亲美、崇美、恐美的思想影响，坚定了抗美援朝战争必胜的信心。

---

① 中国人民抗美援朝总会宣传部编：《伟大的抗美援朝运动》，人民出版社1954年版，第1144—1161页。

② 中国人民保卫世界和平委员会编：《世界和平运动文献（1949—1954）》，世界知识社1955年版，第2页。

二、群众性的抗美援朝运动

承担繁重而紧迫的战勤任务

抗美援朝战争爆发后，辽宁地区立即承担起后方基地的重任，派出大批人员参加战勤工作，筹备大量车辆、牲畜、粮食等，在人力、物资上进行有力的支援。

为适应战勤工作的需要，1950 年 11 月，辽宁地区各级政府增设战勤机构，负责战勤工作。辽东、辽西省和沈阳、旅大、鞍山、抚顺市都在民政厅（局）下设战勤处，本溪市设战勤科；各市县民政局（科）下设战勤股（有的是科）；区政府设战勤助理员，或由民政助理兼任；村设战勤委员。辽宁地区从省、市到县、区、村组成了一个抗美援朝支前战勤网络。各级战勤部门不断总结经验教训，及时交流情况，发现问题及时解决。为了统一战勤动员标准和贯彻合理负担政策，从 1950 年到 1953 年，东北人民政府三次印发《战勤动员办法》，各省市也制定了相应的贯彻实施办法。

辽宁地区广大人民群众发扬解放战争时期支援前线的优良传统，借鉴动员民工担架队的经验，组织普通担架队、基干担架队，赴朝执行战勤任务。1950 年抗美援朝战争初期，辽宁共组织一般担架 8010 副、担架队员 50070 名；组织 1000 副基干担架、6703 名担架队员。1951 年 1 月，根据现代化战争的特点和要求，又组织了 5 个半军事化精干灵活的志愿担架团，共 2160 副担架、10900 人[①]。担架团的编制为“三三制”，连排的编制为“四四制”，每副担架为 4 人，长期随军作战。据统计，在抗美援朝战争时期，辽宁地区先后共动员 246.2 万人（次）参加抗美援朝的各种战勤工作，占当时总人口的 11.7%。

抗美援朝战争勤务种类繁多，需要动员大量专业技术人员上前线

---

① 当代中国丛书编辑部：《当代中国的辽宁》（上），当代中国出版社 1994 年版，第 57 页。

担任战争勤务。鉴于专业技术人员大多集中在城市,因此这项任务主要由城市负担。动员的方法以说服教育为主,规定合理报酬,达到有人出人,有力出力。一是动员汽车司机和助手。不仅从各地征调司机出国执行战勤任务,还在沈阳、旅大、抚顺、鞍山等市开办了汽车学校,从机关、企业和学校中动员工人、学生和后勤人员,经过训练后输送到前方服勤,基本上满足了军事运输的需要。二是动员各种技术工人、医务人员和厨师。采取先动员未就业人员,后动员私营企业和手工业人员,余下任务在国营企业中解决的办法。三是动员翻译。四是动员船工、石匠、木工。根据不同行业及其分布,分别在沿江(海)地区、山区一带进行动员。其中,由"同业人员串连同业人员"的动员方法收效显著。抗美援朝战争期间,共动员医务人员、汽车司机、铁路员工、翻译、船工等各类技术人员3万余人。

向前方运送(简称"前运")各种军用物资是赴朝支前民工的主要任务之一。主副食、弹药、油料、药材等军用物资进入朝鲜境内后,主要由辽宁等地赴朝支前民工靠人力前运,其数量和难度之大,在中外战争史上极为罕见。向后方运送(简称"后送")志愿军伤病员是赴朝支前民工的另一项主要任务。由于战区医疗条件差,医务人员缺乏,不能随军行动的伤员一律回国内治疗。"后送"工作的重点是抢救和抢送伤病员,各医院分组为若干个能独立完成任务的精干医疗后送站,跟随部队收转伤员,使90%的伤病员后送回国。由于情况特殊,前运物资与后送伤员大多采取分段运输、倒运等方式。有的是支前民工直接运送物资到前线,或直接将伤病员送到后方医院,但多数是将伤员送到火车、汽车集结地,或将火车、汽车上的物资卸载下来,再倒运到下一段装车,或分送到指定地点和前线。在第五次战役期间,辽西省民工二中队随志愿军第六十师部队转战在白雪山、高山里等地区,负责运送弹药和抢运伤员。他们在极其危险的情况下,不仅抢运伤员61次,计549人,还冒着硝烟炮火抢运武器弹药11次,总重量约为3.3万公斤[①]。法库县民工担架支队入朝后,历经一年多时间,行程2000多公里,转送伤员10045名。

① 全国政协文史资料委员会编:《支援抗美援朝纪实》,中国文史出版社2000年版,第609页。

装卸火车 405 节，各种物资共 9655 吨；装卸汽车 8535 辆，各种物资共 24132 吨[①]。1950 年 11 月，本溪县组织民工支前支队。先后在朝鲜朔州、义州、定州，又越过清川江在间里和西浦执行任务。在一年时间里，本溪县民工支队转运伤员 1450 人，装卸和运输了大量军用物资。彰武县组织普通担架 182 副、担架队员 981 人，组织基干担架 84 副、担架队员 498 人。阜新县组成 799 人的担架团和 270 余人的民工大队。旅大市、本溪市还分别组织了船运大队、战勤马车队赴朝鲜执行运送部队登陆作战、运送军需物资等任务。辽宁人民的“前运”“后送”工作，有力保证了前线作战对各种物资和人力的需要。

抗美援朝战争时期，志愿军各部队由东北和关内开赴朝鲜前线，或由朝鲜归国休整，主要通过安东、宽甸县长甸河口、辑安县（今吉林省集安市）等处过江。各部队在出国作战或归国途中，乘坐火车要途经沈阳、锦州、本溪、凤城、安东、铁岭、开原等铁路大站，准确无误接待过往的志愿军是各大站的首要任务。到 1950 年 12 月，在辽宁境内的“伤员招待站”共有 13 处，分别设在长甸河口、灌水、凤城、清原、铁岭、锦州、新民、大虎山、绥中、苏家屯、沈阳南站（今沈阳站）、本溪和抚顺[②]。“伤员招待站”的主要任务是：负责过路伤员的招待工作，供给伤员需要的开水、食物以及解决伤员的其他需要；协同医院用担架将在招待站车站下车的伤员送到医院；与车站取得密切联系，及时了解运送伤员列车到达时间，按时为伤员提供服务。沈阳站设立了兵站办公室，负责组织对路经沈阳站的志愿军临时补充食品。沈阳站所在地的和平区组织人员日夜值班，随时待命，及时将馒头、包子、饼干等食品送到志愿军战士手中。位于沈阳市苏家屯区的军人招待站，每天接待过往部队人员多达数万人，仅 1951 年就接待军列 2006 列、干部战士 129 万余人次。最为繁忙的沈安线，每 30 分钟到 1 小时就有一列军车从沈阳发车，通过本溪站开往安东或长甸河口。军列在本溪车站停车时间有限，本溪军人招待站 170 名炊事员分 3 班执勤服务，昼夜坚守在岗位，保证军人的吃饭、饮水。

---

① 法库县志编纂委员会编：《法库县志》，沈阳出版社 1990 年版，第 230 页。

② 《东北人民政府东北军区联合命令》（1950 年 11 月 18 日），辽宁省档案馆馆藏档案。

在抗美援朝战争时期，大批部队在辽宁境内长期驻扎或临时宿营。由于部队数量大，又比较集中，除部队原有营房外，需要大量民房安排部队宿营。如1951年9月，中央军委决定，调志愿军第十一军、第十六军分别进驻凤城、安东市和通化待命，准备赴朝鲜作战。大批志愿军部队进驻辽宁地区时，得到当地党政机关和人民群众的热情接待。安东市规定，凡过往的大部队统由军管会和市政府房产科负责安排食宿，归国的零散伤病员和军人由市政府战勤科负责领送到医院或各留守部队。1951年，凤城镇内经常驻军达28个单位，驻三个月以上的部队达3.7万人，机关、团体、学校、群众自愿腾房3000多间；安排临时过往、停留部队182个单位、4.8万人，机关、团体、学校、群众自愿腾房7000余间。

随着战争的发展，后勤运输线不断拉长。为了保证军用物资能够及时顺利运往前线，辽宁人民抢修中朝交通要道1453公里、桥梁297座。美军派出大量飞机昼夜不停地对我军后勤补给运输线进行狂轰滥炸。周恩来总理在东北军区召开的第一届后勤会议上发出“建设打不烂、炸不断的钢铁运输线”的号召后，辽宁地区积极响应，大批民工加入到后勤补给运输队伍中，用火车、汽车、马车、人力手推车将物资运往前线。入朝初期，司机因为马达干扰不能及时听到敌机临空的声音，夜间不敢开车灯，每夜行车只有三四十公里，还经常撞车、翻车，造成了一定的损失。后来，在原来防空信号站的基础上，后勤运输队伍在各重点地段设立了一些不固定的防空哨兵，听到敌机的声音，哨兵马上鸣枪报警。实行这一方法后，汽车损失数量大大减少，车速也大大提高。在铁路运输线上，战勤人员创造出“合并运转”“顶牛过江”①等有效的特种运输方法。抗美援朝战争期间，为确保铁路运输线畅通而牺牲的辽宁籍英烈有200余人。

战勤民工的另一项重要任务是承建军用机场和其他军事工程。辽宁地区是中国人民志愿军空军主要基地。为加强对抗美援朝战争的支援，1950年12月和1951年1月，辽东、辽西省分别成立修建委员会，并

① “合并运转”法是把两辆列车连成一组，然后用两三个车头牵引，达到最大的抢运效果。“顶牛过江”法是在火车过桥时将车头调到列车尾部，用车头顶着较轻的车厢过桥，桥对面再用另一个车头拉走，克服了紧急抢修后的铁路桥难以达到通过机车载重标准的困难。

建立了若干机场修建队，动员大量民工和建筑工程队伍参加修建军用机场的战勤任务。安东浪头机场、沈阳机场、辽阳机场和鞍山机场等是志愿军飞机起降的重要机场，工程量很大。经过各级党委、政府和战勤民工的共同努力，均保质保量提前完成了任务。据统计，从 1950 年 8 月开始，在抗美援朝战争时期共抢建了 57 个飞机场，其中，多数机场设在辽宁地区。在修建其他军事工程中，辽宁地区的民工承担了繁重的任务。如宽甸、本溪、桓仁等县民工参加了宽甸县拉古哨高射炮阵地的工程建设。1950 年 10 月至 1951 年 2 月，桓仁县组织民工 8.4 万人次、大车 955 辆次，昼夜抢修了通化至桓仁 2 座江桥和 29 个涵洞。安东市还修建了志愿军空军的地下指挥所、河口志愿军战备防空洞、鸭绿江铁路便桥等军事设施。

1952 年上半年后，战争局势逐渐缓和，各项战勤任务逐渐减少。在各级党委和政府的坚强领导下，辽宁地区广大干部群众圆满地完成了各项战勤任务，为抗美援朝战争的胜利提供了坚强保障。

动员青年参军参战

在抗美援朝战争中，志愿军伤亡较大，急需补充新兵。辽宁地区广大青年踊跃参军参战，人数达 32.2 万人①，为志愿军提供了源源不断的兵员。

1950 年 10 月 24 日，中共中央东北局颁布《关于动员新兵方案》。决定在东北全区动员新兵 10 万人，其中辽东省 2.3 万人、辽西省 2.2 万人，沈阳 1500 人，旅大 1300 人，抚顺 500 人，鞍山 500 人，本溪 200 人。地方党政机关负责扩兵动员的一切工作，各省市县均成立扩兵委员会，由党委书记或行政领导负责，军事部门及有关部门参加。1950 年至 1951 年，辽宁地区动员新兵 7.4 万人。在扩兵工作中，各市县区均逐级召开会议，层层贯彻政策，布置任务，交待方法，统一思想认识，组建和培训大批宣传队伍，采取座谈会、诉苦会以及板报、“土广播”和各种文娱活动等形式开展“三视”教育活动，激发人民群众对美国侵略者的仇恨情绪和保家卫国的爱国热情，掀起大规模的群众性参军参战热潮。1950

① 《江两岸》，《辽宁日报》2020 年 9 月 15 日。

年 12 月,沈阳市 3800 多名青年参军,旅大市首批赴朝参战人员 700 余名。1951 年,抚顺市有 1185 人志愿参军赴朝。在本溪市控诉美帝罪行大会上,有的工人和职员当场要求参军赴朝。辽东省安东市有 1000 多名青年参加志愿军,岫岩县在 1950 年冬扩兵中组织了 2600 名宣传员,仅十几天时间,全县就有 7800 多青年报名参军,经检查合格被批准者为 2043 人。1950 年 11 月,辽西省锦州市各界人民首先发起了“抗美援朝志愿报名运动”,十几天内志愿报名参军的人数达 1000 余名,以机关干部、青年学生和工人为最多。

在扩兵工作中,辽宁地区认真贯彻群众路线,做好青年及其家属的思想工作。据辽东省 8 个县的不完全统计,父母送子参军的 624 起,妻子送丈夫参军的 562 起,兄弟争相入伍的 342 起。由于各地认真贯彻执行有关招收新兵的条件,保证了新兵政治纯洁、身体强健。据辽西省 18 个市县的统计,新兵中的共产党员占 2.4%,共青团员占 8.2%。

1951 年 6 月 24 日,中央人民政府政务院颁布的《关于各种军事干部学校招收学生的决定》指出:“人民革命军事委员会所属各种军事干部学校必须再在全国范围内广泛地招收一次学生,以应国防建设的需要。”[①]6 月 27 日,中央人民政府教育部也发出了各种军事干部学校招生计划的指示。各民主党派、各人民团体、各级学校均热烈响应青年学生参加军事干部学校的决定。据沈阳市不完全统计,有 3390 名青年学生、工人光荣地参加了军事干部学校。1951 年,抚顺市参加后方各种军事干部学校的学生和青年工人有 357 人。辽东省共有 14000 余名青年学生参加各种军事干部学校。

辽宁籍志愿军指战员勇敢杀敌的英雄事迹不断见诸报端,战绩功勋被载入史册。经核查,已知志愿军辽宁籍烈士有 13374 人[②],仅宽甸一个县志愿军烈士就有 451 人,是全国各省(区)牺牲英烈最多的省份之一。在志愿军辽宁籍烈士中,全国著名战斗英雄、功臣、模范和团、营职干部有几十人。

---

① 《中央人民政府政务院关于各种军事干校招收学生的决定》(1951 年 6 月 24 日),中央档案馆、中共中央文献研究室编:《中共中央文件选集》第 6 册,人民出版社 2013 年版,第 239 页。

② 《江两岸》,《辽宁日报》2020 年 9 月 15 日。

积极发展生产支援前线

抗美援朝战争期间,辽宁地区广大人民群众通过发展生产巩固国防,大力加强国民经济恢复和建设工作,有力地保证了前线对各种物资的需要。

钢铁生产方面,鞍钢的工程技术人员结合生产实际,以降低炉渣碱度,增加焦炭负荷,降低炉温等办法试炼低矽铁成功,提高了产量,并将日伪时期的“预备精炼炉”改为平炉,缩短了冶炼时间,钢锭成本下降10%以上。1951年试制自熔烧结矿成功,解决了贫矿炼铁问题,弥补了鞍山矿源以贫矿为主的缺陷。沈阳、本溪、抚顺、旅大的钢铁公司和钢厂也相继完成了改建工程,提高了钢铁生产能力。1952年,辽宁钢产量为94万吨,比1949年增加7.25倍,有力地支援了抗美援朝战争和国内建设。

能源是重要的战略物资之一,能源生产主要包括石油制品、煤炭、电力等。志愿军汽车、坦克、飞机等离不开燃油。但当时我国石油开采、加工能力十分低下,尤其是飞机所需要的航空用油,由于加工难度大,更为奇缺。为了提高燃油产量,满足前线需要。抚顺、锦西(今葫芦岛市)等地炼油厂加紧生产,不仅提高了产量,还研发出新型航空用油,支援前线。为了搞好煤炭生产,支援抗美援朝战争,抚顺、本溪、阜新、沈阳等煤炭企业掀起了抗美援朝、保家卫国爱国主义生产竞赛高潮。1951年4月,新中国第一个规模宏大的露天煤矿在阜新开始建设。在电力生产方面,除了原有发电厂外,还新建了抚顺、阜新、大连三个火力发电厂。

辽宁地区是大型机械设备的生产基地,主要分布在沈阳市,隶属于东北人民政府工业部各专业局领导,如东北第一、第二、第三、第四、第五机械厂和沈阳机床厂等国营大型企业。为了调动企业和地方的积极性,理顺隶属关系,有些国营大型企业被划归沈阳市人民政府管理。这些企业为军工企业生产弹药和军用器械提供了大量机器设备。为了满足志愿军作战需要,辽宁地区的军工企业和一些地方工业企业承担了枪炮弹药、各种类型武器和军用器材的研制、生产、供应和维修等任务。抗美援朝战争期间,辽宁地区兵器企业为朝鲜前线提供了大批火箭弹、火箭炮、爆破筒及枪炮弹药。沈阳五二工厂是大口径炮弹生产厂,除继续生产

60毫米和120毫米迫击炮炮弹外，还仿制美式105毫米榴弹炮榴弹，研制火箭炮炮弹和火箭炮各6种，生产出一批炸药包、爆破筒等武器。枪弹生产大厂沈阳五三工厂，从1950年至1952年共生产各种枪弹2.7亿发，其中主要产品53式7.62毫米铅芯弹在抗美援朝战争中发挥了重要作用。旅大市八一工厂发挥军工生产所需的设备、材料和技术力量优势，承担起生产军需物资与武器弹药的任务，先后生产了步兵炮榴弹、锥孔破甲弹、火箭弹、爆破榴弹144万发，装配炸药8432箱（每箱24公斤）。辽阳五七工厂在抗美援朝期间共生产了1万多吨火药、炸药。

辽宁地区还生产和前运了大批锹镐、铁锤、钢钎等工具。到1951年7月，生产和前运各种工兵器材58.5万件，锹镐116.7万多把，装具备品23.6万件。沈阳东北第一机器厂第一分厂（后改为沈阳重型机器厂）在19天内，就赶制了军镐10万把①。鞍钢机械厂先后采用铸造法、旋转串铸法生产军锹军镐36万把，生产米格飞机用的副油箱500对。

军服被装是志愿军军需品中的一个大宗项目，志愿军部队所需军服被装种类多、数量大。根据上级指示精神，辽宁地区迅速掀起了赶制军服被装生产热潮。仅在志愿军出国前就赶制出棉衣8.77万套，棉鞋14.29万双，皮大衣700件，棉帽6.07万顶，棉被、棉褥、草褥各3.6万件。由于时间紧，任务重，机械化缝纫设备短缺，在地方党委和政府的支持下，有关部门组织大批妇女赶制军服被装。沈阳市成立了被服加工委员会，组织动员近3000台缝纫机和近3000名技术工人及10万多名妇女投入到加工军用被服的大会战中，很短时间就生产加工55万套棉服及棉被等军需品。旅大市组织全市国营、合作社、私营被服厂积极开展军服生产，1950年8月至10月即完成东北人民政府下达的3.5万件军用棉大衣制作任务，1951年3月底又完成40万套单军衣和40万双军鞋的制作。辽宁地区新建的国营公营军服被装企业，自1950年12月到1951年3月，完成了80万人的全部夏衣。到1951年6月，完成了单胶

① 《抗美援朝战争后勤经验总结》编辑委员会：《抗美援朝战争后勤经验总结·资料选编综合类》（上册），金盾出版社1986年版，第30、90、118、158、591页。

鞋 200 万双，单皮鞋 40 万双，布鞋 40 万双[①]。

辽宁地区各药厂为志愿军研制生产了大量药材药品和医疗器械。1950 年，沈阳市共有药厂 18 家，生产药品 150 余种[②]。东北化学制药厂（后改为东北制药总厂）是沈阳制药工业的骨干企业。该厂试验成功杀虫剂滴滴涕（DDT），并迅速投入批量生产，满足了战时需要，为粉碎美帝国主义的细菌战作出了贡献。该厂还生产了大量的葡萄糖、磺胺噻唑、磺胺脒、盐酸氯胍（百乐君）、可待因原料药、针剂、片剂、卫生材料及医疗器械等。1950 年，东北化学制药厂第六分厂开始生产抢救伤员急需的一些药品，成为我国早期药品生产基地之一。沈阳医疗器械厂始终将军需品的生产放在一切工作的首位，从 1950 年至 1952 年，该厂共生产出 100 万件手术医疗器械。大批药品和医疗器械被送到朝鲜前线，保障了志愿军伤病员救治工作的需要。

为了满足前方需要，东北人民政府于 1950 年 11 月 12 日作出《关于执行炒面任务的几项规定》，并对各地下达了具体任务指标，其中确定沈阳市（包括党政军各系统各单位）每日炒面总量不得少于 13.8 万斤，从 11 月 13 日至 12 月 2 日，20 天内完成 276 万斤炒面任务。1950 年 12 月 18 日，中共中央东北局在沈阳专门召开“炒面煮肉会议”，对东北局机关、各系统、沈阳市、东北军区下达了完成炒面和煮熟肉的指标。各地人民群众、机关干部昼夜为志愿军加工炒面。据不完全统计，1951 年 6 月，辽东、辽西省和沈阳、旅大、鞍山、抚顺、本溪市共加工炒面 33.13 万公斤。从第二次战役开始，炒面已成为前线作战部队的主要干粮。到 1951 年 6 月，运往朝鲜前线的炒米、炒面等干粮共 6200 万斤，占前运粮食总数的 16.7%，其中绝大多数为炒面，解决了前线部队吃饭的最低需求。因肉品不便长时间储存，改为生产熟肉罐头。在抗美援朝战争期间，东北地区共有 9 家罐头食品厂，分布在沈阳、旅大、安东、锦州等城市。早在志愿军出国作战之前，就已经为部队赶制了大量罐头食品。到 1950 年 9 月底，共生产罐头 25.4 万盒。

---

① 《抗美援朝战争后勤经验总结》编辑委员会:《抗美援朝战争后勤经验总结·资料选编综合类》（上册），金盾出版社 1986 年版，第 79 页。

② 《沈阳卫生》（第 2 卷第 3 期），1951 年 3 月 25 日出版，第 131、142 页。

开展抗美援朝三项运动及安置朝鲜难童

1951 年 6 月 1 日，中共中央发出的《关于开展爱国公约等项运动的指示》指出："在全国更普遍地开展爱国公约运动，开展增产捐献武器运动和优待烈属军属及残废军人的运动。"东北局也提出：更多增加生产，推行爱国公约，展开捐献活动，做好优抚工作，大力支援中国人民志愿军，争取抗美援朝早日胜利。辽宁地区人民响应号召，积极开展了订立爱国公约，增产捐献武器和优待烈属军属、残废军人三项运动。

订立爱国公约是普及和深入开展抗美援朝爱国教育的重要形式。从 1951 年起，辽宁地区各级党组织采取宣传、动员、教育的方法，引导广大群众自愿订立爱国公约。爱国公约有一个单位或一个部门集体订立，也有个人订立的。订立的爱国公约主要包括，积极参加抗美援朝运动、搞好增产节约、努力捐献、不信谣不传谣等内容。辽东、辽西省和沈阳、旅大、鞍山、抚顺、本溪市都积极进行订立爱国公约的工作。到 1951 年末，辽东省有 800 万人民参加订立爱国公约运动，约占总人口数的 70% 以上。爱国公约的签订，把各行各业、各阶层人民团结在爱国主义和国际主义旗帜下，努力参加生产建设，搞好各项工作，有力地支援了抗美援朝战争。

辽宁地区广大人民群众热烈响应中国人民抗美援朝总会的号召，开展捐献飞机、大炮、高射炮、反坦克炮等武器运动。工人、农民、干部、学生，以及文艺界、医务界、工商界等各界人士发扬爱国主义精神，踊跃捐献，涌现出许多感人事迹。鞍钢职工纷纷献工捐款，捐献贵重物品，捐款达 9.47 万元，以每架战斗机价值 1.58 万元计算，可折合 6 架战斗机。沈阳原定捐献 38 架飞机，实际捐款 90.1 万元，可购买 57 架战斗机。旅大、抚顺、本溪等市和辽东、辽西省，也都大大超过了原定的捐献计划。捐献运动中，辽宁共捐献飞机 235 架。通过捐献运动，改善了志愿军的技术装备，提高了志愿军的军事威力。通过捐献运动，后方的人民更加关注前方将士的战斗，前方的将士受到莫大鼓舞，大大激发了抗美援朝保家卫国的战斗激情。

拥军和优待军烈属，是抗美援朝运动中的一项具有重要意义的活动。为了慰劳在前方浴血奋战的中国人民志愿军和朝鲜人民军广大指战员,辽宁各地掀起拥军和优待军属的热潮。据辽东省21个市县统计,共寄赠37.5万封慰问信和大批慰问袋、慰问品。辽西省各界开展“一信一袋”慰问活动,仅1950年11月至1952年1月,就收到慰问金0.84万元,慰问袋1.8万个,慰问信4.7万余封。沈阳市抗美援朝分会从抗美援朝运动开始至1953年春,共收到慰问袋20万个、书刊12万本,慰问信15万封,慰问金达10.5万元以上。此外还收到了大批的日用品、药品和医疗器材等。旅大市仅1951年一次寄到前线的就有15万封慰问信、10万个慰问袋和大量的慰问品。鞍山市自动捐献慰问中朝人民部队的慰问金达1.49万元,慰问品1.5万件。抚顺市抗美援朝分会两年内共计收转各界人民送来的慰问品356箱、慰问信2.6万封。1953年春节期间,本溪市捐献的慰问金和物资比1950年春节多了30倍。

各地还采取实际措施,帮助军烈属解决实际困难。在农村,对缺乏劳动力的军烈属实行代耕、助耕;在城市,帮助一部分军烈属就业。对荣复军人、转业人员的工作和生活也予以安置,使他们各得其所,生活有保障。每逢年节,人民政府、民主党派和人民团体都组成慰问团和文工团,慰问志愿军伤病员和军烈属。据辽东省安东市3个区统计,有453名青年参加经常性的优抚工作,有1900人参加输血团,救护伤员。辽西省25个市县都成立了优抚工作委员会,负责领导和检查优抚工作。1952年沈阳市,人民政府安置的军烈属、转业军人、荣复军人共5000余人。旅大市有的行业对军烈属购买物品按九五折计算,有的行业在节日免费为军烈属服务。各种形式拥军优属活动的广泛开展,在全社会形成了拥军优属的良好风尚,提高了军烈属的社会地位,增强了他们自身的荣誉感,进一步激发了前线将士的作战热情。

在抗美援朝战争期间,朝鲜大批儿童失去父母,成为无家可归的孤儿。根据中央人民政府的指示,东北局提出,抢运安置朝鲜难童是战时紧急的重要任务,要求相关省市接收安置来自朝鲜的数万名难童。1952年10月6日,东北人民政府卫生部召开会议,决定准备接收的朝鲜难童,分别由安东、图们、辑安三处口岸入境。为了安置好这些儿童,辽东、辽西省政府迅速召集公安、民政、财政、卫生等有关部门传达布置任务,落实保卫、医疗和经费等问题。安东市成立“朝鲜难童工作委员会”,组建朝鲜难童招待站。招待站下设秘书、总务、供应、招待、卫生五个组，分别负责朝鲜难童在安东期间的衣、食、住、行和卫生检疫、疾病防治等工作。卫生组的工作人员除了从安东有关卫生防疫部门抽调人员外，国家卫生部特派从东北各地医疗部门抽调的专家和医务人员组成技术力量雄厚的医疗卫生队伍。

朝鲜难童入境后，在安东经过初步健康检查、治疗后，分别安置到辽东、辽西省的各市县，1952 年 10 月中下旬，接收、转运和安置朝鲜难童 6812 人（最大的 15 岁，最小的仅几个月）。其中辽东地区安置 3222 名难童和 489 名朝鲜工作人员及其家属；辽西地区安置 3590 名难童和 419 名朝鲜工作人员及其家属。

由于严酷的战争环境造成的伤害，朝鲜难童患病率很高。针对难童的健康状况，辽东、辽西省政府办公厅专门召开难童卫生保健工作座谈会，制定了轻病在院、校治疗，重病到县医院治疗，传染病到省医院治疗，以及千方百计调剂饮食等措施。同时配备了中国工作人员，建立了必要的工作制度，所需经费均由当地政府及时拨付。经过一段时间精心治疗和调养，大部分孩子病情迅速好转或痊愈。

辽宁在有关地区建立幼儿园、小学、学院 18 处。在营口、瓦房店、锦州、绥中、兴城、锦西、昌图、北镇、辽阳、阜新、铁岭等地建立了朝鲜初等和中等学院。朝鲜民主主义人民共和国在沈阳设立了教育处，负责管理东北各处朝鲜学院的工作。在辽宁地区生活的朝鲜孤儿，经过中国母亲与儿童教育工作者的共同努力，战争带给他们的心灵创伤被逐渐抚平，在新的家园健康成长。到 1958 年，朝鲜难童全部返回朝鲜。

三、粉碎敌人细菌战

抗议美帝发动细菌战

1952 年初，美军为扭转在朝鲜战场上的败局，不顾国际公法和人类道德，开始在朝鲜战场大规模使用细菌武器，并对中国东北地区空投大量细菌毒虫,企图在中朝军民中造成瘟疫流行,削弱战斗力。

美国侵略者发动的细菌战,给辽宁地区人民的生命安全造成严重危害。辽东省宽甸县是美军撒布细菌毒虫的重灾区,1952年2月28日至3月22日,全县14个区镇普遍发现美机撒布的细菌毒虫,有155个村受到毒害,占全县总面积的63.1%。受害区域内出现人、畜感染毒菌患病或死亡现象。沈阳、鞍山、抚顺、辽阳等地相继发现细菌毒虫,并发生了从前没有或罕见的疾病。“沈阳市就发生一种急性具有脑炎症状的疾病,有70名患者死于48小时之内”①。据统计,从1952年2月到9月,东北地区共发现带有细菌昆虫的容器、物体619件。美军的罪恶行径激起了辽宁人民的极大愤慨和强烈抗议。从1952年2月26日起,中国人民抗美援朝总会东北总会、辽东省抗美援朝分会强烈抗议美国空军在安东、抚顺、宽甸等地撒布传播带细菌的昆虫和滥施轰炸的罪行。辽西省抗美援朝分会和沈阳、鞍山、本溪等市抗美援朝分会都发表声明,抗议美军在中国东北地区撒布细菌的罪行。抚顺市抗美援朝分会于3月12日召开第七次委员会议,“号召全市各界人民行动起来,为彻底粉碎美帝国主义的细菌战而斗争”②,坚决抗议这种惨无人道的滔天罪行。其间,辽宁地区各界举行了多场反对美国侵略者进行细菌战的示威游行。3月13日,沈阳市16万群众举行大规模示威游行,对美军在沈阳等城市投撒细菌表示极大愤慨,指责美国破坏国际公法、残杀中朝人民、企图扩大侵略的暴行,要求惩办美国细菌战的组织者和执行者。旅大市举行了26万余人的声势浩大的群众示威游行大会,抗议美国发动细菌战。3月18日,安东市举行反细菌战誓师大会和示威游行,参加者近3万人。鞍山、抚顺、本溪的群众也举行了抗议细菌战的示威活动。

开展群众性的卫生防疫

在反细菌战斗争中,辽宁地区结合灭菌防疫工作的实际,开展了规

① 当代中国丛书编辑部:《当代中国的辽宁》(上),当代中国出版社1994年版,第58页。

② 中国人民抗美援朝总会宣传部编:《伟大的抗美援朝运动》,人民出版社1954年版,第1155页。

模空前的爱国卫生运动，城乡卫生面貌大为改观。

建立专门机构和队伍，切实加强领导、培训人员与督促检查。为了粉碎美国侵略者发动的细菌战，1952 年 2 月 21 日，中共中央发出《关于反对美帝进行细菌战的宣传指示》，要求各地深入开展反细菌战斗争。按照中央和东北局的指示，辽东、辽西省和沈阳、旅大、鞍山、抚顺、本溪市相继成立防疫委员会。3 月 7 日，辽西省人民政府发出《关于成立省防疫委员会、严防敌机撒布细菌》的电报。此后，辽西省 25 个市县成立了爱国卫生运动委员会，组织动员和训练卫生、医药人员共 108.88 万名①。同月，辽东省人民政府成立防疫委员会，制定具体措施和办法，指示各市县普遍成立防疫组织机构，组织和领导人民群众开展卫生、防疫工作。同时，各县、区、村、屯，军事系统上自军区下至连队，地方机关、团体、学校、企业，也都成立了防疫委员会。省（市）还组织有医务人员参加的防疫队伍，分赴各地采取紧急措施进行防疫，并指导群众开展卫生防疫工作。经过七个月的卫生防疫工作和全面开展爱国卫生运动，不仅彻底粉碎了美帝国主义发动的灭绝人性的细菌战，而且还净化了环境，加强了经常性的防疫工作。

杀灭敌人撒布的毒虫。抚顺市在广大市民的努力下，消灭敌人撒布在几万平方米土地上的几百种细菌毒虫，遏制了传染疾病的蔓延。本溪市防疫大队组织群众用滴滴涕（DDT）、石油制剂、来苏水等药物及灯照、扑打、火烧等方法消灭毒虫。安东铁路分局成立消毒杀虫专业队，由检疫所派三名防疫人员，从生产站段组成防疫队，对安东地区各站段单位、住宅区全部进行消毒杀虫。宽甸县派出卫生技术人员，辽东省下派的防疫医疗队一道分赴各区，开展防疫注射，治疗被毒虫咬伤或受细菌感染的患者。

实行国境线、交通线和交通要口的防疫检查与交通管制。在东北地区国境线上、海港、交通要道设立检疫站 66 个，负责过往人员、车辆、物品的检疫和消毒。安东铁路分局制定 6 项具体措施，对出入境列车车辆进行严格防疫消毒。在沈阳、锦州分别设立防疫检查线，除安东第一道

---

① 中国人民抗美援朝总会宣传部编：《伟大的抗美援朝运动》，人民出版社 1954 年版，第 1163 页。

防线外，在山海关和塘沽分别设有两道防线，对过往列车进行蒸汽消毒和药物消毒。由于各防线工作认真负责，受到铁道部的表扬，确保了首都北京和关内的安全。

改善环境卫生，实行清洁大扫除和爱国卫生运动。1952年3月，中央人民政府政务院发出指示，在全国范围内开展群众性的爱国防疫卫生运动。1952年，中共中央要求把它当作“全国人民的一个严重的斗争任务”。人们将这场声势浩大的群众性卫生运动称为“爱国卫生运动”。沈阳市共清除封建军阀、日伪和国民党统治时期的垃圾73.5万吨，疏通臭水沟19.7万米，填平污水坑10.58万平方米，疏通下水道1.04万米，修建污水井2.6万多个，改善和新建厕所1.78万个，捕杀老鼠79.8万多只，还进行两次药物杀虫，撒药面积927.9万多平方米。由于爱国卫生运动的开展，全市环境卫生面貌大为改观。为了贯彻中央“打早、打小、打了”的方针，沈阳市坚持分段定时清扫与专人、专物、专卖等经常性的制度，基本上遏制了消化系统传染病的流行，减少了其他疾病的发生。辽阳市利用三周时间在全市范围内开展爱国卫生运动，共出动3.3万多人和1300台大车，运出垃圾粪便3500多车，普遍整修了厕所、脏水井、大口井，安装了木制井盖，疏通了年久失修的护城河。辽西省从1952年3月25日起开展反细菌战环境卫生突击周活动。据锦州等20个市县统计：共清除垃圾99.3万多吨，12个市县填平污水坑148.77万立方米；10个市县疏通沟渠15.9万米；7个市县除草面积166.88万平方米；11个市县消毒土井5858个。城乡基本实现了“四无五净六少”，即室内无尘土、无脏味，院子无杂草、无脏水坑；锅碗瓢盆净、衣服被褥净、身体净、屋子净、院子街道净；老鼠少、厕所蛆少、虱子少、跳蚤少、蝇子少、蚊子少，卫生面貌发生了前所未有的深刻变化。

由于决策及时，措施得当，组织严密，辽宁地区经过反细菌战人民战争，不仅彻底粉碎了美帝国主义灭绝人性的险恶阴谋，取得了反细菌战的伟大胜利，而且经过这场运动，科学卫生知识大为普及，人民的卫生水平和健康水平大为提高，城乡到处呈现出清洁卫生的新气象，疾病显著减少，有些传染病几乎绝迹，给新中国卫生事业的发展打下了广泛的群众基础。

第三章

恢复和发展国民经济

新中国成立初期,党和政府紧紧围绕恢复和发展生产这一中心任务进行各方面建设。辽东、辽西省和沈阳、旅大、鞍山、抚顺、本溪市按照中共中央的决策部署,采取有力措施促进工业、交通运输业、农业的恢复和发展,活跃城乡经济,为向社会主义过渡奠定了重要的物质基础。

一、恢复发展工业、交通运输业

国营工业企业不断壮大

东北全境解放之初,辽宁地区的工业基本处于瘫痪半瘫痪状态。以工业著称的沈阳,几乎没有一台完整的机床。鞍山、抚顺、本溪等城市也看不到工厂的烟囱冒烟,厂房里到处是垃圾,高炉里装满了铁渣和半熔状态的矿石。如本溪的两座高炉装满了铁渣和半熔状态的矿石和焦炭,抚顺煤矿的矿井里不仅积满了脏水,而且崩塌的岩石在坑道里堆积如山。然而,恢复和发展工业生产所面临的最严重困难是缺乏规格齐全的机械零件、品类多样的器材和工人所必需的各种工具。此时,辽宁没有制造生产这些器材和零部件的能力。在日伪统治时期,所需的各类机床完全从日本进口,水轮发电机、卷扬机上所用的透平发电机都是德国生产的。生产简单电器器材所需的基本原材料,如黄蜡布、绝缘纸、云母线、胶木板等都必须依赖于日本。日伪虽然经营鞍钢多年,但主要的技术设计和设备供应,绝大部分来自德国和美国。重要部门、岗位以及技术都掌握在日本人手里,根本不允许中国人接触。

面对如此困难局面,辽宁采取清查、移交等措施,集中力量没收日伪和国民党官僚资本在辽宁地区的工厂、矿山和其他企业。根据官僚资本企业的经济属性,确定对官僚资本企业采取与对待旧政权不同的办法,即不打碎它的机构,而是保持其原来的组织机构和生产系统,“原职、原薪、原制度”不变,先完整地接收下来,逐步改造成社会主义性质的国营企业。在党的正确方针指导下,仅 1949 年,辽东、辽西省共接收 448 户工业企业,其中包括四大钢厂(鞍钢、本钢、抚钢、大钢)、四大煤矿(抚顺、阜新、本溪、北票)、五大石油厂(原抚顺石油一厂、二厂、三厂,锦西炼油厂,锦州炼油厂)、四大化工厂(大连、锦西、沈阳、抚顺)、四大机床厂(沈阳第一、第二、第三机床厂,大连机床厂)、四大重型机器制造厂(沈阳、大连、锦州重型机械厂,沈阳矿山机器厂)、两大机车车辆厂(沈阳、大连)、五大水泥厂(本溪、本溪工源、锦西、大连、抚顺)、两大玻璃厂(大连、沈阳)、两大油漆厂(沈阳、大连)等一大批涉及国计民生、决定国民经济命脉的大中型骨干企业。在此基础上,组成了 574 户大中型国营工业企业。

在恢复经济中,中央对东北地区进行了重点投资,仅 1949 年就投入约合 200 万吨粮食的资金,其中辽宁约占 74%。重点恢复了沈阳、鞍山、抚顺、本溪为中心的工业生产,还从全国各地和省内抽调上万名干部充实到工业战线。辽宁地区重点培育了国营大型企业和发展关系国计民生的钢铁、煤炭、机械、电力等重工业。

1949 年末,辽宁地区共有工业企业 8186 个,工业总产值为 1.25 万元。其中,国营企业 756 个,占 9.2%;国营企业总产值为 0.8 万元,占工业总产值的 64.7%。1952 年,辽宁地区有工业企业 10690 个,其中国营工业企业占 16.9%,国营企业产值占工业总产值的 83.4%[①]。

---

① 辽宁省地方志编纂委员会办公室主编:《辽宁省志·政府志》,辽海出版社 2005 年版,第 403 页。

开展创造生产新纪录运动、爱国主义劳动竞赛和增产节约运动

根据中共中央和中央人民政府的指示精神，辽东、辽西省人民政府和沈阳、旅大、鞍山、抚顺、本溪市人民政府，立即组织恢复发展工业生产运动，并将其作为压倒一切的中心任务。

一是开展创造生产新纪录运动。1949 年 10 月，东北总工会、东北人民政府工业部作出《关于开展群众性创造生产新纪录的决定》，肯定了沈阳第三机器厂通过开展技术革新所取得的成绩，主要有：工人赵国有创造的切削塔轮由 18 小时降为 2 小时 30 分钟、党会安创造的切削丝杠由 16 小时降到 2 小时 37 分钟、张尚举划线组创造的对 6 尺车床划线由 178 小时减到 11 小时 30 分钟的新纪录。《决定》指出，这是工业建设中具有重大政治意义的事情，打破了现行的定额，创造了新的生产定额。他们是提高劳动生产率的模范，要求各工矿企业根据本单位的具体情况开展创造新纪录运动。辽宁地区各省、市积极贯彻《决定》精神。辽西省职工总会召开各市、县、国营工矿工会主席联席会议，要求工会工作必须面向生产，组织发动全省职工开展创造新纪录运动。沈阳、旅大、鞍山、抚顺、本溪的市总工会（筹委会）纷纷召开职工代表大会，或召开干部动员大会，动员与组织广大职工积极参加创造新纪录运动，并要求各级工会组织对群众的每一个创造都应予以推广，使之成为千百万人共同参与的群众力量，以推动创造新纪录运动广泛深入地发展下去。在各级工会的号召和干部职工的推动下，群众性的创造生产新纪录不断涌现。本溪煤铁公司贾鼎勋生产组将原有的电炉 2 班作业制改为 3 班作业，又通过改造钢锭模，将伪满时期昼夜两班每天出 4 炉，提高到昼夜 3 班出 9 炉，最高时达 10 炉；原来每炉出 2 只钢锭，经研究改进，每炉出 3 只钢锭；钢的合格品由之前只占产品的 60% 提高到 93%。抚顺西露天矿张子富带领采煤突击队，合理调整劳动组织，不但减少了人力，节约了炸药，而且创造了由过去每人一班装一车（3.3 吨），提高到装 3.7 车的新纪录①。1949 年 9 月至 12 月，据鞍山、抚顺、本溪三个市的机械、电业、电工、化学、纺织、有色金属、煤矿等 11 个系统统计，共创

---

① 朱川、沈显惠主编：《当代辽宁简史》，当代中国出版社 1999 年版，第 32—33 页。

新纪录14727件。许多厂矿创造新纪录的人数占总人数的20%甚至是25%。到1949年底,各行各业创造的产值达650.5万元。中共中央东北局书记李富春对群众性的创造生产新纪录运动给予高度评价,指出:这次开展新纪录运动,在政治意义上是巩固人民民主专政的物质基础,发扬工人阶级建设的伟大力量;在经济意义上是把生产建设提高一步,开始走入经济建设高潮;在文化意义上是使全体员工的科学管理技术提高一步[①]。

二是开展爱国主义劳动竞赛。1950年抗美援朝战争爆发后,沈阳第三机器厂赵国有车工部提出开展爱国主义劳动竞赛、保卫祖国、支援朝鲜人民正义战争的倡议。10月26日,东北总工会发出《关于开展爱国主义劳动竞赛的号召》。11月14日,辽东省总工会筹委会召开首届工会会员代表大会,动员全省职工群众积极行动起来,开展增产节约的爱国主义劳动竞赛,支援抗美援朝、保家卫国的斗争。11月26日,辽西省政府召开工业劳模代表大会,通过《坚决拥护各民主党派联合宣言,在抗美援朝、保家卫国的新形势下把爱国主义的劳动竞赛更加广泛深入地开展起来的决议》。1950年10月29日,鞍山钢铁公司炼铁厂孟泰小组率先向赵国有车工部应战,并向鞍山钢铁公司的全体工友提出友谊挑战。1951年11月17日,全国著名模范班组——沈阳第五机器厂马恒昌生产小组向全国职工提出挑战,倡议开展爱国主义劳动竞赛。11月23日,《工人日报》全文刊载马恒昌小组的挑战书。此后,爱国主义劳动竞赛如火如荼、轰轰烈烈地在各地广泛深入地展开。

三是开展增产节约运动。1951年6月1日,中国人民抗美援朝总会发出增产捐献、订立爱国公约、加强优抚工作三大号召。10月23日,毛泽东在政协一届三次会议上提出,加强抗美援朝的工作,增加生产,厉行节约,以支援中国人民志愿军,这是中国人民今天的任务。从此,增产节约运动在全国各条战线蓬勃开展起来。为贯彻落实这一号召,辽东、辽西省政府和总工会要求全省职工积极参加增产节约运动,每个人、小

① 辽宁省地方志编纂委员会办公室主编:《辽宁省志·政府志》,辽海出版社2005年版,第404—405页。

组、工段、车间都订立增产节约计划。各地广大职工都把订立爱国公约和订立增产节约计划结合起来，推动了爱国主义劳动竞赛更加深入发展。在竞赛中，各厂矿企业以加快流动资金周转、降低成本、提高效率和产品质量、完成本企业计划为竞赛中心内容，车间、班组和个人都制订出行动计划。马恒昌小组每周检查一次爱国主义竞赛公约内容，每月总结一次执行情况。1951 年产品合格率达 99.61%，创造 69 种新纪录，提出 23 项合理化建议，提前两个半月完成全年生产任务。

通过这些积极的具体措施，辽宁地区工业生产的恢复和发展取得显著成效。1951 年，辽东省地方工业超额完成全年生产计划的 13.34%，比 1950 年增长 18.42%。辽西省地方工业也在 1950 年的基础上有了进一步发展，生产总值比 1950 年增长 55.5%。

国营工矿企业的民主改革

新中国成立后，国家相继制定一系列政策，建立新的企业管理制度。1950 年 2 月 28 日，中央人民政府政务院财政经济委员会（简称中财委）发出《关于国营、公营工厂建立工厂管理委员会的指示》，指出当前的中心任务是恢复和发展生产，为完成这一任务，必须在国营工矿企业中，对原来官僚资本统治时期遗留下来的各种不合理制度进行一系列改革。改革的中心环节是建立工厂管理委员会，实行民主管理。

按照中财委指示精神，辽宁地区各级政府对企业内部旧的经营机构进行根本改造。一是建立由政府委派的厂长（经理）、工程师和工人、职工中选出的代表组成的工厂管理委员会。通过民主选举，在 500 人以上的工厂建立职工代表大会，并发挥生产小组的作用，实行企业民主管理。工厂管理委员会由职工代表和行政代表组成，参加工厂管理委员会的职工代表由职工代表大会选举产生，行政代表由厂长提名，报管理局批准。有关生产、管理、人事、工资等重大问题必须经工厂管理委员会讨论决定，会后检查执行情况。

二是废除旧企业残留下来的工头制和压迫与奴役工人的管理制度（如打骂、侮辱、搜腰包、把头制度等），清除混入职工队伍和暗藏在企业中的反革命分子及封建残余势力。对生产积极、威信较高的留用人员，予以任职和提拔，对表现不好的留用人员予以免职，调整工作。同时，通过发动群众对反动党团进行登记，对反动党团负责人进行处理。对旧企业中的技术人员和管理人员采取团结、教育和改造的办法，使他们自觉地为经济建设服务。

三是依据各尽所能、按劳分配的原则，改革工资制度。1950 年，按照东北人民政府《关于调整公营产业工人、技术人员工薪及改行八级工资制的指示》精神，辽宁地区开始进行工资制度改革，调整技术人员与工人工资标准，将原来的 39 级工资制改为 8 级工资制。8 级工资制摒弃了原来工资级别之间报酬差距很小、不利推动工人努力学习与提高技术的弊端，激发了工人自觉钻研技术的积极性，使工人感到学好技术有奔头，提高了劳动效率，建立了适合生产和建设需要的工资制度，发挥了推动经济建设的作用。

1951 年 5 月，中共中央东北局召开城市工作会议，讨论并通过《中共中央东北局关于党对国营企业领导的决议》，首次提出厂矿中的生产行政工作实行厂长负责制。《决议》规定："厂长由国家的经济机关委派，并由国家取得必要的生产资料和资金，实施对生产行政工作的专责管理。厂长领导下的管理委员会，是目前时期实行工人参加生产管理的制度。"[①]《决议》指出，党是独立的政治组织，对企业中的政治思想领导负有完全的责任，对企业的行政、生产工作负有保证和监督的责任。企业党委应根据国家法令、上级机关计划和上级党委的指示，用政治思想工作来统一思想，保证企业党、政、工、团在思想上、行动上的一致。此外，《决议》还对党委领导制提出批评，认为它容易造成党政不分，妨碍党在企业中的政治思想工作和保证监督作用的实现。《决议》上报中央后，受到中央有关领导的高度重视。刘少奇、陈云等领导人提出意见和建议，认为厂长负责制固然是国营企业较理想的管理体制，但是，要根据我国的实际情况，并同意厂长负责制在东北试行。为了加强党对企业的领导，中央批准了《中共中央东北局关于党对国营企业领导的决

① 《中共中央东北局关于党对国营企业领导的决议》（1951 年 7 月 19 日），中共中央文献研究室编：《建国以来重要文献选编》第 2 册，中央文献出版社 2011 年版，第 366 页。

议》,对企业中党组织的地位、作用、任务作了明确规定。在《决议》的指导下,辽宁地区工矿企业在民主改革的基础上,部分实行了厂长负责制。除重大问题决策外,日常生产行政指挥由厂长(经理)全权负责,并相应建立了生产管理、技术管理和财务管理等各项管理制度;制定合理的生产定额,严格核算成本,使企业的经营逐步纳入经济核算制的轨道。

以沈阳五三工厂为例,在工矿企业民主改革中,该厂紧紧依靠工人群众,克服各种困难,改造旧企业,建立社会主义经营管理制度,逐年超额完成国家计划,逐步改善和提高了劳动条件与职工群众的物质文化生活,并积累了一套比较完备的经验。沈阳五三工厂因为解决了许多厂矿企业没有解决或正在摸索的问题,被政务院财经委员会和全国总工会授予"模范工厂"称号。朱德在授予沈阳五三工厂的锦旗上题词:"你们是依靠工人阶级,搞好工厂企业的模范。"

辽宁地区各省、市国营工矿企业通过民主改革和生产改革,确立了工人阶级在企业中的主人翁地位,激发了广大职工的政治热情和主人翁责任感,调动了广大职工的生产积极性,加快了工业生产的恢复和发展步伐。

交通运输业的恢复

工业生产的恢复,促进了公路、铁路和航运等交通运输业的恢复和发展。

公路运输方面。新中国成立后,辽宁地区各省、市在接收、接管国民党政府遗留下来的机构、人员、设施的基础上,从抢修公路桥梁和恢复生产入手,组建公路交通运输机构。将原有的路政科改为运输科,下设运输股、监理股,具体负责运输管理工作。到1950年5月末,辽东省恢复公路运输线路十条,辽西省恢复公路运输线路八条。同时,创办国营运输业及其附属的汽车修造企业,并根据"公私兼顾、劳资两利"和"利用、限制、改造"的政策,及时组织私营运输户复工复业。

但经过一段时间的工作,公路运输的管理和经营都出现一些问题,主要表现在:运输工作的方针政策还不够明确具体;整修的公路大都在农业区,没有发挥更大的作用;在公私营关系上,强调先公后私,对于私人车辆与运输业,采取消极限制,没有积极地帮助他们改造,使之更好地为经济建设服务;在组织车辆上没有正确掌握“自愿两利”的原则,存在依靠行政命令和单纯财政观点,形成为组织而组织,或为收费而组织的情况。在运价核定方面,普遍存在着两种倾向:一是盲目地跟着商车运价走,而没有进行正确的运价核定;二是只求有利于自己的成本核算,不按规定标准核定运价,与市场的实际情况脱节。

针对上述情况,按照1950年下半年东北公路运输的具体方针和政策,辽宁境内的公路运输重新明确了主要工作任务:一是建立与健全各省市区运输公司,实行双重领导,统一运输计划、车辆调配、财务制度、器材与燃料的供应和各项运输作业标准。二是集中可能集中的公有运输车辆,连同原有车库、修配厂,一并以作价方式转账,逐渐集中到各级运输公司统筹使用。三是根据“公私兼顾、自愿两利”的原则,结合各地区的业务需要,以巩固为主、发展为辅,从掌握货源、车辆保养以及民主管理上,组织与管理个体的私营车辆。四是统一运价标准,分区掌握调整,实现低利多运政策。各省、市、区运输公司依据标准,结合当地道路、物价等具体情况,在低利多运政策下,制定统一的客货运输规划。五是确定运输为主、辅业为辅的以运养运方针,配合铁路、航运大力发展运输事业。经过一年多努力,辽宁地区的公路交通运输状况大有改观。以辽东省为例,1951年运输路线通车25条,公路运量达32.36万吨,市内运量达304.3万吨。至1952年底,辽宁地区公路通车里程达11678公里,货运量达3294万吨。

铁路运输方面。新中国成立后,辽宁地区铁路系统对管内线路、桥梁、站场等设备了进行大规模工程修复。到1952年底,辽宁境内铁路营业里程达2640公里,铁路货运量达2911万吨。铁路系统广大职工在服务经济恢复、抗美援朝等运输任务日益繁重的形势下,积极投身到创造新纪录、开展爱国主义生产竞赛活动中来。1950年冬季,沈阳铁路局苏家屯机务段在苏家屯至大石桥段开展创造新纪录活动,机车牵引定数由1500吨提高到1700吨。105号包车组青年司机长郑锡坤采取

“大开汽门高提手把操作法”，牵引1970吨的超轴[①]列车在恶劣的气候下闯过了分水岭的大坡道，又在苏家屯至抚顺段先后创造了突破3000吨、4000吨的新纪录。在他的带动下，全段职工掀起了轰轰烈烈的多拉快跑运动。李锡奎调车组创造了一套先进的调车法，调车效率提高50%以上。据计算，从1950年5月至1951年8月，共节约18万个车小时，每车每小时以4.7万元计算，创造价值达92.5万元。1952年，铁道部肯定了他们的经验，并作出《关于开展满载、超轴、五百公里运动的决定》。这一决定得到全国铁路职工的响应，对提高全国铁路运输能力起到重要作用。沈阳铁路局继郑锡坤操作法、李锡奎调车法之后，又创造了新的装车法、列车检修法、养路法、养桥法等一套完整经验，大大提高了铁路运输能力，保证了国民经济恢复和抗美援朝物资运输任务的完成。

水路运输方面。新中国成立后，辽宁地区各省、市积极打捞港口航道沉船，组织民船恢复生产，抢修机动船只，开辟近海运输航线。1950年，大连轮船公司改为大连航务局，共有各种船只60艘。1950年前后共开辟大连至烟台、大连至天津、大连至青岛、大连至塘沽、大连至威海、营口至烟台、营口至天津、安东至烟台、大连至龙口等10条客运航线。1950年，共完成客运量9.45万人次，完成货运量15.54万吨。1951年，北洋区海运管理局成立，共有货轮10艘，客货班轮5艘，租用私有船6艘，客运航线调整为：大连至烟台、大连至天津、大连至威海、大连至龙口、大连至青岛、天津至烟台（龙口）。1951年7月，安东港将原安东港湾管理局的港务与运输业务分开，成立北洋区海运管理局安东办事处，专门经营海上运输。同时，成立安东民船运输公司，专门管理民船运输事业。从此，减少了业务上紊乱的现象，运输船只也有所增加，国营船舶有拖船5只、驳船2只、木帆船11只、小汽船3只，总载重量为659吨；私营船300只，总载重量为5000多吨。海上运输全年总运量12.89万吨，比1950年增加14.34%。内河运输也得到整顿，到1952年，辽河上从事运输的船舶增加到1000余艘。

---

① 超轴是指机车承载货物的重量超过定数。

二、开展农业生产互助合作　提高农业生产水平

组织农民开展生产互助合作

从 1949 年秋开始，辽宁针对 1949 年春季结束的土改中的遗留问题进行了进一步改革。1950 年 4 月，辽宁地区的土地改革基本结束，共有 154 万贫、雇农分到土地 4400 万亩，免除地租负担 200 万吨粮食。土地改革消灭了封建剥削制度，解放了农村生产力。土地改革后的辽宁农村，虽然广大农民生产积极性空前高涨，但农业生产仍然面临许多困难。由于日本侵略者的疯狂掠夺，国民党反动政权的压榨和封建地主的残酷剥削，农村生产力遭到严重破坏，水利失修，灾害频繁。农民虽分得了土地和部分生产资料，但多数个体农民还拴不起一副犁杖，更置办不起一辆胶轮大车，种子和粮食也十分缺乏。

新中国成立前夕，中国人民政治协商会议第一届全体会议通过的《共同纲领》明确规定："在一切已彻底实现土地改革的地区，人民政府应组织农业及一切可以从事农业的劳动力以发展农业生产及其副业为中心任务，并应引导农民逐步地按照自愿和互利的原则，组织各种形式的劳动互助和生产合作。"① 新中国成立后，党和政府积极提倡和鼓励发展农业劳动互助组织，并制定了各种奖励和优待政策。辽宁地区各级党组织和政府遵照中央精神以及农村农业生产的实际情况，按照积极发展、稳步前进的方针和自愿互利的原则，领导广大农民开展互助合作运动，并从生产和销售方面把农民组织起来，逐步引导农民走集体化道路。1950 年，辽宁地区组织起来的农户占农村户数的 40%，劳动合作互助组

① 《中国人民政治协商会议共同纲领》（1949 年 9 月 29 日中国人民政治协商会议第一届全体会议通过），中共中央文献研究室、中央档案馆编：《建党以来重要文献选编（1921—1949）》第 26 册，中央文献出版社 2011 年版，第 765 页。

10 万余个[①]。

劳动合作互助组是一种建立在农民个体经济基础上的集体劳动组织，是把个体农民组织起来逐步地引导向农业生产集体化方向发展的组织形式。辽宁地区组织起来的互助组主要有三种形式：第一种是临时换工插犋组，即季节性（主要是春耕），单纯人工换马力；第二种是农业三大季互助组，即春耕、夏耘、秋收等农业全部生产过程实行互助合作，人和马都相互换工，但副业由各户单独进行或另外组织几户进行；第三种是常年互助组，即农业、副业结合，长年不散，比较固定。

互助合作运动的发展，促进了农业生产迅速恢复。辽东省 1951 年粮谷总产量比 1949 年提高 16.6%。工业原料作物产量增长尤其明显，仅棉花产量 1951 年较 1950 年提高 64.7%，为 1949 年的 339.1%。互助合作的不断发展和生产的提高，加速了农村经济的普遍上升。劳动合作互助组教育和组织了农民，起到了改造农民思想与生活习惯的作用。互助组集体劳动、集体学习，提高了成员们的政治觉悟与文化水平。在爱国主义竞赛的高潮中，他们积极钻研技术，抗拒灾害，扩大再生产投资，巩固和发展了互助合作组织，加速了农业生产的恢复与发展。在增产捐献、拥军优属等抗美援朝运动中，劳动合作互助组发挥了积极带头作用。截至 1951 年底，辽东省有互助组 24.48 万个。其中，常年组 1.3 万个，三大季组 6.5 万个，临时换工插犋组 16.68 万个[②]。辽西省有互助组 14 万个，其中临时换工插犋组 12.26 万个，三大季组 1.65 万个，农副业结合互助组 1705 个[③]。

1951 年 9 月，中共中央召开全国第一次农业互助合作会议，通过了《关于农业生产互助合作的决议（草案）》，并于 12 月发给各级党委试行。《决议（草案）》指出，农民在土地改革基础上所发扬起来的生产积

① 辽宁省地方志编纂委员会办公室主编：《辽宁省志·计划志》，辽宁科学技术出版社 1999 年版，第 74 页。

② 辽东省人民经济计划委员会统计局：《1951 年辽东省农业生产发展概况》之《1951 年辽东省劳动互助组情况》。

③ 辽西省计委会统计处：《1951 年辽西省农业基本情况统计》之《1951 年农村劳动互助组情况统计》，1952 年 6 月 15 日编制。

极性表现在两个方面：一是个体经济的积极性，二是劳动互助的积极性。农民的这些生产积极性，乃是迅速恢复和发展国民经济、促进国家工业化的基本因素之一。因此，党对于农村生产的正确领导，具有极重大的意义。

全国第一次农业互助合作会议的召开和《中共中央关于农业生产互助合作的决议（草案）》的通过，有力地推动了辽宁地区农业合作化的进程。辽东、辽西省和沈阳、旅大、鞍山、抚顺、本溪市在组织和发展互助组的同时，结合实际，根据群众生产需要、思想觉悟程度，特别是在有比较丰富的互助经验而又有比较坚强领导骨干的地区，有重点地试办了农业生产合作社。1951 年 10 月 6 日，辽西省第一个农业生产合作社——绥中县刘洪达农业生产合作社成立。刘洪达被推选为合作社主任，带头走上了由个体经济逐步过渡到集体经济的道路。1952 年 5 月和 6 月，中共辽西省委连续通报了刘洪达组建农业生产合作社的经验，在辽西省产生了巨大影响，成为广大农民在共产党领导下走合作化道路的一面旗帜。1951 年 12 月，宽甸县张文春农业生产合作社成为辽东省最先组建的农业生产合作社。中共沈阳市委提出“重点示范，树立旗帜，推动一般”的工作方针，在市郊农村试办了农业生产合作社。旅大、鞍山、本溪、抚顺市在所属区、县试办了农业生产合作社。但是，有很多地方的农业生产合作社是单凭少数积极分子和村干部的热情自发组织起来的，有的甚至是区、村干部强迫命令组织起来的。为了解决农业生产合作社盲目发展的问题，克服草率办社的急躁情绪，辽东、辽西省和各市根据中共中央和中共中央东北局的指示精神，采取相应措施进行了审查整顿，对凡是条件不成熟或强迫命令组织起来的农业生产合作社，改组为各种形式的合作互助组。同时，对办得比较好的初级农业生产合作社予以重点指导和扶助。

有领导有条件地组织起来的农业生产合作社，显示出比互助组更大的优势。一是由于统一使用土地、人力和畜力，生产计划性大大加强，使农民的个体经济渐渐纳入国家计划的轨道。绝大多数农业生产合作社都制订了爱国增产计划，踊跃参加增产竞赛运动，成为各地增产竞赛的旗帜。二是这些农业生产合作社打开地界统一耕作，为推广新农具提供了有利条件。三是农业生产合作社合理使用人力,不仅提高了劳动效率,节余的劳动力转而投入副业生产和农业基础设施建设,既增加了农民收入,又积累了公共财产。四是多劳多得的原则激发了社员们的劳动积极性。这成为各地农业生产合作社精耕细作、多打粮食的主要原因。

到 1952 年,组织起来的劳动合作互助组达 42.8 万个,参加的农户 181 万户,占农村总户数的 58%;试办初级农业生产合作社 397 个,入社农户 0.5 万户。农村互助合作运动的开展,不仅有力地推动了农业生产的迅速恢复,也为农业社会主义改造奠定了基础。

农业生产水平显著提高

辽宁地区组织农民广泛开展的生产互助,取得了显著成效,在组织和技术上为农业生产的恢复与发展创造了必要条件。1951 年 2 月 2 日,中央人民政府政务院作出《关于 1951 年农林生产的决定》,规定了各项农林生产政策。1952 年 2 月 26 日,中央人民政府政务院作出的《关于 1952 年农业生产的决定》(简称《决定》)提出,1952 年农业生产总的要求是达到并超过抗战以前的生产水平。农业生产的基本方针是:集中力量提高单位面积产量,粮食必须大量增产,绝不能减少播种面积;工业原料作物和外销作物播种面积稳定在 1951 年的水平上,不予增加。《决定》还指出,完成 1952 年农业生产任务,关键在于加强对农业生产的领导,省以下各级人民政府必须把领导农业生产作为贯穿全年的首要任务。根据《决定》精神,辽东、辽西省都编制和下达了农业生产计划,对指导和推动农业生产的迅速恢复和发展起到了很大作用。

为了推动农业生产发展,1950 年 3 月 19 日和 1952 年 4 月,东北银行辽东省分行和中国人民银行辽西省分行分别发放 315.8 万元、30.4 万元贷款,用以扶助农业生产。辽东、辽西省还开展了农业丰产竞赛和表彰活动。1951 年 3 月 10 日,辽东省政府农业厅召开全省农林工作会议,动员春耕并开展爱国主义丰产运动。3 月 18 日,辽西省政府发出《关于动员与组织劳模及互助组响应李顺达互助组的生产挑战,开展农村爱国主义生产竞赛运动的指示》,号召全省农民开展生产竞赛活动。1952 年 1 月 21 日,辽西省政府发出《关于奖励模范生产村和模范丰产组条件的指示》。2 月,中共辽西省委和省政府召开县委书记、县长联席会议,研究确定农业生产方针,并着重讨论了开展爱国丰产竞赛运动的问题。为表彰先进、激励农民生产积极性,1950 年 1 月,辽西省政府召开辽西省劳动模范大会,表彰农业生产劳动模范,交流恢复发展农业生产的经验。2 月,辽东省召开省人民代表会议及劳动模范会议。会议期间,省农业厅举办了全省农业展览会。

在各项发展农业政策的指引下,1951 年辽东省工业原料作物播种面积完成计划的 126.03%,超过 1950 年的 80.51%。各级党委和人民政府领导广大农民,战胜春旱和秋涝,粮谷作物产量达到 252 万吨,完成计划的 106%,虽然主要产棉区海城等县遭受严重灾害,棉花仅完成计划的 60%,但已超过 1950 年的 24.7%。粮谷作物和工业原料作物的单位产量均有所提高,粮谷作物的平均单位面积产量超过计划并高于 1950 年。苹果的总株数达 367 万株,其中结果株数为 176 万株,产苹果 5.36 吨,较 1950 年增加 31.4%①。由于贯彻大力发展畜牧业,繁殖与保护中、小家畜的方针,各种牲畜均有增加,耕畜总头数是 1950 年的 104.11%。为落实森林保护政策和加强护林防火工作,辽东省增设 5 座望火楼、32 个护林站、4 个联防站,并开始有计划地成片造林。1951 年春秋两季完成造林面积 56 万亩。开展森林种子采集工作,共采集各种树种 211 万斤。同时,加强苗圃的管理工作,共育成苗 3438 万株,幼苗 7697 万株。天然林更新 5.8 万亩,人工林抚育 4.5 万亩,封山育林 20 万亩。由于组织渔民远海捕鱼,以及提早下海延长捕鱼时间,鱼产量大幅增加,全年产海洋鱼 4.45 万吨,比 1950 年增加 28.30%②。1952 年,辽东省的播种面积完成计划的 119.23%。

辽西省农业生产也取得了很大成绩,农业生产总值、播种面积、总产量、高额产量与单位面积都大有改善。1951 年 4 月,辽西省人民政府颁布发展农业生产的十项具体政策,提出切实保护土改后的私有制,发挥

---

① 《1951 年辽东省人民经济统计年报提要》之《1951 年辽东省农业生产发展概况》,1952 年 11 月 1 日编制。

② 《1951 年辽东省人民经济统计年报提要》之《1951 年辽东省农业生产发展概况》,1952 年 11 月 1 日编制。

农民个体生产积极性;贯彻合理负担政策,奖励生产,奖励改进技术,兴修水利,扩大再生产;保护生产秩序等。在辽西省各级党委和政府的领导下,广大农民响应“增加生产,厉行节约”号召,开展千村万组带头的爱国主义丰产竞赛运动,特别是村与村、组与组的挑战竞赛,大大提高了劳动热情。同时,各级政府大力救济灾民,积极扶助其“生产自救,节约度荒”,很快恢复并提高了农业生产力,不仅克服了 1951 年水灾遗留下来的困难,而且战胜了 1952 年较严重的自然灾害。1952 年农作物播种面积比 1951 年增加 1.3%。粮谷、豆类作物总产量达 210 万吨,比 1951 年减少 3.6%。高粱、大豆分别减产 17.3% 和 5.6%,小麦、水稻、谷子和玉米分别比 1951 年增产 71.7%、54.5%、20.5% 和 14.8%。高粱、大豆减产的原因是春旱、夏灾,秋收前又遭受风、雹,但由于广泛开展互助合作和推广农业技术、新式农具,自然灾害造成的损失被降低到最小程度。

由于采取了一系列措施,1952 年,辽宁地区农业总产值比 1949 年增长 61%。粮食总产量达 108.8 亿斤,比 1949 年增产 34%。与 1949 年相比,主要经济作物、水产、农副产品等均有较大幅度增产:棉花增产 5.7 倍,平均亩产比 1949 年增长 1 倍多,大豆增产 32.5%,水果增产 3.85 倍。畜牧、水产、农副产品产量等也有较大恢复和增产。由于农业生产迅速恢复和发展,农民收入大幅增加,到 1952 年,农民人均纯收入比 1949 年增长 68.3%。

三、稳定市场物价　活跃城乡经济

稳定市场物价

新中国成立初期,辽宁地区巩固新生的人民政权所面临的另一个迫切任务,就是消除国民党政府统治时期遗留的恶性通货膨胀,稳定经济秩序。

1949 年,辽宁地区曾出现过两次物价大波动。第一次发生在 1 月至 4 月,不法私商乘辽南地区在解放前遭国民党军队抢劫、春耕时粮食奇缺和国营商业刚刚建立、物资基础薄弱之机，大肆哄抬物价，引起各地物价上涨。仅据当时营口、桓仁、新宾、庄河、岫岩等市县的统计，3月份粮价比年初上涨95.44%，黄金上涨264.6%。第二次物价大波动发生在9月至12月，不法私商乘北满大旱、辽西水灾和平津、胶东等地粮食价格飞涨及北宁路交通受阻、纱布来源暂时中断之机，兴风作浪，造成粮食、布匹等物品的价格普遍猛涨。1949年12月与1948年同期相比，沈阳、鞍山、抚顺、本溪、安东、锦州6个城市高粱米、小米、大米、豆油平均价格分别上涨98%、88%、114%、144%，黄金、白银、棉纱、白布分别上涨83%、176%、63%、55%[①]。人民生活和工农业生产的恢复与发展受到严重影响。

为制止通货膨胀，稳定经济秩序，保证国民经济恢复工作的顺利进行，从1950年起，辽宁地区各级党组织在中共中央和中共中央东北局的领导下，调动商业、财政、金融、税收、市场管理等诸方面力量，采取一系列经济措施和行政手段，开展了制止通货膨胀、稳定物价、稳定市场的工作。

在商业方面，通过建立高度集中、统一于中央的国营商业管理体制，加强物资管理，对关系国计民生的重要商品实行计划供应。1950年3月14日，中央人民政府政务院作出《关于统一全国国营贸易实施办法的决定》，规定中央人民政府贸易部是全国国营商业、合作社和私营商业的统一领导机关，赋予国营商业机构以领导市场、调剂供求等诸多职权。根据中央人民政府的决定，辽东、辽西省和沈阳、旅大、鞍山、抚顺、本溪市人民政府分别设立商业厅，省属各市设立工商管理局，各县设立工商管理科，作为领导本地区商业工作的行政机构，形成了全省范围内的商业行政管理系统。针对城市普遍缺乏粮食、纱布等商品和工业原料、器材等物资的状况，商业部门加强了工农业产品的收购和调运，迅速聚集粮食、纱布、食糖以及工业器材，采取集中抛售和灵活吞吐等措施，与私营商业的投机行为进行斗争，促使商品市场物价当即回落。由于重要物

① 辽宁省地方志编纂委员会办公室主编:《辽宁省志·物价志》，辽宁民族出版社2000年版，第17页。

资实现统一管理，改变了以前分散的状态，坚持了固定价格，平稳了物价，控制了市场。商业部门贯彻合理的价格政策，有计划地调整各种产品的地区差价、比例差价以及工农业产品的比价，控制了物价的涨势，迅速制止了通货膨胀。

在金融方面，加强现金管理，积极回笼货币。根据人民政府政务院1950年3月3日作出的《关于统一国家财政经济工作的决定》精神和4月颁布的现金管理办法，辽宁地区各级金融部门采取多种措施制止通货膨胀：实行现金计划管理，紧缩现金汇款；对国营企业、机关、团体等单位之间的收付实行银行转账结算；清理企业间的商业信用；积极开展居民储蓄以及恢复使用工薪实物券、统一货币等。与此同时，有计划地增设合作社与临时流动推销站，深入农村吸收货币；扩大城市消费合作社、供给商店，吸收职工游资①；在部队驻地设立军人商店或代销店，推广预卖、赊卖、预征、预借等工作。为了不使群众吃亏，还决定预卖价格听落不听涨，赊卖价格听涨不听落。财政部门发行生产建设公债，弥补国家财政赤字，回笼货币。

在财政税收方面，统一财政收支，整顿税收。为了从根本上制止通货膨胀，稳定物价，实现财政收支平衡，继中央人民政府政务院作出《关于统一国家财政经济工作的决定》后，中共中央向各级党委发出《关于统一国家财政经济工作的通知》，要求必须用一切方法保障政务院决定的全部实施，并责成各级党委务必加强税务部门管理，保证税收任务全部完成。中共辽东、辽西省委，中共沈阳、旅大、鞍山、抚顺、本溪市委和人民政府认真贯彻中央精神，建立市县一级预算，实行分级管理和单位预算包干；实行企业上缴利润为主；党政公教职工继续过艰苦的生活；人民踊跃缴纳公粮、税收和购买公债；大力发展国营商业和合作社商业并对国营贸易实行专业统一管理、统一经营；对钢材、煤炭、水泥、汽油、棉布、木材等主要物资实行计划调拨制度，迅速增强了国营贸易控制市场的能力。

新中国成立后，辽宁地区各级党委和政府通过运用经济杠杆对市场进行调节取得明显成效，在很短时间内，迅速扭转了通货膨胀局面，稳定

---

① 指职工手中的闲散资金。

了经济秩序。

加强对国营商业和合作社的领导

早在1949年7月,辽东、辽西省就已分别成立了百货公司,其他市县也先后成立百货公司、百货商店,形成统一指挥、统一经营的国营百货公司系统。到1949年末,辽宁地区已有国营商业网点281个,供销社网点2657个,职工1.3万人,已建立起粮食、百货、纺织、土产等公司。

1951年,根据中央的决定精神,为了加强国营商业的业务经营管理工作,辽东、辽西省又设立粮煤、建筑、器材、花纱布等行业的省级公司。各市、县贸易公司所属粮食、土产和百货部,都改组为市、县专业公司,并相应建立与省对口的专业公司或批发商店。各市、县公司受省公司和当地工商局(科)的双重领导。根据各专业总公司和东北人民政府贸易部的指示,辽东、辽西省统一了商业经营机构名称,并以专业公司领导为主。至1951年末,辽东、辽西省及沈阳、旅大、鞍山、抚顺、本溪市建立专业公司1087个,拥有职工2.78万人。

在建立国营专业公司的同时,辽东、辽西省还建立起各级专业采购供应站。供应站分为全国性(一级)的采购供应站,地区性(二级)的采购供应站和县、市区域性(三级)的批发部(商店)。1951年4月,东北人民政府贸易部决定,按经济区建立批发站,由东北区百货公司先后在沈阳、旅大、锦州和安东建立。其中,沈阳为甲级站,旅大、锦州为乙级站,安东为丙级站。

国营商业机构主要采取计划管理、财务管理和储运管理的方式对商业进行管理。1950年,辽东、辽西省商业厅系统自上而下建立起商业计划统计机构,省、市、县各单位按照中央人民政府贸易部发布的《编订国营贸易计划暂行办法》的规定,根据商品产销、供需情况,制定、提报商品流转计划。1951年9月,辽宁地区国营商业机构执行中央人民政府贸易部发布的《国营贸易计划商品目录》的有关规定,花纱布、百货等专业省公司负责管理95种计划商品的购进、销售、加工、调拨、经销、进出口和储存指标。辽宁地区商业部门和企业单位还围绕扩大商品流通、改善经济管理、建立健全财务会计制度、加强流动资金和固定资金管理、降低商品流通费用、增加利润积累以及提高经济效益等方面开展财务会计管理工作,促进商业系统财务管理工作逐步走上正轨。针对国营商业企业库存商品管理滞后的现象,东北人民政府贸易部发出改善仓库管理的指示。辽宁各大中城市的工业器材和百货公司系统组成仓库整顿(清点)委员会,整顿仓库管理。

大力发展合作社经济。合作社经济是个体劳动者、小私有者相结合的集体经济组织,是个体经济走向社会主义经济的主要形式。手工业生产合作社、供销合作社和城市消费合作社,能够有计划地为社员服务。社员通过合作社购买所需要的生产资料和生活资料,运销多余的农产品和手工业品。国家大力扶持合作社经济,规定了一系列优惠措施。如 1950 年 10 月国营商业统一规定:凡供销合作社经营的主要商品按当地批发价格给予折扣;新成立的合作社在一年内免缴所得税;上下级之间调拨商品免缴营业税;所有供销合作社商业的营业税减征 20%;铁路运输费降低一等。由于国家的大力扶持,合作社经济尤其是农村供销社经济有了较快发展[①]。

到 1952 年末,辽宁地区已有农村基层供销合作社 2267 个,经营门点 7064 个,零售额达 38952 万元,比新中国成立时增加 9.2 倍,占社会商品零售额的 20.6%。手工业合作组 237 个,职工人数达 12321 人,总产值 2358.4 万元。合作社经济已成为新民主主义经济[②]的重要组成成分之一。

扶持私营工商业和个体工商业

根据中共中央对私营工商业实行"利用、限制、改造"和"发展生产,繁荣经济,公私兼顾,劳资两利"以及中共中央东北局提出的保护私营工商业的有关方针政策,针对私营工商业停业、减产的状况以及私营

① 朱川、沈显惠主编:《当代辽宁简史》,当代中国出版社 1999 年版,第 39—40 页。

② 新民主主义经济是中国共产党领导新民主主义革命的经济基础。它是半殖民地半封建社会向社会主义社会转变过程中的过渡形式。它既不是纯粹的资本主义经济,也不是纯粹的社会主义经济,而是既有资本主义经济成分,又有社会主义经济成分,还有各种形式的个体经济和合作社经济的多种经济成分同时并存的社会经济形态。

工商业者存在的种种疑虑，辽宁地区各级党委和政府及时组织私营工商业复工复业，并适当地帮助其解决生产和经营中遇到的原料、加工、销售和资金等实际困难，使私营工商业有了较快的恢复和发展。到 1949 年底，辽宁私营工业的户数恢复和发展到 8016 户，从业人员 6.7 万人；私营商业的户数恢复和发展到 11.97 万户，从业人员 19.49 万人。私营经济的恢复和发展，对促进辽宁地区经济的恢复，活跃城乡市场起到积极作用。

1950 年春季以后，随着市场物价的初步稳定和国家财政经济工作的统一管理，市场上的虚假购买力消失，造成一些物资一时供过于求，私营工商业又遇到一些困难。为使有利于国计民生的私营工商业摆脱困境，能在国营经济的领导下为国民经济的恢复和发展服务，从 1950 年起，辽宁地区开始对工商业中公私关系、劳资关系和产销关系进行合理调整。

在工业方面，根据“统筹兼顾”的原则，一方面给私营工业在生产经营范围、原材料分配、销售市场、价格、税收以及信贷等方面必要的照顾，帮其渡过难关；另一方面由政府和国营企业通过合同形式，委托私营工厂加工及向私营工厂订货，国营商业对私营工厂生产的成品进行收购及全部或部分包销，逐步发展了一批公私合营企业，并引导私营企业改善经营管理，改善劳资关系。

在商业方面，采取缩小国营商业零售范围，调整批零差价、地区差价等措施。国营企业通过合同形式委托私营商店收购和推销产品等措施，使私营商业有适当利益和经营空间。同时，国营经济还积极扶持和发展合作社商业，在贷款、商品供应和价格等方面给以优惠，使其逐步成为国营商业的有力助手。

通过改善公私关系，改进和放宽对私营工商业的限制，私营工商业在较短的时期内恢复了正常的生产和经营。到 1951 年底，私营工业 10691 户，从业人员 10.03 万人；私营工业总产值 0.52 万元。私营商业 16.15 万户，从业人员 23.85 万人，社会商品零售额 0.47 万元。人民政府通过加工订货、统购包销、经销代销等初级模式，把私营工商业的生产和销售逐步纳入国家宏观管理的轨道。特别是公私合营工商业的出现，为大规模对私营工商业进行社会主义改造奠定了基础。到1952年底，在私营工商业总产值中，加工订货、统购包销的份额由1949年的30.7%上升到64%，公私合营的份额由2.2%上升到7.8%。私营商业尽管户数减少，但社会商品零售额比1949年增长51.8%[①]。

新中国成立之初，辽宁地区城乡有相当数量的个体工商业，主要是城镇的摊贩和城乡的行商、游商，以及其他从事经营服务的个体劳动者。他们经营的商品和开展的服务，与人民生活密切相关。1950年初，辽东、辽西省和沈阳、旅大、鞍山、抚顺、本溪市对摊贩进行统一登记、清理，取缔了一些不利于国民经济发展的摊贩。对有利于国计民生的个体工商业则予以利用，在政策上给以适当扶持，推动其健康发展。1950年，辽西省个体工商业从业人数为52816人，销售总值901.1万元，到1951年已发展到从业人数56549人，销售总值达1168.6万元。据沈阳、旅大、鞍山、抚顺、本溪、安东、锦州、辽阳、营口、阜新10个城市，锦州专区、安东专区、铁岭专区3个专区，以及本溪县、金县和长海县3个市代管县的统计，1949年底，辽宁地区手工业从业人数110791人，总产值12378.8万元；1950年从业人数122578人，总产值17705.1万元；1951年从业人数137187人，总产值20906.2万元；1952年从业人数153289人，总产值24446.2万元。所从事的种类也逐渐丰富，包括金属制品、石灰、搪瓷、家具、棉纺织品、皮革等30多个种类[②]。由于政策对头，措施得当，辽宁地区个体工商业有了较大的发展。到1952年末，个体工商业者达36万人。他们在补充国营工商业的不足，满足城乡人民日常生活需要等方面起到了积极作用。

促进城乡物资交流

辽宁地区严格执行国家的各项指示、政策，商业得到了一定的恢复和发展，商品经营和市场逐渐活跃起来。但1950年上半年，辽宁地区普

---

① 辽宁省地方志编纂委员会办公室主编：《辽宁省志·计划志》，辽宁科学技术出版社1999年版，第78页。

② 辽宁省手工业管理局、手工业生产联社：《辽宁省手工业统计资料汇编》(1949—1957)，1958年6月编制。

遍出现市场萧条的状况,突出的问题是:城市中工业品滞销,粮食等农副产品供应不足;农村的农副产品积压,一些必需的工业品和日用品缺乏。为迅速摆脱这种不利于发展的局面,辽宁地区根据中共中央关于"发展生产、繁荣经济、城乡互助、内外交流"的方针,广泛开展城乡物资交流。

1950 年 7 月 14 日,辽西省人民政府商业厅发出《为搞活城乡贸易的指示》,强调指出:必须认识到国营商业在工农业生产中的作用,国营商业的中心任务就是搞活城乡贸易,达到工农产品交流,实现商业在整个国民经济中的纽带作用;必须为工农业生产服务,承担起调剂供求、稳定物价、城乡交流的责任。根据指示,辽西省采取了一系列具体措施。

调整公私关系。各市县工商科通过会议形式传达工商业政策,着重说明税率调整,使工商业者休养生息。同时,国营商业发挥对私营工商业经营上的扶助、鼓励作用,调整批发、零售的价格,照顾小卖商的实际困难。

收购农民余粮和土产。在购粮 1 万吨基础上,再收购小麦 1 万吨,解决农副产品积压问题。土产公司除完成国家指定收购工业原料等 10 种产品 116.8 万元任务外,收购国家计划外的羊毛、杂铜等 52.6 万元。

严格执行物价政策。坚持薄利多销,按低于零售价格 4% 的市场批发价格销售;调整货物价格,简便货物调拨运输手续。

1951 年 6 月,东北人民政府作出《关于举行东北区物资交流展览大会的决定》。辽宁地区各省、市积极响应,结合本省或本市的实际情况,开展形式多样的城乡物资交流工作。1952 年,辽西和辽东两省供应农村商品零售额达 0.59 万元,比 1950 年增长 1.3 倍;农村出售农副产品总额达 0.67 万元,比 1950 年增长 60.6%[①]。在城乡物资交流中,国营经济进一步发展壮大,特别是在市场批发贸易上已占绝对优势,发挥了国营经济领导市场的作用;合作社商业在国营经济的扶助下,也迅速发展起来,有力地促进了工农业生产的恢复和发展,同时为改善城乡人民生活和商品流通作出了积极贡献。到 1952 年底,城乡社会商品零售额达

① 辽宁省地方志编纂委员会办公室主编:《辽宁省志·计划志》,辽宁科学技术出版社 1999 年版,第 79 页。

2万元,比1949年增长2.2倍,基本形成以国营商业为领导、以合作社商业为助手的新贸易网。

从1949年到1952年,辽宁地区在中共中央和中共中央东北局的领导下,依靠广大人民群众高度的积极性和创造性,胜利完成恢复国民经济的历史任务。工业、农业、交通运输、商业等得到全面恢复和发展,经济状况得到根本好转,城乡人民生活得到改善。在经济恢复的三年时间里,国营经济领导下的五种经济成分并存的新民主主义经济[①]体制得到确立。到1952年底,辽宁地区的国营经济已占社会总产值的61.9%,合作经济占1.8%,公私合营经济占0.6%,私营经济占7.3%,个体经济占28.4%[②]。国营商业和合作社商业的社会商品零售额占全地区社会商品零售总额的比重,由1949年的36.1%上升到85.6%。国家银行已经掌握全省存款的99.25%(包括财政性存款、国营及合作社存款、储蓄存款)[③]。国营经济在国民经济优势地位的确立,为巩固人民民主专政,恢复和发展国民经济,有计划地大规模经济建设和向社会主义过渡打下稳固的基础。

① 新民主主义经济是中国共产党领导新民主主义革命的经济基础。它代表着各革命阶层的经济利益,是一种特殊的、相对独立的经济形式,代表着近代中国社会经济的发展方向,是半殖民地半封建社会向社会主义社会转变过程中的过渡形式。它既不是纯粹的资本主义经济,也不是纯粹的社会主义经济,而是既有资本主义经济成分,又有社会主义经济成分,还有各种形式的个体经济和合作社经济的多种经济成分同时并存的社会经济形态。

② 辽宁省地方志编纂委员会办公室主编:《辽宁省志·计划志》,辽宁科学技术出版社1999年版,第81页。

③ 岳岐峰主编:《辽宁经济事典》,人民出版社1992年版,第14页。

第四章

各项建设事业的广泛开展

在中共中央一系列大政方针的指引下，辽宁地区在进行镇压反革命运动、抗美援朝、恢复和发展经济的同时，积极进行民主建政工作；团结教育知识分子，有计划、有步骤地对各项社会事业进行改造和建设；开展“三反”“五反”运动，加强党的建设等。各项建设事业全面展开。

一、思想宣传工作和文化教育卫生事业的发展

积极贯彻党的思想宣传工作方针和任务

新中国成立后，在新形势下，用马克思列宁主义、毛泽东思想来宣传和教育人民，成为动员一切社会力量共同建设新中国的必然要求。在党的领导下，辽宁地区的宣传思想工作结合各地区中心工作，组织各方面宣传力量，向全体党员干部、人民群众宣传马列主义、毛泽东思想，宣传党的路线、方针、政策，引导人民沿着社会主义方向前进。

根据中共中央关于迅速建立健全各级党的宣传机构的指示精神，1949 年 10 月，中共辽东、辽西省委及其所属各市委先后成立由常委担任部长的党委宣传部门，中共沈阳、旅大、鞍山、抚顺、本溪市委亦建立了党委宣传部门。同时，在工业、财政、银行、农林水利、贸易、公安、卫生等部门，都设立了宣传机构。1951 年 1 月，中共中央作出《关于在全党建

立对人民群众的宣传网的决定》。辽宁地区各级党委积极贯彻《决定》精神，建立广泛的宣传网，由优秀党团员和青年积极分子担任宣传员，并指定党员中担任区和总支以上各级团委书记及群众团体的主要负责人为该级党委的报告员。到1952年7月，辽宁地区发展宣传员128178名、报告员3234名。宣传员、报告员经常到各种群众性的活动场所作报告、讲演，进行宣传活动。辽西省大部分县都建立20个到40个宣传站，全省共有宣传站663个。党对群众的宣传成为群众生活中不可缺少的组成部分，很多地方群众几天不见宣传员活动，就问："这几天有什么消息？"辽东省工矿企业30%至50%的支部建立了宣传网，农村按自然村屯的距离与宣传员多寡组成若干组，城市机关30%至60%的机关支部建立了宣传小组。宣传网的建立，对于改变干部工作作风，密切党和人民群众的联系，推动国防建设和经济社会发展等起到显著作用。

1951年5月，第一次全国宣传工作会议在北京召开。会议确定了党在实施新民主主义建国纲领时期思想宣传工作的方针和任务，推动了各级党的领导机关把向党内外进行马列主义的宣传教育当作一项重要工作，并和党的中心工作结合起来进行。

掌握舆论工具是加强党的思想宣传工作的重要步骤。辽宁地区的宣传部门积极贯彻中央的部署要求，通过报纸、出版、广播、电影、学校等媒介向各界人民宣传马列主义、毛泽东思想和党的各项主张，通过掌握舆论工具加强党的宣传思想工作。这些主要媒体在宣传和动员群众支援解放战争，积极参加土地改革、"三反""五反"运动、抗美援朝运动等方面发挥了巨大作用。同时配合中共中央关于"把东北建设成为全国的工业基地"的历史任务，突出宣传报道鞍钢、阜新市海州露天矿等重点建设工程取得的成就，还突出宣传孟泰、王崇伦、马恒昌、赵国有等一大批以国家主人翁态度忘我劳动的典型，极大地推动了当时开展的技术革新等活动。抗美援朝战争开始后，《东北日报》派出优秀记者随军入朝，在战场上采写了大量激动人心的通讯报道，大力宣传了黄继光、邱少云、杨根思、罗盛教等战斗英雄的模范事迹，鼓舞了后方军民的斗志。

党在新中国成立后，即提出系统学习宣传毛泽东思想的任务。1950年5月，党中央决定成立中共中央毛泽东选集出版委员会，以中央名义编辑《毛泽东选集》,在全国出版发行。从7月1日起,《人民日报》陆续刊登正在编辑中的《毛泽东选集》第一卷的部分文章。1951年10月12日,《毛泽东选集》第一卷正式出版发行,辽宁地区共发行8.9万册。这一天,在新华书店沈阳分店马路湾门市部前,读者从凌晨3点开始排队,争相购买。12月1日,中共辽东省委召开省直属机关及安东市干部学习《毛泽东选集》动员大会。会议要求各级干部要认真学习毛泽东思想,领导干部要在学习中起好带头和组织作用。省委同时还制订了关于学习《毛泽东选集》的计划。1952年4月,《毛泽东选集》第二、第三卷出版,毛泽东思想作为中国革命和建设的指导思想在全国得到广泛传播。6月,中共旅大市委组成《毛泽东选集》学习小组,市委书记欧阳钦任组长,领导全市开展马列主义、毛泽东思想系统学习活动。

提倡用马克思主义的观点和方法研究和解释历史,是党在宣传思想文化方面的一项重要工作。1951年,党在这方面的工作,首先围绕对电影《武训传》[①]的评价展开的。《武训传》这部电影所歌颂的是清末以"行乞兴学"著称并受到封建统治者表彰的"千古奇丐"武训。对此,报刊上出现了赞扬和批评两种意见。5月20日,《人民日报》发表《应当重视电影〈武训传〉的讨论》的社论,从如何评价武训这个历史人物,引申到如何看待中国近代历史和中国革命道路等根本性的问题。辽宁地区的文艺界开展了关于电影《武训传》的讨论和批判。6月9日至20日,辽东、辽西省文联,东北文协文工团、东北鲁艺文工团的主要干部、作家、导演和演员,参加由东北人民政府文化部主持的《武训传》讨论会。8月,《东北日报》发表社论,要求:第一,深入开展对《武训传》的讨论,联系自己的思想和作品,彻底清算《武训传》及对武训的认识。第二,检查各种书刊、小人书是否宣传资产阶级反动思想,检查封建、买办、法西斯主义的反动思想,给予批评并逐步肃清。第三,反对资产阶级自由主义和庸俗作风,提高共产党员和无产阶级作家的马列主义水平,加强阶级性、党性。第四,建立经常性的文艺批评组织,有步骤地抓住要害,经常

---

① 故事片《武训传》由上海私营昆仑影业公司1950年拍摄完成,孙瑜编导、赵丹主演。它取材于我国清朝末期的真实事件,讲述了武训行乞30年兴办义学的故事。

开展文艺批评。把武训这样的具体历史人物摆在近代中国的历史条件下重新考察，帮助人们从中分清什么是人民革命，什么是改良主义，以提高人们的认识是必要的。讨论和批判这部电影，提出的不仅是如何评价武训这一个历史人物的问题，而且引申到如何看待中国近代史上什么是人民民主革命，什么是资产阶级改良主义，这在当时是需要的。这次批判实际上成为知识分子改造的一部分。但由于把问题提到政治上尖锐的程度，以致批判中出现过于片面、武断的情况。

文学艺术的发展

辽宁全境解放后，一大批革命文艺工作者先后来到辽宁地区，一些文艺团体相继诞生，如东北文协文工团、东北鲁艺文工团、音工团、东北文教队、辽东白山文工团、辽西文工团等，对辽宁文艺事业的发展起到了重大作用，产生了深远影响。

新中国成立后，辽宁地区广大文艺工作者在毛泽东《在延安文艺座谈会上的讲话》精神鼓舞下，创作了许多优秀的具有广泛影响的文学艺术作品，丰富了广大群众的精神文化生活，对于提高广大群众思想政治觉悟，改造社会道德风尚，作出了一定的贡献，为辽宁地区社会主义新文艺的建设和发展奠定了坚实基础。其中，有些作品在全国产生重大影响。1952 年 10 月，在国家文化部举办的第一届全国戏曲观摩演出中，抚顺京剧团的《雁荡山》荣获演出一等奖；沈阳评剧团的《小女婿》荣获演出一等奖、剧本奖、导演奖和演员一、二、三等奖。1952 年，辽宁地区共有艺术表演团体 63 个，表演场所 71 个。

东北全境解放后，东北新华广播电台（区台）由哈尔滨迁至沈阳，沈阳新华广播电台并入东北新华广播电台。东北新华广播电台由中共中央东北局宣传部领导。1950 年，东北新华广播电台改称东北人民广播电台，与沈阳人民广播电台（市台）同一机构。1950 年 5 月 15 日，东北人民广播电台在沈阳正式播音[①]。到 1951 年底，“辽宁各地普遍建立了收音网组织，拥有收音员 3874 名，收听小组 11038 个。各工厂企业建立

① 当代中国丛书编辑部:《当代中国的辽宁》（下），当代中国出版社 1994 年版，第 89 页。

有线广播站 293 座。”[①] 此外，辽宁地区的省级广播电台有辽东人民广播电台，由中共辽东省委宣传部领导；辽西人民广播电台，由中共辽西省委领导。此外，辽宁地区先后出版发行的报纸有《东北日报》《沈阳日报》《辽西日报》《辽东大众》《旅大人民日报》等。1949 年全省报纸总印数 2575.6 万份[②]。

教育事业的发展

新中国成立前，辽宁地区共有高等学校 9 所、中等学校 137 所、师范学校 13 所、小学 6881 所；社会教育有民众教育馆 25 处、图书馆 21 处、民众学校 184 处[③]。为适应经济建设和文化建设需要，进一步推进正规化新型教育，1949 年 9 月 26 日，东北人民政府文化教育部在沈阳召开第四次教育会议。会议讨论和修订了有关教育工作的文件，使辽宁地区的教育得到恢复和发展[④]。

1949 年 12 月 23 日，中华人民共和国教育部在北京召开第一次全国教育工作会议，确立了逐步改革旧教育的方针、步骤和发展新教育的方向。其主要任务是提高人民文化水平，培养建设人才，肃清封建的、买办的、法西斯的思想，其目的是为人民服务，首先是为工农兵服务。会议强调新民主主义教育要以老解放区教育经验为基础，吸收旧教育某些有用的经验，特别要借助苏联教育的先进经验。在全国第一次教育工作会议精神指引下，辽宁地区的教育事业得到较大发展。城乡小学向工农子弟敞开大门，彻底改变了旧中国“富人代代进学堂，穷人辈辈是文盲”的

---

① 辽宁省地方志编纂委员会办公室主编:《辽宁省志 · 中国共产党地方组织志》，辽宁民族出版社 2005 年版，第 355 页。

② 当代中国丛书编辑部:《当代中国的辽宁》（下），当代中国出版社 1994 年版，第 82 页。

③ 辽宁省地方志编纂委员会办公室主编:《辽宁省志 · 教育志》，辽宁大学出版社 2001 年版，第 7 页。

④ 东北人民政府文化教育部第四次教育会议讨论和修订的文件是:《东北区中学教育暂行实施办法（草案）》《东北区师范学校暂行实施办法（草案）》《东北区小学教育暂行实施办法（草案）》《东北区公立中学校教职员暂行服务条例（草案）》《东北区小学教职员暂行服务条例（草案）》《东北区初等和中等学校校规（草案）》《东北人民文化馆试行实施办法（草案）》。1949 年 11 月 8 日，东北人民政府以《通令》的形式公布了上述文件。

极不合理状况。

中小学教育的发展。1949年辽宁地区有小学生185.3万人，到1952年，小学校发展到1.4万所，在校学生297.4万人。辽宁地区中等教育在继承和发扬老解放区教育经验的同时，积极学习和借鉴苏联教育经验。认真贯彻执行知识分子政策，加强教师队伍建设。通过组织教师学习马列主义理论、树立为人民服务的思想，进行文化进修和业务学习、提高业务水平，充分调动了广大教师的积极性，为教育事业的发展和教育质量的提高创造了有利条件。1952年，辽宁地区中学增加到162所，其中：高中48所，初中114所，比1949年增加72所，在校学生17.89万人；中等专业学校由1949年的27所增加到71所，在校学生5.46万人。

辽宁地区的中等教育在进一步加强新型正规教育的同时，按照关于改革学制的决定精神，积极贯彻“学校向工农开门”的方针。为提高工农干部的文化水平，从1950年开始，辽宁地区创办了工农文化补习学校和工农速成中学，仅1951年12月就有东北各产业系统的80名劳动模范到东北实验学校（今辽宁省实验中学）工农中学学习。全国劳动模范马恒昌①、赵桂兰②、田桂英③等都是通过工农速成中学的学习掌握了基础文化知识，进而完成了高等教育的学业。到1954年，辽宁地区共办起工农速成中学6所，在校学生5658人。

高等教育的发展。辽宁全境解放后，先后有中国医科大学、鲁迅文艺学院、东北行政学院、大连大学、沈阳农学院、沈阳工学院、东北商船专科学校、东北兵工专科学校等大学迁入或建于辽宁。1952年，根据国家对高校调整方案，辽宁地区遵照“统一计划，统筹分配，重点分工”的调整原则，以调整工科院校为重点，对辽宁地区高校院系进行调整（新

---

① 马恒昌，沈阳第五机器厂“马恒昌小组”组长。抗美援朝战争爆发后，该小组向全国职工发出开展爱国主义劳动竞赛的倡议，得到全国各地1.8万个班组的积极响应，为国民经济的迅速恢复起到了积极的推动作用。

② 赵桂兰，大连建新工厂的化学配置女工。1949年12月19日，她手持雷汞送往配置室，途中突然晕倒，为保护工厂安全，她紧握雷汞不放，跌倒时雷汞爆炸致残，被称为“党的好女儿”。

③ 田桂英，中长铁路大连机务段司机，1950年3月8日成为我国第一名火车女司机。1950年驾驶“三八”号机车，6个月安全行车3万公里。

中国成立初期,全国高等院校只设院系,不设专业,从1952年全国高校院系调整后,才开始设置专业)。经过调整,使高校不仅在专业设置上更加适应国家经济建设发展的要求,而且可以更合理地使用师资及图书、仪器等设备。至1952年,辽宁地区共有高校17所,在校学生1.63万人。

发展民族教育事业。新中国成立初期,国家采取多项措施发展民族教育。根据中央人民政府政务院《关于建立民族教育行政机构的决定》,辽西省文教厅国民教育科设立民族教育股,有两个县配备民族教育专职干部;辽东省文教厅配备一名朝鲜族专职干部;沈阳市配备一名朝鲜族专职干部。在少数民族分布地区,辽宁地区各级党委和政府通过拨款或资助,大力兴办学校,配备少数民族教师,使在校的少数民族学生迅速增加。1952年,辽西省批准建立1所蒙古族初级中学,少数民族在校生达7352名,蒙古文教师有131人。在一些少数民族聚居的地区,普通中学中设立少数民族班。在民族小学中,开展民族语文的教学工作。同时,针对少数民族中90%以上的人口是文盲的状况,开展扫盲工作①。"沈阳市新城子区黄家乡、兴隆台镇、苏家屯区南、北营子等锡伯族比较集中的村屯,适龄儿童基本全部入学,有些解放前辍学的,也都复学,入学率达到90%以上。"②

医疗卫生事业的发展

新中国成立后,1950年8月7日至19日召开的第一届全国卫生会议,确定"面向工农兵""预防为主""团结中西医"为新中国卫生工作的三大原则。据此,辽宁地区各级党委和政府重视发展卫生事业,提高人民健康水平。

建立卫生行政管理体系。为加强医疗卫生工作,辽宁地区逐渐形成健全的卫生行政管理体系。1949年,辽东、辽西省在省民政厅下设卫生

---

① 《几年来的民族工作情况》,辽宁省档案馆馆藏档案。

② 辽宁省地方志编纂委员会办公室编:《辽宁省志·少数民族志》,辽宁民族出版社2000年版,第456页。

处。1950 年,辽东、辽西省设立省卫生局(后又改设省卫生厅)。沈阳、鞍山、抚顺、本溪中央直辖市设立卫生局。1950 年 12 月,旅大行政公署与大连市政府合并改为旅大市人民政府,下设卫生局。各地卫生行政部门,在所辖区域内,按规定编制设立处、科、股等职能机构,在同级政府和上级卫生行政部门的领导下,各职能机构积极贯彻卫生工作方针,开展疾病防治、改善卫生环境,为建设和发展地区医疗卫生事业,提高人民健康水平发挥了重要作用。

建立医疗卫生机构。1949 年,辽宁地区仅有卫生医疗机构 73 个,卫生工作人员不足万人。在党和政府的重视和领导下,在恢复社会经济的同时,卫生事业得到长足发展。在地方,以公有制为主,以工厂矿山为重点,普遍建立医疗卫生组织。1950 年,辽宁地区有公营、私营医疗床位(不包括工业系统)3337 个,1951 年为 4135 个,1952 年增加到 4958 个。卫生工作人员方面(不包括工业系统):1950 年辽宁地区有公、私卫生人员 11313 人,1952 年增加到 18783 人[①]。

提高妇幼保健工作水平。新中国成立前,辽宁地区妇幼保健工作不被重视,90% 以上都是采用旧法接生,产妇死亡率高达 15‰,婴儿死亡率高达 200‰。新中国成立后,妇幼保健工作受到各级党委和政府的高度重视。辽宁地区各级人民政府在卫生工作中,认真贯彻《中国人民政治协商会议共同纲领》中规定的“注意保护母亲婴儿及儿童的健康”方针,妇幼保健工作受到应有重视,主要进行了组建各级妇幼保健站和推行新接生法,对旧产婆进行培训改造等工作。

1949 年 12 月 27 日,中共辽东省委召开常委会议,重点研究改造旧医生和改造旧产婆问题。会议提出要进行培养和办训练班,县里一个医院办一个训练班。要求医生下工厂、下农村,树立服务群众的观念,把思想作风转变过来。1951 年 2 月 17 日,辽西省政府卫生处作出《关于立即组成接生员训练委员会的决定》。要求由妇联、卫生院负责,会同卫协组成县接生员训练委员会。辽宁地区根据实际情况开办新接生法培训班,用集中训练或炕头讲学或流动讲学等方式,边讲、边作、边练,使新法

---

① 《几年来辽宁省卫生工作概况》(1954 年),辽宁省档案馆馆藏档案。

接生工作取得了较好效果。1950年至1951年,辽宁地区共改造旧产婆和训练接生人员2.096万人次,到1954年农村达到了每个行政村有1个新法接生员的目标①。旧产婆学习改造后,改称接生员,并不断地进行培训和复训工作。

辽宁地区各级妇幼保健站的建设工作发展迅速。1949年,辽西省仅有私人联合的助产站2个;1950年发展到9个妇幼保健站(其中公私联合的3个、私人联合的6个),助产站408个;1952年公立的妇幼保健站发展到41个,全省又充实了702个接生站;接生员由1950年的2213名发展到1951年的7134名②。1952年,辽东省妇幼保健站150个,接生站2423个③。妇幼卫生保健工作的开展,有力地保证了妇女儿童的身体健康。由于推行科学的新法接生,死亡率极大地降低。

积极发展卫生防疫事业。新中国成立前,辽宁地区鼠疫、霍乱、天花等传染病十分猖獗,甲状腺肿大、克汀病等地方病严重威胁人民的身体健康。新中国成立后,为防控疫病流行、增强人民免疫力、保障人民身体健康,东北人民政府采取了有力措施:加强领导,开展各种防疫工作;建立健全防疫工作网,加强卫生宣传教育;发动卫生大清扫运动;加强灭、防害虫(如蚊蝇)工作;加强公共场所和集会的管理;进行预防接种;加强个人预防④;在具体工作中形成疫情报告制度。

辽宁地区首先在锦州、沈阳建立铁路卫生防疫站。1952年3月,辽宁地区第一个市级卫生防疫站——安东市卫生防疫站成立。其后,锦州、抚顺、鞍山、本溪和旅大市相继成立市级卫生防疫站。1952年末及1953年初,辽东、辽西省分别建立省级卫生防疫站。辽东省卫生防疫

---

① 辽宁省地方志编纂委员会办公室主编:《辽宁省志·卫生志》,辽宁人民出版社1999年版,第278页。

② 辽西省人民政府卫生厅:《1953年妇幼卫生工作总结》(1953年12月),辽宁省档案馆馆藏档案。

③ 辽东省人民政府卫生厅:《三年来卫生工作基本总结》(1952年10月21日),辽宁省档案馆馆藏档案。

④ 《东北人民政府关于加强秋季防疫工作的指示》(1950年9月13日),辽宁省档案馆馆藏档案。

队 1950 年建立时仅有 22 人，到 1952 年发展到 280 人[①]。辽西省增设省防疫大队，为开展卫生防疫工作做了大量工作。随着省级防疫机构的建立和防疫工作的开展，各市、县（区）的卫生防疫机构也相继建立起来。1952 年 10 月，辽宁地区第一个县级卫生防疫站——安东县（东沟县）卫生防疫站成立。1953 年 3 月，沈阳市和平区建立了辽宁地区第一个区级卫生防疫站。同时，结合防疫工作需要，在辽宁地区陆续设立传染病院、传染病隔离所等机构。1949—1952 年，辽宁地区的卫生防疫工作在发展机构、配备人员、使用经费上，基本是以防疫工作为重点的[②]。

辽宁地区各级卫生防疫站建立后，在预防与控制疫情传播、消灭疫情源头等方面采取相应措施。1950 年 7 月 1 日，辽东省人民政府发出《关于加强预防鼠疫工作的指示》，要求迅速健全和成立有各级政府负责人员参加的市县旗区防疫委员会、街村防疫小组，领导防疫工作。在实际工作中，为有效防治传染病的发生与流行，主要采取了大规模药物杀虫，开展全民性的免疫接种、注射等免疫方法。首先，建立推行机构。辽东省在卡介苗接种时建立以市长为主任委员的推行委员会，下设常务委员。各委员均由各医疗单位负责人与有关部门（学校、妇联等）负责人担任。推行委员会下设组织、宣传、技术、总务 4 个组。其次，开展宣传动员工作。在街道、学校张贴标语、宣传画等，通过文化馆出黑板报、电影院放映幻灯、无线电广播、组织秧歌队进行宣传；利用学校、群众大会、教师训练班等举行演讲报告，散发宣传单；通过街道防疫委员会、居民卫生小组进行宣传活动。再次，培训工作人员。以所在各市为单位举办短期训练班，由参加国家和东北培训的受训学员为讲师。训练期间，以讲述接种知识和实际操作相结合的方式进行培训，结业时要对学员进行考试测验。最后，进行接种后检查。在规定的时间内，对接种人群进行分头检查与宣传解释，消除被接种人员的思想顾虑。1952 年 4 月 24 日，中共辽东省委发出《关于加强防疫工作的指示》。要求健全各级防疫组

① 辽东省人民政府卫生厅：《三年来卫生工作基本总结》（1952 年 10 月 21 日），辽宁省档案馆馆藏档案。

② 辽东省人民政府卫生厅：《三年来卫生工作基本总结》（1952 年 10 月 21 日），辽宁省档案馆馆藏档案。

织；广泛开展爱国防疫卫生运动，作为杜绝疫病流行的基础；责成党支部帮助村政府解决村卫生委员及小组长在受训期间的家庭生产问题；通过县防疫委员会严密注视全县人畜病死的变化，区别当地既有与特殊传染病[①]。

由于采取有效措施和方法，辽宁地区传染病得到有效控制，疾病死亡率大幅下降。辽东省 1950 年天花病患者 1825 人，到 1952 年患者 30 人，发病率下降 98.36%[②]。辽西省疫病发生由 1952 年的 20.6983 万人下降到 1953 年的 7.9697 万人，发病率下降 61.5%[③]。1950 年后，辽宁地区未再发生鼠疫。在各级党委的领导下，辽宁地区的防疫工作从无到有，逐步发展壮大，基本控制了疫病的发生和流行，人民身体健康得到了保障。

大力开展群众性的爱国卫生运动。辽宁地区的爱国卫生运动，是从抗美援朝战争时期为粉碎美帝国主义的细菌战开始的。1952 年 12 月 21 日，中央人民政府决定，把爱国卫生运动作为全国人民卫生工作的重要组成部分，将各级卫生防疫委员会改为爱国卫生运动委员会。从 1952 年开始，结合反细菌战的群众运动，辽宁人民在党和政府领导下，从城市到乡村掀起了轰轰烈烈的爱国卫生运动，收到良好效果。群众用很多创造性的办法，做好环境卫生与个人卫生[④]。在党和政府的领导下，爱国卫生运动由按季节进行、临时性安排的突击运动变为经常性的活动。爱国卫生运动的经常性开展使群众性的卫生运动逐渐和生产生活密切结合起来，改善了人民群众的劳动条件和生活状况，保证了生产能够顺利进行。

促进少数民族地区医疗卫生事业发展。辽宁地区各级党委和政府在少数民族聚居地区采取多种形式进行宣传教育，给群众讲卫生知识和防病治病常识，清除迷信巫医，不断提供科学的防病条件。在少数民族

---

① 中共辽东省委：《关于加强防疫工作的指示》（1952 年 4 月 24 日），辽宁省档案馆馆藏档案。

② 辽东省人民政府卫生厅：《三年来卫生工作基本总结》（1952 年 10 月 21 日），辽宁省档案馆馆藏档案。

③ 辽西省人民政府卫生厅：《辽西省 1953 年卫生工作总结》（1954 年 2 月 26 日），辽宁省档案馆馆藏档案。

④ 辽东省人民政府：《关于开展爱国卫生运动粉碎美帝国主义的细菌战的报告》（1952 年 8 月），辽宁省档案馆馆藏档案。

地区,重点建立民族医疗卫生组织,如卫生所、妇幼保健站;开展培训少数民族医生、改造少数民族中旧产婆等项工作。如阜新县建立少数民族的区卫生所12处,有蒙古族医生4名;中心村卫生所17处,有蒙古族医生69名;村卫生所11处,有蒙古族医生35名。辽宁地区少数民族医疗卫生事业的发展,为民族地区的人民群众就医提供了方便,提高了他们的平均寿命和身体健康水平。

知识分子的思想改造运动

1951年10月23日,毛泽东在全国政协一届三次会议上发出在全国开展知识分子思想改造运动的号召,强调“思想改造,首先是各种知识分子的思想改造,是我国在各方面彻底实现民主改革和逐步实行工业化的重要条件之一”[①]。11月30日,中共中央发出《关于在学校中进行思想改造和组织清理工作的指示的通知》,要求在所有大中小学的教职员和高中学校以上的学生中,普遍地进行初步的思想改造工作。1952年1月,全国政协常委会作出《关于开展各界人士思想改造的学校运动的决定》。因此,由教育界开始的以改造思想为主要内容的学习运动,逐渐扩展到整个知识界,发展为全国规模的知识分子思想改造运动。

按照中央统一部署,经过试点,从1952年4月起,辽宁地区的大专院校及中小学校集中时间进行有全体教职员工和部分学生参加的知识分子思想改造运动。在各省、市委领导下,各地都成立各级学习委员会,统一领导各地运动的进行。运动的准备工作,主要是根据参加学习人员的平时表现和思想、政治、历史等各方面具体情况进行分析、排队分类。大致划分为:思想上没有严重问题的人;思想作风上有较大毛病,但愿意改正错误,力求进步的人;少数思想上政治上存在严重问题的人;极少数政治上或经济上有极严重问题的人。

知识分子思想改造运动的过程大致分为两个阶段:第一阶段,在进行全面动员的基础上,进行个人自我检讨。首先由各校领导带头进行检

① 毛泽东:《在全国政协一届三次会议上的讲话》(1951年10月23日、11月1日),《毛泽东文集》第6卷,人民出版社1999年版,第184页。

讨，然后一般教职员分批分层次进行，经过批评和自我批评后，洗澡过关。这个阶段根据不追不逼、启发自觉、主动交待的原则，由知识分子根据个人的思想立场，结合自己的工作、经历进行自我剖析，自我检查，然后听取并接受群众的批评。在组织和群众的帮助下提高认识，逐步分类检查过关。第二阶段，在思想改造学习的基础上，进行组织清理，主要是开展忠诚老实运动，在划清思想界限的基础上进一步划清组织界限，忠诚老实地交待个人历史，组织根据个人表现及分析交待的问题进行组织处理。

按照 1952 年 1 月 5 日全国政协 34 次会议通过的《关于开展各界人士的思想改造的学习运动的决定》要求，从 5 月开始，辽宁地区文艺界结合“三反”运动，学习毛泽东《在延安文艺座谈会上的讲话》，开展思想改造运动。后来，知识分子思想改造运动又逐步扩大到科技、民主党派、政府机关、人民团体、工商界和宗教界的广大知识分子。

知识分子思想改造运动，促进了知识分子的思想转变，清除了帝国主义、封建主义和官僚资本主义的政治思想影响，划清了革命与反革命的界限，批评了资产阶级思想，提高了知识分子的政治觉悟和爱国热情，激发了他们为人民服务的工作积极性。1952 年秋，随着“三反”运动的基本结束，知识分子思想改造运动也随之结束。

知识分子思想改造，由于是以搞运动的方式进行，因此有的单位要求过高过急，出现方法过于简单粗暴，思想批判是非界限不清的状况，伤害了部分知识分子的感情。但总体上讲，知识分子思想改造运动的效果是积极的，党对运动发生的问题也比较及时地予以纠正。

二、开展“三反”“五反”运动

反对贪污反对浪费反对官僚主义的斗争

1951 年 5 月，中共中央东北局召开城市工作会议，提出“为增产节约 500 万吨粮食的财富而奋斗”的任务，号召开展增产节约运动。为贯彻东北局这一决定，辽东、辽西省和沈阳、旅大、鞍山、抚顺、本溪市相继召开干部大会、职工代表大会或职工代表会议，动员广大职工投入增产节约运动中去，在运动中作出自己的贡献。这一号召得到热烈响应，从工业系统逐步发展到机关、部队、商店和学校，其内容也扩展到清理资财、登记家底、精简机关、裁减冗员，取得很大的经济和社会效益。

但是在增产节约运动中，发现少数共产党员、领导干部和公职人员有贪污腐化行为。不消除这种行为，不但难以取得增产节约运动的全胜，而且将严重危害党和国家的健康肌体。为此，1951 年 7 月 21 日，中共沈阳市委召开全市科长以上干部大会，动员布置在全市范围内开展反对贪污腐化的斗争。23 日，又发出《关于开展反贪污斗争的计划》。到 8 月 25 日，沈阳市进行了反贪污腐化斗争的第一个回合。虽然只有 1 个月的时间，但揭露出来的问题触目惊心。有些干部贪赃枉法，接受贿赂，甚至与私商勾结盗窃国家资财；有些干部追求享受，饱食终日，官僚主义作风严重；有些干部工作严重不负责任，浪费惊人。9 月 6 日，中共中央东北局作出《关于开展反对贪污蜕化倾向反对官僚主义作风的决定》，要求各级党委、各机关、各部门的负责同志亲自领导，对一切贪污、腐化、堕落行为开展一次群众性的坦白、检举、批判运动，并须以最坚决的态度将这一运动进行到底，不许中断。

为了贯彻东北局这一决定，辽东、辽西省和沈阳、旅大、鞍山、抚顺、本溪市召开会议布置和动员开展反对贪污蜕化、反对官僚主义的斗争。1951 年 9 月 12 日，中共辽东省委作出《关于反对贪污蜕化倾向，反对官僚主义作风的决定》，《决定》指出：省委责成各级党的组织及其领导干部，必须毫无保留地切实遵照东北局的决定，结合各地、各机关的具体情况，在 9 月份内开展群众性反贪污蜕化倾向、反官僚主义的民主运动。从 9 月中旬开始，首先在省直属机关及安东、通化、西安（今辽源）、辽阳、营口等市开展了“三反”运动，并于 12 月初基本结束。

1951 年 9 月 13 日，中共辽西省委发出《辽西省委关于反贪污工作计划》。《计划》提出，首先这一运动要把全体工作人员政治思想提高一步，明确每个革命干部都必须廉洁奉公，使得每个工作人员都具有爱护国家财产、爱护人民利益的正确观念和自觉性。其次要经过这一普遍的坦白与检举运动,将各机关贪污腐化的事实与官僚主义的作风以及与此有关的问题普遍地、认真地揭发出来。第三是除对犯错误而又认真悔改者从宽处理之外,对那些严重贪污蜕化分子,应认真严格地处理。省委决定,省直机关和锦州等市及铁路系统于9月下旬开始,到10月中旬结束;各界于10月清理中层后开展。9月19日,辽西省委召开直属机关党员干部大会,各市县工商科长、各专业公司经理和部分非党干部参加了大会。省委书记郭峰作重要讲话,动员省直机关开展反对贪污蜕化,反对官僚主义的运动。

沈阳市在总结前段斗争基础上,布置继续开展反贪污腐化、反官僚主义斗争。旅大、鞍山、抚顺和本溪市亦按照计划,指示所辖各地党政机关和企事业单位全面开展这一民主运动,并把反贪污蜕化和官僚主义作风的斗争,作为整党教育的主要内容。

1951年11月1日,东北局向中央作了《关于开展增产节约运动,进一步深入反贪污、反浪费、反官僚主义斗争的报告》。报告列举出沈阳市在部分单位中揭发出一些干部严重贪污、浪费的事例。其中,东北贸易部仅检举和坦白的金额达5万元。浪费现象和官僚主义也很严重,仅东北铁路系统就积压价值上千万元的材料而不做处理。同时,华北局也向中央报告了河北省的严重贪污情况。这些情况,引起党中央和毛泽东的高度重视。11月23日,《人民日报》发表题为《向贪污行为作坚决斗争》的社论,并系统介绍了东北地区开展这一斗争的经验。12月1日,中央作出《关于实行精兵简政、增产节约、反对贪污、反对浪费和反对官僚主义的决定》。1952年元旦,毛泽东在新年祝辞中向全国人民发出大张旗鼓、雷厉风行地开展一个大规模的反贪污、反浪费、反官僚主义运动的号召。

辽宁地区各地党组织遵照党中央和毛主席关于"三反"运动的指示,在认真总结前段运动经验教训的基础上,普遍制订深入开展"三反"运动的工作计划。根据东北局的指示,1951年底前后,以各级党委纪律检查机关和政府监察机关为主,吸收有关部门干部参加,分别组成省、市、县和厂矿企业节约检查委员会,作为各级党委领导下的"三反"运动办事机构,使"三反"运动有领导、有计划、有步骤地向前发展。

辽宁地区的“三反”运动共分三个阶段进行。第一阶段是在深入发动群众的基础上，揭发一切贪污、浪费和官僚主义行为，并责令有贪污行为的人主动坦白交代问题。

其中，经济部门最为严重，辽东省经济部门贪污金额占全省贪污总额的 90.5%。从贪污的干部情况看，一些人身居要职，有职有权，给国家造成的损害最大。一些不法资本家乘虚而入，混进机关企业内部，成为经济“坐探”和代理人。浪费和官僚主义作风给国家财产造成的损失，远远超过贪污、盗窃的直接损失。据辽东省政府直属机关及营口等市不完全统计，由于部分领导官僚主义作风严重、工作又缺乏周密计划，盲目施工、盲目采购而造成的浪费事件达 1602 起，损失国家资财高达 337.6 万元。据辽西省 23 个单位统计，发生浪费事件 1914 起，损失资财 312 万元。

在追查一般贪污分子的同时，辽宁地区根据中央和东北局的指示，集中力量围剿大贪污犯，掀起了群众性的“打虎”高潮。一切大小贪污分子慑于群众运动的威力，在党的政策感召下，纷纷坦白自首，低头认罪，“三反”运动取得决定性的胜利。

但在群众发动起来以后，各地又出现一些过火行动，甚至“左”倾偏向。有的地区只顾“完成任务”，仅凭主观臆断，不做客观分析，“只信其有，勿信其无，宁多勿少”，特别是追查“老虎”中，有些地区和单位竟然毫无根据地盲目乱打，制造一些冤假错案，严重违反党的政策，致使一些贪污分子、贪污数字不大的人或逃跑或自杀，造成很坏影响。有关党委对发生上述严重偏差的地区和单位进行了通报批评和及时纠正，并在运动后期做了妥善处理。

第二阶段从 1952 年 3 月起，是针对“三反”运动中揭露出来的问题定案追赃处理阶段。其间，中央人民政府政务院公布了《关于处理贪污、浪费及克服官僚主义错误的若干规定》《关于“三反”运动中成立人民法庭的规定》和《中华人民共和国惩治贪污条例》及东北局《关于处理贪污分子的几项具体规定》，将“三反”运动中揭发出来的问题，根据不同情况进行定案处理，使有关的处理工作进入法庭审判程序。按照“过去从宽，今后从严，斗争从严，处理从宽，应当严者严之，应当宽者宽之”的政策原则，采取实事求是、不怕麻烦、坚持到底、不枉不纵的方针，“是者定之，错者改之，应降者降之，应升者升之”，做到如实合理，既不纵“虎”归山，也不只凭口供定案的原则，区别情节之轻重，根据对国家和人民所造成损失之大小及其悔悟程度、一贯表现、退赔及功过大小等情况，至 1952 年 7 月底，中共辽东、辽西省委和中共沈阳、旅大、鞍山、抚顺、本溪市委对本地大、中、小贪污分子和犯有浪费、官僚主义错误的人进行核实定案和组织处理。

第三阶段从 1952 年 5 月起，是“三反”运动思想和组织建设阶段。东北局要求各级党委“‘三反’‘五反’运动末期（至迟应于五月十日开始）必须有一个为期一月至一个半月的思想建设阶段”①，交待与资产阶级的关系，适当地结合整党，系统地进行组织建设和制度建设。辽东、辽西省和沈阳、旅大、鞍山、抚顺、本溪市遵照上述指示精神，自 1952 年 5 月至 7 月，先后转入“三反”“五反”运动的思想建设阶段。这一阶段主要是通过对运动的总结，组织学习有关文件，提高思想认识，要求地方处以上党员干部、军队团以上干部增强奉公守法观念，树立廉洁求实、艰苦奋斗的工作作风。组织建设主要进行基层党组织改选，建立党内生活会制度、节约制度、检查报告制度等。

到 1952 年 10 月，“三反”运动结束。通过“三反”运动，教育了大多数干部，挽救了犯错误的同志，清除了党和国家干部队伍中的贪污腐败分子，树立了国家工作人员廉洁、朴素、为人民服务的作风，厉行节约、艰苦奋斗、爱护国家财产等新的社会风气进一步形成。

打击资本家不法行为的“五反”运动

从“三反”运动中暴露出的许多问题表明，重大贪污案件的共同特点是一些不法资本家同党政机关内部人员内外勾结，以各种非法手段牟取超额利润。1952 年 1 月 26 日，中共中央发出《关于首先在大中城市开展大规模的坚决的彻底的反对行贿、反对偷税漏税、反对盗窃国家财

---

① 中共中央东北局：《关于“三反”建设阶段深入进行思想教育的指示》，中共辽宁省委档案 636 卷，辽宁省档案馆藏。

产、反对偷工减料和反对盗窃经济情报的斗争》(简称“五反”),2月上旬,“五反”运动首先在各大中城市展开。

辽宁地区国营经济比重大,私营工商业的发展,多数是靠国营企业委托其加工订货,购买其原材料,或为国营企业代销产品而取得的。有些私营企业在资金短缺、原材料困难、产品滞销时,靠国家的扶助,才得以生存和发展。私营工商业在其发展过程中形成的对国家机关、企事业单位的从属性和依赖性的特点,一方面便于国家对私营工商业的监督、改造,另一方面也为私营工商业中的不法分子向国家机关、企事业单位进攻提供了渠道。一些抗拒改造的资产阶级分子,在唯利是图、投机取巧的本性和强烈的发展资本主义欲望驱使下,大肆行贿、偷税漏税、盗骗国家财产、偷工减料和盗窃国家经济情报。不法资本家的“五毒”行为,特别是一些不法资本家用废胶、次胶制造胶鞋,将变质罐头食品、伪劣药品、带菌急救包等物品卖给国家,送到抗美援朝前线,严重地威胁国家的经济建设和正在进行的抗美援朝战争。

按照中央的指示,1952年2月,中共中央东北局下达在各城市成立“五反”工作队的指示,并从东北局党校抽调500名县级干部组成工作队,先后分赴沈阳、旅大、鞍山、抚顺、本溪、安东、锦州、阜新、山海关等城市,拉开辽宁地区“五反”运动的序幕。中共辽东、辽西省委和省政府,中共沈阳、旅大、鞍山、抚顺、本溪等市委、市政府根据工作需要组织力量,成立“五反”运动指挥部办公室,由各省、市委主要领导负责,同时组成由税务、工商、公安等部门参加的“五反”工作队,加强对“五反”运动的领导,使这一运动有组织有步骤地进行。

“五反”运动之初,私营工商业中的职工顾虑很多,怕失业、丢“饭碗”,揭发资本家打不开情面。而资本家有的以假坦白应付运动,企图蒙混过关;有的收买利诱职工、群众,订立攻守同盟对抗运动;还有的以停伙、歇业、不发工资等手段威胁职工群众,阻止他们检举揭发的行为。为此,各级党委抽出大批干部组成工作组,召开各种报告会,举办各种训练班,普遍进行阶级教育。通过强大的宣传攻势,揭露出不法资本家的“五毒”行为,使他们在政治上陷于孤立。与此同时,号召私营工商业者主动坦白交代,辽宁地区很快形成了声势浩大的坦白、检举热潮。沈阳市私营企业12万职工参加到“五反”运动中。检举的材料达8万多件，涌现出积极分子5000余人。旅大市私营企业90%以上职工投入“五反”运动。鞍山市检举揭发违法问题3448件，3350个工商业户主动向政府坦白。锦州市工人、市民、小商贩检举揭发资本家违法问题7400多件，工商业者中书面坦白达1800多件。安东市自1952年2月4日召开全市工商界动员大会后的18天里，就收到各类检举材料8018件，工商业者坦白材料5685件，工商界内部互相检举材料586件[①]。在此阶段，广大职工群众消除了顾虑，与违法资本家划清了界限。

随后，“五反”运动进一步引向深入，主要是同严重违法的重点户进行面对面的说理斗争。辽宁各地相继召开大会，严惩拒不坦白交待的严重违法者，从宽处理一批坦白交待并有悔改表现的人。据旅大市“五反”运动办公室的资料记载，该市曝光违法奸商40户，行贿干部883名，行贿金额达1.07万元，使国家损失41.5万元。据抚顺市调查结果显示，一些私营企业的发展速度大大超过了国营经济的发展速度，出现了一批暴发户。这些暴发户，不是依靠正当的经营、正常的利润收入以及正常的资本积累发展起来的，而是依靠非法盗窃国家资财和偷税漏税发展起来的。这些触目惊心的事实，成为教育干部和人民群众极好的反面教材。

从1952年3月起，“五反”运动进入定案处理阶段。辽宁各地执行中央和政务院的有关指示和规定，根据工商业户有无违法行为、违法行为轻重大小、性质恶劣程度及坦白悔改态度等等，判定为守法户、基本守法户和半守法户及违法户、严重违法户，进行了分类。采取“三审定案”的方式进行处理，即资本家自报公议，工人店员集体审定，政府批准，逐级审查，慎重处理。如：复昌五金行经理，非法所得1.46万元，由于认罪态度较好，受到从宽处理，由完全违法户降为严重违法户。沈阳市沈河、北市、铁西等区一次宽大处理违法工商户达2000多户[②]。锦州市贪污分

① 辽宁省地方志编纂委员会办公室主编：《辽宁省志·政府志》，辽海出版社2005年版，第412页。

② 齐文华主编：《辽宁四十年》，辽宁教育出版社1990年版，第53页。

子和不法资产阶级分子受到刑事处分的比例一般都不超过 5%[①]。在运动处理阶段，辽宁地区各省、市正确分析本地区的形势，认为大多数人都是可以团结的，可以教育的，但对极个别态度恶劣的贪污分子和不法资产阶级分子，也决不手软。如：辽西省的锦州、四平、山海关、阜新 4 个市有工商户 7907 户，查处严重违法和完全违法工商户 124 户，罚没各种违法所得总值 72.5 万元。辽东省的安东市 7746 个工商业户中有严重违法行为和完全违法户 332 户，占 4.3%[②]。各省、市都有判处极刑的案件。

对这些贪污分子和不法资产阶级分子的处理，打退了资产阶级向国家机关和工人阶级的进攻，保卫了人民政权和公有制经济，追回了流失的国家税收，增加了国家的财政收入。同时，也使资产阶级分子受到一次深刻教育，进一步认识到只有合法经营，企业才能兴旺，个人才有前途，这为他们后来接受社会主义改造奠定了初步的思想基础。

1952 年 10 月，“五反”运动基本结束。辽宁地区的“五反”运动，在中央的正确领导下，取得了很大成就，提高了工人阶级的觉悟，特别是私营企业的工人增强了主人翁意识，工会组织有所发展，加强了工人对私营企业的监督。如沈阳市建立起 16 个产业工会、9 个区办事处、1469 个基层工会，发展会员达 29.3 万人[③]。旅大市经过对私营企业工会的整顿，扩大了会员规模，有 2799 名职工加入工会组织，还有 1343 名工会积极分子被选为各级工会干部。锦州市在私营企业中新发展工会会员 2787 人，使会员总数达到职工总数的 84%。各级工会组织发动私企职工群众以国家主人翁的姿态，积极参加签订国家与私营企业的加工订货合同，开展以保证产品质量和按期完成任务、监督资方正当经营、依法盈利为主的活动。“五反”运动后，私营企业的消极因素明显减少，出现了崭新气象。沈阳市的 1452 户铁工厂中，除 68 户 10 人以下的小厂没有恢复生产外，其余的 1384 户都恢复生产，占全市铁工厂总数的 95% 以上；食油业 72 家工厂全部恢复生产，其中 15 家还开展了生产竞赛。

---

① 齐文华主编：《辽宁四十年》，辽宁教育出版社 1990 年版，第 56 页。

② 辽宁省地方志编纂委员会办公室主编：《辽宁省志・政府志》，辽海出版社 2005 年版，第 412 页。

③ 沈阳市人民政府地方志编纂办公室编：《沈阳市情》，辽宁人民出版社 1985 年版，第 719 页。

经过“五反”运动，有力地打击了不法资本家严重的“五毒”行为，在工商业者中普遍进行了一次守法经营教育，推动了在私营企业中建立工人监督制度和进行民主改革，为后来用和平方式逐步改造资本主义工商业作了重要铺垫。

三、整风运动和整党运动的开展

整风运动的开展

随着革命取得全国胜利，党的组织获得很大发展。针对新党员中存在的思想作风不纯，老党员、老干部中存在的骄傲自满，甚至严重的官僚主义、命令主义等作风问题。中共中央于 1950 年 5 月 1 日发出《关于在全党全军开展整风运动的指示》。《指示》要求“在中央的总领导下，领导全党全军，进行一次大规模的整风运动，严格地整顿全党作风，首先是整顿干部作风”[①]。6 月，党的七届三中全会对全党整风工作作了具体部署。根据中央的要求，这次整风的主要任务是，提高干部和一般党员的思想水平和政治水平，克服工作中所犯的错误，克服以功臣自居的骄傲自满情绪，克服官僚主义和命令主义，改善党和人民的关系。

《指示》对整党的方法和步骤作了明确的规定。要求各级党委必须认真领导这一运动，紧密围绕当前主要工作与贯彻党的基本政策进行，不能离开当前工作任务与党的政策，抽象地、孤立地整风。整风的重点是：县级以上的党政、财经、企业、群众团体等领导机关及其领导干部。整风的主要方法是：自上而下与自下而上相结合，学习文件与检查总结工作相结合，充分开展批评与自我批评，加强党的思想教育和组织生活，提高党员干部的政治水平和组织纪律性。辽宁地区各级党委根据中央和东北局指示精神，结合本地实际召开省直属机关及各市机关党员干部

① 《中共中央关于在全党全军开展整风运动的指示》（1950 年 5 月 1 日），中央档案馆、中共中央文献研究室编：《中共中央文件选集》第 3 册，人民出版社 2013 年版，第 1 页。

大会，制订整风计划，对整风工作进行部署。

6月8日，中共中央东北局发出《关于整风工作的指示》。

7月1日，中共辽东省委书记张启龙在省直属机关及安东市各机关各工厂党员干部大会上作整风动员报告。张启龙在报告中指出，领导干部存在的主要问题是官僚主义、事务主义作风，工作不深入；一般干部存在的主要问题是政策观念差，有强迫命令主义作风。报告强调，要加强政策学习，转变作风，深入基层。针对上述问题，辽东省委制定了具体方法：首先进行动员，打消顾虑，阅读文件，初步掌握文件精神，充分酝酿，提出问题，然后检查指导工作。先由领导干部作全面工作报告，分析工作中主要政策问题和自己的领导思想作风，然后组织大家讨论，充分发扬民主，开展批评与自我批评。辽东省的整风运动正式开始。

7月10日，辽西省整风运动正式开始。7月17日，中共辽西省委召开干部大会，贯彻中央关于整风运动的指示精神，省委书记郭峰在会上作报告。为加强对整风工作的领导，省委成立整风办公室。辽西省委特别要求在检查工作中总结经验，找出问题根源，提出解决问题的办法。会后，辽西省各市区县进行了传达，结合总结过去工作，陆续开始整风。7月18日，中共沈阳市委向全市各级党组织发出《市委关于整风的指示》，标志着整风运动正式展开。为使整风运动有计划有组织地进行，市委对整风运动的具体要求、时间安排和方法步骤都作出明确规定。提出：全党动员、打破一切顾虑，揭发一切官僚主义和自由主义，充分开展批评和自我批评；加强党的思想教育和组织生活；提高党员干部的政治水平和组织纪律性，更好地适应新的经济建设任务；严肃党的纪律和保持党的纯洁，使党的面貌为之一新。在方法上提出要以支部为单位，不离开工作岗位，一面工作，一面整风，阅读指定文件，写出自我反省笔记。时间上，每天保证学习两个小时。

5月9日，中共旅大市委召开常委会，研究贯彻中共中央关于整风运动的指示精神，要求严格整顿党的作风，首先是整顿干部作风。7月7日，市委下发《关于整风整党工作的计划》，规定整风的内容为检查各种基本政策贯彻的情况和领导上存在的官僚主义作风问题。

7月6日，中共鞍山市委召开党员干部大会，市内各机关及鞍钢所属各厂矿的党员干部参加大会。市委代理书记李大璋作了题为《贯彻整风改进工作》的报告，对整风的具体步骤作出部署。7月13日，鞍山市委向全市各级党委发出《市委关于整风工作的指示》，整风工作在鞍山正式展开。鞍山市委在进行自我整风的同时，抽调干部分别深入市内和鞍钢部分厂矿，加强对整风情况的检查指导。

7月26日，中共抚顺市委作出《关于整风的决定》。8月4日，市委发出《关于认真贯彻整风决定的通知》，指出，整风运动是目前全党的中心工作之一，要求各单位认真讨论市委的决定，确定本单位整风的具体计划，进行整风动员并报告市委。为了使整风运动能正确迅速地进行，市委召开了矿务局系统以外各国营、公营企业的党、政、工、团领导干部座谈会。

这次整风运动，由于采取谨慎与有重点的领导，并注意贯彻整风方针，因而没有发生大的偏差。整风中，各地区各部门组织党员干部联系实际，认真检查总结工作，积极开展批评与自我批评，分析、批判政治上、思想上、作风上和组织上存在的问题，提出改进的办法，初步建立起机关党的各项规章制度。通过整风，检查和克服了工作中脱离实际、脱离群众的命令主义与官僚主义及缺乏整体观念的本位主义思想作风，揭发了贪污腐化、政治上堕落颓废、违法乱纪等恶劣现象，加强了党员干部的政策观点、整体观点、群众观点与依靠群众的民主作风。到1950年底，辽宁地区的整风运动结束。

整党建党运动的开展

虽然整风运动初步解决了工作作风方面的问题，但尚未解决党内思想不纯和组织不纯等问题。随着政治形势、财政经济状况的基本好转，1951年2月，中共中央发出《中共中央政治局扩大会议决议要点》，决定从下半年起，用三年时间有计划、有准备、有领导、有步骤地进行一次整党运动，要求在中国革命胜利的新形势下，更加提高党员标准，慎重进行城市及新区的建党工作，以更好地完成党的各项工作和任务。为了落实中央关于整党的决定，1951年3月，中国共产党第一次全国组织工作会议在北京召开。会议通过了《关于整顿党的基层组织的决议》和《关于发展新党员的决议》,决议对整党建党作出具体安排。会议决定从1951年至1953年,分期分批有计划有步骤地逐步完成党的基层组织的整顿工作。中共中央东北局按照中央的要求,对东北地区的整党工作进行了具体部署。

按照第一次全国组织工作会议精神和东北局的部署,中共辽东、辽西省委和中共沈阳、旅大、鞍山、抚顺、本溪市委开始进行整党工作。

为保证整党工作的顺利进行,辽宁地区各级党委一方面挑选党员干部进行训练,提高他们的思想政策水平,作为整党骨干;另一方面,在一些部门和地区进行不同规模的试点工作。1951年5月,沈阳市委先后在沈阳冶炼厂、国营五一工厂、南市区机关等单位的党组织进行整党试点。旅大市委组织部、宣传部抽调部分干部深入八个单位进行整党试点。3月初,鞍山市委组织部配合东北局组织部到化工部和重机厂选择三个支部进行整党试点,之后,鞍山市委又组织两个小组,在炼钢厂和市政府分别选择了一个支部进行试点。试点工作为各地大规模开展整党提供了宝贵经验。从1951年9月开始,辽宁地区的整党工作全面展开。

辽宁地区的整党,大体上经过四个步骤:第一步,对广大党员普遍进行党纲党章和怎样做一个共产党员的教育;第二步,进行党员登记;第三步,由党组织对党员作审查鉴定;第四步,根据不同情况作出组织处理。

对党员的普遍教育是整党的中心环节。重点是学习中共中央文件和共产党员八项条件:一是中国共产党是中国工人阶级的党,是中国工人阶级的先进的有组织的部队;二是中国共产党的最终目的,是要在中国实现共产主义社会;三是每一名共产党员,必须下决心,终身英勇地坚持革命斗争;四是一切共产党的斗争和工作,必须在党的统一领导下进行;五是一切党员必须把人民群众的公共利益,即党的利益,摆在自己的私人利益之上,党员的私人利益必须服从人民即党的公共利益;六是每一个共产党员,应该经常地用批评和自我批评的方法,检讨自己工作中的错误和缺点,并及时地加以纠正;七是党员必须全心全意为人民服务;八是党员必须努力学习马克思列宁主义、毛泽东思想。为了搞好党员标准的教育,各级党组织通过举办培训班,培训了一批骨干,定期到基层给党员讲党课。思想教育活动的开展,提高了广大党员的思想政治水平，树立了共产主义人生观。很多党员联系实际，检查入党动机不纯的思想，如入党是为了“吃得开”“提拔”“报恩”等等，明确了作为一名党员，就要时刻以最广大人民群众的利益为出发点，始终坚持为人民服务。在学习共产党员八项条件过程中，各级党委还要求尽可能多地吸收愿意接受党的教育的非党积极分子参加学习，为今后发展新党员做好思想准备。

党员登记阶段，要求每名党员用党员的八项条件对照检查自己，坦诚地向组织介绍个人经历、政治思想情况，并在规定的时间内登记。自愿退党者不进行登记。

审查鉴定阶段，主要是采取批评与自我批评的方法，由党组织对每个党员的登记情况进行审查，根据党员的八项条件检查每个党员的实际表现，实事求是地做出书面鉴定，由党员所在支部会议表决通过。

组织处理阶段，根据审查和鉴定的结果，将混入党内的坏分子一律清除出党；对犯有严重错误但检讨深刻并表示决心好好改造又可能改造好的人，给予改造机会，但要根据情节轻重，给予适当处分；至于犯有一般错误的党员，在学习之后，检讨较好者，则不再给予处分。

1952 年“三反”运动开始后，整党逐步转入与“三反”运动相结合的阶段。2 月和 5 月，中共中央分别发出《关于“三反”运动和整党运动结合进行的指示》和《关于在“三反”运动的基础上进行整党建党工作的指示》。6 月，中共中央东北局组织部印发《关于在“三反”“五反”运动的基础上进行整党建党工作的计划》。强调“三反”运动对党员是一次严格的考验，对党的基层组织是一次实际有效的整顿，是了解和教育党员的最实际的一种方法。辽宁地区各级党委根据中央及东北局的指示精神，及时调整原定的整党建党内容、方法和步骤，以适应运动发展的新情况。6 月 6 日，中共辽西省委组织部发出《关于整党建党工作的通知》。7 月 15 日和 25 日，辽东、辽西省委先后下发整党和建党工作计划，要求在指导思想上必须明确“三反”运动就是最生动最实际的整党运动，通过“三反”运动要深入彻底解决整党所要解决的问题。在“三反”运动尚未开始的各县，要做好“三反”前的准备工作，联系“三反”进行整党教育，从思想上奠定“三反”运动的基础。整党建党工作必须有领导、有计划地采取积极措施发展党员，并把它作为党的经常性工作。

在“三反”运动的基础上，工矿企业、县区机关及学校的整党于1952年9、10月间开始。工矿企业的整党，集中批判了在企业管理中党员干部不依靠工人阶级的思想观点和官僚主义作风以及骄傲自满情绪；某些工人党员旧的劳动态度尚未转变，不愿接受先进生产经验，不能摆正个人利益与党和国家利益的关系等一些问题。县区机关的整党，主要是揭发和批判党员干部中存在的贪污、浪费、腐化堕落行为。学校的整党，批判了一些教职员党员在教学中缺乏政治思想性、不愿参加社会活动的现象及党员干部中存在的贪污、铺张浪费、官僚主义作风。

农村的整党于1952年10月普遍展开，重点在贯彻党的发展农村经济政策，明确党员标准，批判剥削思想与行为，认清农村经济发展的两条道路，提高互助合作觉悟，树立法纪观念，批判贪污腐化、欺压群众、盗窃公粮、包庇坏人等严重违法乱纪现象，纯洁党的组织，清除各种坏分子，树立密切联系群众的民主作风，克服强迫命令、互不团结、官僚主义的作风。仅以辽西为例，辽西省农村的整党，先是于9月中旬至10月初，在东北局派出的干部协助下，省、县、区干部参加，分别在锦西、开原两县进行4处试点。10月初至10月末，又在黑山、梨树（今属吉林省四平市）两县进行两处试点。10月下旬至11月中旬，省委、县委分别开办农村整党教员训练班，训练整党教员484人、整党骨干2595人。至12月底，全省共举办69个训练班，集训党员18151人，占全省农村党员总数的40.8%；培训非党积极分子9288人，占非党积极分子总数的50%；参加领导整党工作的干部共有1861人，其中县委委员或相当于县委委员的有125人、区委委员或相当于区委委员的有1736人。此外，省委又抽调70名县区干部，其中绝大多数经过整党训练或参与整党试点工作。

1952年，辽宁地区各级党委结合“三反”运动，处理了一批犯有严重错误的党员。辽东省在“三反”运动中发现有贪污受贿问题的党员3052人，其中72人被开除党籍，20人受到留党察看处分，4人受到撤销职务组织处理，61人受到警告和劝告处分，免予处分的125人，其余的不作问题处理。辽西省有工矿企事业党支部1606个，党员28004人，整顿中受党纪处分的1025人。其中清除出党的贪污受贿、蜕化变质分子

403 人,受留党察看、撤销职务及其他处理的 622 人。

在整党中,根据中央整党与建党相结合的方针,中共辽东、辽西省委和沈阳、旅大、鞍山、抚顺、本溪市委大力开展建党工作。重点是在党的基础比较薄弱的农村和工矿企业。采取有领导、有计划、积极慎重的方针,坚持党员标准,严格履行入党手续,确保了党员质量和党组织的纯洁。

经过整党运动,广大党员的思想水平和阶级觉悟普遍得到提高。运动中处理了一批贪污蜕化分子,清除了一批坏分子,并接受了一批优秀分子入党,纯洁和壮大了党的组织;增强了党员的群众观念、政策观念和纪律观念,密切了党群、干群关系,保持了党的先进性和纯洁性。通过整党,增强了党组织的战斗力,为加强党的自身建设提供了经验借鉴。

第五章

党在过渡时期总路线的贯彻与“一五”计划的编制实施

随着国民经济恢复任务的完成，中共中央决定从1953年起，实施发展国民经济的第一个五年计划。1953年6月，中共中央政治局正式讨论和制定党在过渡时期的总路线。按照中央的部署和要求，辽宁地区各级党委宣传和动员广大干部和群众，为实现总路线提出的“逐步实现国家的社会主义工业化”和“逐步实现国家对农业、手工业和资本主义工商业的社会主义改造”历史性任务而努力奋斗。辽宁省发展国民经济第一个五年计划的编制和实施，掀起了大规模工业建设的新高潮。

一、党在过渡时期总路线的学习宣传和“一五”计划的实施

党在过渡时期总路线的学习宣传

新中国成立后国民经济的恢复，为进行有计划的经济建设准备了条件。根据实践的发展和形势的变化，1952年9月24日，毛泽东在中共中央书记处会议上提出“中国怎样从现在逐步过渡到社会主义去”的指导思想和大致设想。1953年6月15日，毛泽东在中共中央政治局会议

上首次提出党在过渡时期总路线的基本内容，后来正式表述为：“从中华人民共和国成立，到社会主义改造基本完成，这是一个过渡时期。党在这个过渡时期的总路线和总任务，是要在一个相当长的时期内，逐步实现国家的社会主义工业化，并逐步实现国家对农业、对手工业和对资本主义工商业的社会主义改造。这条总路线是照耀我们各项工作的灯塔，各项工作离开它，就要犯右倾或‘左’倾的错误”①。1954年2月，党的七届四中全会通过决议，正式批准过渡时期总路线，并于同年9月载入第一部《中华人民共和国宪法》。

党在过渡时期总路线提出以后，在全党和全国人民中进行了广泛深入的宣传教育。1953年9月末，中共中央东北局召开东北高级干部会议，下发《关于结合联共（布）党史学习有关中国的重要文件的通知》。会后，中共辽东、辽西省委和中共沈阳、旅大、鞍山、抚顺、本溪市委召开扩大会议，向县以上领导干部传达毛泽东在中央政治局会议和全国财经工作会议上有关指示精神，并按照东北局通知要求，组织党员干部结合联共（布）党史中有关苏联共产党领导人民恢复国民经济、实行国家工业化和农业集体化的内容，学习列宁、斯大林关于社会主义经济建设的有关论述。通过系统地学习了解苏联的经验，并参考周恩来在全国财经工作会议上所作的结论，加深理解党在过渡时期的总路线。在学习中，党员干部被分别编为高、中、初级组，集中一段时间认真学习掌握理论政策，用总路线的基本思想检查本地区、本部门的工作，并结合实际情况开展大讨论，提高理论水平，增强执行总路线的自觉性。

1953年11月30日，中共中央东北局发出《关于进一步加强学习和宣传党在过渡时期总路线总任务，提高各级党委领导水平》的指示。12月，中央批准中央宣传部制发的《为动员一切力量把我国建设成为一个伟大的社会主义国家而斗争——关于党在过渡时期总路线的学习和宣传提纲》。根据中央批转的学习和宣传提纲以及东北局的指示，中共辽东、辽西省委分别发出《关于执行〈东北局关于进一步加强学习和

① 《为动员一切力量把我国建设成为一个伟大的社会主义国家而奋斗》（1953年12月），中共中央文献研究室编：《建国以来重要文献选编》第4册，中央文献出版社2011年版，第602—603页。

宣传党在过渡时期总路线总任务,提高各级党委领导水平的指示〉》,中共沈阳、旅大、鞍山、抚顺、本溪市委也分别下发学习和宣传总路线的指示、通知等文件,对本地区开展过渡时期总路线的学习和宣传作出部署,提出具体要求。从 1953 年底开始,辽宁地区各级党委将过渡时期总路线的宣传教育活动推向政府机关、国营企业、中等以上学校以及各民主党派和人民团体,掀起更加广泛的深入学习和宣传过渡时期总路线的热潮。

在学习和宣传过渡时期总路线的热潮中,辽宁地区各级党委采取从上到下、从党内到党外的方法,统一内容、统一行动、层层展开。省、市级领导干部带头作宣讲辅导报告,辽东省委、省政府领导干部在中、初级组和各种训练班中担任讲师,按总路线的内容系统地向干部作报告。辽西省委书记、副书记和省政府主席组织与带领省委各部委负责同志和省政府厅长、处长以上干部深入基层,向干部、工人、农民以及各阶层群众作报告,其中省委书记作报告约 20 次。沈阳市委全体委员和各级报告员、领导干部自开展宣传总路线活动以来,每人平均作 5 次以上报告。旅大市委书记在领导干部大会上作题为《关于学习过渡时期总路线总任务》的报告,要求各级党组织负责人必须结合本单位实际,向群众进行过渡时期总路线总任务的宣传教育。本溪市委从 1953 年 10 月下旬开始连续召开理论教育工作会议和全市各区委书记、区长联席会议,并举行 15 场报告会,由市委领导进行宣讲。为扩大宣传范围,使总路线家喻户晓,辽宁地区各地组织和培训一大批报告员、宣传员。据辽西省 1954 年 3 月不完全统计,从 1953 后 11 月初开始,有 4000 多名报告员作了 4 万余次报告。其中农村有 2000 多名报告员作报告 3 万余次,直接聆听报告的有 126.8 万多人。沈阳、本溪市分别组织和培训了上万名宣传员,深入厂矿班组、城市街道、机关团体、市郊农村,向广大干部群众作总路线的宣传报告。鞍山市建立了城乡宣传网和报告员制度,宣传员、报告员遍及全市,宣传网覆盖鞍山城乡。

辽宁地区各地还采取群众喜闻乐见的形式开展党在过渡时期总路线的宣传教育活动,如戏剧演出、图片展览、放映电影、办黑板报、有线广播等。辽西省所属的 9 个市、县有 615 个群众业余剧团参加总路线的宣传活动,电影队在19个县放映161场介绍苏联国家工业化、农业集体化以及我国工农业发展、农村发展互助合作的影片。鞍山市在1954年春节期间组织全市各界、各部门、各人民团体和文化艺术单位运用电影、图片展览、街头剧、秧歌、高跷、诗歌朗诵等文艺形式宣传总路线,收到良好的效果。

辽宁是国家“一五”计划重点工程建设地区之一,实现国家社会主义工业化,辽宁工人阶级担负着重要责任。因此,各地工矿企业着重向职工宣传国家社会主义工业化的美好前景,宣传社会化大生产的优越性、工农联盟的政治意义和国家第一个五年计划的基本任务,教育职工和家属懂得实现国家工业化的重大意义,激励工人阶级发扬勤劳勇敢、艰苦奋斗的优良传统,把总路线总任务具体体现到增产节约劳动竞赛,体现到努力保证“一五”计划的胜利完成。

在辽宁各地的农村,把宣传总路线总任务与计划购粮、发展互助合作运动及增产粮食相结合,深入地通俗地向农民群众讲清粮食统购统销对国家的社会主义工业化和农业合作化机械化的巨大作用,以及农民在实现国家工业化进程中所担负的责任和义务,引导农民组织起来,互助合作多打粮食,支援国家工业建设。旅大市利用广播,向农民反复宣读《人民日报》发表的《必须大张旗鼓地向农民宣传过渡时期总路线》《领导农民走大家富裕的道路》等社论,使广大农民群众懂得实现国家工业化、农业合作化的好处,为支援国家搞工业化,就要多卖粮食给国家;要多打粮食,就必须组织起来。

在私营工商业方面,通过工商联合会或小组,着重宣传过渡时期私人资本主义在国营经济的领导下,正当经营,活跃经济,遵纪守法,通过加工订货、统购包销、公私合营等形式走上国家资本主义的道路。

辽宁地区集中学习和宣传党在过渡时期总路线总任务活动,历时半年,取得阶段性成果。此后,学习和宣传教育一直贯穿于“一五”计划时期和社会主义改造全过程。通过学习和宣传,辽宁地区党员干部的思想理论和政策水平得到显著提高,人民群众的社会主义觉悟和爱国主义思想空前提高,明确中国走社会主义道路是历史的必然选择,把思想认识统一到党在过渡时期总路线上来。同时,党同人民群众的联系更加紧密，工农联盟进一步巩固，有力地推动了有计划大规模的经济建设和对农业、手工业、资本主义工商业的社会主义改造。

辽宁省第一个五年计划的编制与实施

经过新中国成立后三年多的努力，到 1952 年底，国民经济恢复实现了预计的目标，国家具备了进行有计划经济建设的条件。从 1953 年开始，全国进入大规模国民经济建设时期，开始执行第一个五年计划，采取了边制定、边执行的办法，不断进行修订、调整和补充。中央从 1951 年就着手编制第一个五年计划。1953 年起一面开始实施，一面继续讨论修改。1952 年 12 月，中共中央发出《关于编制 1953 年计划及五年建设计划纲要的指示》，要求各地进行五年计划的编制工作，并就计划编制中应注意的若干问题作出规定。根据中央的指示，辽东、辽西省和沈阳、旅大、鞍山、抚顺、本溪市都分别编制了 1953 年计划和五年计划纲要。1954 年 8 月，辽东、辽西省合并成立辽宁省，沈阳、旅大、鞍山、抚顺、本溪 5 个中央直辖市划归辽宁省管辖，辽宁省编制“一五”计划工作随即展开。

1954 年 9 月，中央形成“一五”计划草案①。11 月 10 日，中央发出指示，要求各省（市）根据国家“一五”计划草案精神和主要指标，结合当地特点和具体情况制定本地区地方经济的五年计划纲要。根据中央将辽宁省作为第一个五年计划时期全国大规模经济建设重点地区的部署，以及辽宁省的经济特点，中共辽宁省委、省政府确定编制“一五”计划工作要充分发挥地方经济力量，在保证完成省内的中央国营工业生产建设的同时，积极稳步地发展地方经济文化事业，以支援和配合国家的社会主义工业化的指导方针。

在中共辽宁省委的高度重视和领导下，各级党委和政府组织相关人员深入基层开展调查研究，了解资源情况和生产状况，努力使计划符

① 由于从中央到地方各级部门都缺乏编制经济建设计划的经验，国家第一个五年计划的编制前后历时四年，五易其稿。1955 年 3 月 31 日，中国共产党全国代表会议原则通过了五年计划草案。7 月 30 日，第一届全国人民代表大会第二次会议正式审议并通过了中共中央主持拟定的《中华人民共和国发展国民经济的第一个五年计划（1953—1957）》。

合实际。经过计划编制机构的反复修改和论证，1955年6月，辽宁省计划委员会编制完成《1953—1957年辽宁省发展国民经济的第一个五年计划（草案）》。同年11月，经国务院批准，以草案的形式下达各地、各部门执行。1956年12月，经辽宁省第一届人民代表大会第五次会议通过，辽宁省人民委员会于1957年1月发布《批准下达第一个五年计划的命令》。

辽宁省“一五”计划的基本任务是：在国家统一领导和计划下，充分发挥地方经济力量，在保证完成省内国营工业生产建设的同时，要积极地、稳步地发展地方工业和农业生产，相应地发展商业、交通运输业和文化、教育、卫生事业，以支援和配合国家的社会主义工业化；积极地、稳步地发展农业生产合作社、手工业生产合作社和有计划地扩大公私合营工业，发展经销和代销形式的国家资本主义商业，以加强对个体农业、手工业和资本主义工商业的社会主义改造；在生产发展的基础上，适当地改善人民的物质和文化生活。

辽宁省“一五”计划确定了地方工业、基本建设、农业、商业等方面的任务和经济指标。

地方工业方面。制定了地方工业的方针任务。即在国家统一领导下，充分利用现有设备，努力发掘资源，从补助国营之不足和满足人民的需要出发，有计划地、积极地、多种多样地发展地方国营工业；有步骤地调整与整顿合作社加工企业，积极有条件地扩展公私合营企业，加强对资本主义工业和个体手工业的社会主义改造，以配合国家的主要建设和供应当地人民的需要。根据省内国营工业多，建设任务大，农业和手工业合作化的迅速发展和人民需要不断增长的情况，必须加强建筑材料的生产，机械制造修配的配合协作，加强新农具的制造修配，增加肥料的生产和手工业工具的生产。在保证上述需要的同时，根据国家集中主要力量发展重工业，相应地发展轻工业的方针，大量地增加人民生活资料的生产，以适当地满足广大城乡人民日益增长的物质文化需求，使地方工业得以发展。1957年，全省地方工业总产值计划达到18.7亿元，比1952年增长51.4%，年均增长8.7%。

基本建设方面。一是地方国营工业的基本建设。根据中央关于

“应根据全国工业产品平衡的情况，从补助中央国营工业的不足和满足人民的需要出发，并在优先利用原有企业的方针下进行建设”的要求，五年内地方国营工业基本建设投资总额为14.60亿元。二是城市建设。在城市建设投资安排上，首先保证国家指定的重点城市沈阳及鞍山的建设，其次是抚顺、旅大、本溪、阜新等城市的建设，必须保证这些城市的上下水道和道路等建设；安东、锦州、营口、辽阳等中小城市建设以修养护为主。全省城市建设五年内计划投资18.94亿元。三是五年间地方基本建设投资总额为4.96亿元。其中，工业占27%，农林水利占11.2%，交通运输占3.3%，建筑工业占3.4%，文教卫生占25.1%，城市公用事业占30%。

农业方面。在互助合作运动发展和开展群众性的爱国增产运动的基础上，大力增产粮、棉和其他经济作物，特别是高产作物，以保证城乡供应及国家建设的需要。1957年，全省粮食产量计划达到62.5亿公斤，比1952年增长14.9%，年均增长2.8%。大力发展多种经营，五年内计划扩大耕地21.75万亩，农业生产合作社达到36950个；组织起来的农户达到全省总农户的86%，比1952年增长26%。

商业方面。围绕生产建设和人民需要，进一步掌握货源，做好统购统销，加强批发工作，以稳定市场，保证供应，并在保证社会主义经济稳定增长的基础上，妥善地安排私营商业，使其能够维持经营，以利逐步实行社会主义改造。1957年，全省社会商品零售总额计划28亿元，比1952年增长48.1%，年均增长8.2%。其中，国营商业零售总额计划8.4亿元，比1952年增长31.8%，年均增长6%；合作社商业零售额计划13.7亿元，比1952年增长110.4%，年均增长16%；公私合营及经销代销零售额计划2.23亿元；私营商业零售额计划3.6亿元，比1952年降低25.7%。

教育方面。1957年，高等师范学生计划达到3213人，比1952年增长195.3%；中等师范学生达到9600人，比1952年增长116.5%；中学生达到38.1万人，比1952年增长117.1%；小学生达到275.2万人，比1952年增长26.3%。

卫生方面。1957年，医疗床位计划达到11617张，比1952年增长

356.3%。

为了确保“一五”计划任务完成,辽宁省委、省政府(省人委)根据政治经济的发展变化,及时采取一系列措施。

在工业、交通运输方面。一是贯彻统筹兼顾的方针。合理安排各经济类型、各部门、各地区工业的生产,充分利用现有设备进行新建、扩建企业和新产品的生产,建立省、市、县分级平衡制度,有计划有步骤地进行地方工业整顿和改造,加强工业内部配合协作。二是改善经营管理。加强技术管理,以加强质量管理和新产品的设计、试制生产为中心任务,严格节约制度,改善财务成本管理。三是加强地方工业产销结合。制定措施做好产品的销售以及积压产品的处理工作。四是开展各种形式的竞赛活动。在增产节约、技术革新和社会主义劳动竞赛中,组织职工提出合理化建议、学习文化和生产技术,推广先进经验。五是有效解决工业运输不足困难。省人委根据重点工程的紧急任务,在农闲空隙抽调大批农村运力投入运输。这样,不仅支援了生产建设,解决了运力不足的困难,而且增加了农业合作社的收入。

在农、林、水利方面。一是在资金和技术力量方面支持农、林、水利的发展。全省五年用于农业、林业、水利、气象等方面的基本建设投资2.4亿元,各种农业贷款1.4亿元,农民用于扩大生产的投资约5.6亿元。二是发展以土地入股为特点的农业生产合作社。三是加强农业基本建设。兴修水利、改良土壤、植树造林、扩大垦荒,推广新式农具、加强农业技术指导。

在商业方面。做好统购统销工作。抓好粮、油、棉统购统销工作,保证居民的合理供应与工业原料的需求。开放农村自由市场。对农产品实行分类管理,加强农产品价格管理;在城市和较大集镇设立贸易货栈和交易所,并开辟一定数量的农民交易市场。

在基本建设方面。一是加强计划管理。省人委对基建项目的削减或变更原计划作出具体规定,规范程序,加强管理。二是加强技术管理。建立技术责任制,执行技术操作规程,加强技术监督与检查,防止质量事故,加强验收工作。三是厉行节约,反对铺张浪费。逐项审核原计划,修订地方基本建设计划,及时纠正处处工业化、样样现代化的现象。

在教育和卫生方面。鼓励工矿企业与群众自办或联办中小学、幼儿园，鼓励农业合作社办小学；有计划地对中小学师资、中西医人员、文化干部进行轮训，加强在职人员进修和函授的具体领导；加强农村扫盲工作，确定从1956年开始，在5至7年内基本上扫除农村现有的文盲。

这些措施的实施，有力地保证了全省"一五"计划各项任务的超额完成。虽然在执行"一五"计划过程中，存在发展不均衡、比例关系失调等问题，但"一五"计划的制定为推动辽宁省经济社会发展，保证国家"一五"计划的完成，实现党在过渡时期总路线起到积极作用。

二、以24项重点工程为主的大规模工业建设

以鞍钢为中心的工业基地建设

实现国家工业化，是近代以来无数仁人志士梦寐以求的理想，是中国共产党领导各族人民实现国家独立和富强，使中国能够自立于世界民族之林的必然之路。在过渡时期总路线的指引下，全党和全国人民把注意力转移到社会主义工业化的任务上来，积极投入大规模的经济建设。中央在编制第一个五年计划时，即确定"一五"计划的指导方针是，集中主要力量发展重工业，建立国家工业化和国防现代化的初步基础；相应地发展交通运输业、轻工业、农业和商业；相应地培养建设人才；有步骤地促进农业、手工业的合作化；继续进行对资本主义工商业的社会主义改造；保证国民经济中社会主义成分的比重稳步增长，同时正确地发挥个体农业、手工业和资本主义工商业的作用；保证在发展生产的基础上逐步提高人民物质生活和文化生活水平。基本任务是，五年中将新建一批规模巨大、技术先进的新兴工业部门，同时要用现代先进技术扩大和改造原有的工业部门；要合理利用和改建东北、上海和其他沿海地区城市已有的工业基础，同时要开始在内地建设一批新的工业基地。

国家第一个五年计划的中心任务之一，是基本上完成以鞍山钢铁联合企业为中心的东北工业基地的建设，包括抚顺、阜新的煤矿工业，本溪

的钢铁工业和沈阳的机器制造工业。工业化的速度首先决定于重工业的发展,因此,必须以发展重工业作为大规模经济建设的重点,集中力量首先保证重工业和国防工业的建设,确保那些对国家起决定作用的、能迅速增强国家工业基础与国防力量的主要工程的完成。“一五”计划期间,国家在辽宁投入65.05亿元的巨额资金用于基本建设,占同期全国基本建设投资总额的11.8%。其中,用于工业建设的投资为46.4亿元,占同期全国工业建设投资总额的18.5%。在工业基本建设投资中,重工业投资为43.61亿元,占同期全国重工业投资总额的20.5%。工业基本建设投资绝大部分用于原有企业的改建、扩建。在重工业建设项目中,前苏联援建我国的156项重点工程项目中,有24项安排在辽宁。这24项重点工程包括钢铁工业2项:鞍山钢铁公司、本溪钢铁公司的改扩建;煤炭工业8项:阜新新邱竖井、阜新平安竖井、阜新海州露天煤矿、抚顺东露天矿、抚顺老虎台煤矿、抚顺西露天煤矿、抚顺胜利矿斜井、抚顺龙凤矿竖井的新建扩建;电力工业3项:抚顺发电厂、阜新发电厂、大连第二发电厂的增容;石油工业1项:抚顺石油二厂的扩建;机械工业4项:沈阳第一机床厂、沈阳第二机床厂、沈阳风动工具厂、沈阳电缆厂的改建扩建;有色金属工业2项:抚顺铝厂、杨家杖子钼矿;国防工业4项:一一一厂、一一二厂、四一〇厂、四三一厂的新建和扩建。这24项工程虽然是国家“一五”计划工业建设的重点项目,但有的早在1950年就被列入国家工业建设计划。国家当时急需发展的重工业项目鞍山钢铁公司、阜新海州露天矿、抚顺铝厂、阜新热电站、沈阳风动工具厂、阜新平安立井、抚顺电站的改扩建和新建,均在1953年前开工。“一五”计划时期,又有13个项目相继开工建设,并形成一个建设高潮。到“一五”计划期末,有14个项目完成建设并投产,其他开工项目也有部分建成并投产。“一五”计划结束后,按照中苏两国签订的协定和苏联设计的内容,到1960年12月,24个项目建设全部完成。

改建和扩建鞍钢,是“一五”计划的重中之重。1951年12月,中央人民政府政务院财政经济委员会副主任李富春在给毛泽东和周恩来的报告中请求动员全国有关方面的力量,帮助鞍钢建设“三大工程”。毛泽东作出批示:“完全同意,应大力组织实行。”1952年5月,中共中央批复政务院财政经济委员会党组的报告:“要集中全国力量,首先恢复和改建鞍山钢铁公司。”冶金工业部,中共辽宁省委、省政府和全省人民把建设鞍钢作为全省的共同任务,从人力、物力、设备的加工制作等方面给予全力保障。在“一五”计划时期内建设鞍钢的主要工程中,规模最大的是大型轧钢厂、无缝钢管厂、7 号炼铁炉“三大工程”。鞍钢“三大工程”建设是按照中央“迅速恢复和发展生产,争取财政经济状况根本好转”的方针进行的。1950 年 3 月 27 日,中苏两国政府在莫斯科签订《关于苏联给予中华人民共和国在恢复和改造鞍山钢铁公司方面以技术援助的协定书》。6 月,中共七届三中全会把钢铁工业的恢复提到重要位置,列为“重中之重”。恢复的重点放在东北,而东北的重点放在鞍钢。1951 年 3 月 20 日,中共鞍山市委召开会议,集中讨论鞍钢公司基本建设与“三大工程”修复问题。7 月,东北工业部发出《关于加强鞍钢建设的指示》,指出“鞍山基本建设工作的成效,在某种意义上,相当地影响着东北工业基地的建设速度”。10 月,国家财经委员会副主任李富春在全国政协会议上作题为《中国工业的目前情况和我们的努力方向》报告,向全国、全世界庄严宣告了新中国的“三大工程”建设。1952 年 7 月、1952 年 8 月、1953 年 2 月,鞍钢无缝钢管厂、大型轧钢厂、炼铁 7 号高炉建设工程先后破土动工。鞍钢在全国率先由恢复生产转向大规模建设。

“三大工程”建设规模宏大,技术要求复杂。大型轧钢厂、无缝钢管厂两项工程,需挖掘土方 13 万立方米,浇灌混凝土 10 万立方米。大型轧钢厂要安装机械和电气设备 2 万多吨,仅地脚螺丝就要埋设 1.6 万多个。无缝钢管厂轧管机和减径机需安装 21 节火车皮。7 号高炉的部件达 2000 多种,重万余吨。而进行“三大工程”建设的人员技术力量远不能满足工程建设需要。大型轧钢厂和无缝钢管厂两个工地的技术人员只占职工总数的 1.2%,而且 60% 以上是新毕业的大、中专学生。工人队伍中除少数由生产厂矿抽调的骨干外,绝大多数是新参加工业建设的农民,领导干部也大多数从地方转来,缺乏基本建设经验。但是,广大干部、工人坚持“边学边做”,“边做边学”,克服重重困难,攻克一个又一个技术难关,不仅完成了施工任务,而且逐渐锻炼成长为一支强大的建设力量。

鞍钢建设还得到全国的大力支援。“一五”计划期间,全国有 48 个城市、70 多个单位和 76 所大中专院校,为鞍钢输送了 7446 名干部和大中专毕业生,有 57 个大中城市的 199 个工矿企业为鞍钢“三大工程”建设制造各种设备和提供生产建设材料。马鞍山钢铁厂、太原钢铁厂、本溪钢铁公司等多家企业共派 1000 多名优秀技术人员前来支援[①]。

以鞍钢为中心的大规模工业建设,还得到苏联政府的大力援助。苏联派出一百多名技术专家,从资源勘探、厂址选择、技术设计、机器设备、建筑安装到人员培训、试车投产等方面给予鞍钢帮助和具体指导。在苏联专家的帮助和具体指导下,苏联先进的管理经验和生产技术不断被鞍钢干部、工人群众所掌握,管理能力和技术水平不断提高,大大加快了工业建设特别是重点建设工程的建设速度。

在中共中央的亲切关怀和全国人民的大力支援下,经过鞍钢干部职工的艰苦努力,战胜重重困难,“三大工程”于 1953 年底全部建成投产。无缝钢管厂于 1953 年 10 月 27 日成功地生产出我国第一根无缝钢管,大型轧钢厂于 1953 年 11 月 30 日胜利投产,七号高炉于 1953 年 12 月 19 日炼出第一炉铁水。鞍钢“三大工程”是新中国成立后最先建成的大型现代化骨干工程,创造了中国工业建设的奇迹。1953 年 12 月 25 日,毛泽东致信鞍钢全体职工,称“三大工程”竣工投产“是 1953 年我国重工业发展中的巨大事件”。在鞍钢恢复、修建和改扩建过程中,周恩来 3 次视察鞍钢,并为“三大工程”竣工题词。刘少奇、朱德、邓小平、陈云等党和国家领导人都到辽宁视察,给全省干部、职工群众以极大鼓舞。

从 1953 年起,在“三大工程”建设的同时,鞍钢其他改扩建工程也陆续开工。到 1957 年底,建设主要工程 37 项,全部竣工投产 26 项。新建了大型钢管厂,第二炼钢厂,第二初轧厂,第二中板厂,第四、五号焦炉,鞍山浮选厂等。改扩建三、五、六、七、八、九号 6 座自动化大型炼铁高炉,第一初轧厂,第二薄板厂,第一炼钢厂,十一、十二、十三、十四号 4 座炼焦炉,大孤山铁矿等。“一五”计划期间,鞍钢共完成投资 16.36 亿

① 鞍山市史志办公室著:《中国共产党鞍山历史》第二卷(1949—1978),沈阳出版社 2018 年版,第 165 页。

元,占全国同期冶金工业基本建设投资总额的1/3。

与此同时,在“一五”计划期间,本溪钢铁公司的南芬露天矿,南芬选矿厂,三、四号两座大型自动化高炉,以及焦化厂一、二号焦炉等改建工程相继竣工投产。大连钢厂、抚顺钢厂等改建工程也都相继提前完成。随着这些建设项目的竣工投产,辽宁的钢铁生产能力有了很大提升。到1957年年底,辽宁初步建成我国第一个钢铁工业基地。

煤炭、电力、机械、石油、国防等工业建设

煤炭工业。“一五”计划时期,国家重点对辽宁的阜新、抚顺的煤矿工业进行了规模巨大的新建和改建。1951年1月1日,阜新海州露天煤矿开工建设。海州露天煤矿的干部、技术人员和工人一起工作在建设的第一线,经过两年多的奋战,企业人员从4000人增加到3万多人。1953年6月22日工程全部竣工,7月1日开始投产。海州露天煤矿是新中国第一座现代化的大型露天煤矿,也是当时亚洲最大的露天煤矿。阜新的平安竖井和新邱竖井分别于1952年、1954年动工,1957年、1958年正式投入生产。抚顺老虎台煤矿于1952年12月开工建设,1954年11月竣工投产。抚顺东露天矿于1956年5月开工建设,1958年1月1日第一期工程移交生产,1959年末第二期工程结束并移交生产。抚顺西露天矿1953年开始边生产边设计,1956年正式执行总体改建设计,此后,工程进展较快,1959年竣工。抚顺胜利矿斜井工程于1954年开工建设,1955年完成。抚顺龙凤矿竖井(西竖井)改造工程于1958年1月开工建设,1960年12月部完成。

电力工业。辽宁相继恢复、扩建了阜新、抚顺、大连三个火力发电厂。阜新发电厂的一期恢复与扩建工程,于1952年2月开始建设,主要是安装新中国成立后全国第一台装机容量2.5万千瓦汽轮发电机组。9月17日,安装完毕。9月25日,毛泽东主席发来嘉勉电,高度赞扬阜新电力建设职工的新创举。1953年11月,二期工程开始建设,主要是恢复2、3、4号汽轮发电机组的建设与安装和扩建工程,1956年5月移交生产,装机容量增至15万千瓦。抚顺发电厂一期工程于1952年7月开始建设,经过夜以继日的艰苦奋战,一机两炉及其附属设备于1953年3

月初全部安装完工。3 月 19 日,新中国第一台 5 万千瓦大型发电机组正式投产发电。抚顺发电厂共扩建五期工程,其中一至四期工程都是在“一五”期间完成的。扩建后的抚顺发电厂是当时全国最大的火力发电厂,是国家电力工业各种试点工作的“试验田”“母机厂”。1954 年 3 月,大连第二发电厂一期工程开工建设,1955 年 12 月竣工。1957 年 11 月,大连第二发电厂又进行了第二期扩建工程,共增加发电能力 7.5 万千瓦。

机械工业。国家“一五”计划规定,中国要建立起制造大型金属切削机床、发电设备、冶金设备和汽车、拖拉机、飞机的机器制造工业,并特别提出改建沈阳的机器制造业以完成围绕鞍钢为中心的东北工业基地的建设。1953 年 5 月,沈阳第一机床厂改扩建工程开工,1955 年 12 月竣工。改建后,沈阳第一机床厂生产能力,比改建前的 1952 年提高 6 倍,每年生产的机床可以装备跟它一样规模的 5 个机床制造厂,结束了中国制造机床一穷二白的局面,成为中国最大的车床制造厂。沈阳第二机床厂(中捷友谊厂)改扩建工程于 1955 年 5 月开工,由于工厂组织和技术落后、制度不健全、技术人员少、生产设备不平衡等原因,10 月,停止国外施工设计的编制,改由国内自行设计,进行技术改造。“一五”计划期间,第二机床厂边干边学,做到“仿中有改、仿中有创”,开始走上自行设计变型产品的道路。沈阳风动工具厂改扩建工程于 1952 年 7 月开工,1955 年 1 月建设结束,提前 16 个月竣工,成为新中国第一座现代化风动工具厂,被誉为“中国凿岩机械和气动工具的摇篮”。沈阳电缆厂改扩建工程于 1953 年 9 月开工建设。经过全厂职工的不懈努力,于 1956 年 9 月正式投入生产,当年生产总导体 11291 吨,品种 15 个,工业总产值 5884 万元,上缴利润 258 万元。沈阳电缆厂的建成投产,使我国电缆制造技术向前迈进了一大步。此外,大连重型机器厂先后生产出中国第一台 120 吨钢锭模搬运车、第一台 600 吨混铁炉、第一台推焦机。1956 年 9 月,大连机车车辆厂自行设计制造的中国第一台“和平型”蒸汽机车,与当时世界上同类机车相比毫不逊色,实现由修理蒸汽机车到制造蒸汽机车的转变。

石油工业。1952 年 10 月,国家计委正式批准抚顺石油二厂恢复建设计划,并列入第一个五年计划。石油二厂从技术人员中选拔一批具有设计工作经验的技术骨干 40 余人,成立设计组,开展恢复工程的设计工作。1955 年共生产页岩原油 17.1 万吨,石油二厂恢复页岩原油生产建设工程全部结束。1956 年该厂页岩原油扩建工程(即四、五、六、七部干馏装置和轻质油回收工程)被列为苏联援建我国 156 项重点工程之一。1957 年 10 月轻质油回收工程建成投产。

国防工业。1952 年 7 月,国家决定将一一二厂(松陵机械厂,沈阳飞机制造公司)扩建成新中国第一个大型喷气式歼击机制造厂。1953 年开始基建施工,1956 年竣工。1956 年 7 月 19 日,该厂生产的中国第一架喷气式歼击机——歼 5 型喷气式歼击机试飞成功。9 月 10 日,中共中央和国务院给一一二厂发来贺电。毛泽东主席热情赞扬说:“自从盘古开天地以来,我们不晓得造飞机、造汽车,现在开始了。”此后,56 式飞机进入批量生产,成为 20 世纪 50 年代到 60 年代中期人民空军的主要装备,为保卫祖国领空和巩固国防作出了重要贡献。国营一一一厂(新光机械厂,沈阳航天新光集团有限公司)承担着修理航空发动机的重任。1953 年该厂改建工程开工,1956 年完工。“一五”计划期间,中央决定在一一一厂基础上扩建成四一〇厂(黎明机械厂,沈阳黎明发动机制造公司)。1954 年 6 月基建工程动工,1956 年 12 月经国家验收建成投产。1956 年 5 月生产出首批发动机 5 台,成为国产歼 5 型喷气式歼击机的发动机装置,标志着我国的航空工业已初步掌握了喷气发动机的制造技术,跨进了喷气式时代。国营四三一厂(渤海造船厂)1955 年开始正式筹建工作。1956 年 5 月开始施工防波堤工程,11 月被列为缓建单位,1959 年开始全面动工续建。

有色金属工业。“一五”计划时期,抚顺铝厂进行了两期大规模工程建设。第一期工程于 1952 年 4 月 1 日开始施工建设,工程于 1954 年 9 月全部竣工。同年 10 月 19 日,生产出新中国第一包铝液,从此,结束了我国没有铝工业的历史。二期工程于 1955 年 7 月施工建设,到 1957 年 12 月,工程建设全部竣工并投入生产。杨家杖子钼矿于 1956 年开工,1959 年 5 月竣工。扩建后的杨家杖子钼矿日采、选钼矿石能力提高到 8000 吨至 9500 吨,其产品在国防工业和国民经济建设中占有重要地位。

为了与24项重点工程配套，辽宁还在沈阳、旅大、抚顺、本溪、安东、锦州等地安排了省市重点项目，包括改建扩建抚顺钢厂、大连钢厂、沈阳有色金属加工厂、沈阳冶炼厂、锦州铁合金厂、沈阳第三机床厂、沈阳鼓风机厂、沈阳水泵厂、大连重型机器厂、大连机床厂、沈阳化工厂、沈阳玻璃厂、大连玻璃厂等。

辽宁人民以高度的政治觉悟和生产热情投入到第一个五年计划建设。工人阶级一马当先，站在工业化建设的最前列。全省广大职工积极响应党的号召，深入开展以增产节约、技术革新为主要内容的社会主义劳动竞赛，充分挖掘企业潜力，努力增加生产，提高产品质量，节约原材料，降低产品成本，重视安全生产，不断提升劳动生产率和企业管理水平，保证全面完成并争取超额完成国家计划。鞍钢机械总厂技术革新能手王崇伦，努力钻研技术，先后八次改进工具，发明以刨床代替插床的“万能工具胎”，大大提高了设备利用率。在劳动竞赛中用一年时间完成四年多的工作量，被誉为“走在时间前面的人”。

1956年初，中共辽宁省委贯彻执行党中央指示精神，坚持“又多、又快、又好、又省”的方针，组织和动员职工群众积极投入社会主义工业建设新高潮，全面开展先进生产者运动。要求各级领导积极支持和推广先进经验、开展合理化建议，广泛组织社会主义竞赛，全省职工参加社会主义工业建设新高潮的积极性空前高涨。在“一五”计划时期开展的各种形式的劳动竞赛中，全省职工提出革新建议110万件，其中采纳实施47万件，创造价值2.5亿元①。

经过“一五”计划时期大规模的工业建设，辽宁实现了对骨干企业的改建、扩建，新建了一大批工业企业，对日伪时期遗留的旧、散、小企业普遍进行了技术改造，彻底改变了辽宁的工业面貌，为我国工业和国防体系建设作出重要贡献，为实现国家的社会主义工业化奠定了初步基础。

辽宁在进行大规模的工业建设中，也出现过一些偏差。如1955年

① 辽宁省地方志编纂委员会办公室主编：《辽宁省志·工会志》，辽宁科技出版社1999年版，第128—129页。

底和 1956 年初，生产建设出现要求过急、盲目冒进的倾向，造成基本建设投资规模失控；再如，这一时期轻重工业投资结构不协调，轻工业投资极少，重工业投资过多，两者占工业总投资的比重分别为 6% 和 94%。这种重工业太重、轻工业太轻的情况，给后来的经济发展和人民生活的改善都带来不利影响。

三、农业基本建设的加强

兴修水利　防治水旱灾害

辽宁地处辽河、浑河、太子河下游，旱涝灾害频繁，严重威胁着人民的生命财产安全。新中国成立后，针对当时河道堤防多年失修、标准又很低的情况，辽东、辽西省以“春修堤、夏防汛、秋堵口”的防汛治洪工作为重点，先后对辽河、浑河、太子河、绕阳河、大凌河等主要河流堤防进行整治。其中，对辽河堤防进行了三次大规模整治。通过修筑、加固堤防，提高了防洪能力，为迅速发展农业生产创造了必要的条件。

为保障浑河沿岸沈阳、抚顺两个重要工业城市的安全，使沿河两岸农田免遭洪涝灾害，扩大农田灌溉面积，东北人民政府农业水利总局经过调查与规划，于 1952 年 8 月提出大伙房水库工程计划任务书。10 月，东北人民政府决定成立浑太水库工程局，并在水利部沈阳勘测设计院编制的《辽河流域规划要点》中，确定大伙房水库是以防洪为主的多目标综合利用的大型水利枢纽工程。1954 年 4 月，大伙房水库开工兴建。水库位于抚顺市东郊的浑河中游，控制流域面积 5437 平方公里，占浑河流域面积的 47%。水库面积 109 平方公里，总库容 21.87 亿立方米。水库土坝按一级建筑物设计，即以千年一遇洪水设计，万年一遇洪水校核。这是当时东北地区第一座大型水库。经过全体建设者四年多苦战，大伙房水库主体工程于 1958 年 8 月竣工，9 月批准验收启用。大伙房水库建成后，有效地防治了水旱灾害，扩大了灌溉面积，并在城市供水等方面发挥了重要作用。水库建成后，辽宁水利建设进入对江河进行规模整治和综合开发利用水资源的新阶段,并为后来的大型水库建设工程提供了经验。

与此同时,以蓄水为主的塘坝与小型水利建设,对解决旱涝问题也起了很大的作用。塘坝既是山区、丘陵区抗旱蓄水的重要水利工程,也是水土保持的重要工程。1953 年党在过渡时期总路线的提出,提高了农民兴办农田水利的积极性。1954 年,辽宁省建塘坝 156 座,总库容 284 万立方米,灌溉面积 4200 亩。在 1956 年农业合作化的高潮中,依据“社办为主,小型为主,以蓄为主”的水利建设方针,全省修建塘坝 2378 座,总库容 2219 万立方米,灌溉面积 9.76 万亩。此外,提水站、机电井、拦河闸坝的修建,有效解决了水田的灌溉问题。

利用丰富的水资源建设农村小水电站,可以有效解决农村的能源问题。辽宁省最早建成的桓仁县雅河电站,利用电力脱谷和碾米,促进了农业互助合作的发展。1955 年 1 月 4 日和 3 月 1 日,《人民日报》分别以《雅河口村建立一个小水电站》和《一个民办公助的小型水力发电站》为题予以报道,水利部在该县召开北方地区小水电站建设现场会。雅河电站的建成促进了全省小水电站的发展,小水电站建设由东部山区向西部山区逐渐发展起来。本溪、安东、锦州、营口、鞍山、抚顺和朝阳等市(地)都兴建了小水电站。

“一五”计划期间,辽宁用于水利建设的投资 6297.4 万元(不包括中央直接投资部分),除建设大伙房水库外,共完成防洪工程 18102 处,修建堤坝 1332 座,小型水库塘坝 2 万座,保护农田面积 1500 多万亩。建成农村小型水力发电站 20 处,发电量达 620 千瓦。全省灌溉面积已增加到 727.5 万亩,是新中国成立前灌溉面积总和的 3.7 倍,其中水田增加到 465 万亩,是新中国成立前水田面积总和的 2.6 倍。农田水利建设事业的发展,大大减轻了水旱自然灾害,保证了农业增产,农村的自然面貌和经济状况有了很大改观。如新中国成立前全省每年平均有 1500 多万亩地受灾,1957 年减到 645 万多亩;仅 1956 年扩大的 270 万亩水田,就增产 30 万吨粮食[①]。

① 《五年来我省农田水利获巨大成就》,《辽宁日报》1957 年 10 月 4 日第 2 版。

改善农业生产条件

辽宁是工业大省,农业相对落后,发展农业生产对辽宁具有特殊的重要意义。为此,在农业发展中,一方面是治理山区水土流失,封山育林;另一方面是扩大垦荒、改造中低产耕地。同时,积极推广使用新农具,逐步推行机械耕作。

辽宁的自然环境是“六山一水三分田”。封山育林成为发展农业生产的重要保证。1952 年,根据东北人民政府的指示,辽东、辽西省人民政府分别发出指示,要求各地以各河流上游和水库工程为重点,依靠群众,做好封山育林工作。1955 年,辽宁省人民委员会发布《关于改进和加强封山育林的指示》。从此,封山育林工作在辽宁东、西部山区很快开展起来,涌现出的封山育林典型受到国家林业部的奖励。封山育林,不仅使山区森林开始恢复,生态条件得到改善,保护农田免受洪水冲刷,而且使土壤变肥,各种原生植物复生。

为扩大耕地面积,增加粮食生产,新中国成立后,辽宁地区各级党委和政府鼓励农民开荒种地。1950 年至 1954 年,辽宁地区累计开荒 125.2 万多亩。为保护农民开荒利益,1955 年,辽宁省人民委员会出台政策规定:凡是个体农民开荒,不管开荒年限多长、收入多少,入社后都要和社员所有土地同样取得报酬;农民在国有土地上开荒,土地所得报酬归个人所有,在国家收回土地之前,归开荒人使用,入社后和社员土地一样取得报酬,但地权仍属国有。这些政策规定极大鼓舞了农民开荒的积极性。1956 年,全省开荒面积 184 万亩,耕地面积 7297.5 万亩。

辽宁的耕地中,低洼易涝地、盐碱地、风沙地较多,农业亩产很低。新中国成立后,辽宁各地对低洼易涝地进行全面修整、改造,采取“防、灌、排、蓄”的方法,提高了低洼易涝区的抗灾能力,同时也扩大了灌溉面积。“一五”计划时期,重点开发了新水田,如 1953 年至 1955 年,盘山县大洼灌区开发水田 23.7 万亩。1955 年 3 月,辽宁省贯彻水利为农业增产的方针,在沈阳、辽阳、营口、铁岭等中型灌区,通过拦河闸坝、挖沟筑渠等水利建设,扩大水田面积,增加了粮食生产。

由于蒙古高原风沙的侵袭,辽宁西北部地区的耕地不断沙化。1952 年 5 月,辽西省人民政府作出《关于营造防护林带的决定》,明确规定对全省境内16个市、县，长约570公里、最宽处达126公里的地带造林45万公顷，受益面积约200万公顷，其中农田防护林带和农田防护林网的设计面积为2.95万公顷。与此同时，在辽西省、旅大市、辽东沿海即西起山海关、东至鸭绿江口1000余延长公里的海岸线上营造海防林。防护林带的营造，有效地保护了耕地。

新中国成立初期，辽宁地区农业生产仍旧沿用犁、锄、镰、镐四大件工具，依靠人力、畜力以及传统的农业生产方法进行生产。“一五”计划时期，地方工业为农业生产试制了山地犁、颗粒制肥器、滤肥机、追肥器、脱谷机、土豆收割机等农具。大批新式农具的推广使用，不仅提高了耕作效率和单位面积产量，而且极大地减轻了农民的劳动强度，如割草机每台时割草效率相当于16个劳动力。农业机械化事业有了新的发展。1953年，沈阳市建立全省第一个国营拖拉机站，有职工26名、拖拉机5台以及少量的配套机引农具。此后，全省拖拉机数量年年增加。“一五”计划时期，23个拖拉机站共为生产合作社和国营农场翻地292万亩。据全省调查，在土质和其他条件相同的情况下，机耕地的苞米一般比非机耕地增产20%至40%，高粱、大豆一般增产15%至30%，棉花、水稻增产20%至50%①。

围绕农业基本建设，辽宁省各级党委和政府高度重视农业科学技术工作，建立健全科研、推广、管理工作体系。为加强对农业技术的指导，全省各县、区都建立农业技术指导站，指导农民使用新式畜力农机具、选用良种、防治病虫害、科学施肥和改进栽培技术。到1955年，全省建立农业技术指导站465个，共有农业技术干部3475人。

经过大规模的农业基本建设，辽宁逐步改善了农业生产条件，促进了农业生产发展。1953年至1957年，全省粮食平均年产量为124.6亿斤，比1952年增长14.5%。

① 《我省农业机械化事业有很大发展》，《辽宁日报》1958年1月17日第2版。

第六章

过渡时期民主政治建设及社会事业的发展

在向社会主义过渡时期,为适应大规模经济建设的需要,顺利完成第一个五年计划,辽宁省在推动民主政治建设、加强新形势下的统一战线工作、加强党的自身建设等方面迈出重要步伐。各级党委和政府加强领导和组织工作,人民团体组织不断发展壮大,科学、教育、文化、体育卫生等社会各项事业适应新的形势,都加快发展步伐,取得较大成绩,为提高人民素质、推进国家发展和社会进步发挥了重要作用。

一、民主建政工作的新发展

普选宣传与基层选举工作的全面展开

新中国成立初期,在全国范围实行普选的人民代表大会制度的条件尚不成熟,因而采用了在中央通过中国人民政治协商会议全体会议、在地方通过逐级召开人民代表会议的方式,逐步向人民代表大会制度过渡。根据中共中央的提议,1953 年 1 月 14 日,中央人民政府公布《关于召开全国人民代表大会及地方各级人民代表大会的决议》。1953 年 3 月 1 日,中央人民政府颁布实施《中华人民共和国全国人民代表大会及地方各级人民代表大会选举法》(简称《选举法》)。

按照中央要求,辽东、辽西省及沈阳、旅大、鞍山、抚顺、本溪市,结合本省、市的具体情况,对本行政区域内的普选工作作出部署,并根据《选举法》的规定,建立乡、县、市、省各级选举委员会。在这场空前的规模巨大的民主选举运动中,辽宁地区各省、市委贯彻普选工作“全党参加,政府出面,训练干部,发动群众,深入宣传,认真选举,以达到民主建政的目的”[①]的方针,在各级党委的领导下和选举委员会的具体指导下,有序展开普选宣传和基层选举工作。

从1953年4月下旬至5月初,辽宁地区开展广泛深入的普选宣传工作,各省、市委和选举委员会都印发关于普选宣传工作的文件。中共辽西省委制定《普选宣传工作计划》,要求全省各种报纸、刊物和广播电台对普选进行系统地宣传,号召各级党委大力组织党的报告员和宣传员进行宣传活动,广泛利用一切集会场所和机会向各界人民进行普选的宣传。沈阳市选举委员会组织5000多名干部深入街道开展多种形式的宣传活动,掀起声势浩大的普选宣传热潮。中共鞍山市委动员全市宣传机关、宣传队伍举行报告会、座谈会,通过读报组、黑板报、广播站、电影院、剧院,运用快报、图画、短剧等各种方式和文艺形式,广泛宣传普选的重大意义。抚顺市选举委员会通过抚顺电台举办普选广播大会,动员全市人民积极参加普选,有126万人收听了广播。

按照《选举法》的规定,全国人民代表大会代表,省、设区的市和县人民代表大会代表,由下一级人民代表大会选举;乡、镇、市辖区和不设区的市人民代表大会代表,由选民直接选举。乡、镇、市辖区和不设区的市人民代表大会代表的选举为基层选举,是各级代表大会选举工作的基础。为保证基层选举工作的顺利进行,各省、市委从5月开始,抽调大批干部进行选举工作的政策学习和工作集训。同时,选举委员会根据本地情况,分别选择不同类型的地区进行基层选举的典型试验,取得经验后再分批展开。基层选举工作全面展开分以下步骤:

① 中共中央文献研究室:《周恩来年谱(1949—1976)》(上),中央文献出版社1997年版,第274页。

一、建立选举委员会。村、镇和市辖区的选举委员会均设有主席和委员。

二、划分选区。划分选区总的原则是按照人口和选民的居住自然条件划分，多数农村是以每个自然村为一个选区，选举 2 至 3 名代表。

三、确定代表名额及代表候选人名单。村、镇人民代表大会代表名额：人口在 2000 以下的选代表 15 人至 20 人；人口超过 2000 人，选代表 20 人至 35 人；人口特少的村镇，代表名额可少于 15 人，但最少不少于 7 人；人口特多的村、镇，代表名额可多于 35 人，但最多不超过 50 人。区、镇的代表候选人，一般由中国共产党、各民主党派、各人民团体联合或单独提出。

四、按选区召开选举大会，绝大多数年满 18 周岁的公民都有选举权和被选举权。鉴于当时有些选民不识字或识字不多，选举代表一般采用举手方式，有的地方采用无记名投票方式。据 1953 年统计，辽西省共有选民 4054013 人，参加选举的有 3747530 人，占选民总数的 92.44%。选举中，对少数民族代表名额作了适当照顾，辽西省阜新县少数民族（主要是蒙古族）占全县总人口的 20.68%，共选出少数民族代表 1460 人，占全县基层代表总数的 26.56%。辽东省选民参选率达 95%。

五、召开基层人民代表大会。1954 年 3 月，辽东省 5842 个基层单位和辽西省 4576 个基层单位选举工作结束。在此基础上，1954 年 3 月至 4 月，辽东、辽西省所属各市、县召开人民代表大会第一次会议，选举出席本省第一届人民代表大会代表。1954 年上半年，辽东、辽西省人民代表大会代表和沈阳、旅大、鞍山、抚顺、本溪 5 个中央直辖市人民代表大会代表，全部通过民主选举产生，为辽宁省人民代表大会的召开奠定了坚实基础。

通过广泛深入的宣传教育，辽宁地区广大干部群众认识到普选的重大意义，激发了他们参与政治活动的热情，基层干部也受到一次深刻的民主教育。普选工作认真贯彻中央提出的关于把选举工作与反官僚主义、反命令主义和反违法乱纪的斗争结合起来的指示，在选举工作中注意整顿与改造薄弱村和落后村，民主作风大大增强，基层干部的领导作风和工作作风都有很大改进和提高，政府与人民群众的联系更加紧密，基层政权组织得到进一步健全。普选工作促进了各项工作的开展，工农业生产出现新气象。

《中华人民共和国宪法（草案）》大讨论的开展

宪法是一个国家的根本大法，是治国的总章程。中华人民共和国成立时没有正式宪法，以1949年9月29日中国人民政治协商会议第一届全体会议通过的《中国人民政治协商会议共同纲领》为临时宪法。1953年1月，中央人民政府委员会把制定宪法的任务提上日程。中央人民政府举行第二十次会议，决定成立以毛泽东为主席的中华人民共和国宪法起草委员会。经过一年多的努力，1954年3月，宪法起草小组完成了四读稿，中共中央政治局连续召开三次扩大会议进行讨论修改，并提交全国政协常委会讨论，修改后的四读稿为宪法草案初稿。3月至6月，宪法起草委员会举行七次正式会议，对草案初稿进行研究和讨论。同时，在北京和全国各大城市组织各方面的代表人物，用两个月时间，对宪法草案初稿进行讨论，提出修改意见。6月14日，中央人民政府委员会第三十次会议讨论通过了《中华人民共和国宪法（草案）》。6月16日，《人民日报》全文刊登宪法草案，并发表了在全国人民中广泛展开讨论宪法草案的社论，一场全民大讨论迅速在全国范围内展开。

根据中共中央及中共中央东北局的指示，中共辽东、辽西省委和中共沈阳、旅大、鞍山、抚顺、本溪市委，对在全体人民中进行宪法草案的宣传和讨论作出安排。各级党组织在省、市委的领导下，成立宪法草案讨论委员会，组织开展宣传讨论工作。为提高宣传质量，辽宁各地训练大批报告员和宣传员，宣传制定宪法的伟大意义和宪法草案的基本内容。重点向人民群众讲清楚宪法草案是保证人民当家作主的宪法，是自己的法律，保障一切权利属于人民。据统计，辽东、辽西省先后训练了6131名报告员和27万名宣传员，深入各地开展宣传。1954年8月1日中共辽宁省委成立后，省委宣传部于16日印发《关于继续深入宪法草案宣传讨论工作的意见》，对原两省五市的宣传讨论作了初步总结，提出要继续加强对宪法草案宣传讨论的领导，在群众中深入进行宣传讨论，进一步做好征求修改意见工作。

辽宁广大干部群众以高度的政治热情和主人翁态度，热烈讨论中华人民共和国第一部宪法草案。6月15日，宪法草案公布第二天，刊登宪法草案的《东北日报》在辽宁各大城市热销，沈阳市当天就售出4.5万余份。各地邮电局投递员及时将报纸送达目的地，各阶层人民争相传看、阅读。在本溪煤矿彩屯竖井的工地上，有线广播站逐条逐句播送宪法草案，4000名职工收听广播。各级宪法草案讨论委员会组织广大干部群众，通过报告会、座谈会、车间会、田间地头会等形式开展大讨论。对工农群众大多采用新旧社会对比的方式展开讨论。通过讨论，大家都受到一次深刻的爱国主义和社会主义思想教育，初步了解宪法的主要内容，知道宪法是国家的根本大法，是保证人民已经取得的革命胜利成果、保证劳动人民逐步实现社会主义愿望的重要武器。大家都表示热烈拥护宪法草案，并积极投身工农业生产和各项事业中。

在宪法草案宣传讨论的同时，辽宁地区有47个县召开县人民代表大会，8256个村召开村人民代表大会，6个市和75个市区、城关区和区级镇召开市和区级人民代表大会，各级人民代表大会的代表共179680人讨论了宪法草案①。

宪法草案大讨论历时两个多月，于8月底结束。在两个多月的时间里，辽宁省（不包括沈阳、旅大、鞍山、抚顺、本溪五市）有430余万人参与宪法草案讨论，共提出修改、补充意见4967条②，几乎涉及宪法草案每一个条款。正如毛泽东所说，中华人民共和国宪法草案的起草，“采取了领导机关的意见和广大群众的意见相结合的方法”，使中央的意见和全国人民的意见相结合，不仅使宪法的内容臻于完善，而且使宪法深入人心，获得最广泛的群众基础，这是中国制宪史上的一个革命③。

宪法草案大讨论意义重大，它说明中国共产党真正代表了最广大人民的根本利益，体现了新中国的政权性质。9月20日，第一届全国人民代表大会第一次会议通过并公布了《中华人民共和国宪法》。《中华人民

---

① 《我省四百余万人讨论了宪法草案》，《辽宁日报》1954年9月12日第1版。

② 《我省四百余万人讨论了宪法草案》，《辽宁日报》1954年9月12日第1版。

③ 中共中央党史研究室著：《中国共产党历史》第二卷（1949—1978）上册，中共党史出版社2011年版，第253页。

共和国宪法》的通过和颁布实施，为全国人民指明了一条清晰、明确的通往社会主义的道路，调动了广大人民群众建设社会主义的积极性，有力地推动了社会主义各项事业的蓬勃发展。

行政区划和领导制度的调整

新中国成立初期，由大区一级行政机构代表中央领导和监督地方政府，建立了华北、东北、华东、中南、西南、西北六个大行政区，设立党政军机关。为了适应领导大规模经济建设和社会主义改造的新形势、新要求，中共中央经过慎重研究，对党和国家的领导制度进行了若干调整。1954 年 4 月，中共中央政治局扩大会议决定撤销大区一级党政机构。6 月 19 日，中央人民政府委员会第三十二次会议作出《中央人民政府关于撤销大区一级行政机构和合并若干省市建制的决定》，决定撤销辽东、辽西省建制合并成立辽宁省，省会设在沈阳市；沈阳、旅大、鞍山、抚顺、本溪五个中央直辖市划归辽宁省建制，改为省辖市；将原辽东省所辖的通化市、西安市（今辽源市）和通化、临江、长白、抚松、靖宇县、辑安（集安）、柳河、辉南、海龙、东丰、西安等 11 个县，原辽西省所辖的四平市和双辽县、梨树县划归吉林省管辖。新的辽宁省行政区管辖：沈阳、旅大、鞍山、抚顺、本溪、安东、锦州、营口、阜新、辽阳等 10 个市；复县、新金、庄河、盖平、营口、海城、辽阳、岫岩、安东、凤城、宽甸、桓仁、新宾、清原、西丰、昌图、昌北（1954 年 12 月并入昌图县）、康平、法库、开原、铁岭、新民、阜新、彰武、北镇、黑山、锦县、义县、锦西、兴城、绥中、盘山、台安、辽中等 34 个县。金县、长海县为旅大市辖县。

遵照中共中央指示，在中共中央东北局的领导下，本着先易后难、先简后繁和先并后撤的精神，以及系统对系统、部门对部门的交接原则，辽宁地区并省工作顺利展开。1954 年 7 月 25 日，辽宁省筹备委员会组成。8 月 1 日，辽宁省成立大会在沈阳召开。8 月 5 日，经中央批准，黄欧东任中共辽宁省委书记，王铮、杜者蘅、喻屏、李荒任省委副书记，李荒兼任省委秘书长。8 月 21 日，中央人民政府任命杜者蘅为辽宁省人民政府主席，李涛、宁武、车向忱、王学明、仇友文、张雪轩为副主席。10 月 10 日，中央批准黄欧东、王铮、杜者蘅等 29 人为中共辽宁省委委员。黄欧东、王铮、杜者蘅、喻屏、李荒、李涛、王学明、邹群峰、蔡黎、邱先通、张烈 11 人为省委常委。

此后，为适应形势发展需要，辽宁省的行政区划和建制又有了新的调整。1955 年 7 月，热河省撤销，原属热河省管辖的朝阳、建平、凌源、建昌、北票五个县和喀喇沁左旗划归辽宁省管辖。1955 年 12 月，经国务院批准，设立锦州、辽阳、安东、铁岭四个专区。在这四个专区设立四个地委，并将辽宁省委直接领导的县委分别划给各地委领导。从此，省委再未直接领导县委。1959 年 1 月 5 日，撤销锦州、辽阳、安东、铁岭四个专区和四个地委，将各县划归各市领导。建立朝阳市，并组建中共朝阳市委。

1955 年 6 月，中共中央作出《关于建立省、市委书记处的决定》。根据决定，9 月，由黄欧东、王铮、杜者蘅、喻屏、李荒、李涛六人组成中共辽宁省委书记处。书记处对省委和省委常委会负责，其职责是组织对省委决议的执行和落实，在省委已决定的方针政策下处理各种日常工作。书记处的工作情况应向常委会和委员会作报告。此外，在省级政权机关设立党组。党组成员由省委任命，省委通过党组实现对省级政权组织的领导。省委工作机构设有办公厅、组织部、宣传部、财政贸易部、基本建设部、农村工作部、工业部、统战部、纪律检查委员会、国际活动指导委员会、辽宁日报社和省委党校。随着形势发展和任务要求，省委工作机构有过增设、撤销、合并的变化。

在干部管理制度方面，实行在各级党委统一领导下，由各级党委的组织部统一管理的分部分级管理干部制度。分部管理，就是在各级党委原有的组织部、宣传部、统战部、农村工作部的基础上，逐步增设工交、财贸、文教、政法等新的工作部门，分门别类管理计划工业、财政贸易、文化教育、交通运输、农林水利、统一战线、政治法律、党派和群众团体及其他各类干部。1956 年 9 月，对国营企业的领导体制进行调整，改变厂长责任制，在国营企业实行党委领导下的厂长负责制。

对党政领导组织层次的调整，结束了新中国成立初期由大区一级行政机构代表中央领导和监督地方政府的过渡状态。在进行有计划经济建设的新条件下，使中央直接领导省市，直接了解省市的情况，进一步加强了党对政府、中央对地方的集中统一领导。在党组织内部，更加强调集体领导，反对分散主义，对实现党在过渡时期的总路线总任务，顺利完成第一个五年计划和其他各方面的工作任务，起到了重要保证作用。

辽宁省第一届人民代表大会的召开

1954 年 7 月 29 日，辽宁省第一届人民代表大会第一次会议筹备委员会正式成立。筹备委员会由杜者蘅、李涛、宁武、王铮、车向忱、仇友文、张雪轩、周秋野、张盘新、李青、巩里 11 人组成。杜者蘅为主任，李涛、宁武为副主任。鉴于 8 月 1 日辽东、辽西省合并，沈阳、旅大、鞍山、抚顺、本溪 5 个中央直辖市并入辽宁省的工作尚未结束的实际情况，经辽宁省第一届人民代表大会第一次会议筹备委员会请示中央选举委员会同意，原辽东、辽西省的人民代表大会代表均参加辽宁省第一届人民代表大会第一次会议，选举出席第一届全国人民代表大会代表；沈阳、旅大、鞍山、抚顺、本溪 5 个市自行举行人民代表大会，选举出席第一届全国人民代表大会代表。8 月上旬，沈阳、旅大、鞍山、抚顺、本溪市均召开第一届人民代表大会第一次会议，各市人民代表大会制度正式建立。

8 月 12 日至 15 日，辽宁省第一届人民代表大会第一次会议在沈阳召开。会议实有代表 588 人，出席会议代表 536 人。会议讨论了《中华人民共和国宪法（草案）》，听取和审查了辽宁省人民政府主席杜者蘅所作的《关于宪法草案的基本内容和基本精神》的报告；听取和讨论了中共辽宁省委书记黄欧东代表省委提出的《关于辽宁省当前工作任务的建议》。大会经过充分讨论，通过了关于拥护《中华人民共和国宪法（草案）》的决议，接受了《关于辽宁省当前工作任务的建议》，通过了提案审查报告。大会选举张学思、王铮等 24 人为辽宁省出席第一届全国人民代表大会代表。由于中华人民共和国宪法尚未公布，中央决定，普选后的地方各级政权组织形式尚待确定，省、市、县本届人民代表大会，不在首次会议上选举本级人民政府。因此，这次大会没有选举辽宁省人民政府组成人员。

1955 年 2 月 6 日至 11 日，辽宁省第一届人民代表大会第二次会议在沈阳召开。会议根据《中华人民共和国宪法》和《中华人民共和国地方各级人民代表大会和地方各级人民委员会组织法》,决定将辽宁省人民政府改为辽宁省人民委员会,并选举产生新的组成人员。会议选举杜者蘅为辽宁省人民委员会省长,李涛、宁武、车向忱、仇友文、黄达、刘宝田为辽宁省人民委员会副省长。会议还根据全国人大第一次会议通过的《中华人民共和国法院组织法》,选举了辽宁省高级人民法院院长。1956 年,辽宁省第一届人民代表大会第五次会议补选张雪轩、王梓木、巩天民、褚凤岐为辽宁省人民委员会副省长。

二、统一战线工作的新进展

统一战线工作的新形势新任务

从 1953 年到 1956 年,统一战线工作围绕过渡时期的总任务,动员和团结各民主阶级、各民主党派、各人民团体和其他爱国民主人士,为完成社会主义改造、巩固发展社会主义革命的胜利成果发挥了积极作用。

推动资本主义工商业的社会主义改造。党在过渡时期总路线的方针确定之后,利用、限制和改造资本主义工商业是整个过渡时期的根本问题之一。在实际改造中,私营工商业一度出现生产经营上的困难。辽宁各地工商联、民主建国会与工商界的骨干分子在各级党委和政府的领导下,按照中央“统筹兼顾、全面安排、积极改造”的方针,对各行业的生产和经营情况进行调查研究,及时向政府有关部门提出具体意见和建议,配合政府做好对私营工商业的分配加工订货任务,调整上缴利润以及对私营商业扩大货源供应、调整商业网点、调整批零差率和起点等工作。对于私营批发商和不利于国计民生的行业则辅导他们转业,并在生产实践中改造资本主义的经营思想。针对资产阶级分子常常表现出犹豫不安的心理,反复进行总路线的宣传教育,系统阐明党的和平改造和赎买政策,使其更加积极地接受社会主义改造。在全行业公私合营后,各级工商联在党委统一领导下,积极协助政府做好清产核资、人事安排等工作,使私营工商业者普遍感到满意,纷纷表示感谢政府。不少工商业者在新的工作岗位上发挥自己的技术才能，以搞好生产经营的实际行动报答党对他们的关怀。

吸收各民主党派成员参加国家政权、参与国家事务的管理，发挥参政议政作用。1953年6月召开的第四次全国统战工作会议认为，人民代表大会制度的实行，绝不意味着要削弱统一战线，而是更应使之巩固和加强。根据中央的精神，辽宁地区各级党委积极创造条件，从各个方面对各民主党派代表人物予以适当安排。各级人民委员会与厅、局、科长干部及各级统一战线组织中，都安排适当比例的民主人士。针对辽宁高等院校、科学研究所与医疗卫生部门较多的特点，还吸收安排文教科技人员。1954年在人民代表大会制度实行后，全省各级人民代表大会都有一定比例的各民主党派人士、无党派民主人士和知识分子。同时，《中华人民共和国宪法》用法律形式把国家的性质、人民民主的政治制度、向社会主义过渡的方针步骤、民族区域自治等重大问题明确规定下来，成为各民族、各民主党派和各界人士团结的政治基础。通过1954年至1955年相继召开的省人民代表大会、省工商界代表座谈会、省政协委员会议、省工商联委员会代表大会，进一步加强了统一战线工作，与各民主阶级、民主党派、无党派民主人士，从思想上组织上建立了比较紧密的联系，扩大了团结面，加强了党与非党的合作。

大力抓好对资产阶级分子、民主人士和非党知识分子的团结、教育、改造工作。随着对资本主义工商业的社会主义改造高潮的到来，我国工人阶级同资产阶级的矛盾已经基本解决，社会主义制度已经基本建立，中国开始进入社会主义的社会。为使统战工作适应这种新形势，继续巩固和扩大人民民主统一战线，广泛团结一切可以团结的力量，为党的总任务服务，1956年2月召开的第六次全国统战会议，强调进入社会主义社会后，教育工作是统一战线的中心工作。教育工作的目的，就是要使绝大多数资产阶级分子，对最后完全消灭资本主义所有制作好思想上的准备，而且能够成为名副其实的劳动者；使大多数的高级知识分子和民主人士在社会主义建设中充分发挥自己的聪明才智，能够从思想上接受马列主义的基本观点。根据中央会议精神，1956年4月23日，中共辽宁省委召开第一次统战工作会议，要求各级党委重视统战工作，大力抓好对资产阶级分子、民主人士和非党知识分子的团结、教育、改造工作。会后，省委批转省委统战部《辽宁省1956—1957年统一战线工作规划的意见》和《关于1956年和1957年两年内对资产阶级分子通过讲习班进行教育工作规划》，全省从上到下大抓了工商界、知识界、民主党派、民主人士的政治理论学习。省和一些市、地委办起了社会主义政治学校，使统一战线的各界代表人士和全体资方人员，凡能够参加学习的，都得到一次学习机会。在中国共产党同民主党派实行“长期共存、互相监督”的方针指引下，全省统一战线工作进入新的发展时期。

各民主党派组织的建立和发展

辽宁地区民主党派组织，是在东北解放后陆续建立起来的。据统计，1950年东北地区有民主党派成员77人，多数集中在沈阳、旅大市。根据1950年第一次全国统战会议精神和应各民主党派中央的请求，辽宁省各级党委积极协助各民主党派建立地方组织。到1957年底，除中国致公党外，中国国民党革命委员会（民革）、中国民主同盟（民盟）、中国民主建国会（民建）、中国民主促进会（民进）、中国农工民主党（农工党）、九三学社、台湾民主自治同盟（台盟），都在辽宁地区建立了组织。

辽宁省成立后，民革、民盟、民建、民进相继建立辽宁省委员会。中共辽宁省委和省委统战部对各民主党派的领导班子建设给予具体指导。各民主党派的几次换届工作都是在省委统战部的具体指导下进行的。各级党委及统战部门积极推动各民主党派学习贯彻中共中央一系列方针、政策，极大激发了民主党派政治上的积极性和发展组织的强烈要求。许多党外人士对民主党派也有了进一步的认识，参加民主党派是光荣的。各民主党派在组织发展问题上也采取积极有效的措施，使民主党派有了很大发展。1956年下半年至1957年2月，民革辽宁省委吸收220人参加组织；民盟辽宁省委吸收291名新盟员，并在全省7个主要城市开展了组织工作；民建地方组织的成员由400多名增加到910名；民进在旅大、抚顺、安东、本溪等市成立筹委会和委员会，并于1957年1月正式成立辽宁省筹委会，会员由160人增加到662人。1954年10月，民革辽宁省分部筹委会成立时有党员80名，到1957年10月，全省党员总数增加到445名。其他民主党派的成员也有了大幅度增加。各民主党派发展的成员大多数为中高级知识分子。

各级党委及统战部门坚持多党合作，注意调动各民主党派参加社会主义建设的积极性，在国家政治生活中发挥作用。

一是吸纳各民主党派参加国家政治生活，发挥政治协商和民主监督作用。中国共产党与民主党派的合作与以往相比，从形式、内容、范围上都有新发展。有许多民主党派人士担任各级人民代表大会代表、政协委员，还有相当数量的成员在各级政府部门担任领导工作。1954年至1955年，辽宁省民盟盟员有62人当选为各级人民代表大会代表，其中，有6人当选全国人大代表，有20人当选省人大代表。有3名盟员被推选为中国人民政治协商会议全国委员，16名盟员担任政协辽宁省委委员。许多成员还在国家机关、企业、学校、科学研究机构担任重要职务。据不完全统计，到1957年2月，辽宁省人民委员会的民主党派成员占36.59%。各民主党派在全省地方组织的成员，担任副省长、副市长的有10人，担任省人民委员会厅、局长的有8人。各级党委、政府进一步加强与民主党派的政治协商工作，涉及重大决策、人事安排以及社会生活等诸多方面的问题。民主党派组织和成员参政议政的意识不断增强，注意搞好调查研究，了解掌握情况，参政议政水平不断提高。1955年1月中共中央发出《关于统一战线工作的指示》后，中共辽宁省委多次召开民主党派工作座谈会，征求他们的意见。全省各级党委和统战部门开展了执行统战政策情况大检查，使各民主党派地方组织及其成员，对党和国家机关工作的监督作用日益显著。

二是帮助各民主党派加强自我教育和思想改造。按照中共中央要求，各级党委和统战部门积极引导各民主党派成员和他们所联系的群众，参加时事政治和理论学习，参加社会实践活动和政治运动，在实践中加强自我思想改造，提高社会主义觉悟，拥护中国共产党同民主党派之间"长期共存、互相监督"的方针。

三是调动广大知识分子的积极性，服务国家经济建设。各民主党派采取不同形式，积极推动成员和所联系的人士投身到社会主义建设的实践中去，为完成第一个五年计划献计出力。各民主党派许多成员在社会主义建设中成为各条战线的骨干力量,许多人被评为先进工作者和先进生产者。

工商业联合会组织的建立和发展

1949 年 8 月,中共中央发出的《关于组织工商业联合会的指示》中指出:“工商业以合并成立工商业联合会为好。我公营企业的主持人员亦应参加进去一些,以便教育和团结私人工商业家。”对此,辽宁地区各市、县首先对旧商会和同业公会进行改组和整顿,改革旧的规章制度,加强干部的管理和教育工作,补选一批政治进步、愿意为同行服务的工商业者组成工商联和同业公会。1949 年 5 月至 1951 年 7 月,沈阳、旅大、鞍山、抚顺、本溪市分别成立工商业联合会。工商联组织成为在国营经济领导下,由各种经济成分组织起来的工商业者的群众团体。

1952 年 6 月,全国工商业联合会筹备委员会成立。8 月,中央人民政府政务院公布实施《工商业联合会组织原则》,为已成立或正在筹备成立的各省、市、县工商业联合会,以及对工商业联合会基层组织与同业公会指明了方向。1952 年 12 月和 1953 年 3 月,辽东、辽西省先后成立省工商业联合会筹委会。辽东省工商业联合筹备委员会主任委员为杨竺坡,辽西省工商业联合会筹备委员会主任委员为侯启兴。1949 年 5 月至 1954 年 7 月,辽宁地区县以上工商联组织共有 54 个。

在此期间,在各级党委的领导下,在各级党委统战部门的具体帮助和指导下,各地工商联分别召开会员代表大会,进行改组、整顿和调整。在“五反”运动中撤销了一部分有严重违法行为的工商业者,选出表现积极、在工商界有一定威望和肯为群众服务的代表人物担任各级工商联和同业公会的领导职务。在工商联组织负责人中,都有国营、私营企业的代表参加。在委员安排上,吸收一批思想较为进步的私营工商业者。与此同时,加强对各级工商联组织的领导,进一步统一了各级工商联和同业公会的人事和财务制度。各级工商联不仅在组织成分上适当地增加了国营和合作企业的委员名额,而且还增设了中共党员秘书长(秘书主任或秘书)等,更进一步健全了各级工商联组织。

辽宁省成立后,原辽东、辽西省工商业联合会筹备委员会合并,成立辽宁省工商业联合会临时工作委员会,同时成立辽宁省工商业联合会党组。在中共辽宁省委、省政府的领导和中共辽宁省委统战部的支持帮助下,经过积极筹备,辽宁省工商业联合会第一次会员代表大会于1955年3月26日至30日在沈阳召开。出席大会代表258人,其中国营企业代表41人,私营企业代表217人,有关部门列席会议人员46人。副省长李涛到会作政治报告。会议通过了《辽宁省工商业联合会章程》,选出主任委员1人、副主任委员9人、秘书长1人(兼)、执行委员82人,组成辽宁省工商业联合会第一届执行委员会。巩天民当选为主任委员。至此,辽宁省工商业联合会正式成立。

从新中国成立到社会主义改造基本完成,辽宁地区各级工商联组织围绕国民经济恢复、抗美援朝、土地改革、镇压反革命以及对资本主义工商业的社会主义改造,团结教育广大工商业者遵守《共同纲领》、人民政府的政策法令和《中华人民共和国宪法》,协助政府开展恢复生产、平抑物价、稳定市场、认购公债支援国家经济建设等方面积极开展工作。在抗美援朝运动中,各级工商联组织制定爱国公约、积极开展爱国捐献。过渡时期总路线提出后,辽宁地区各级工商联组织在广大私营工商业者中深入系统地进行宣传教育,提高他们对中国必须走社会主义道路的认识,认清自己在过渡时期的地位、作用和前途,对党的和平改造政策感到温暖。各级工商联组织还积极协助政府,帮助私营工商业者解决生产上的困难,帮助改善经营管理,保证了全省社会主义改造任务的顺利完成。

政协辽宁省第一届委员会的成立

1954年全国人民代表大会召开后,中国人民政治协商会议不再代行全国人民代表大会的职能,而是作为独立的统一战线组织继续存在。同年12月召开的政协全国二届一次会议,通过了《中国人民政治协商会议章程》。

根据《中国人民政治协商会议章程》关于在各省、自治区、直辖市设立政协地方委员会的规定,1955年2月5日,中共辽宁省委邀请各民主党派、各人民团体负责人及各族各界代表人士举行会议,协商成立中国人民政治协商会议辽宁省委员会，并成立政协辽宁省筹备委员会。筹委会先后召开两次会议，协商通过了政协辽宁省第一届委员会委员组成名单和召开政协辽宁省一届一次会议的有关事项。

政协辽宁省第一届委员会 122 名委员中，包括中国共产党、各民主党派地方组织、各人民团体、少数民族、爱国民主人士，以及文化教育、科学技术、医药卫生、宗教界和农民等 23 个界别，具有广泛的代表性。其中中共党员 36 名，占委员总数的 29.5%；非中共党员 86 名，占委员总数的 70.5%；少数民族 16 名，占委员总数的 13.11%；妇女 16 名，占委员总数的 13.11%。

1955 年 3 月 6 日至 10 日，中国人民政治协商会议辽宁省第一届委员会第一次全体会议在沈阳召开。参加会议的有中共党员，各民主党派、各人民团体等各界代表和特邀人士等共 112 人。政协辽宁省筹备委员会主任委员张雪轩主持开幕式，中共辽宁省委书记黄欧东致开幕词。会议传达了全国政协二届一次会议精神和决议，听取和讨论了《原两省五市各界人民代表会议协商委员会工作报告》《目前形势和辽宁省当前任务的报告》。选举产生了中国人民政治协商会议辽宁省第一届委员会常务委员会。选举黄欧东为政协辽宁省第一届委员会主席，张雪轩、宁武（民革）、车向忱（民进）、靳树梁（无党派）、陈先舟（民盟）、巩天民（民建）为副主席。会议通过了《关于辽宁省各界人民代表会议协商委员会工作报告的决议》《关于在九市、五县设立中国人民政治协商会议市、县委员会建议案的决议》。

政协辽宁省第一届委员会第一次会议的召开，标志着辽宁省人民民主统一战线的巩固和发展。政协辽宁省第一届委员会的成立，使全省统一战线工作进入新的发展阶段。根据《中国人民政治协商会议章程》所赋予的职能和任务，人民政协工作紧紧围绕全省的中心任务，积极开展政治协商、民主监督，为进一步发展和壮大新的历史条件下的统一战线发挥了重要作用。在中共辽宁省委的领导下，省政协团结各民主党派、工商联和各族各界人士，为完成社会主义改造、加快社会主义建设，发扬人民民主和活跃国家政治生活，协调统一战线内部关系等方面作出了特殊贡献。

三、人民团体工作的新发展

工会组织的新发展

辽宁地区的工会组织是伴随着辽宁工人阶级队伍的产生和工人运动的发展而不断成长壮大起来的。新中国成立时,辽宁地区有辽东、辽西两个省级工会组织和沈阳、旅大、鞍山、抚顺、本溪五个中央直辖市工会组织,安东、锦州、营口、阜新、辽阳五个省辖市工会组织。各级工会组织遵照中央人民政府1950年6月公布实施的《中华人民共和国工会法》及历届中国工会代表大会通过的《中国工会章程》,积极开展各项工作和活动。在国民经济恢复时期,辽东、辽西省和沈阳、旅大、鞍山、抚顺、本溪市工会,积极响应党中央的号召,按照以生产为中心,生产、生活、教育"三位一体"的工运方针,广泛开展创造新纪录运动等生产竞赛活动,千方百计恢复生产,协助政府安置大批失业工人,安排职工生活,实行生产自救;结合恢复经济、抗美援朝、镇压反革命等运动,组织职工参加"三反""五反"斗争;组织职工打退资产阶级的进攻,推进资本主义工商业的社会主义改造;开展唯物史观、时事政治、爱国主义和国际主义教育,开展扫除文盲的文化教育,提高职工群众的阶级觉悟,树立主人翁思想和新的劳动态度;动员职工参加企业民主改革,废除封建把头制度和其他一切不合理规章制度,建立企业管理委员会、职工代表会议等新型的企业管理制度;发动职工订立爱国公约,引导职工发扬主人翁精神,开展找窍门、技术革新、提合理化建议等多种形式的生产竞赛活动。在这些竞赛活动中,先后涌现出孟泰、王崇伦、赵国有、张明山、马恒昌、田桂英、赵桂兰等一批在全国有影响的先进人物;出现依靠工人阶级搞好企业的模范工厂典型——沈阳五三工厂。

辽宁省成立后,撤销辽东、辽西省工会组织,建立辽宁省工会联合会,同时将沈阳等五个中央直辖市工会划归辽宁省工会联合会领导。1954年8月26日至28日,辽宁省工会第一次代表大会在沈阳召开。

大会选举产生辽宁省工会联合会第一届执行委员会，正式宣布成立辽宁省工会联合会。

辽宁省工会联合会成立时，正值开展有计划的大规模经济建设，辽宁工人阶级承担了第一个五年计划工业建设的艰巨任务。在中共辽宁省委的领导下，省工会一届执委会把动员职工提前和超额完成“一五”计划作为工作重点，在开展各种形式的劳动竞赛、搞好职工生活福利、加强企业民主管理、做好劳动保护等方面都有了新的发展，有力地促进了“一五”计划的胜利完成。

青年团组织的新发展

从1949年7月至1950年7月，辽宁地区的辽东、辽西两省和沈阳、旅大、鞍山、抚顺、本溪五个中央直辖市都成立了中国新民主主义青年团省委、市委。各地青年团组织团结带领广大青年，积极参加工农业生产、民主建政、抗美援朝运动等。广大青年团员在增产节约运动、“三反”“五反”和镇压反革命运动中发挥了中国共产党的助手作用。

1954年8月1日，中国新民主主义青年团辽宁省委在沈阳正式成立。团省委组建后，把加强青年团的组织建设作为一项重要任务来抓。按照团章中关于建立团支部、团总支、团委的规定，在全省范围内建立了各级基层组织。为了加强团组织建设，提高基层组织的战斗力，团省委于1955年8月制定了《关于加强团的基层工作意见》。在建立健全组织的基础上，注意搞好团员队伍建设，推动团的建设不断发展。1954年8月，全省青年总数为218万人，其中团员47万人，团员占全省青年总数的近22%。到1957年，团员总数达到100余万人。

各级团组织在青年中广泛开展党的总路线教育、保卫祖国教育、共产主义道德教育、团的基本知识教育、热爱劳动教育，提高了广大青年的学习和劳动积极性。广大青年以极大的热情投身各项建设，为保证并争取提前完成“一五”计划，共青团辽宁省委紧紧围绕全省工业建设任务，组织广大团员青年积极开展生产技术学习、技术革新、增产节约活动。早在1949年，辽宁地区就有许多工厂开始以订立师徒合同为主要形式的技术学习活动。随着生产的发展，除订立师徒合同的技术学习方式

外,广大团员青年积极参加技术学习班、技术学校、技术研究会等各种技术培训学习。

青年突击队是团组织配合生产中心工作,突击完成生产任务的重要组织形式。1955 年 1 月,《人民日报》发表《发挥青年工人在国家建设中的积极作用》的社论,团省委随即在全省各系统各行业中开展组织青年突击队活动。青年突击队通过竞赛,在完成国家计划方面起到带头作用,保证了按期或先期完成计划,显示出英勇顽强的斗争精神和先锋模范作用。1956 年 8 月,团省委作出决定,对全省工业、基本建设、交通运输业和商业、粮食部门在社会主义建设中取得优异成绩的青年职工和青年集体进行表彰,颁发“提前完成第一个五年计划纪念章”和奖状。1956 年,全省各地 160 万名农村青年参加青年突击队,青年突击队已经成为农业生产建设的生力军。

在对资本主义工商业的社会主义改造中,全省各级团组织协助党组织对青年进行政治思想教育,建立与发展团的组织,发动与组织青年职工参加劳动竞赛,培养提拔一批团的基层干部,并通过青联组织培养了一批先进代表人物,对资本主义工商业的社会主义改造起到一定的积极作用。

在对农业的社会主义改造中,广大青年团员逐步转变小农经济思想,带头参加互助合作运动。至 1956 年 8 月,全省 200 万农村青年全部参加农业生产合作社,其中参加高级社 189 万人,占农村青年总数的 94.5%,有 15615 名青年在农业合作社加入中国共产党。在合作化运动中,广大农村青年积极学习农业技术,许多团支部和农业技术推广站建立了“包教包会”制度。在团组织的大力推动下,广大农村青年学习农业、水利、林业、畜牧、果树等新技术,发明创造新式农具,改进种植方法,有力地促进了农村生产力的解放和农业生产的发展。

1955 年 8 月 15 日至 21 日,中国新民主主义青年团辽宁省第一次代表大会在沈阳召开。大会选出由 36 名委员组成的中国新民主主义青年团辽宁省第一届委员会。杨海波当选为团省委书记。1957 年 5 月,中国新民主主义青年团第三次全国代表大会决定将中国新民主主义青年团改为中国共产主义青年团(简称共青团),辽宁省各级团组织名称相应改变为中国共产主义青年团。

妇女工作的新发展

1949 年 3 月召开的中国妇女第一次全国代表大会,宣告中华全国民主妇女联合会正式成立。从此,民主妇联组织在全国范围内广泛建立。到 1951 年 4 月,辽宁地区辽东、辽西省和沈阳、旅大、鞍山、抚顺、本溪市都成立了民主妇联组织。1954 年 8 月辽宁省成立后,经过三个月的筹备,第一次妇女代表会议召开,标志辽宁省民主妇女联合会正式成立。

辽宁地区各级妇联组织发挥党和政府方针政策的落实者、执行者和得力助手作用,紧密围绕服务党和国家的中心工作,组织、动员和团结妇女参与国家经济建设与政治建设。

积极投入到国家工业化建设的行列。为完成第一个五年计划的指标,女职工广泛参加以效率高、消耗少、成本低、质量好、品种多为主要内容的增产节约运动,开展创造新纪录先进班组竞赛,生产定额不断突破,技术革新不断出现,生产效率和质量不断提高。广大女职工积极提合理化建议,对发展生产起到推进作用。随着大规模工业建设的开展,女职工人数迅速增加,从事的行业和劳动工种也不断拓宽,遍及交通运输、邮电通讯、财贸、金融、保险和国防工业等系统,在生产中的作用越来越显著。

发动妇女参加社会主义改造。各级妇联组织配合有关部门,对广大妇女深入进行总路线的宣传教育,妇女参加社会主义改造的积极性逐步高涨,农业合作化给妇女参加生产开辟了广阔道路。1953 年底,辽宁地区参加农业互助合作生产的妇女超过妇女总数的一半。在农业合作化高潮中,辽宁省有 167 万多名妇女参加农业生产合作社,一些妇女还担任合作社干部,组织领导农民开展生产。在手工业的社会主义改造中,妇女在个体手工业者中占有相当的比例。各级妇联配合工会等有关部门,一方面动员和鼓励妇女带头参加手工业生产合作社,另一方面发挥其专长开展手工业生产活动,不仅促进了社会主义改造任务的完成,还提高了她们的社会地位。在资本主义工商业的社会主义改造中,各级妇联与民建、工商联等组织协作,通过召开各种形式的报告会、座谈会,学习宣传对资本主义工商业改造的具体政策。1956 年 3 月,全国工商业者家属和女工商业者代表会议在北京召开，辽宁省妇女代表团受到毛泽东主席和中央领导同志的亲切接见。会后，全省各级妇联认真传达会议精神，使工商业者家属和女工商业者受到教育和鼓舞。许多工商业者家属表示，要帮助亲人积极接受改造，搞好生产经营。不少女工商业者担任企业领导职务，成为新型的企业管理者。

不断提高妇联干部的素质。各级妇联组织通过以会代训、短期轮训，选送妇女干部到干校、党校学习等多种形式，提高她们的思想、政策、业务水平，推动了辽宁地区的妇女工作不断向纵深发展。

积极鼓励广大妇女参政。1953 年 3 月《中华人民共和国全国人民代表大会及地方各级人民代表大会选举法》颁布后，辽宁地区各级妇联在选举委员会统一领导下，发动妇女参选，采取多种措施加强民主教育，不断提高妇女的政治觉悟。辽宁地区绝大多数妇女参加普选运动，辽东省有 90% 以上的妇女选民参加选举，辽西省有 92% 的妇女选民参加选举。广大妇女积极参选，提高了妇女的政治权利，较好地落实了男女平等政策。她们中的优秀分子被选为各级人民代表，直接参与管理国家事务。

四、社会各项事业的发展

科技事业的不断进步

新中国成立后，为迅速恢复国民经济和加速辽宁工业基地建设，国家从全国各地招聘、调集 4000 余名科技人员到辽宁地区工作，使辽宁地区的科技力量得到充实。广大科技人员以国家“一五”计划重点工程项目为中心，重点开展冶金、机械、化工、建材以及煤炭、电力、石油等能源工业的技术研究。在研究学习和掌握苏联先进技术的同时，科技人员深入探索，攻坚克难，取得一项又一项科研成果，为胜利完成“一五”计划作出重要贡献。

农业科研成果显著。在水稻、高粱、大豆、玉米、棉花等农作物品种选育和改进耕作技术，推动柞蚕及畜牧业发展等方面进行了一系列的试验研究工作，其中熊岳农业科研所培育的“卫国”水稻新品种，在产量、质量以及生物学特性上，均优于当时栽培的其他品种。1955 年经国家农业部批准，在辽宁省南部地区推广。由安东市农科所 1952 年选育而成的玉米优良品种“英粒子”，成为当时国内推广面积最大的玉米品种之一。凤城试验站完成 4 个杂交品种的区域试验和生产试验，平均增产 15% 至 30%。农业防治病虫害也取得一些研究成果。此外，研究推广了新式农具，提高了耕作效率。

林业科研成果显著。1952 年 4 月，林业土壤研究所和辽西省林业局在章古台地区建立起我国第一个基层固沙造林试验站，进行移动沙丘固沙造林、固定沙丘造林、经济树种引进、针叶树育苗等项研究，其研究成果在东北地区西部和内蒙古东部的防护林带地区试行推广，生态环境得到有效治理。经过多年试验，总结出“以植物固沙为主，人工沙障为辅”的综合治沙方法，成为国内首创的科研成果，在我国同类型沙地大力推广应用。

医药科研成果显著。为适应和推动医药事业的发展，辽宁地区医药企业、大专院校相继建立起医药科研机构，组建科研队伍，拨付科研经费，拟定科研规划，开展科研活动。这些科研机构，紧密结合市场需求和生产实际，积极开展技术攻关和新产品开发，都取得了可喜的成果。如东北制药厂先后成功试制磺胺脒、磺胺噻唑，1955 年又成功试制维生素 C 并投产，填补了国内空白。沈阳药学院研制成功治疗皮肤病的特效药十一烯酸锌。

科学技术组织普及遍布全地区。为提高广大人民群众对科学知识的认知水平，1953 年，沈阳、旅大、鞍山市均成立科普协会。1956 年，辽宁省召开科学技术普及第一次代表大会，正式成立省科普协会。之后，科普组织迅速发展。据统计，到 1957 年 1 月，科普组织由沈阳、旅大、鞍山市扩展到全省各中小城市和部分县、旗。科普协会通过举办讲座、展览会、专业技术培训等多种方式普及科学知识、倡导科学方法、弘扬科学精神、传播科学思想，提高人民群众科学文化素质，推动经济建设和社会进步。1956 年以后，在全国第一个科技发展规划的推动下，全省掀起向科学进军的热潮。1957 年 12 月,辽宁省科学工作委员会成立(1959 年 3 月 27 日改为辽宁省科学技术委员会),辽宁的科学技术工作逐步走上有计划发展的轨道。

教育事业的继续发展

新中国成立特别是 1953 年后,辽宁教育工作贯彻“整顿巩固、重点发展、提高质量、稳步前进”的文教工作总方针,一方面坚持教育面向工农,大力发展普通教育;另一方面积极发展和改革高等教育。与此同时,有计划地培养技术工人,开展农村扫盲运动,在推动全省教育事业发展与社会主义工业建设相适应方面取得明显进步。

普通教育发展迅速。新中国成立后,辽宁地区对教育事业进行恢复性建设,各级各类学校在数量上达到历史最多水平,但在小学发展上存在着脱离实际的冒进和盲目性。1953 年 11 月,根据中央人民政府政务院《关于整顿和改进小学教育的指示》,辽宁各地普遍对小学进行整顿,加强领导,改进管理,合理设置学校,为学龄儿童入学创造条件。为提高思想和业务水平,保证教学质量,广大教师积极参加在职进修和函授学习。大量师范毕业学生分配到小学,并开展在职学习,小学教育质量有了显著提高。中学教育也在整顿巩固的基础上得到稳步发展。针对校舍、师资等教育资源紧张的状况,为扩大招生名额,贯彻勤俭办学方针,城市的中、小学实行二部制(学生有半天在学校上课,半天在家自习)。各中、小学贯彻执行全面发展的教育方针,加强政治思想教育和劳动教育,有步骤地实施基本生产技术教学,培养学生成为社会主义建设的有用人才。

高等教育适应大规模经济建设的需要,学习苏联先进经验,进行教学改革,提高教育质量,为国家培养高级建设人才。各高等学校结合辽宁地区的具体情况,按照相应培养建设人才的原则,设置各科各类的专业。为了实现各种专业的培养目标,不断修订教学大纲,特别注意理论联系实际。如设置专业时,与有关业务部门沟通,根据实际需要明确专业的培养目标。为满足国家工业化建设的需要,加强工科院校建设。在全省 15 所高等学校共设置的 71 种专业中,工科占 31 种。

大力发展业余高等教育。1953年,鞍钢创建五年制的业余大学,培养目标与全日制普通大学基本相同。1955年10月被高等教育部和重工业部联合命名为鞍钢夜大学,学制6年。各正规高等院校还创办函授部、夜大学。1953年1月东北工学院创办业余大学,成为全国第一所工科业余大学;1956年又创办函授教育,在东北三省多地建立函授站。大连工学院创办夜大学,沈阳师范学院建立函授部。1956年,沈阳有色金属设计院创办沈阳冶金业余工学院,五机部在沈阳开办一〇三业余工学院,黎明机械厂创办东塔业余工学院,松陵机械厂创办沈阳四〇一业余工学院。抚顺业余煤矿工学院、本溪业余钢铁学院等也相继建立。通过业余高等教育,一批又一批合格的大学毕业生成为社会主义建设事业的栋梁之才。

开展职工业余文化教育和技术教育。根据全国职工业余文化教育会议确定的方针任务,辽宁地区积极发展和认真办好职工业余初级中学和高小,有条件地举办业余高级中学,并试办业余大学,将一定数量的干部和工人提高到高小、初中或高中毕业的程度,并输送一部分政治上要求进步、有培养前途的青壮年工人继续深造,为国家培养大量工人阶级出身的中级、高级建设人才。同时,利用五年左右时间基本扫除主要产业工人中的文盲。"一五"时期,辽宁是国家重点建设地区之一,不论是苏联援建的重点企业,或者是限额以上的新建和扩建厂矿,都是用最新的技术装备起来的,都是机械化的大生产。要使这些新建企业迅速、顺利地投入生产,必须有一批能够掌握和运用新技术装备的人才。技工学校成为培养技术工人的主要形式。1952年辽宁地区只有1所技工学校,到1955年,技工学校发展到23所,共培养技术工人13万余人。各技工学校贯彻以生产实习为主的教学方针,注重提高理论授课质量,健全教学研究组织,提高了教学水平。此外,辽宁地区各工业部门和有关单位在党委和政府统一筹划下,采取各种有效措施迅速促进技术力量的成长。

农村扫盲运动持续发展。新中国成立后,辽东、辽西省和沈阳、旅大、鞍山、抚顺、本溪市均建立扫盲机构,成立识字运动委员会,在农村广泛开展冬学运动,大力扫除农村文盲。辽宁省成立后,中共辽宁省委加强对扫盲工作的领导，成立扫盲工作领导小组，县、区、乡（村）普遍建立扫盲协会，加强经常性的领导。随着合作化运动高潮的到来，农村扫盲运动以空前的规模向前发展。1956年，全省知识青年组成百万人的扫盲大军，根据“速成的联系实际的”扫盲工作方针，运用多种学习组织形式，吸收200多万文盲入学，有130多万人坚持常年学习。到1956年10月，全省有30万农民摆脱文盲状态。11月，省委、省人委联合发出《关于农村扫盲工作的指示》，要求从1956年开始，在5至7年内基本扫除农村现有文盲。

文化艺术事业的初步繁荣

随着社会主义建设事业的发展和人民群众文化生活需要的日益提高，辽宁地区文化艺术事业得到迅速发展，呈现初步繁荣的新景象。

1953年，根据中央提出的“整顿巩固、提高质量、重点发展、稳步前进”的文教工作总方针，辽宁地区各省、市纠正文化艺术工作脱离政治、脱离群众、脱离为生产服务的盲目发展偏向，开始将其纳入国家建设计划，以满足广大人民群众日益增加的文化需求。

“一五”计划时期，继中国作家协会在沈阳成立分会后，中国戏剧家协会、中国美术家协会、中国音乐家协会均在辽宁成立文化组织，组织广大文学创作者、文艺工作者积极学习党的文艺方针政策，深入到火热的生活中去，创作出一大批优秀成果。

辽宁文学事业发展较快，在全国居突出地位。以老作家为核心的作家群创作出许多受群众欢迎的文学作品，青年文学作家队伍不断扩大，文坛上出现一批眼光敏锐、关注社会问题的青年作家，写出一批现实主义题材作品，其中反映工业建设的报告文学在全国产生较大影响。1956年中国作协沈阳分会举办“青年文学创作征文”活动，邓友梅的小说《在悬崖上》获奖并在《文学月刊》上发表，引起轰动，中国作协《文艺学习》予以转载。各级作家协会、文联组织先后创办多种文艺刊物。1954年至1957年，《文学丛刊》《文学月刊》《辽宁文艺》《春雷》《旅大文艺》《芒种》《海燕》《鸭绿江》等一大批文学期刊创刊，对文学艺术的发展起到积极的推动作用。

文艺团体相继建立，其中以京剧、评剧、话剧三个剧种影响最大。辽东、辽西省和沈阳、旅大、鞍山、抚顺、营口、阜新、辽阳7个市成立了京剧团、评剧团；沈阳、旅大、鞍山、抚顺、本溪、锦州、阜新7个市成立了话剧团；旅大、鞍山、抚顺3个市成立了曲艺团。1954年8月辽宁省成立后，辽宁人民艺术剧院、辽宁戏曲剧院京剧团、辽宁戏曲剧院评剧团、辽宁评剧二团、辽宁京剧团等文艺团体相继成立。各文艺团体创作和演出一批反映人民群众火热斗争生活和精神风貌的现代剧目，编排了人民群众喜闻乐见的传统剧目，文艺舞台出现前所未有的兴旺景象。为宣传农业合作化运动，辽宁人民艺术剧院先后演出由该院院长安波创作的话剧《十字路口》《春风吹到诺敏河》。其中《春风吹到诺敏河》获得第一届全国话剧观摩演出创作奖，后被改编为同名电影，成为经典影片。许多曲艺、杂技艺术获得新生，曲艺作品以反映抗美援朝的题材为最多。各剧团深入到厂矿、工地、农村、部队巡回演出，同时还对这些地方的业余剧团进行辅导。据统计，仅1955年半年多时间，全省25个剧团就到工矿地区演出1312场。1956年以后，戏曲创作进一步贯彻“百花齐放，推陈出新”的方针，打破清规戒律，依靠老艺人，大力挖掘、整理传统剧目，继承与发扬了民族曲艺文化遗产。

以歌颂社会主义革命和建设、反映人民精神面貌为主题的美术、音乐作品层出不穷。辽宁有数百幅美术作品参加全国、全军美展。参展作品大部分获得好评和嘉奖。1955年《辽宁画报》创刊，专门介绍古今中外的名画和辽宁省专业、业余美术工作者的创作及习作，着重体现时代精神和地方特点，对美术事业的繁荣起到促进作用。音乐工作者创作了一大批高质量作品，其中不少作品在全国产生很大影响。

群众文化艺术活动在“业余自愿，小型多样”的原则指导下蓬勃发展。一些传统的民间艺术经过挖掘整理获得新生，工农群众的业余创作活动日趋活跃，很多文艺节目在全国业余文艺会演中获奖，一批工农业余作者开始登上文坛，这些都是辽宁历史上前所未有的。1953年4月，辽宁地区参加全国第一届民间音乐舞蹈会演，民间舞《花鼓舞》和《扑蝴蝶》获奖，《人民日报》为此发表介绍和评论文章。辽南地区影调戏《小借年》开创了皮影戏改舞台剧的先例，并发展成为新型的地方戏曲剧种。以工人、农民为主的群众业余文艺创作、演出活动空前活跃。各级群众艺术馆积极开展培训工作,搜集整理民间艺术,组织和辅导文艺演出,推动了群众性文化活动广泛开展。1956 年 2 月和 12 月,全省先后举办第一次职工业余文艺观摩演出大会、第一届农村业余艺术会演。文艺节目形式多样,内容丰富,出现了一批艺术质量较高的小型多样的民间艺术节目。多系统、多层次的群众文化网络逐步形成。到 1956 年末,全省有省、市艺术馆 3 个,市、县、区文化馆 95 个。在农业合作化高潮中,各县文化馆工作重点转向农村,配合互助合作运动,为农业增产服务,并协助基层创办农村图书室,举办文艺训练班,活跃社员文化生活。分布在城市、县镇的文化馆(站),在开展工农群众的文化艺术活动方面起了很大作用。电影事业发展面向工矿地区、面向农村,改变了农村和偏远工矿地区看不到电影的状况。群众文化艺术事业的发展,在推动工农业生产、提高文化水平和科学知识等方面都起到了很大作用。

图书馆事业有很大发展。新中国成立后,辽东、辽西省和沈阳、旅大、鞍山、抚顺、本溪市均建有图书馆。1955 年,东北图书馆改为辽宁省图书馆。锦州、安东、辽阳、阜新、营口先后建立市图书馆。图书馆通过举办图书展览、报告会、编印专题书目,向读者宣传优秀书刊等方式,有效地配合各类政治活动和中心工作。1956 年党中央提出“向科学进军”的号召以后,图书馆加强了为科学研究服务工作。

卫生事业的进一步发展

1952 年,第二届全国卫生会议召开,确定“面向工农兵”“预防为主”“团结中西医”“卫生工作与群众运动相结合”卫生工作四大方针,为新中国卫生事业的发展指明了方向。在各级党委和政府的高度重视和卫生行政机构的不懈努力下,“一五”时期辽宁卫生事业得到进一步发展。

普及卫生常识,开展全民健康教育,是预防疾病、提高人民健康水平的重要措施。辽宁地区各级党委和政府将卫生宣传工作纳入重要工作日程,建立和发展卫生宣传专业机构,配备一大批专门人员,及时向群众宣传党和政府在保护人民健康方面的政策与各种措施,普及卫生知识。1953年反细菌战取得胜利后，在城乡广泛开展了以“除四害，讲卫生”为重点的卫生宣传活动。通过演讲、发传单、贴标语、黑板报、广播、卫生展览会、科普游园、文艺演出、卫生宣传车以及编写通俗医学知识读物、拍摄电影幻灯等形式，宣传“除四害，讲卫生”的重要意义，普及传染病知识和预防传染病办法，提高广大群众的卫生意识，养成讲究卫生的习惯，激发广大群众参与卫生运动的热情。各地还通过形象化的实物、模型、图片、画报等形式进行节育知识和妇幼保健、学校卫生等知识的宣传。

开展群众性的卫生运动，加强卫生防疫工作。辽宁地区各级卫生部门依靠人民群众的力量改善环境卫生，消除疫病流行的外在诱因，减少和防止疫病的发生。在城市，通过专业队伍与群众相结合的办法，清除垃圾污物，填平污水坑沟；在农村，普遍开展“两管五改”管理粪便、管理饮用水源，改善厕所、畜禽圈、水井、环境和炉灶活动。群众性的爱国卫生运动与改善生活环境和生产条件有机结合起来，大大改善了城乡环境卫生。加强传染病报告制度管理及疫区处理工作，并在重点人群中开展计划免疫，使传染病防治工作取得巨大成就。1955年天花在辽宁地区被彻底消灭，霍乱、鼠疫等烈性传染病得到有效控制。在防治地方病方面，1956年辽宁地区组织专家和专业人员深入大骨节、克山病和甲状腺肿地方病区调查研究，在桓仁县设县地方病研究站，在西丰、清原、新宾、宽甸等县建地方病防治所。随着地方病防治研究工作的深入开展，专业机构和人员不断增多。

组织与发挥私营医疗力量，使公私、中西、大小机构互相配合协作，逐步统一药价，实施划区分级治疗，实行地方统一管理。对个体开业医生，积极引导他们走集体联合道路。针对大医院忙、小医院闲、公忙私闲的情况，为便于群众就近就医，1957年辽宁省卫生厅制定《辽宁省划区医疗服务暂行办法》，医疗单位之间建立业务指导和转诊关系，提高医疗质量，更好地为群众服务。根据辽宁地区工业在全国所占比重大的特点，对公营特别是工业卫生机构进行必要的调整，挖掘潜力。1954年，实行工业卫生由地方统一领导管理的试点工作，其中本溪、抚顺、鞍山等厂矿企业卫生管理部门曾一度和市卫生局合署办公。厂矿加强劳动卫生工作,开展矿山、工厂粉尘危害的防治工作,不断改善生产劳动条件。

妇幼保健卫生工作逐步发展。从1953年起,各市先后成立妇幼保健所、儿童保健所,到1957年,全省每个市、县(区)都建有妇幼保健站(所)。各妇幼保健机构建立各项保健制度,举办各种训练班,培养保育人员;妇幼保健卫生人员深入基层单位开展妇幼保健工作,新接生法得到广泛普及,妇女劳动保护得到加强,部分厂矿企业还设立女工卫生室。

中医事业有很大发展。继承和发扬祖国医学,团结中西医,正确地发挥中医的作用,是党和政府的一项重要方针政策。1954年8月辽宁省成立后,省卫生厅重点对中医中药工作和执行中医政策情况进行调查。随后,全省各市县普遍举行中医代表座谈会,代表们表示愿在人民政府领导下,和西医团结合作,完成整理和发扬祖国医学遗产的重大任务。1955年,辽宁省人民委员会发出《关于对中医工作的指示》,加强对中医工作的领导,全省中医事业有了很大发展。

体育事业的新发展

1952年6月10日,毛泽东为中华全国体育总会成立大会题词“发展体育运动,增强人民体质”,进一步明确了我国体育事业发展的根本任务和方向。11月,国家体育运动委员会成立,具体领导全国体育工作。1953年,辽东、辽西省和沈阳、旅大、鞍山、抚顺、本溪市相继成立体育运动委员会。1954年8月1日,辽宁省体育运动委员会成立。此后,各级体育机构相继建立起来。

党和政府高度重视体育工作,把增强人民体质、提高全民族健康水平,作为发展体育事业的首要任务。“一五”时期,辽宁群众性的体育活动得到广泛开展,尤以学校体育和职工体育发展迅速。

学校体育得到全面发展。辽宁各地分别制定适合本地区学生锻炼的体育锻炼标准。1953年,东北人民政府教育部分别在沈阳、旅大、鞍山和辽东、辽西省部分中学试行苏联的准备劳动与卫国体育制度。1954年5月,国家体委颁布《准备劳动与卫国体育制度暂行条例》。1956年,国家教育部分别制定《小学体育教学大纲(草案)》《中学体育教学大纲(草案)》以及《师范学校体育教学大纲(草案)》,规定教材内容要与《准备劳动与卫国体育制度》相结合，以保证初、高中学生毕业前达到少年级和一级的及格标准。为此，各级教育部门采取各种措施，提高体育教师的教学能力。辽宁省教育厅、省体委利用寒暑假举办讨论班，召开教学研究会；各市县也普遍建立体育教师经常的业务学习制度。通过学习和培训，体育教师的教学能力得到提高，体育教学的质量得到全面提高。

辽宁是全国重工业基地之一，大中型企业多，职工人数居全国前列。职工体育在"发展体育运动，增强人民体质"的方针指引下，认真贯彻"为生产服务，为群众服务"的原则，在各级工会、体委的密切配合下得到广泛发展。1954 年，省体委、省总工会进行建立厂矿体育协会（简称体协）试点工作，取得经验后在全省推广。到 1956 年末，全省建立各级产业体协 200 个，基层体协 3249 个，发展会员 5 万余人。这些体协团结广大职工群众，充分发挥组织、指导开展各项体育活动的作用。职工体育活动的普及，提高了职工的健康水平，促进了生产的发展。新中国成立前，辽宁地区各市几乎没有专供工人使用的体育场地设施。新中国成立后，旅大市和沈阳市在大厂矿和工人集中地区修建大型体育场，多数市新建灯光球场。这些体育设施为工矿企业、机关团体举办综合性运动会和开展田径、球类、游泳等活动提供了条件。

根据农村的特点，采取区别对待、分类指导、普遍提高、重点扶持、以点带面、逐步发展的方针，积极地有步骤地开展农民体育活动，修建体育场，组织运动会，使辽宁地区的农民体育健康发展起来。截至 1957 年，全省各县均成立体育运动委员会，各乡、镇均配有主抓体育工作的干部。

五、加强党的自身建设

基层党组织的整顿和发展

随着社会主义工业化以及对农业、手工业和资本主义工商业社会主义改造的逐步开展，全省面临的各项任务日趋繁重。如何提高广大党员的社会主义觉悟、政策水平和战斗力，是摆在各级党委面前的一项紧要而迫切的工作任务。针对基层党组织思想建设存在的薄弱环节，中共辽宁省委紧密结合党的中心工作，重点整顿和发展党的基层组织。

加强支部教育工作。1955 年 2 月 14 日，中共辽宁省委发出《关于加强支部教育工作的指示》，对加强支部教育工作提出明确要求。一是支部要建立定期的党课制度，使支部教育经常化。规定厂矿企业支部的党课每两周进行一次；农村支部也要争取每两周进行一次，根据农忙农闲适当缩减和增加。二是确定支部教育的基本内容。主要是向党员进行增强党的团结教育、党的基本知识教育、党员的组织纪律教育和党的政策教育，农村支部着重进行社会主义改造的具体道路、党在农村的政策以及支部如何领导合作化运动等问题的教育。三是设置支部教员，提高支部教育质量。农村支部教员由具备讲党课能力的区委委员和党员干部担任，并由县委举办训练班或传授会，对教员给予必要的培养和训练；厂矿企业支部教员由具备讲课能力的党委委员（总支委员）或政治思想水平较高的党员干部担任，并由党委或总支负责，主持开好教学准备会。根据省委的指示，各级党委建立对支部教育工作的领导制度，制定支部教育计划，定期进行检查总结，及时研究和解决支部教育工作中存在的问题。通过进行支部教育，严密了党的组织生活，统一了党员思想，提高了社会主义觉悟，增强了支部战斗力，促进了工作，推动了生产发展。

重点整顿农村基层党组织。1954 年 11 月 8 日至 12 月 6 日，第一次全国农村党的基层组织工作会议召开。会议的主要议题是讨论过渡时期农村党的基层组织的任务，交流农村支部工作的经验。会议明确了过渡时期农村党的基层组织的一切工作是为了实现农业的社会主义改造，要加强党在农村生产合作社中的政治工作。1955 年 3 月 7 日至 15 日，中共辽宁省委召开农村组织工作会议，各县委组织部部长及各市郊区组织工作干部参加会议。会议传达了第一次全国农村组织工作会议精神，部署了 1955 年以加强农村党的基层组织建设为中心的农村组织工作。会议确定农村党的基层组织整顿工作要采取积极领导、全面建设的方针，不断巩固提高和适当发展壮大党的组织，增强党的战斗力，从而保证对农业社会主义改造事业的顺利进行。各县区委认真学习贯彻中央及省委会议精神，对照检查基层组织领导工作，提出改进领导的措施，对本地党的建设工作作出规划。根据1953年农村整党中所暴露出来的主要问题，即党员在重大问题上认识模糊，对党的政策理解不到位，觉悟不高；脱离群众的命令主义、官僚主义；组织涣散，纪律松懈、违法乱纪；支部内部不团结、骨干力量弱，甚至个别基层组织被坏分子所操纵等，各县委积极加强对支部的领导，掌握重点、深入基层，系统了解与研究基层党组织情况与存在的问题，按时讨论支部工作，具体部署任务、交代政策和工作方法，及时检查工作和帮助解决问题。采取的主要措施：一是加强支部的经常教育。建立与健全党课制度，完善切合农村特点的教学制度；党课教育紧密结合中心工作任务和党的具体政策，针对党员的思想倾向进行具体教育；注重对新党员进行党的基本知识教育。二是正确地选择和培养支部的领导骨干。以德才兼备的标准选择骨干，加强对他们的培养和帮助，提高支部的领导水平。三是发挥支部的集体领导作用。按照民主集中制原则开好支部会，发挥每个支部委员的作用，克服支部书记个人说了算，支部委员不负责任、袖手旁观的现象，端正作风，发扬民主，开展批评与自我批评。四是整顿落后支部。根据不同情况，具体分析其落后原因，组织得力人员，从实际出发，逐个或分批正确地处理问题。农村基层党组织整顿的一个突出特点，就是密切结合整社建社展开。在提高觉悟的基础上，围绕党员在整社建社中的思想和表现，开展批评与自我批评，审查和考验每个党员，解决存在的问题。整社建社工作结束后，农村基层党组织整顿工作转入总结和组织处理阶段，改选支部，进行党员鉴定工作。

在全面整顿农村基层党组织的同时，对城市的工矿、商业系统、机关、学校也进行了组织整顿，其要求及方法、步骤与农村大体相同。在整顿过程中，对蜕化变质分子坚决清除出党，对少数极端落后的党员和犯有错误的党员，分清情况后予以劝退或党纪处分。

经过整顿，基层党组织建设取得明显成效。一是组织建设进一步发展。按照中央“积极慎重”的建党方针，有计划地发展了一批党员。农村发展党员的重点放在党的基础薄弱或没有建立党组织的地方。1954年，全省有基层党支部18734个，党员359527名。到1955年底，支部发展到 20914 个，党员 410828 名[①]。除注重发展党员、建立党支部外，还特别重视加强积极分子的培养工作。各地结合中心工作，通过各种方法加强对积极分子的挑选、培养和考察工作。二是思想建设有效开展。各级党委根据党员干部的思想实际和工作实际，有针对性地进行社会主义教育、党风党纪教育，党员的社会主义觉悟不断提高，纪律检查工作得到加强，党组织的战斗堡垒作用日益增强。三是民主监督得到加强。党员干部改进工作方法和领导作风，密切党同人民群众的联系；加强党的民主生活，开展批评与自我批评；健全支部领导，基层党组织更加纯洁巩固。

党员干部的教育培训

“一五”时期，国家大规模的经济建设和社会主义改造任务，迫切需要一大批具有一定思想水平、政策水平和工作能力的干部担负起新中国社会主义建设事业的重任。为此，中共中央发出一系列加强干部教育培训的指示。1953 年 4 月 10 日，中共中央发出《关于 1953—1954 年干部理论教育的指示》，要求具有初中以上文化程度的党员干部，都必须分别参加高级组、中级组的理论学习，在一年半时间内，学习联共（布）党史部分章节和列宁、斯大林论社会主义经济建设的部分著作，系统了解苏联社会主义建设的基本规律和经验，为进一步学习马克思列宁主义理论特别是学习政治经济学作好准备。辽宁地区各省、市认真贯彻执行指示精神，形成党员干部学习理论的浓厚氛围。

由于很多工农干部文化水平较低，学习理论有困难，因而有计划地提高他们的政治、文化、业务水平，使其成为各项建设事业的骨干，是贯彻党在过渡时期总路线的一项重大政治任务和组织任务。为了使文化水平较低的干部，逐步提高到相当于高小以至初中毕业的水平，以便有效地学习政治理论，钻研业务，完成各项工作任务，1953 年 12 月 24 日，中共中央发出《关于加强干部文化教育工作的指示》。中央的指示发布后，东北地区干部文化教育工作会议随之召开。在各级党委和政府的高

① 中共辽宁省委组织部、中共辽宁省委党史研究室、辽宁省档案馆编：《中国共产党辽宁省组织史资料》（1923—1987），第 691 页。

度重视、精心组织、大力推动下，辽宁地区以工农干部文化学校、业余文化学校、文化补习班作为主要的干部文化教育组织形式，很好地满足了形势发展对干部文化学习的需要。辽东省将工农速成中学改为工农干部文化学校，吸收担负一定领导工作的工农干部参加学习，对他们进行中等程度的文化科学知识、党的基本政策教育，使之毕业后达到初中文化程度。辽西省在工农干部文化补习学校中增设初中班，扩大招生小学和初中两个班次，学员由 600 名增加到 1000 名。1954 年 8 月辽宁省成立后，中共辽宁省委进一步加强对干部文化学习工作的领导，在辽阳、锦州设置省属工农干部文化学校 2 所，沈阳、旅大、鞍山、抚顺、本溪 5 个市各设工农干部文化学校 1 所，学员一般脱产或离职学习。具备条件的各大企业也都设立工农干部文化学校，各自负责培训本地和本单位的工农干部。

为全面推进干部理论教育工作，1955 年 10 月，中共辽宁省委制定《关于 1955 年在职干部理论学习的计划》，要求凡具有初中以上文化程度的在职干部必须参加理论学习。为保证教学质量，省委先期举办两期苏共党史教员训练班，培训专职和兼职理论教员。各地还抽调干部参加中央直属高级党校举办的政治经济学教员训练班学习。一些市分别组织中共党史教员、辅导员训练班，建立专职和兼职教员集体备课制度。同时，为了使干部理论学习逐步正规化，各市都整顿或创办了中、初级业余政治学校。

党校是对党员干部进行理论教育的主要阵地。1954 年 12 月，中共中央制定《关于轮训全党高、中级干部和调整党校的计划》，确定高、中级干部的轮训制度。1955 年 7 月，中共中央作出《关于党的高级干部自修马克思、列宁主义办法的规定》，要求在五年内，将参加理论学习的高级干部，一半分批进高级党校轮训，一半实行在职自修。为贯彻执行中央所规定的干部理论教育的新方针，辽宁省委研究了党校的培训任务、培训对象和教学方针等基本问题，明确了各级党校的轮训任务和课程设置的分工，建立了全省初级党校培训干部工作体系，干部培训工作开始走上正规化道路。1954 年 9 月，中共辽东、辽西省委党校合并，成立中共辽宁省委党校。1955 年 4 月，中共辽宁省委作出《对培训干部工作几个问题的暂行规定》,决定设立省委初级党校,设立沈阳、旅大、鞍山、抚顺、本溪市委初级党校,安东、锦州、营口、阜新、辽阳市和各县委都要设置党训班。1956年9月,先后建立锦州、安东、辽阳、铁岭地委及安东、锦州市委党校。省委党校重点培训省直机关和安东、锦州、营口、阜新、辽阳五市所属的县级干部;沈阳、旅大、鞍山、抚顺、本溪五个市委党校培训所属县级以下干部;其他地、市委党校主要培训区级及以下党员干部。县级以上领导干部重点学习哲学、政治经济学、苏联党史和《中国共产党的三十年》;区级以下党员干部主要学习初步的理论常识和党的方针政策。到1956年底,全省有24万余名党员干部参加各级各类党校以及各种形式的培训。其中参加高级组学习的有2200人,中级组7.5万人,初级组16.3万人。与此同时,全省还派送中央高级党校培训干部169人①。

1955年10月党的七届六中全会召开后,辽宁各地结合工作学习贯彻有关农业合作化精神,加强对农村干部的培训,使广大基层干部的思想适应了从新民主主义转变为社会主义的新形势。

开展"新三反"运动

1952年在全国党政机关开展的反对贪污、反对浪费、反对官僚主义的"三反"运动,是党在全国执政以后保持党政机关的廉洁,反对贪污腐败的初战。为进一步加强党的思想作风建设,1953年1月,中共中央发出《关于反对官僚主义、反对命令主义和反对违法乱纪的指示》(简称"新三反"),"新三反"运动由此在全国党政机关展开。

当时,辽宁地区基层干部队伍中存在着严重的官僚主义、命令主义和违法乱纪现象。主要表现在一些干部听不得群众意见,好大喜功,高高在上,不接受群众监督;不关心群众疾苦,对坏人坏事不管不问,熟视无睹;对上级政策不关心不了解,工作粗糙、三心二意,对工作任务采取强迫命令方式;个别地方的基层政权甚至被坏人把持。这些现象和行

① 辽宁省地方志编纂委员会办公室主编:《辽宁省志·中国共产党组织志》,辽宁民族出版社2005年版,第219页。

为，极大地损害了人民群众的切身利益，造成党群干群关系紧张。

1953 年 2 月 21 日，中共中央东北局召开机关党员干部大会，东北局第三副书记张明远作关于贯彻中共中央指示，开展反对官僚主义、反对命令主义、反对违法乱纪斗争的报告，动员全体党员积极开展反对官僚主义、反对命令主义、反对违法乱纪的斗争。此后，中共辽东、辽西省委和中共沈阳、旅大、鞍山、抚顺、本溪市委遵照中共中央和东北局指示，领导本辖区人民群众深入开展“新三反”运动。

辽宁地区各级党政组织普遍开展学习中央关于“新三反”运动的文件和指示、毛泽东在全国政协一届四次会议闭幕式上的讲话、中组部副部长安子文的《我们必须在全国范围内和各级机关中开展反对官僚主义、反对命令主义和反对违法乱纪的坚决斗争》讲话及东北局第三副书记张明远关于动员开展反对官僚主义斗争的报告等。通过学习，广大党员干部清楚地认识到官僚主义、命令主义和违法乱纪现象的严重性及开展“新三反”运动的必要性和紧迫性。

“新三反”运动从检查处理人民来信入手，认真听取群众的揭发和批评。辽宁地区各省、市委特别强调对待群众来信和建议必须认真处理，对压制民主、抗拒批评者必须严肃处理，给予应得的处分。强调，人民来信批评党政工作中的缺点、错误与偏向，是人民高度政治责任心及对党和政府信任的表现，是克服和揭发官僚主义的有效办法，各级党委和政府必须充分认识和重视人民的意见，认真处理人民来信，倾听群众意见，改进工作，采取切实有效措施，改变一切对待人民来信的官僚主义态度。

针对人民群众来信所反映的问题，以及机关中实际存在的官僚主义、命令主义问题与违法乱纪现象，各级党委和政府进行了严肃处理，以警示那些仍有官僚主义作风的领导干部，更加充分地调动人民群众揭发检举的积极性。如辽西省人民政府举行公审大会，公开处理“富隆山村事件”①，依法严惩基层干部中的违法乱纪等问题。

---

① 解放初期，锦西县第六区（今葫芦岛市南票区）富隆山村政权被一小撮坏人把持长达 5 年之久。村民奋起抗争，两人被冤死，26 人遭迫害。中共中央东北局接到有百余名村民签名的控告信。1953 年 1 月，辽西省委根据东北局指示，成立了“富隆山事件”调查组，真相被揭开，群众冤情终得洗雪。

辽宁地区各级党委强调,要根据中央指示,结合本地中心工作,不能孤立地搞运动,要把反对官僚主义、反对命令主义、反对违法乱纪的斗争经常化。要求各个基本建设部门都应该把目前正在开展的反官僚主义斗争作为推动工作的有力武器,结合反官僚主义斗争,继续深入进行对基本建设准备工作的检查,消除各种官僚主义的领导作风,开除各种对生产不负责任的领导,防止把反官僚主义斗争和当前工作相脱离,充分调动群众的生产积极性,提高工作效率。

"新三反"运动初期,辽宁地区有些机关对批评与自我批评,特别是自下而上的批评采取放任自流的态度。为此,各省、市委强调要积极开展批评与自我批评,特别是开展自下而上的批评以及在党的报纸刊物上的公开批评。把经常地开展批评与自我批评定为制度,组织检查小组分批次对基层单位、各级领导机关进行检查,针对存在的问题,设法改进党的领导机关工作,以保证中心工作的顺利进行。

在各级党委的正确领导下,辽宁地区"新三反"运动取得很大成效。领导干部的领导方法和领导作风发生较大变化,官僚主义风气得到抑制,命令主义和违法乱纪现象得到解决,民主风气大大增强,群众的积极性大大提高,各地涌现出大量的好干部和积极分子。各地机关普遍重视处理人民来信工作,建立了较完备的检查制度,提高了人民群众的思想政治觉悟和参与国家管理的责任感,调动了人民群众的生产积极性,促进了辽宁地区社会主义建设的顺利进行。但是,"新三反"运动也存在一些不足,主要反映在个别干部对开展自我批评特别是自下而上的批评重要性认识不足,运动的开展主要偏重于从思想上、作风上解决官僚主义,没有着重从体制上解决官僚主义问题,缺乏制度层面的建设。

学习贯彻党的七届四中全会决议精神

1954 年 2 月,党的七届四中全会通过《关于增强党的团结的决议》,强调增强和维护党的团结的极端重要性。七届四中全会后,中共中央书记处分别召开高岗问题座谈会和饶漱石问题座谈会,继续揭发批判他们的阴谋活动。为了肃清高岗在东北地区的错误影响,3 月 26 日至 4 月 24 日,东北地区党的高级干部会议在沈阳召开。周恩来总理出席会议,并于3月26日和27日分别作关于中共七届四中全会决议和高岗、饶漱石问题以及初步结论的传达报告，详细介绍了高、饶进行反党分裂活动[①]的主要事实，批判了高、饶的资产阶级极端个人主义思想。会议通过了《东北地区党的高级干部会议关于拥护七届四中全会和讨论高岗、饶漱石问题的决议》。

东北地区党的高级干部会议后，辽东、辽西省和沈阳、旅大、抚顺、鞍山、本溪市普遍开展贯彻七届四中全会精神的活动。各省、市委先后召开扩大会议，学习传达七届四中全会决议和东北地区党的高级干部会议精神，检查在集体领导方面的问题。中共辽东省委组织工作组分别到部分县委检查集体领导方面存在的问题，主要包括以下四个方面：一是对重大问题的决定，没有完全经过集体讨论；二是一把手“一言堂”，不善于听取委员们意见、发挥大家的智慧和作用；三是领导班子成员缺乏“一盘棋”观念；四是会议内容繁琐，重点不突出等。辽东省委要求各地必须加强马列主义基本理论学习，充分发扬民主；认真开展批评与自我批评；坚决反对分散主义、个人主义和骄傲自满情绪；加强组织性、纪律性，建立请示报告制度；及时召开党员代表大会或党员大会；加强支部和党员对领导干部的监督，及时有力地指导各地贯彻集体领导、加强民主集中制的工作。中共辽西省委从六个方面对集体领导问题进行纠正：一是严格执行中央规定的报告制度；二是省委同志必须严格遵守关于增强党的团结的六项规定；三是健全省委的集体领导制度；四是必须充分发扬党内民主；五是省委负责同志必须认真参加支部生活，接受群众的监督；六是加强马列主义理论学习。

中共辽宁省委成立后，进一步贯彻七届四中全会决议，加强民主集

---

① 高饶事件：1953年，国家计划委员会主席高岗利用中央对财经工作的批评，把薄一波工作中的缺点错误上纲为“两条路线的斗争”，在一些高级干部中进行挑拨活动，并制造所谓“军党论”，借此拉拢军队干部。他还散布谣言，以此攻击刘少奇、周恩来等领导人。在高岗进行反对刘少奇、周恩来活动期间，中央组织部部长饶漱石也在中组部内打击副部长安子文，意在攻击刘少奇。1953年下半年后，高岗更加紧其非组织活动。12月中旬以后，毛泽东对高岗进行批评。12月24日，毛泽东主持召开中央政治局会议，正式向高、饶分裂党和破坏党的团结的活动发出警告，并提出了增强党的团结的建议。1954年2月，党的七届四中全会对高岗、饶漱石采取“治病救人、等待觉悟”的方针，一致通过了《关于增强党的团结的决议》。

中制原则。10月,省委制定《省委会议和常委会议办公制度》,对省委的会议制度、常委的分工负责制度、常委会办公制度分别作出具体规定。1955年春,省委针对各级党委在贯彻民主集中制原则中存在的问题,在工作要点中突出强调必须结合每个时期的任务,从总结检查工作入手,加强党的集体领导,发扬党内民主,积极开展批评与自我批评,特别是自下而上的批评。认真批判个人主义、骄傲情绪和分散主义;各级领导干部应经常地深入下层,深入实际,了解情况,研究政策,改进作风,实行具体领导。为了更好地贯彻执行中央的指示和决议,加强民主集中制建设,1956年4月,辽宁省委作出《关于改进省委领导的决定》,要求一定要及时讨论研究中央指示、决议,严格执行中央的请示报告制度;要进一步改善集体领导与个人分工负责的状况,使两者密切结合起来;明确划分省委常委会和书记处的职责分工及各自的工作重点;大力改善省委各部委的工作,充分发挥组织机构作用;健全会议制度,提高会议质量;提高文件质量,减少文件数量等;建立书记处办公制度。

加强对各级党委贯彻七届四中全会决议的领导与检查。1954年10月8日,中共辽宁省委发出《关于各县继续贯彻七届四中全会决议和召开县党代表大会的指示》,要求各县委依照七届四中全会精神,对县委领导思想作风进行一次深入系统的检查。11月23日,省委提出《关于加强县委集体领导的几点意见》,要求各县委按照党章要求,及时召开党员代表大会,报告县委工作;开展批评特别是自下而上的批评,密切党的领导机关和广大群众的联系;进一步健全县委组织,建立县委常务委员会并明确分工;转变领导作风,深入基层,加强县委的集体领导和具体领导。各地通过召开县委会议和扩大会议、学习文件、开展批评与自我批评等形式,检查收到很好的成效。一是提高了县委班子成员的阶级觉悟和政治警惕性,增强了团结,严格遵守党的民主集中制和集体领导的原则,认识到克服个人主义和骄傲情绪的重大意义。二是发扬了党内民主,开展了批评,特别是自下而上的批评,密切了领导与广大群众的联系,在群众监督下进行工作。三是进一步健全了县委组织,建立起由三至五人组成的县委常务委员会,明确了分工,转变了领导作风,深入基层掌握了情况,加强了县委的集体领导和具体领导。

从1954年9月中旬开始，在全省范围传达四中全会决议精神的同时，向民主党派和党外干部作了适当通报。通过正面传达和教育，大家认识到高、饶反党分裂活动的严重性和危害性，认识到过渡时期同资产阶级斗争的尖锐性和复杂性，认识到党的团结是实现社会主义的根本保证。

1955年3月，中国共产党全国代表会议通过《关于高岗、饶漱石反党联盟的决议》，决定成立党的中央和地方各级监察委员会。6月，中国共产党辽宁省第一次代表会议选举产生中共辽宁省委监察委员会（代替原省委纪律检查委员会），对加强党的纪律，加强对党员特别是党的高级干部的监督，反对党员中各种违法乱纪现象，保证提前完成和超额完成第一个五年计划起到重要作用。

辽宁省各级党组织和党员干部通过学习讨论，检查批判了妨害党的团结、违背集体领导的现象，骄傲自满情绪、个人专断等个人主义思想和不民主作风，以及各自为政的分散主义现象，发扬了批评与自我批评的优良作风，党的团结和集体领导制度的实行得到明显加强。

审查干部和肃反运动

审查干部是党进行干部管理的一项经常性工作。党在全国执政后，中央和地方各级部门都吸收和选拔了大批干部，干部队伍的成分较过去复杂了。随着有计划经济建设和社会主义改造的全面展开，干部变动频繁，各级领导机关来不及对干部进行全面审查，尤其是对相当数量的新干部，未能切实掌握他们的全面、真实情况，同时还存在对干部的使用只注重业务能力，而忽视政治上考察的现象。1953年11月24日，中共中央作出《关于审查干部的决定》，要求在两三年内对全国干部进行一次细致的审查，以便进一步了解干部，保证国家各项建设任务顺利进行。由于中央决定撤销各大区建制，调整行政区划，因而全国范围的审干工作是从1954年下半年起陆续在各级党政机关、人民团体及财经、文教部门展开的。

1954年8月辽宁省成立后，立即着手安排部署全省审干工作。10月，中共辽宁省委印发重点审查干部计划，规定第一批审查对象主要是省直机关副处级以上干部和沈阳、旅大、鞍山、抚顺、本溪市的副部长以上干部共600人。为了切实抓好全省审干工作，1955年3月，省委成立审查干部委员会，下设办公室。各市、县也相继成立审干机构。各级党委抽调政治可靠、作风正派的干部做审干的具体工作，并进行培训。

全面审查干部工作，采取各级主要领导干部由上一级党委审查，各部门的负责干部由本机关党委审查，一般工作人员由本部门审查的原则。在方法步骤上按中央提出的先领导干部，后一般干部；先党内，后党外；先要害部门，后一般单位；先审查政治历史问题，后审查其他问题的规定进行。通过审查干部工作，基本弄清了全省各类干部的政治历史情况，绝大多数干部的问题搞清楚并作出结论。在审查干部过程中，逐步建立和改进了干部审批制度、人事制度、档案管理制度，克服了干部管理上存在的混乱现象，使党的干部管理工作逐渐走上正轨，为各级领导机关更全面地了解干部情况，为有计划地培养干部，正确地使用干部创造了必要条件。

审干工作进行当中，因党内出现高岗、饶漱石反党分裂活动以及“潘、扬反革命集团”①“胡风反革命集团”②案件。1955年7月，中共中央发出《关于展开斗争肃清暗藏的反革命分子的指示》，决定在全国范围内开展一场肃清暗藏反革命分子的运动，以教育全党和全国人民，提高对暗藏反革命分子的警惕性，并决定中央和各级党委均成立专门小组领导肃反工作，同时要求将审干工作与肃反斗争密切结合进行。从1955年下半年开始，在机关、学校、企事业单位和人民团体等相继开肃反运动，共分四批进行。第一批是省、市各部门、各群众团体，10个市中等以上各类学校和中央驻本省机关；第二批是国营和地方国营企业、农村水利单位、基本建设部门；第三批是各县干部、中小学教员和市县医疗机

---

① 指潘汉年（时任上海市委第三书记、副市长）、扬帆（时任上海市公安局副局长）二人在对饶漱石问题作进一步审查时受到牵连，被定性为“反革命集团”。1982年和1983年分别给予彻底平反，恢复名誉。

② 1955年开展的对胡风文艺思想的批判，随后升级为政治问题，将胡风及其与他有联系的一批党内外文艺工作者定性为“反革命集团”。党的十一届三中全会后，中共中央对这桩错案进行了彻底的纠正，为胡风等人恢复了名誉。

构、工程施工部门；第四批是公私合营企业、合作商店、手工业、新建扩建厂矿单位[①]。

按照中央的部署，1956 年 1 月，中共辽宁省委发出指示，要求审干工作要和肃反斗争密切结合进行，务必搞好。4 月，针对辽宁的高级知识分子中少数人政治历史没有审查清楚的情况，省委发出《关于审查高级知识分子政治历史问题的指示》，对全省高等学校讲师以上、科研单位助理研究员以上、企业中副工程师以上、医院主治医师以上等人员逐个进行排队，对问题不清和可疑人员采取“和风细雨”的方式进行审查。在处理上，凡自己交代的一律不给处分。对发现的现行反革命分子和嫌疑者，则由肃反部门解决处理。1957 年 11 月，全国审干工作会议决定扩大审干范围。辽宁省委决定，对未列入审查范围的乡（街）干部、中小学教员、公私合营企业的私方工作人员和卫生医务人员的政治历史问题进行审查。

辽宁省肃反工作自始至终在各级党委的直接领导下进行。省、市、县建立了肃反“五人小组”作为具体指导肃反工作的领导机构，坚持书记负责，党委定期讨论部署。同时，各地各部门都配备经过训练、懂得肃反政策、掌握工作方法的一批骨干力量，注重调查研究与发动群众相结合。根据中央提出的“以事实为依据，以政策为准绳”“既严肃又慎重”的原则和“提高警惕，肃清一切特务分子；防止偏差，不要冤枉一个好人”的方针，以及“坦白从宽，抗拒从严，立功折罪，立大功受奖”的政策，摸清肃反对象底数并掌握有关材料，对有关人员进行政治形势教育和肃反方针、肃反政策和忠诚老实教育，促使斗争对象主动交代问题。发动群众揭发检举，对坦白和被揭发检举的不同案件，均进行认真的调查。同时对调查材料进行实事求是、认真全面的分析，做到每一个案件都有人证、物证可查。每一批肃反结束前，按照中央制定的《关于反革命分子及其他坏分子的解释及处理的政策界限的暂行规定》，由各地各部门专案小组、甄别小组对案件进行审查与甄别。在甄别工作方面，采

① 辽宁省地方志编纂委员会办公室主编：《辽宁省志·公安志》，辽宁科学技术出版社 2005 年版，第 94 页。

取“上下见面”“定案和专案见面”“定案和本人见面”的方法，以确保每一案件定案有据，结论正确，处分恰当。

到1958年底，全省肃反运动结束。通过肃反运动，教育了广大干部和群众，提高了他们的政治觉悟与警惕性。各级领导机关改进了作风，改革和健全了制度，堵塞了漏洞。纯洁了革命队伍，进一步巩固了人民民主专政，推动了生产建设和各项工作，保障了社会主义改造和社会主义建设的顺利进行。

由于肃反运动严重估计了敌情，加之在运动初期政策界限不够明确，调查研究不够深入，因而在一些地方和单位发生打骂逼供、处理过重等偏差和错捕少数好人的问题。从1956年下半年开始，全省各地有计划有步骤地对所有案件进行深入的检查和清理，按照中央“有反必肃，有错必纠”的方针，对错捕、错判的案件进行了甄别平反。1957年4月和8月，省委先后两次对肃反运动执行政策情况进行了全面复查。

第七章

社会主义改造的基本完成

党在过渡时期总路线中有一个重要任务是要逐步地对农业、手工业和资本主义工商业进行社会主义改造。在党的社会主义改造方针的指导下,辽宁有计划有步骤地开展了对农业、手工业和资本主义工商业的社会主义改造。到1956年,辽宁的社会主义改造基本完成,全省经济建设取得巨大成就,各项社会事业迅速发展。

一、农业的社会主义改造

粮食统购统销政策的实行

大规模经济建设开始后,工业的快速发展带动城市人口和就业人数大幅度增加,加上居民消费水平的提高,粮食产需矛盾、供求矛盾日趋尖锐,全国粮食市场从1953年下半年开始出现需求明显大于供给的紧张状况。一方面粮价看涨,农民普遍有惜售心理,国家无法按合理价格大量收购到粮食,以平抑粮价;另一方面,粮食市价高于牌价较多,私营粮商见有利可图,大肆抢购、囤积。部分城市居民见粮食供应紧张,价格看涨,也参与抢购。种种因素造成粮食销售量远远高于收购量,尽管国家动用大量库存仍然供不应求。1953年10月2日,中央政治局召开扩大会议,陈云在会上作关于粮食问题的报告。他指出:目前全国粮食情况非常严重,如不采取坚决措施,粮食市场必将出现严重混乱局面。其结果必将导致物价全面波动,逼得工资上涨,波及工业生产,预算也将不稳,建设计划将受到影响。解决粮食问题最好的办法,是在农村实行征购,在城市实行配售,严格管制私商,在坚持统一管理的前提下调整内部关系[①]。毛泽东作会议结论。他说:农民的基本出路是社会主义,由互助合作到大合作社(不一定叫集体农庄)。现在是"青黄不接",分土地的好处有些农民已开始忘记了,他们正处在由个体经济到社会主义集体经济的过渡时期。我国经济的主体里,国营经济,它有两个翅膀即两翼,一翼是国家资本主义(对私人资本主义的改造),一翼是互助合作,粮食征购(对农民的改造)。粮食征购、整顿私商、统一管理这三个问题势在必行。因为小农经济增产不多,而城市对粮食的需要年年增长,配售问题也势在必行[②]。10 月 10 日至 13 日,全国粮食会议在北京紧急召开。会上,陈云作了《实行粮食统购统销》的报告,针对全国粮食问题的严重形势,提出实行农村征购,城市配售的办法。会议经过讨论,确定将粮食征购定名为"计划收购",粮食配售定名为"计划供应",简称"统购统销"。10 月 16 日,中共中央作出《关于实行粮食的计划收购与计划供应的决议》。11 月 19 日,中央人民政府政务院下达《关于实行粮食的计划收购与计划供应的命令》。

"一五"时期,辽宁是国家重点建设地区,城镇人口多,生活用粮和工业用粮都大幅度增长。同时,工业的快速发展对工业原料农作物的需求日益增加,造成粮食种植面积相对减少,使原本粮食就不能自给的短板更加凸显。因此,实行粮食统购统销政策尤为重要和紧迫。

根据中共中央的决议和中央人民政府政务院的命令,从 1953 年 11 月开始,辽宁地区实行粮食统购统销政策。各级党委加强对统购统销工作的领导,中共辽东、辽西省委和中共沈阳、旅大、鞍山、抚顺、本溪市委分别召开会议,传达贯彻上级指示精神,对本地粮食统购统销工作作出部署和安排,并作出从组织上保证统购统销工作的指示。

---

① 中共中央文献研究室编:《陈云年谱》(中卷),中央文献出版社 2000 年版,第 178 页。

② 毛泽东:《粮食统购统销问题》(1953 年 10 月 2 日),《毛泽东文集》第 6 卷,人民出版社 1999 年版,第 297 页。

做好粮食统购统销政策宣传是一项重要工作。辽宁地区各省、市采取先党内后党外、先干部后群众的办法进行宣传教育。各省、市委按照中共中央《关于统购粮食的宣传要点》和中共中央东北局《实行粮食计划收购与计划供应向农民群众宣传讲话要点》制订本地的宣传计划，重点是使党员和广大农民认识到，实行粮食统购统销政策是把分散的小农经济纳入国家计划建设轨道，引导农民走互助合作的社会主义道路和对农业实行社会主义改造所必须采取的一个重要步骤。各省及所属市县区都组织一批经过训练的报告员、宣传员队伍，层层开展宣传教育。宣传工作采取生动有力、通俗易懂的方法，避免照本宣科，运用回忆对比算账、图片展览、参观工厂矿山等方式，具体说明在共产党领导下获得的实际好处，认清农业与社会主义工业化的关系，认识到个人利益与国家利益、眼前利益与长远利益的一致性，提高农民的觉悟，激发农民爱国售粮和参加互助合作的积极性。各地宣传活动大张旗鼓，声势浩大。仅辽西省就组织经过训练的省、县、区各级报告员 2000 余人，县、区购粮干部 8000 余人，村干部、宣传员和积极分子 9 万余人的宣传队伍，全省受到教育的农民约 400 万人①。由于进行了充分细致的宣传动员工作，统购统销政策深入人心。

收购粮食工作是实行统购统销政策的首要环节。在工作方法上，一是加强组织保障。从 1953 年 11 月开始，辽宁地区各省、市都成立以党政主要领导干部为首的粮食征购委员会。各级粮食、商业、财政、税务、银行、公安、合作社、交通等部门密切配合，抽调大批干部进行调研和指导。二是进行试点，取得经验后全面铺开购粮工作。辽东、辽西省所属各市、县均选择一至两个村进行购粮试点，调查产量、消费、余粮情况，研究购粮办法，摸清干部群众的思想状况，对试点情况及时通报，指导工作。11 月 17 日，东北局转发辽东省《西安县委永康村进行购粮工作的报告》，供东北各地参考。12 月 27 日，中共辽西省委批转《义县三区八家子村的购粮工作报告》，指导全省的粮食征购工作。三是加强对粮食市场的管理和取缔非法粮商的活动。在各级党委和政府的组织领导下，

① 《辽西省委关于粮食统购工作的总结报告》（1954 年 4 月 29 日），辽宁省档案馆馆藏档案。

党员干部发挥带头作用，1953 年和 1954 年均超额完成国家征购任务。

在粮食统销方面，在对城市居民实行粮食统销的同时，对农村特产区、缺粮户也实行粮食统销政策，保证缺多少供多少，这在很大程度上稳定了缺粮农民的情绪。粮食实行统购统销以后，中央根据有计划经济建设的需要，接着实行油料的统购和食油的统销。1954 年又开始实行棉花的统购和棉布的统购统销。从 1954 年 9 月起，我国城乡开始实行棉布、食用油凭票定量供应的办法。

粮食统购统销政策的实行，初步缓解了粮食供应紧张状况，保持了市场物价的稳定，粮食统购统销政策在实行过程中，也出现了一些问题，主要是征购了“过头粮”，使政府和农民的关系一度紧张。这主要是因为初建的购销制度缺乏严密的调查统计工作的基础，全省购销指标虽然大体符合实际，但分配下去，难免发生区与区不平衡、户与户不平衡的情形。另外，由于征购任务时间紧、任务重，出现了该购的没有购足，或者购了过头粮；有的该销没有销够，不该销的反而销了的现象。一些地方甚至出现严重强迫命令等偏差，个别地方还发生过抗征事件。

为了解决上述问题，改进粮食统购统销工作，中共辽宁省委根据中共中央决定，从 1955 年 3 月开始，对粮食实行定产、定购、定销的“三定”政策①，切实加强购销的计划性。实行“三定”政策的具体办法是：以村为单位组成评委会（或小组），按照土地质量、经营条件、分块定产，然后归户核定粮田单位面积常年产量，扣除按国家规定留粮标准，留足种子、口粮、饲料和应交公粮（包括地方附加粮）后，对余粮户统购其余粮的 80% 至 90%，最多不超过 95%。余粮不足 15 公斤的免购，不余不缺的自足户不购不销。对不足和不生产粮食的缺粮户定销供应（定销一年一定）。定产和定购自 1955 年起三年不变，增产不增购，受灾照减。国营农场、部队、机关、团体等生产的粮食，按规定留足用粮外，所有余粮必须全部卖给国家。为保证“三定”工作顺利开展，在省委领导下，各市县开展了试点工作。通过试点取得经验，推动工作。实行“三定”政策

① 即在每年春耕以前，以乡为单位，将全乡粮食的计划产量确定下来，向农民宣布国家将向本乡征购和销售的粮食数字，使农民结合确定的指标，知道自己生产多少，国家收购多少，个人留用多少，缺粮户供应多少，心中有底。

后，农民根据国家对其购粮的指标，可以及早制订自己的生产计划，安心搞好生产，消除“购粮无底”的顾虑。不少地方的农民开始开垦荒地、打井、扩大复种面积，很多单干的农民和互助组看到合作社产量高，国家“增产不增购”，纷纷要求入组、办社。1956 年全省实现农业合作化后，粮食“三定”由以户为单位改为以农业社为单位计算购销，大大方便了统购统销工作的开展，逐步完善了社队的粮食分配制度。

辽宁省委、省人委认真贯彻 1955 年 6 月全国粮食会议精神，按照中央提出的“产需兼顾，购销兼顾，建立制度，提供节约，根据需要与可能，坚决压缩销量，适当减少购量，发展生产，保证供应”的方针，本着既保证国家需要，又照顾农民和城市工矿人民的消费水平的原则，确定 1955 至 1956 年粮食生产计划和购销任务：一方面搞好生产，另一方面搞好供应。同时，积极发展农业生产合作社，大量增加粮食生产。通过“三定”，全省农村建立了村（户）“四证三表”。“四证”即粮食统购统销证、周转粮证、粮食供应转移证、粮食交售任务减免证。“三表”即农村余粮户、自足户登记表，农村缺粮户登记表，全村粮食产销综合报告表。“四证三表”使各级政府基本掌握了粮食产量、余缺粮数量、购销等情况，进一步完善了粮食统购统销工作。

为使粮食统购统销政策进一步制度化，1955 年 8 月 25 日，国务院发布《市镇粮食定量供应暂行办法》和《农村粮食统购统销暂行办法》。这是国家实行粮食“三定”政策和整顿城乡粮食统购统销工作以后所采取的新的重大措施，是粮食统购统销政策走向制度化的一个重要步骤。根据国务院的《办法》精神，结合辽宁省实际，9 月 7 日，辽宁省出台《关于贯彻国务院〈农村粮食统购统销暂行办法〉补充规定》和《关于贯彻国务院〈市镇粮食定量供应暂行办法〉补充规定》，对农户和合作社的定产、定购、定销问题及城市居民口粮定量标准作出详细规定。1956 年 1 月，《辽宁省农村粮食统购统销暂行办法实施细则》《辽宁省市镇粮食定量供应暂行办法实施细则》颁布实施。根据两个《细则》的规定，市镇非农业人口一律实行居民口粮分等定量、工商行业用粮按户定量、牲畜饲料用粮分类定量的供应制度，供应实行“四证三票”。“四证”即市镇居民粮食供应证、工商行业用粮供应证、市镇饲料供应证、市镇居民粮食供应转移证,“三票”即全国通用粮票、地方粮票、地方料票。两个《细则》的实施,标志着辽宁省实行粮食统购统销政策臻于完善。

实行粮食等主要农产品的统购统销,是我国工业化初创阶段必须采取的一项重大决策。在当时的历史条件下,这项政策不仅稳定了市场,在不高的水准上解决了人民经济生活中最重要的吃、穿问题,而且基本满足了初期工业建设对大宗粮食的需要。同时,统购统销和互助合作相互联系,作为对小农经济进行社会主义改造的两大战略措施,从根本上排除、代替了私营批发商在粮食、油料、棉花、纱布等重要物资方面的阵地,加强了国营经济与农民的联系,促使广大农民走上合作化的道路,也带动了对资本主义工商业的社会主义改造。但是,实行统购统销政策,在客观上割断了农民同市场的联系,限制了商品生产的发展。

农业合作化运动的发展

进入 1953 年,国家大规模经济建设的展开对农业提出新的更高要求。1953 年 2 月,中共中央将 1951 年 12 月下发的《关于农业生产互助合作的决议(草案)》作了个别修改,作为正式决议下发。

为了总结两年来农业互助合作的经验教训,保证农业合作化运动健康发展,1953 年 10 月 26 日至 11 月 5 日,中共中央召开农业第三次互助合作会议。会议讨论通过了《中共中央关于发展农业生产合作社的决议(草案)》,报党中央修改后,于 12 月 16 日批准实施。《决议(草案)》强调,初级农业生产合作社日益成为领导互助合作运动继续前进的重要环节,应大力发展。提出全国农业生产合作社的发展规划,确定了“积极领导,稳步前进”的方针。

辽宁地区各省、市委贯彻执行中央的方针、政策和指导原则,总体上看,1953 年试办农业生产合作社的工作,酝酿充分,方向明确,控制较严,合作社在数量和质量上均比上年有所提高。11 月和 12 月,中共辽西、辽东省委先后召开互助合作代表会议和农村工作会议,总结试办农业生产合作社的经验,制定 1954 年发展初级农业生产合作社计划,提出 1954 年度合作社的数量要比上一年度增加一倍。

随着党在过渡时期总路线在农村中的深入宣传,广大农民认识到互助合作是发展生产走向富裕的主要途径,参加农业生产合作社走社会主义道路已逐步成为农村的舆论中心和广大农民的要求。辽宁省成立后,中共辽宁省委适应形势发展的需要,改变过去集中在冬季建社的做法,在挂锄期间建立了一批新社。为保证农业合作化运动健康发展,11 月 19 日,省委发出《关于今冬发展农业合作化运动的指示》,提出:“今冬农业生产合作社的发展,不仅要增加数量,尤其要保证质量;力求不出‘废品’或少出‘废品’”。各地积极贯彻省委的指示精神,合作化运动发展迅速,质量也有很大提高。

农业合作化运动的发展也存在若干缺点和偏差。如发展合作社缺乏全面具体规划,检查和具体指导不够。有的地方盲目追求入社的数量,违背了自愿和互利原则。在处理社员经济利益问题上,有些社过急地实行牲畜、农具等生产资料集体所有制,致使社内负债过重,损害了群众利益。有些社经营管理混乱,部分薄弱社甚至处于涣散状态。

1955 年 1 月 8 日,中共辽宁省委召开第一次农业合作会议。会议结合辽宁实际情况,确定 1955 年全省农业合作化运动的基本任务是:“大力巩固、提高现有社,相应地加强对互助组的领导,在贯彻长年准备的基础上,于秋后再建一批新社。”1 月 10 日,中共中央发出《关于整顿和巩固农业生产合作社的通知》,要求全国各地的合作化运动“应基本上转入控制发展、着重巩固的阶段”。3 月 20 日,省委召开县委书记、县长联席会议,分析当前农业合作化运动的形势,部署春耕生产和整社工作,将全省农业合作化的工作重心转向整顿和巩固方面。3 月,毛泽东提出对合作社进行“停、缩、发”① 的整顿方针,其中一个主要原因是合作社发展中的一些偏差影响了农民生产积极性,造成对生产力的破坏。对此,4 月 29 日,省委作出决定:立即停止发展、全力转向搞好春耕生产和整顿巩固已有社的工作。省委认真总结了试办初级农业生产合作社的经验,一是从小农经济实际出发,妥善处理农民入社的生产资料、收益分红等问题,稳步扩大社会主义因素;二是认真改善社内的劳动组织,合理计算劳动日,搞好财务管理;三是发展生产,紧缩开支,进行技术改革,加

① 即:停止发展、全力巩固;适当收缩;巩固中继续发展。

强田间管理等。这些经验,为进一步发展和巩固初级农业生产合作社提供了有益借鉴。

农业合作化高潮的到来与改造任务的完成

1955 年 7 月 31 日,中共中央召开省、市、自治区党委书记会议,毛泽东在会上作《关于农业合作化问题》的报告。认为:"目前农村中合作化的社会改革的高潮,有些地方已经到来,全国也即将到来",领导却落后于群众运动,"像一个小脚女人,东摇西摆地在那里走路",对合作化运动,"过多的评头品足,不适当的埋怨,无穷的忧虑,数不尽的清规和戒律"[①]。报告对我国农业合作社的历史,指导合作化运动的基本方针,包括自愿互利的方针,全面规划、加强领导、有准备分步骤发展的方针,以增产为标准的方针等,作了正确的总结和系统的阐述。但是,报告着重批评了在农业合作化问题上的所谓"右倾错误"。

1955 年 8 月 8 日,中共辽宁省委召开省委扩大会议,传达和讨论毛泽东在省、市、自治区党委书记会议上作的《关于农业合作化问题》报告的精神。出席会议的有省委委员,省委各部委、省人民委员会各有关部门、各群众团体的主要负责干部。8 月 12 日,省委向中央呈送了《关于农业生产合作社问题的报告》。《报告》在检查一年来全省合作化运动发展状况时提道:"农业合作化运动的高涨形势,即主席所指的社会主义群众运动大风暴在我省去年即已经开始了","但在 6 月间讨论发展问题时仍表现了小手小脚,不够大胆,缺乏应有的积极精神,致使许多农村干部在数个月来对发展合作化的热情和积极性受到一些挫折和压抑。正如主席所指出的,我们是被胜利吓昏了头脑,看不清运动的本质的主流的方面,而被局部的、暂时的、非本质的东西所迷惑"。8 月 25 日,中央批转辽宁省委《关于农业生产合作社问题的报告》,指出:"中央认为辽宁省委的方针是正确的","关于整社建社扩社的各项准备工作,辽宁省委指出,应包括'逐级做好思想发动,批判克服右倾思想,积极发挥广大干

---

① 毛泽东:《关于农业合作化问题》(1955 年 7 月 31 日),中共中央文献研究室编:《毛泽东文集》第 6 卷,人民出版社 1999 年版,第 418 页。

部和群众的热情和积极性；逐级做好发展社的全面规划，特别是着重解决村一级（即乡一级，东北各省还未改称乡）合作化的阶级规划；继续做好现有社的整顿巩固工作，进一步贯彻合作化的具体政策，审查清理和纯洁合作社的组织；加强对互助组的领导，打好建社的基础；把整社建社和加强党的基层组织，密切结合起来'，这些都是适当的"[①]。

9月10日至20日，中共辽宁省委召开县（区）委书记联席会议，传达毛泽东《关于农业合作化问题》的报告，省委书记黄欧东作了题为《全面规划，加强领导，为迎接农业合作化运动新高潮而奋斗》的报告。会议总结并检查了过去的工作，批判了在农业合作化发展问题上的"右倾思想"，讨论了省委提出的《关于农业生产合作社若干经济问题的规定》，初步制定了省、市、县、区在两三年内发展合作社的大体规划。会后，各县（市）都召开县、区、村三级干部会议或党代表会议，传达讨论毛泽东《关于农业合作化问题》的报告和省委召开的县（区）委书记联席会议精神，检查批判"右倾思想"。

10月，党的七届六中全会（扩大）通过了《关于农业合作化问题的决议》。为贯彻中央决议精神，辽宁省委对发展农业合作化运动进行重新规划：拟定在1955年冬至1956年春再建1.4万个新社，吸收40万左右农户入社，同时扩大老社；到1956年春，保证入社农户上升到全省农户总数的60%至65%；到1957年春，保证入社农户达到全省农户总数的80%至85%。农业合作社实际发展情况一再突破省委的计划，许多地区把建社、扩社、并社、转为高级四项工作结合起来进行，入社农户数量迅速上升，社的规模也日益扩大。许多地方办社规模开始突破村界，向一乡一社、数乡一社发展，社内农户数由原来每社平均24户增加到272户。到1955年12月下旬，全省已基本实现初级农业生产合作化。在部分地区，加入高级农业合作社的农户达到当地农户总数的一半以上。

由于农业合作化运动发展过急，工作过粗，办社规模愈办愈大，失去控制。1955年12月26日，中共辽宁省委发出《关于全力整顿巩固农业

① 中共中央批转辽宁省委《关于农业生产合作社问题的报告》，中共中央文献研究室编：《建国以来重要文献选编》第7册，中央文献出版社2011年版，第127页。

生产合作社的指示》，指出："在一般地区已基本完成原定发展计划的应在年底将发展工作全部煞住，不准再行追加任务，以便集中力量进行整顿巩固工作，努力提高合作社的质量，把运动引向生产高潮。""以目前生产水平和干部领导能力来看，社的规模一般不超过一村一社为宜，至于突破村界，一乡一社，只能在有条件的情况下，个别试办，而不宜普遍提倡。"但是，由于受当时全国农业合作化高潮的影响，辽宁省委的这些正确意见并没有得到有效地贯彻执行。

1956 年 1 月，全国加入合作社的农户达到 80.3%，标志着全国基本上实现半社会主义性质的初级社的时间大大提前了。1 月 23 日，中共中央《一九五六年到一九五七年全国农业发展纲要（草案）》明确要求："对于一切条件成熟的初级社，应当分批分期地使他们转为高级社，不升级就妨碍生产力的发展"。同时要求合作化基础较好并已经办了一批高级社的地区，在 1957 年基本上完成高级形式的合作化。按照《纲要（草案）》的思路，农业合作化运动在大体完成初级社后，便可迅速升级为办高级农业生产合作社的阶段。6 月 30 日，毛泽东以国家主席名义公布《高级农业生产合作社示范章程》，规定高级农业生产合作社实行完全集体所有制，社员的土地必须转为合作社集体所有，取消土地报酬，耕畜和大型农具作价入社。在《纲要》和《章程》的推动下，辽宁省各地很快出现并社升级的浪潮。到 1956 年末，全省入社农户共计 293.8 万户，占全省农户总数的 98.6%。其中参加高级社的户数达到 276.9 万户，占农户总数的 92.9%[①]。至此，全省原计划于 1957 年实现高级农业合作化的任务提前一年完成了。

辽宁省农业合作化的完成，实现了农村土地公有化。随着土地及耕畜、大型农具等主要生产资料归农业生产合作社集体所有，在全省农村建立起劳动群众的社会主义集体所有制经济。集体经济成为农村经济的主体后，农业的发展就有条件对土地的利用进行合理规划，如进行大规模的水利灌溉、大规模的农田水利基本建设、逐步推广机械耕作、施

① 辽宁省地方志编纂委员会办公室主编：《辽宁省志·政府志》，辽海出版社 2005 年版，第 421 页。

肥、杀虫等农业科学技术，使辽宁农业生产条件大为改善，粮食产量大大提高。实践表明，对农业的社会主义改造基本完成，对辽宁农业及整个国民经济的发展都起到了积极的促进作用。但由于辽宁实现农业合作化的速度过快，改造过程中出现了要求过急、工作过粗、改变过快，形式也过于简单划一等偏差，以致遗留了一些问题。

二、手工业的社会主义改造

引导手工业者走合作化道路

手工业是指主要依靠手工劳动，使用简单工具的小规模工业和服务业。由于我国工业基础薄弱，手工业在国民经济和社会生活中占有重要地位。对手工业的社会主义改造，是过渡时期总路线提出的三大改造任务之一。

对于手工业走社会主义集体化道路，1949 年 3 月党的七届二中全会就指出了明确方向。毛泽东在会上所作的报告指出："占国民经济总产值百分之九十的分散的个体的农业经济和手工业经济，是可能和必须谨慎地、逐步地而又积极地引导他们向着现代化和集体化的方向发展的，任其自流的观点是错误的。""单有国营经济而没有合作社经济，我们就不可能领导劳动人民的个体经济逐步地走向集体化，就不可能由新民主主义社会发展到将来的社会主义社会，就不可能巩固无产阶级在国家政权中的领导权。"[①] 新中国成立后，党和政府在努力帮助手工业恢复和发展生产的同时，积极探索手工业者走向集体化的途径。1950 年 7 月，中华全国合作工作者第一次代表会议召开。会议明确组织手工业生产合作社的目的是，联合起来，凑集股金，建立自己的供销机构，去推销自己的新产品，购买原料和其他生产资料，避免商人的中间剥削，提高新

① 《在中国共产党第七届中央委员会第二次全体会议上的报告》（1949 年 3 月 5 日），《毛泽东选集》第 4 卷，人民出版社 1991 年版，第 1432 页。

产品的数量和质量。

手工业就其与农业分离的程度和现代工业的关系而言，大致可分为四种类型：一是从属于家庭农业的家庭手工业，二是作为农业家庭兼业的手工业，三是独立经营的个体手工业，四是雇工经营的工场手工业。其中，第三类手工业在数量上最多。根据过渡时期总路线，对手工业的社会主义改造主要是指第三类。第一、二类纳入农业社会主义改造的范畴，第四类纳入资本主义工商业改造的范畴。

辽宁手工业历史悠久，1948 年辽宁全境解放以后，在中共中央“发展生产，繁荣经济，公私兼顾，劳资两利”的方针指导下，在各级党政组织的正确领导及国营经济的扶持下，手工业得以恢复和发展。

辽宁地区在大力扶持手工业恢复和发展的同时，在一些同国民经济关系最密切、并有发展前途的行业中，选择觉悟较高又具有代表性的手工业劳动者，重点试办合作社，从货款、供销、税收等方面加以扶持。1950 年末，辽宁地区有 2802 人率先走上合作化的道路，组织成立了 21 个手工业生产合作社。

1951 年 6 月，全国合作社第一次手工业生产工作会议召开，进一步明确手工业合作社的性质是，在中国共产党领导下，按照自愿互利的原则组织起来的集体经济组织。合作社的社员以个人名义入社，交纳股金和入社费，建立自己商业的和生产的组织，生产的方式是自产自销，同时在可能条件下组织生产的合理化与提高生产技术，改进工具，逐步实现半机械化和机械化，以取得更大的发展。在手工业生产合作社内部，社员之间的关系是劳动者互助关系，不存在剥削和封建师徒关系，试行按劳分配原则。这次会议，推动了手工业生产合作社的发展。辽宁各地党委和政府总结了典型试办的经验，成立了相应的组织机构，加强领导。1951 年，辽东、辽西省有重点地组织编织、针织、铁农具、建筑材料等行业，组建了手工业生产合作社。中共旅大市委、市政府采取加工订货、供应原材料、收购成品等措施扶植手工业的发展，在个体手工业劳动者中引起很大反响，增强了组织起来走合作化道路的信心，大批手工业者根据自愿的原则，采取“穿成串，编成辫，以先进带落后”的办法，从手工业生产合作小组走向手工业生产合作社。中共本溪市委结合本地实际，采取“广泛宣传、培养典型、先行一步”的工作方针，于 1951 年 6 月成立了本地第一个生产合作社——本溪靴鞋生产合作社。由于在政策上给予优惠，发放无息贷款，帮助加工订货、统购包销，第二年生产合作社发展到 6 个。1952 年，沈阳市将消费合作总社生产科从合作总社分离出来，成立沈阳市生产合作社联合社，相继在缝纫、靴鞋、麻绳、针织、食品等行业中组织 77 个手工业生产合作社，发展会员 4767 人。据统计，1952 年，辽宁地区手工业生产合作社 239 个，参加合作社的社员 12355 人，占全地区手工业从业人员总数的 6.5%，另外有 2619 人参加了手工业合作小组①。到 1953 年，手工业生产合作社发展到 318 个，有社员 1.5 万人②。这些试办的手工业生产合作社在不同程度上展现出组织起来的优越性。

手工业合作化的进一步发展

党在过渡时期总路线公布后，手工业的社会主义改造进入新的发展阶段。中央认为，实现对个体手工业的社会主义改造，是党在过渡时期总路线和总任务不可缺少的组成部分。对个体手工业的社会主义改造，要经过合作化的道路，把手工业劳动者的个人所有制改变为集体所有制。手工业者一方面是劳动者，但同时又是小私有者，必须采取说服、示范和国家援助的方法，提高手工业劳动者的社会主义觉悟，使他们自觉自愿地组织到手工业合作社中。

1953 年 11 月至 12 月召开的第三次全国手工业生产合作会议，确定了对手工业进行社会主义改造的方针和政策，即“在方针上，应当是积极领导，稳步前进；在组织形式上，应当是由手工业生产小组、手工业供销生产合作社到手工业生产合作社；在方法上，应当是从供销入手，实行生产改造；在步骤上，应当是由小到大，由低级到高级”。会议确定手工业的合作化主要采取三种形式：第一种是手工业生产小组，首先从供销方面把手工业劳动者组织起来，有组织地购买原料、推销成品或接

---

① 辽宁省地方志编纂委员会办公室主编:《辽宁省志·政府志》，辽海出版社 2005 年版，第 422 页。

② 《我省社会主义改造的五年计划任务胜利实现，社会主义经济占绝对优势》，《辽宁日报》1957 年 10 月 4 日第 1 版。

洽加工业务，这是广泛组织手工业劳动者的初级形式。第二种是手工业供销生产合作社，是由若干手工业劳动者或几个手工业生产小组组织起来，统一购买原料、推销成品，统一承揽加工订货，并以业务经营中的积累来购买公有的生产工具，进行部分的集中生产，逐渐增加社会主义因素。第三种是手工业生产合作社，是手工业社会主义改造的高级形式。其中一部分社的主要生产资料已完全归社员集体所有，完全按劳分配，已经完全是社会主义性质的生产合作社。还有一大部分社的主要生产资料尚未完全成为集体所有，实行工具入股分红，统一经营，收益的一部分采取按劳分配，这是半社会主义性质的生产合作社。

根据第三次全国手工业生产合作会议精神，辽宁地区各省、市委和政府进一步采取措施，加强领导，积极引导手工业劳动者组织起来走合作化道路。11 月 26 日，中共辽西省委召开手工业会议，总结全省几年来手工业合作社的经验，明确手工业生产合作社的办社方针。会议要求各级党委要把建立手工业生产合作社列入工作日程，确定专人领导，明确职责。1954 年 1 月 21 日，辽东省手工业生产合作社联合社在《辽东日报》发表《为什么要组织手工业生产合作社，手工业的前途，生产社与供销社的区别》一文，宣传成立手工业生产合作社的优越性，引导手工业者尽快走上社会主义道路。中共辽宁省委、省政府成立后，即着手组建辽宁省手工业生产合作社联合筹备委员会，以加强对手工业改造工作的领导。从 9 月开始，辽宁省手工业调查办公室对全省手工业及私营小型工业（10 人以下）进行全面调查，为实现对全省手工业社会主义改造提供必要的依据。全省各级统计部门和各级联社 1000 余名干部参与调查，基本摸清了个体手工业从业人员、产值以及行业分布等情况。根据手工业调查材料和社会实际需要，全省在行业上确定了重点发展铁、木、缝、皮、麻合作社，在地区上确定了重点在手工业集中产区和农村集镇发展社组。同时，注意选择原料有来源、产品有销路的区域，按自愿互利的原则进行组社、建组工作。其间，各地开展了广泛的学习宣传，党在过渡时期总路线已深入人心。通过不断进行组织和思想整顿，进一步提高了社（组）员的思想觉悟，激发了社（组）员的劳动积极性。随着党的基层组织力量日益发展，党对手工业合作社的保证监督作用也在逐步加强，有力地促进了手工业生产合作社的进一步发展。到 1954 年底,全省手工业生产合作社发展到 1021 个,社员、职工 30583 人[①]。

随着大规模经济建设的展开,尤其是国家对主要农产品和某些工业品实行统购统销、包购包销,手工业的原料供应遇到困难,个体手工业者困难尤大。1954 年 12 月,第四次全国手工业生产合作会议讨论了手工业同地方工作的发展,同农业和资本主义工商业的社会主义改造如何统筹兼顾、合理安排等问题。会议提出,在社会主义改造过程中,必须根据供需情况、国民经济发展情况、人民消费习惯,分别对手工业各行业实行适当发展、利用和限制的政策,对有的行业应实行逐步转业或淘汰的方针。根据中央的要求,辽宁省委、省政府(省人委)进一步加强对手工业工作的领导、监督和检查,相应地建立和健全了手工业管理机构。1955 年 1 月 17 日,辽宁省手工业管理局成立,与辽宁省手工业生产联社筹委会合署办公。随后,全省各市县都成立手工业管理机构,及时对手工业工作进行指导和帮助。6 月 20 日,省人委决定进一步对省内城乡个体手工业的棉织、针织、金属制品、陶瓷、木材加工、竹藤棕草软木制品、缝纫、造纸、皮革制品以及特种手工艺品 10 个行业的历史演变、供产销变化、发展前途及存在的问题,进行一次深入的补充调查,以此提出统筹安排生产和供销、实行生产改造的具体意见。在调查过程中,发现在一些生产合作社尤其是 1953 年以前组织起来的合作社,缺乏管理上的经验,老社与新社、组织起来与未组织起来的个体手工业者都存在着供销矛盾。8 月 17 日,辽宁省第二次手工业生产合作社工作会议召开,研究整顿生产合作社、供产销和手工业改造问题。在整顿过程中,各级党组织加强领导,组织社员学习《手工业生产合作社章程准则(草案)》等有关文件,提高思想觉悟,从思想上组织上进一步巩固手工业生产合作社。通过建立健全各种规章制度,统筹安排生产和供销,全力搞好生产经营,使手工业的合作化得到积极、稳步和健康发展。到 1955 年底,全省手工业生产合作社已发展到 2340 个,社员已达 60554 人。

---

① 辽宁省手工业生产合作社联合社编:《辽宁省手工业的社会主义改造》,辽宁人民出版社 1959 年版,第 18 页。

手工业合作化的加速发展

1955 年下半年,农业社会主义改造高潮的到来,有力地推动了手工业社会主义改造进入全面合作化阶段。12 月 21 日至 28 日,第五次全国手工业生产合作会议召开,提出在第一个五年计划期间要基本上完成全国手工业合作化的组织任务。会议着重批判了不敢加快手工业合作化步伐的“右倾保守”思想,要求在“全面规划,加强领导”的方针下,加速对手工业的社会主义改造,积极发展合作组织。中央很快批准了这次会议的报告,并批示:“加快手工业合作化的发展速度,是当前一项迫切的任务”。

12 月 13 日至 18 日,中共辽宁省委召开对资本主义工商业改造工作会议,传达中央的会议精神,检查和批判领导落后于群众的“右倾保守”思想,对资本主义工商业、手工业、小商小贩的改造形式、速度、方法等提出初步意见。对手工业的社会主义改造,省委要求在 1956 年组织起来的社(组)要占总数的 80%。从 1956 年 1 月开始,全省从城市到农村迅速掀起手工业合作化高潮,各市、县广大手工业劳动者成行业、成地区地通过联名申请、登记挂号等形式,开始走合作化道路。为了加强领导,省委组织 5000 余人的建社队伍,总结经验,制定规划,对全行业的改造采取“先搭架子、一次批准”的办法,对扩社和建社则通过“分批、分期、分片”进行。由于几年来党的合作化政策深入人心,因此得到绝大多数手工业者的拥护和响应。到 1956 年末,全省基本上实现手工业生产合作化。手工业生产合作社达 2490 个,社员总数 16. 4 万人,占全省手工业从业人员总数的 85. 4%,加上参加合作小组的 1 万人,全省组织起来的手工业者占比 90. 5%。至此,绝大多数个体手工业者由小生产的个体经济转变成为社会主义集体所有制经济,基本上完成对手工业的社会主义改造。

在手工业社会主义改造后期,存在着要求过急、工作过粗,改变过快等问题,片面强调大社和集中经营的优越性,把一些本来适合分散经营、分散生产的作坊和店铺,不适当地加以合并,忽略手工业小而分散、经营灵活、产品多种多样的特点,造成一定程度上的供需矛盾,给人民的生活带来了不便。对具有专长匠人的作用发挥不够,对名牌产品缺乏重视,造成合作社的花色品种比自营时大为减少,一些传统的名牌产品失去原有特色。许多服务行业被改造后,由于盲目集中,给群众生产生活带来不便。

1956 年 2 月,国务院作出《关于目前私营工商业和手工业的社会主义改造中若干事项的决定》。《决定》指出:参加合作社的个体手工业户,必须保持他们原有的供销关系,一般应该在一定的时间内暂时在原地生产,不要过早过急地集中生产和统一经营。手工业中的某些分散、零星的修理业和服务业,应该长时期保留他们原有的便利群众、关心质量的优点。某些具有优良历史传统的特殊工艺,必须加以保护。某些适合个体经营而本人又不愿参加合作社的手工业户,应该维持他们原有的单独经营方式。根据《决定》精神,辽宁省及时纠正手工业合作化中出现的一些问题,科学地调整手工业的比例,对分散在城乡各地的、零星的修理业和服务业、一些具有传统历史和特殊工艺的手工业者,规定维持他们原有的单独经营方式。经过调整,全省手工业生产合作社普遍增加了生产,提高了社员收入,手工业的发展出现了可喜的变化。组织起来的手工业社(组),由于贯彻"面向农村,同时为城乡人民生活需要,国家工业建设和出口需要服务"的经营方针,在适应社会需要方面,发挥了积极作用。

实现合作化的手工业改变了生产关系,在生产上纳入国家计划,使其供产销都得到保证。手工业生产的迅速增长,进一步适应了国家经济建设和工农业发展以及提高人民生活的需要,使手工业在国家的工业化建设中发挥了积极作用。

三、资本主义工商业的社会主义改造

对私营工商业的初步改造

对资本主义工商业的社会主义改造,是过渡时期总路线总体布局中的重要一翼。根据中央确定的方针,就是要在一定的时期内,有步骤地把一切对国计民生有利而又为国家所需要的资本主义企业,基本上改造为国家资本主义企业,并使初级形式的国家资本主义向高级形式的国家资本主义发展。然后在条件成熟时,逐步地变国家资本主义经济为社会主义经济。把私营企业纳入各种初级形式的国家资本主义轨道,再发展到公私合营,最后完成全行业公私合营,是对资本主义工商业进行社会主义改造的整体步骤。初级形式的国家资本主义工业,由资本家经营,通过同国营经济订立合同等办法,在企业外部建立各种联系,其形式是收购、加工、订货、统购、包销五种形式,一般统称为“加工订货”。初级形式的国家资本主义商业,对批发商、零售商、小商小贩分别采取代替、委托经销、代销等形式进行改造。

辽宁地区各级党委和政府根据总路线的要求,在积极稳步地推进农业、手工业合作化进程的同时,有计划、有步骤地开展了对资本主义工商业的社会主义改造。

新中国成立初期,辽宁的私营工商业在国民经济中占有一定地位。1949 年底,辽宁私营工业产值占社会总产值的 15.6%,占地方工业总产值的 55.8%;私营商业销售额占社会总销售额的 52.7%。交通运输、饮食服务等行业,均为私营[①]。在三年国民经济恢复时期,根据国家建设方针,依据“公私兼顾、劳资两利、城乡互助、内外交流”的经济政策,辽宁地区各级党政组织大力调整工商业,保护私营工商业生产资料所有权,积极扶持私营工商业的恢复和发展,对私营工商业在财政、税收、金融等方面给予优惠与帮助。加强对公私企业间加工订货的管理,通过制定实施办法、总结经验,引导私营工业的生产健康有序发展。尤其是在抗美援朝期间,辽宁地区以加工订货、统购包销为主的初级国家资本主义形式,在私营工业中得到较大发展。同时,由于工农业的发展,人民购买力的提高,给私营商业开辟了广阔的市场。1951 年私营工业达 10691 户,比 1949 年增加 33.4%,私营商业达 161456 户,比 1949 年增加 26%[②]。1952 年,在私营工业中加工订货、统购包销产值约 3.07 亿元[③]。以加工订货为

① 《中国资本主义工商业的社会主义改造》(辽宁卷),中共党史出版社 1993 年版,第 3 页。
② 《中国资本主义工商业的社会主义改造》(辽宁卷),中共党史出版社 1993 年版,第 3 页。
③ 《中国资本主义工商业的社会主义改造》(辽宁卷),中共党史出版社 1993 年版,第 10 页。

主要特征的初级国家资本主义成为私营工业持续发展的必然选择。

但是，随着资本主义工商业的发展，私营资本的逐利性质以及由此对整个社会经济与发展带来的干扰与破坏也明显暴露出来。在辽宁地区，80%以上的工商业户有不同程度的违法行为[①]，经过“五反”运动，处置了一批严重违法企业，同时加强了党对私营工商业的领导。一方面，加强对私营工商业者的思想改造学习，特别是加强《中国人民政治协商会议共同纲领》与政府政策法令的学习，向他们指明只有在工人阶级与国营经济领导下，在国家统一计划下追求正当利益，向有利于国计民生的方向发展才是有前途的。另一方面，有计划、有步骤地解决加工订货、劳资关系、税收贷款等问题。整体上看，在国民经济恢复时期，私营资本主义工商业的改造基本上是适应国家和人民需要的，对恢复国民经济起到重要的辅助作用。

在私营工业方面。辽宁各地加强了对市场的管理，取缔了抢购、套购，陆续对粮食等主要农产品以及工业品实行统购统销，削弱了私营商业与工业原料之间的联系，使私营工业企业生产的主要品种绝大部分为国营商业所掌握。国营企业对私营企业加工订货实行统一管理，统一分配，并不断扩大国营企业对私营企业加工订货的范围，由重点行业扩展到一般行业，从大户企业扩展到中小企业，从而大大加强了国营经济对资本主义经济的领导。

由于私营工业在生产设备以及经营管理上的弱点，随着国营经济的加强，国家减少了对私营企业的加工订货任务，强调排挤、限制的一面，忽视利用、改造的一面，致使1954年私营工业先后出现了停工、半停工现象，经政府批准歇业的私营企业达千户，资方拖欠工资、税金现象严重，仅沈阳市拖欠工资、税金达2400余万元[②]。这种市场变化趋势，从对资本主义工商业的利用、限制和改造方针来看，有必然合理的一面，但对其削弱得太厉害，无论对国民经济的发展和对他们的改造都是不利的。为了扭转私营工业急剧衰退的情况，根据中共中央关于调整工商业的指

① 《中国资本主义工商业的社会主义改造》(辽宁卷)，中共党史出版社1993年版，第3页。
② 《中国资本主义工商业的社会主义改造》(辽宁卷)，中共党史出版社1993年版，第246页。

示精神，按照“统筹兼顾，合理安排”的方针，1955年2月和3月，中共辽宁省委先后召开私营工商业工作会议和各市、县委及省有关部门负责同志参加的对私营工商业安排会议。会后，省委发出《关于加强对私营工业生产安排工作的指示》，并采取了一系列措施。一是削减地方国营工业扩建和新建投资，合理利用私营工业的生产能力；二是调整公私之间的生产比重与原料物料供应，从国营工业生产任务中让出一部分给私营工业；三是组织国营和地方国营企业与私营企业之间的生产协作，协助解决供销问题；四是指导私营工业提高生产技术水平，试制新产品；五是结合生产以及增产节约运动进行必要的生产改组，妥善安置失业职工，并根据需要与可能劝其转业或迁厂。同时，对私营资本家进行深入的宣传与思想教育，使其明确认识社会主义改造的必要性和步骤，服从国家经济计划，改善生产经营，积极创造条件接受社会主义改造。通过以上措施，到1955年10月，全省大多数城市和主要行业在生产与经营上都有不同程度的好转，扭转了1954年以来私营工业产值直线下降的趋势。1955年，由国家加工订货的产值已占总产值的84%，其中大型工业已达94%[①]。不少地区已由加工订货、单独合营发展到私营并厂，为走向高级形式的国家资本主义创造了条件。

在私营商业方面。从1953年下半年开始，国营商业进一步扩大了对资本主义工业的加工订货、统购包销和对部分农副产品的收购。特别是国家扩大了对农副产品的统购、派购范围，并逐步对有关工业生产和基本建设所必需的重要原材料等实行派购或统一收购后，粮、油、棉、布的批发市场完全由国营商业占领，其他主要商品的货源也大部分由国营掌握。由于国营、合作社经济的不断发展，以及市场情况的变化和私营商业自身经营的弱点，私营商业从1954年下半年开始出现困难。为了使私营商业维持正常营业，以利于社会主义建设和对其进行社会主义改造，1955年初，中共辽宁省委、省人委根据中共中央《关于加强市场管理和改造私营商业的指示》精神，对全省私营商业进行调整，扩大对私营商业的批发业务，让出一些经营领域和商品品种。对私营批发商采取

① 《中国资本主义工商业的社会主义改造》（辽宁卷），中共党史出版社1993年版，第344页。

“包下来”,由国营商业按行业吸收、安排使用。改进市场管理,改变对私营商业限制过多过死的情况。这样,既改造了批发商,又解决了他们的出路问题,私营商业得到稳定,为有计划地进行社会主义改造创造了条件。

到 1955 年下半年,全省的私营批发商基本上被排挤或代替,转为零售商。一些掌握货源的私营批发商大部分转为零售商,并在 1956 年全行业公私合营高潮中,随私营零售商一起实行公私合营。余下的私营小批发商,因为户数不多,资金少,大部分为二批发(国营代批发)商或小行商,一般都是经营国营、合作社很少经营的小百货、下杂货等零星商品,所以对他们采取了保留维持的方针。对私营零售商的改造,主要采取经销、代销两种形式,由国营商业掌握货源,执行国家规定的零售牌价。凡经销额占零售总额 60% 以上的即挂牌为经销店。对农村私营商业的改造采取合作商店、代购代销、合营和经销四种形式。对小商小贩,由于他们一般都是小本经营,很少有雇佣关系,属于个体劳动者,根据自愿原则,经过经销、代销小组或合作商店,把他们组织起来,逐步成为社会主义工商业的组成部分,成为国营和合作社的补充。对私营交通运输业中的个体劳动者,则组织他们走合作化道路,予以公私合营或并入国营运输公司加以改造。

有计划有重点地扩展公私合营企业

公私合营是国家资本主义的高级形式,是社会主义成分同资本主义成分在企业内部的合作,生产关系发生重要变化,企业由私有变为公私共有,公方和工人群众结合在一起掌握企业的领导,资本家不再处于支配地位。公私合营需要有步骤地将私营企业改造为高级国家资本主义形式的企业。

辽宁地区有计划有重点地发展公私合营企业始于 1954 年初。1954 年 1 月,中央财政经济委员会召开会议,提出《关于有步骤地将十个工人以上的资本主义工业基本上改造为公私合营企业的意见》,确定从 1954 年开始有计划地扩展公私合营,以“巩固阵地,重点扩展,做出榜样,加强力量”为工作方针。为贯彻中央精神,辽东、辽西省和沈阳、旅大、鞍山、抚顺、本溪市召开公私合营工业计划会议,传达中央关于 1954

年扩展公私合营企业的指示精神和东北地区1954年扩展公私合营工业计划会议精神，讨论并制订本地扩展公私合营的具体计划。依据国家需要、供产销平衡、设备较好、资本家自愿、稳步前进的原则，辽东省选择复县洪发炉铁工厂，营口市同兴厚棉织厂，安东市义泰织绸厂、神农制药厂作为公私合营试点；辽西省选定锦州市大陆铁工厂、同生染织厂作为公私合营试点。沈阳市本着"宁可少一些，但一定要搞好"的原则，1954年首先整顿原有4户公私合营企业，并从6月下旬开始对3户企业进行试点。旅大、鞍山、抚顺、本溪市也对个别企业进行公私合营。辽宁省成立后，中共辽宁省委、省政府进一步加强对公私合营工作的领导。10月上旬，辽宁省对扩展公私合营工业企业计划执行情况进行检查，随后召开全省公私合营工作会议，交流公私合营工作经验。派遣干部到公私合营后的企业加强领导，使企业经营管理得到改善，工人劳动积极性高涨，劳动生产率大大提高，很多企业由亏损转向盈余，显示出公私合营的优越性。由于公私合营企业的良好影响，申请实行公私合营的企业日渐增多。通过"树立典范，取得经验"，有力地推动了各地公私合营计划的完成。

由于扩展公私合营工作先从较大企业入手，一户一户进行，因而户数不多。尚未合营的基本上是生产落后的中小企业，这些企业因为没有更多的资金投入和派遣干部，再加上国营部门在对私营企业加工订货的分配上往往重视国营和公私合营企业，造成中小企业处境困难，扩展公私合营工作遇到新的矛盾和问题。对此，辽宁省贯彻中共中央提出的"统筹兼顾、归口安排、按行业改造"的方针，采取措施对私营工业进行逐行逐业的安排，在"以大带小、以先进带落后"的原则下，结合生产进行改组改造工作。在做法上，有的是同类产品的工厂相结合，有的是在生产上有依存关系或工序有衔接关系的工厂合并，还有的是不同行业的工厂带有转业性质的合并。由于及时采取措施，既解决了中小企业的实际困难，也为全行业公私合营奠定了基础。

全行业公私合营的加快发展

由单个企业的公私合营发展到全行业公私合营，是新中国成立后党和国家对资本主义工商业采取利用、限制、改造政策的必然趋势，也是国民经济计划中对管理不断加强的必然结果。1955 年 11 月，中共中央召开各省、市、自治区党委负责人会议，讨论并通过了《中共中央关于资本主义工商业改造问题的决议（草案）》（1956 年 2 月 24 日，中央政治局作了个别修改，追认为正式决议）。《决议》指出，“我们对于资产阶级，第一是用赎买和国家资本主义的方法，有偿地而不是无偿地，逐步地而不是突然地改变资产阶级的所有制；第二是在改造他们的同时，给予他们以必要的工作安排；第三是不剥夺资产阶级的选举权，并且对于他们中间积极拥护社会主义改造而在这个改造事业中有所贡献的代表人物给以恰当的政治安排”。在对较大的私营企业实行公私合营的基础上，把对私营工商业的社会主义改造从个别企业公私合营推进到全行业公私合营，实行定息制度。这是从资本主义私有制过渡到完全的社会主义公有制的具有决定意义的重大步骤。《决议》还指出：现在已经有了充分的条件和完全的必要把对资本主义工商业的改造从个别企业的公私合营推进到全行业公私合营阶段。据此，对原定用三个五年计划基本完成工商业社会主义改造的部署作出重大调整，规定在第一个五年计划期间内（1956 年至 1957 年），全行业公私合营争取达到 90% 左右；争取在第二个五年计划期间内，逐步使公私合营基本上过渡到国有化。

从辽宁省的实际情况看，适当加快资本主义工商业改造的步伐是可能的。几年来，私营工商业的大部分已纳入国家资本主义的轨道，凡是纳入国家资本主义轨道的企业，生产经营都有增长；没有纳入国家资本主义轨道的，原料、生产、销路都出现困难，尤其是在主要农产品实行统购统销、绝大多数农民已组织农业合作社的情况下，资本家已不可能自由地获取原料和自由地销售新产品，他们除了接受改造以外，别无出路。因此，从 1955 年 11 月下旬开始，全省私营工商业的社会主义改造速度明显加快。

为进一步加强对资本主义工商业改造工作的领导，1955 年 12 月，中共辽宁省委成立对资本主义工商业改造领导小组。12 月 13 日至 18 日，省委召开对资本主义工商业改造工作会议，各市、地、县、镇委书记和有关部门负责同志参加会议。会议传达了中共中央指示精神，对加速改造资本主义工商业的形式、速度、办法等提出初步意见。会后，各市、地、县均成立对资本主义工商业改造机构。1956 年 1 月 4 日,省委再次召开对资本主义工商业改造工作会议。5 日,省委发出《关于学习党的七届六中全会文件的补充通知》,要求党的基层组织做好资本主义工商业改造的前期教育工作。就在全省积极稳妥地规划和实行对私营工商业的改造计划时,传来了北京市 1956 年 1 月 10 日全部实现全行业公私合营的消息。辽宁各地工商业者纷纷提出申请,要求公私合营。辽宁省委因势利导,于 1 月 14 日发出《关于加速对资本主义改造工作的指示》,要求各地党委迅速抽调干部组成工作队作为公方代表,在宣布合营前按行业深入到厂店,根据行业不同情况,采取不同形式进行改造工作,既要快、又要好、又要不乱,争取 1 月底前基本完成改造任务。中共沈阳市委调整对资本主义工商业改造计划,于 1 月 14 日、15 日分别举行全行业公私合营批准大会,沈阳市成为继北京之后,率先实现工商业全行业公私合营的省会城市。16 日,沈阳全市各界 40 万人举行庆祝社会主义改造胜利大会,辽宁省委书记黄欧东、省长杜者蘅出席大会,黄欧东代表省委讲了话。会后,举行了数十万人参加的大游行。1 月 14 日至 21 日,仅用一周时间,全省 10 个市的私营工商业全部实行全行业公私合营。至 25 日,各地城镇的私营工商业也全部实行公私合营。至 2 月末,私营商业(包括小商小贩)也基本实现公私合营和合作化。

在宣布全行业公私合营后,根据中央指示精神和国务院决定,1956 年 1 月 19 日,中共辽宁省委发出《关于企业公私合营后的工作指示》,要求各地在企业合营合作的基础上,立即抓紧生产与经营。同时,要采取有力措施,全力做好并迅速完成后续工作。

清产核资。辽宁省、市、地党委和政府都派出工作组,具体帮助各合营单位进行清产估价工作。一般采取依靠工商业者自点、自报、自估、自评,职工协助监督,工作组重点复查,政府最后批准的方法。也有一些地区采取劳资双方分头划价,再由公私协商议价,最后由政府批准的办法。在清产估价过程中,有些地区出现清点面过宽,估价过严的现象。为此,1956 年 2 月,省委召开公私合营工作会议,纠正一些不适当的做法,使清产估价工作基本上做到公平合理、实事求是,确保了清产核资工作进展顺利。

人事安排。全行业公私合营后,国家对原有的资方在职人员和私方代理人,采取“包下来”的方针和“量才使用”“适当照顾”的原则,基本上做到人尽其才、各得其所。这样做,一是有利于以企业为基础,进一步改造私方人员,使他们最后转变为自食其力的劳动者。二是可以发挥私方人员经营管理的经验,调动他们的积极性。三是公私合营的资方人员,绝大部分是小资本家和小业主,资金较少,股息收入不多,多数人主要依靠薪金维持生活。“包下来”,解决了他们的生活出路,大多数私方人员都很满意。

经济改组。公私合营后所有制的改变,为进行合理的经济改组与商业网点调整开辟了道路,各地着手进行经济改组与商业网点调整工作。但在开始阶段,普遍存在急于求“高”求“大”的情绪,甚至孤立地忙于以小并大,耽误了生产经营。不少地方不适当地把小商小贩或适于分散经营的小饮食、服务行业集中成若干个大点,把他们分散的资金也都全部控制起来,统一由国家发工资,企业一下子都成为“高级形式”公私合营企业。结果出现“吃大锅饭”、资金周转不灵、产品花色品种减少、服务质量下降等问题,为企业生产经营和群众生活带来不便。省委发现这一问题后,立即进行纠正,要求经济改组和商业网点调整,必须坚持不误生产经营,不能减少花色品种和降低产品质量,必须保持和发扬原有的水平或服务专长。不要随意迁厂店,不要轻易改变原有的产、外、销关系和购销渠道,也不要轻易改变原来的经营管理方法和制度,对于小商小贩和服务性行业,凡适合分散经营的仍然继续分散经营,不要乱并乱合。在经济改组和商业网点调整过程中要做好调查研究,从实际出发,照顾原来的生产经营特点和专长,既要方便群众,又不要打乱生产经营的正常秩序,不使生产和经营受到破坏和损失。之后,各市、地县委和政府均对经济改组和调整商业的工作进行了检查,纠正了存在的缺点和错误,解决了一大部分问题。

支付定息。清产核资后,私股股额确定下来,即支付定息。定息是全行业公私合营后,原来分给资本家的利润,改为按照固定资产价值付给定额利息(利润)的办法。辽宁省按照国务院1956年7月发布的《关于私营工商业、手工业、私营运输业的社会主义改造中若干问题的指示》,对所有公私合营的定息户,不分工商,不分大小,不分盈余户、亏损户,不分地区,不分行业,不分老合营新合营,统一规定为年息五厘。按当时的情况,私方人员的股息所得并不低于合营前的盈利,有的还超过合营前所得的盈利。

在对资本主义工商业的改造过程中也存在一些缺点和失误。主要是改造的面过宽,把一大批小商小贩、小手工业者和其他劳动者纳入公私合营,被当作资本家对待,长期受到不公平待遇;对部分原工商业者使用和处理也有不当之处,过于强调集中统一,造成商业网点不足,给人民生活带来不便。

四、基本完成社会主义改造的重大意义

1956 年,辽宁省对农业、手工业、资本主义工商业的社会主义改造取得历史性的胜利。农民、手工业者等劳动群众个体所有的私有制,基本上转变为劳动群众集体所有的公有制。广大农民和大多数其他个体劳动者,已经成为社会主义的集体劳动者。资本家所有的资本主义私有制基本上转变为国家所有即全民所有的公有制,全行业公私合营后,资本家不再是原来企业的所有者,而是按照他们的能力被接受为企业的职员;他们领取的定息,由国家根据合营时核定的私股资产按固定利率付给,不再直接从原有企业获取利润。这样,国家对公私合营企业可以按照社会主义的原则进行生产管理,与国营企业基本上没有什么不同。原私人企业的工人摆脱雇佣劳动者的地位,同国营企业的工人一样成为企业的主人,这就整合了工人阶级的队伍,工人阶级的觉悟程度和文化技术水平有了很大提高。加上国营经济在有计划经济建设中的巨大发展,在全省国民经济中,全民所有制和劳动群众集体所有制这两种形式的社会主义公有制经济,已经居于绝对统治的地位。在一个有 2000 多万人口的省份,比较顺利地实现如此复杂、困难和深刻的社会变革,没有引起社会震荡,而走上社会主义道路,这是一个历史性的胜利。

社会主义改造的基本完成，使辽宁国民经济中的公私比重发生根本性变化。1957年同1952年相比，国营经济比重由61.9%上升到72.3%，合作社经济由1.8%上升到18.4%，公私合营经济由0.6%上升到3.8%，个体经济由28.4%下降到5.5%，资本主义经济由7.3%下降到0[①]。社会主义经济（包括公私合营、合作社经济）在工业中的比重，按产值占比计算，由1952年的83.4%上升到1957年的99.4%；在农业中的比重，按农户占比计算由1952年的0.2%（包括互助组为58.2%）上升到1957年的98.9%；在商业中的比重，按社会零售总额占比计算，由1952年的86.2%，上升到1957年的97%；在交通运输中的比重，按公路货运周转量占比计算，由1952年的9.7%，上升到1957年的86%[②]。这表明，社会主义性质的国营经济、生产体系，在国民经济各主要部门中已经占据绝对优势。在农村，已基本上实现土地公有，1957年全省农业社的耕地面积达451万公顷，占全省耕地总面积的94%以上，全省287.7万农户中，有98.9%的农户加入农业生产合作社，建立起社会主义集体经济。1956年末，绝大多数手工业者也加入手工业集体经济组织，组织起来的手工业者达17.5万余人，占手工业者总人数的90.5%。这标志着1956年全省生产资料私有制的社会主义改造已基本完成，社会主义的经济制度在辽宁已经建立起来。

1956年，辽宁在基本完成社会主义改造的同时，有计划的经济建设也取得巨大成就，提前一年完成第一个五年计划所规定的绝大部分主要指标。按1952年不变价格计算，工业总产值为101.3亿元，比上年增长41.1%，超过了"一五"计划规定的1957年所要达到的水平，远远高于全国28.2%的增长速度。农业方面，按1952年不变价格计算，1956年农业总产值为20.2亿元，比上年增长9.3%，高于全国平均5%的增长水平。其中粮食产量为148.6亿斤，比上年增长17%，远高于全国4.8%的增长水平，也高于"一五"计划规定的1957年的产量。生产关系的变革

---

① 辽宁省地方志编纂委员会办公室主编：《辽宁省志・计划志》，辽宁科学技术出版社1999年版，第96页。

② 《我省社会主义改造的五年计划任务胜利实现，社会主义经济占绝对优势》，《辽宁日报》1957年10月4日第1版。

进一步解放了社会生产力,促进了生产力的发展。1956 年,辽宁工业总产值在工农业总产值中占 79.1%(按现行价格计算),其中现代工业比重的增长,为社会主义经济制度的建立奠定了重要基础。

伴随着以生产资料公有制占绝对优势的新的经济基础的建立,社会主义经济体制、政治体制、教育科学文化体制随之形成,全省各个方面的工作都得到改善和发展。

在政治方面,工人阶级的领导地位不断加强。"一五"期间,辽宁工人阶级队伍迅速成长壮大,五年增加 36 万产业工人,增加了 36.6%①。工人阶级成为社会主义工业化的主要建设者、先进生产力的代表者,工人阶级和全体劳动人民真正成为国家的主人,人民民主政权更加巩固。在思想文化和社会进步方面,马克思列宁主义、毛泽东思想的指导地位进一步加强。人民群众树立起明确的社会主义意识,爱国主义、集体主义、为人民服务等共同价值观在社会中得到广泛崇尚。全省城乡呈现出社会主义的新型社会关系和良好的社会风气、道德风尚。社会主义制度的建立,为全省的一切进步和发展奠定了重要基础。

① 《我省工人阶级队伍迅速成长壮大》,《辽宁日报》1957 年 12 月 28 日第 2 版。

第　二　编

社会主义建设在探索中的良好开端和曲折发展

（1956年9月—1966年5月）

随着我国基本完成对农业、手工业和资本主义工商业的社会主义改造，社会主义制度基本确立，中国共产党领导全国各族人民开始转入全面的大规模的社会主义建设。从 1956 年 9 月党的八大召开到 1966 年 5 月“文化大革命”前的十年中，辽宁人民在中共中央和中共辽宁省委的领导下，认真贯彻党的八大精神，开始了社会主义建设的艰辛探索。虽然经历了曲折的发展过程，但社会主义建设仍然取得了很大成就，初步建立起现代化建设所必需的物质技术基础，培养了经济文化建设的骨干力量，积累了社会主义建设的重要经验。特别是国家在辽宁建立的一批重点工程，不仅为辽宁经济社会的发展打下了坚实基础，也为全国国民经济建设作出了历史性贡献。

第八章

党的八大路线的贯彻和“一五”计划的胜利完成

1956 年 9 月召开的中国共产党第八次全国代表大会,向全国人民展示了社会主义建设的宏伟蓝图。在党的八大精神指引下,中共辽宁省委认真贯彻落实八大确定的经济、政治、文化等方面的重要决策部署,带领全省人民开展了全面的大规模的社会主义建设,胜利完成了第一个五年计划。

一、贯彻党的八大确定的方针政策

中共辽宁省第一届代表大会的召开

社会主义改造的基本完成,初步建立起公有制占绝对优势的社会主义经济制度,社会主义建设事业蓬勃开展起来。为了进一步加强党的领导,推进辽宁各项事业发展,同时选举参加党的八大代表,1956 年 3 月 7 日,中共辽宁省委作出《关于召开党的辽宁省第一次代表大会的决定》。《决定》规定了中共辽宁省第一次代表大会[①]的主要议程、代表名额分

① 即中共辽宁省第一届代表大会。

配、代表选举办法等。1956年7月2日至11日，中共辽宁省第一届代表大会在沈阳召开。出席代表633人（缺席4人），列席代表52人。大会共有三项议程：讨论和批准辽宁省委的工作报告；选举产生中共辽宁省第一届委员会；选举出席党的第八次全国代表大会代表。

会议通过了大会主席团、代表资格审查委员会、提案审查委员会组成人员名单和代表大会议程。大会主席团由王铮等27人组成，吴铎任秘书长。李荒任代表资格审查委员会主任，邹群峰任副主任，任志远等9人为委员。李涛任提案审查委员会主任，王伯瑾等6人为委员。中共辽宁省委书记黄欧东代表省委作了题为《加强领导，转变作风，为加速我省社会主义建设而奋斗》的报告。报告总结了全省在农业合作化、手工业合作化、资本主义工商业改造、肃反镇反、知识分子工作等方面取得的成绩；总结了全省自1956年初开始出现的社会主义工业建设新高潮所取得的成就。一是比较广泛地开展了先进生产者运动，较好完成了部分计划指标；二是全省在推进工业生产发展过程中，先进生产者和先进单位不断增多，职工提出合理化建议和学习先进经验的热情很高，大部分职工突破旧的定额，劳动生产率显著提高；三是广泛出现学习文化技术和开展科学研究工作的热潮，许多工程技术人员都制订向科学进军的计划，并结合生产需要确定个人的研究课题；四是贯彻执行奖励政策，初步改善一些职工的生活福利；五是各企业单位都恢复和建立一些合理的激励制度，基本上做到比较及时地进行奖励；六是提高了职工群众的积极性和创造性，深刻教育了干部，增强了干部的群众观点，密切了党和群众的联系；七是改进了党的领导状况，加强了对支部的领导，重视思想政治工作和群众路线的领导方法，取得了成绩、积累了经验，初步扭转了党的工作混同于行政和“党不管党”的偏向[①]。报告指出，虽然取得了一定成绩，但也存在一些不足：一是缺乏应有的预见性和创造性，往往情况发生了变化，而思想还没有适应这种变化；二是在中央提出反右倾保守思想之前，省委在领导上存在着严重右倾保守思想，批判了右倾保守思想之后，又不自觉地在某些方面出现了盲目冒进的情绪。特别是中央提

① 黄欧东在中共辽宁省第一届代表大会上的报告，1956年7月2日。

出防止盲目冒进后，辽宁没有引起注意，领导上存在着严重的官僚主义；三是执行集体领导下的个人分工负责制度不够，没有开展批评与自我批评，缺乏系统调查研究，不注意总结经验，不善于把主要力量用在最主要方面。中共辽宁省委书记处书记王铮代表省委作了题为《把肃清一切暗藏反革命分子的运动又快又好地进行到底》的报告。7月3日至4日，大会分组讨论了上述两个报告。

7月5日，中共辽宁省委书记处书记李荒代表资格审查委员会作了题为《关于代表资格审查的报告》。7月8日，大会进行小组讨论，主要讨论中共辽宁省委委员、候补委员的候选人和出席党的第八次全国代表大会代表、候补代表的候选人名单。7月9日，大会通过选举办法并投票选举王铮等44人为辽宁省委委员，卫之等13人为省委候补委员。选举万毅等58人为辽宁省出席党的第八次全国代表大会代表，邓仲儒等5人为候补代表。大会还听取了中共辽宁省委书记处书记李涛代表提案审查委员会所作的《关于提案审查的报告》。

7月11日，大会一致通过《中共辽宁省第一届代表大会决议》。《决议》提出，必须在全面完成全年经济建设计划和其他各项工作任务的同时，积极做好1957年和第二个五年计划的各项准备工作，以保证第一个五年计划的全面完成和第二个五年计划的顺利进行。《决议》号召全省各级党组织紧紧地团结在以毛泽东同志为首的党中央周围，正确地贯彻执行党的方针政策，充分发扬民主，密切上下级联系，经常开展批评与自我批评，贯彻群众路线，充分调动一切积极因素，全面做好各项工作，用更大成绩胜利地迎接党的第八次全国代表大会的召开。

省委书记处书记李荒代表大会主席团致闭幕词。闭幕词指出，自从工业生产新高潮出现以来，全省各工业部门的生产建设都取得了很大成绩，但是1956年上半年完成计划的情况并不理想。为提前和超额地完成全年计划，必须更进一步作艰苦的努力。要加强党对社会主义竞赛的领导，广泛开展先进生产者运动。加强党的领导，全面贯彻执行又快又好又省的方针。采取积极有效的办法，提高各级党组织的思想水平和政策水平，以领导先进生产者运动不断前进。要注意产品质量，注意安全，在好和省的基础上求多求快。支持和推广先进经验，达到先进带动落后,落后赶上先进,共同提高,不断前进的目的。闭幕词提出,“我们整个社会主义建设事业,就要充分发挥广大职工群众的积极性。我们整个社会主义建设事业,我们的一切工作,都必须依靠群众,依靠群众的自觉性和主动性。群众路线的领导方法,是唯一正确的领导方法。执行了群众路线,我们的工作就取得成绩;离开了它,我们工作就要发生错误甚至遭受失败。对于工业企业的管理,当然也必须贯彻执行群众路线。在工业企业中开展群众性的先进生产者运动,是正确的,必要的。绝不能因为在开展运动中所发生的各种偏差,就从根本上怀疑在工业企业中开展先进生产者运动的正确性和必要性。”[①] 闭幕词还指出,“必须进行两条战线的斗争,既反对保守主义,又要反对急躁情绪。在进行两条战线斗争的时候,必须实事求是、具体分析,有右倾保守思想就反对右倾保守思想,有急躁冒进就反对急躁冒进。区别两种的标准就是客观实际的可能,凡是有了客观实际的可能而不去做的事,就是保守主义;凡是没有客观实际的可能而去做的事,就是急躁冒进,无论是保守主义或者急躁冒进,都是主观主义的,反对这两种偏向,就是克服主观主义”。闭幕词提出,有必要在全省范围学习《改造我们的学习》《整顿党的作风》《反对党八股》《关于若干历史问题的决议》《关于无产阶级专政的历史经验》五个文件。

7 月 12 日,中国共产党辽宁省第一届委员会第一次全体会议召开,黄欧东等 35 人出席会议(缺席 9 人),卫之等 10 人列席会议。会议一致通过新一届省委常委和省委第一书记、省委书记候选人名单。选举黄欧东为中共辽宁省委第一书记,王铮、杜者蘅、喻屏、李荒、李涛为中共辽宁省委书记处书记,黄欧东、王铮、杜者蘅、喻屏、李荒、李涛、贺庆积、蔡黎、张烈为中共辽宁省委常委。会议责成省委常委会根据党代会所提意见,对改进省委领导问题认真研究整理,提出初步方案,提交省委第二次全体委员会讨论。会议还讨论了改进省委领导等问题。

中共辽宁省第一届代表大会的召开,及时总结了辽宁社会主义改造的成功经验以及各项事业取得的成就,制定了切实有效的方针政策,为推动辽宁大规模社会主义建设事业指明了方向。

---

① 李荒在中共辽宁省第一届代表大会上代表大会主席团所作闭幕词(1956 年 7 月 11 日)。

党的八大会议精神的传达学习

1956年9月15日至27日召开的中国共产党第八次全国代表大会,是党取得全国执政地位后召开的第一次全国代表大会,出席会议的代表共1026人,代表全国1073万党员。毛泽东致开幕词,刘少奇代表中央委员会作政治报告,邓小平作关于修改党章的报告,周恩来作关于发展国民经济的第二个五年计划的建议的报告。大会通过了各项报告和《中国共产党章程》《中国共产党第八次全国代表大会关于政治报告的决议》《中国共产党第八次全国代表大会关于发展国民经济的第二个五年计划(一九五八——一九六二年)的建议》,选举了第八届中央委员会。党的八大正确分析了国内形势和国内主要矛盾的变化,提出了党和全国人民在新形势下的主要任务。大会指出,我国国内的主要矛盾已经是人民对于建立先进的工业国的要求同落后的农业国的现实之间的矛盾,已经是人民对于经济文化迅速发展的需要同当前经济文化不能满足人民需要的状况之间的矛盾。这一矛盾的实质,在我国社会主义制度已经建立的情况下,也就是先进的社会主义制度同落后的社会生产力之间的矛盾。党和全国人民当前的主要任务,就是要集中力量来解决这个矛盾,把我国尽快地从落后的农业国变为先进的工业国。党的八大以对新形势下国内主要矛盾的分析为基础,在经济、政治、文化、外交等方面,作出一系列重要决策。党的八大还着重提出了加强执政党建设的历史任务。党的八大制定的路线,对于党的事业的发展具有长远的重要意义。

10月5日,中共辽宁省委常委会召开会议,讨论研究做好党的八大会议精神的传达和组织学习党的八大文件工作。10月12日,省委召开各市地委书记和省直机关十四级以上党员干部会议,传达党的八大会议精神。省委第一书记黄欧东报告了党的八大会议经过、体会,以及省委关于党的八大会议传达和组织学习党的八大文件的初步计划。会议确定,分别由各市地委及省直党委负责向机关、企业、学校所有党员进行传达,除农村因当前任务紧急可暂缓传达外,一律于10月底前传达完毕;各民主党派和党外民主人士,由市地委和机关党委负责同志进行传达,并在自愿的原则下组织学习文件;各地外国领事馆人员和外国专家,由各市负责同志传达。

10 月 15 日，中共辽宁省委发出《关于学习“八大”会议文件的通知》。《通知》指出，“深入地学习和领会‘八大’文件的精神，贯彻‘八大’决议是我省全体党员、全体干部的重要政治任务”。《通知》规定，学习的内容是毛泽东的开幕词、刘少奇的政治报告、周恩来的关于第二个五年计划的建议的报告、邓小平的关于修改党章的报告、《中国共产党章程》《中国共产党第八次全国代表大会关于政治报告的决议》《中国共产党第八次全国代表大会关于发展国民经济的第二个五年计划（一九五八——一九六二年）的建议》七个文件，并以毛泽东的开幕词、刘少奇的政治报告和《中国共产党第八次全国代表大会关于政治报告的决议》作为中心内容进行学习。《通知》指出，学习党的八大文件的目的是为了贯彻党的八大的决议，圆满实现党的八大所提出的任务。全体党员、全体干部必须以整风的精神学好党的八大文件，并联系实际，进一步做好当前工作。各级领导干部要全面接受和领会党的历史的经验教训和各项政策，从而更好地贯彻政策，提高思想，改进作风，密切联系群众，联系实际，克服工作中的主观主义、官僚主义和宗派主义。党员干部要知道党的八大所规定的政策，明确改进工作的方向，提高思想觉悟，改进思想作风。非党干部也应参加党的八大文件的学习，以达到提高思想，改进工作，更好地实现党的八大决议的目的。《通知》规定，以每周周三和周六的两个下午为学习时间，工作任务紧张繁重的部门可以每周用半天时间学习。在规定的时间内，除特殊情况外，一律不得占用学习时间。对于学习的步骤和方法，《通知》也作出具体安排：首先，一般机关和企业事业单位，在学习步骤上可以分为两个阶段。第一阶段从现在开始到 11 月底为全面学习时间，即对毛泽东的开幕词、刘少奇的政治报告和《中国共产党第八次全国代表大会关于政治报告的决议》进行反复地阅读、座谈、讨论，全面领会党的八大的基本精神和党的八大所制定的政策。第二阶段从 12 月起到 1957 年 1 月底为重点深入时间，即各部门根据自己的工作任务，着重学习文件中与自己工作任务有关的部分，同时各级党委、党组和部门领导干部还要把改进领导思想、领导作风部分也作为学习的重点。其次，在学习方法上必须强调联系实际，特别是第二阶段学习时更应着重根据文件的精神，结合检查执行政策中和工作中存在的问题,加以总结,提出改进领导的方案,从而提高思想,改进作风,保证把党的八大精神贯彻到实际工作中去,更好地完成当前的工作任务。结合检查工作时,在做法上应采取先由领导根据自己学习文件的体会进行自我检查,找出当前本部门工作和领导上存在的主要问题和初步的解决意见,作启发性的报告,通过座谈自由交换意见,而后再把大家提出的意见加以综合研究,最后作出改进工作的方案。各级党校和各训练班应将学习党的八大的文件作为正式课程。《通知》还对城市和农村的基层党员干部、各地外国总领事馆人员和外国专家、民主党派和党外民主人士、群众的传达学习作出具体安排。《通知》要求,各级党委、党组书记和各部门的主要负责同志要亲自领导学习,经常检查学习情况,收集研究学习中提出的问题,总结和交流学习经验。党委的宣传教育部门,应把领导党的八大文件的学习作为本部门的中心任务,协助党委做好这一工作。

根据中共辽宁省委《关于学习“八大”会议文件的通知》要求,全省各地分别向党内外干部、民主人士、工商界代表进行了党的八大精神的传达。中共沈阳、旅大、鞍山、本溪等市委在传达文件精神的同时,还布置了学习计划。到 11 月初,除农村的党员干部和一部分厂矿基层干部之外,市、县、厂矿的传达基本完成,先后开始进入有计划的学习文件阶段,多数干部对指定学习的七个文件阅读一至两遍。各级党委特别是市、地委,都认真研究省委的《通知》精神,制订具体计划,由一名书记亲自负责领导。多数地区由领导干部组成核心组,加强指导。很多干部在党的八大文件精神的启发下,增强了工作的信心和热情。但在学习过程中,也产生了一些问题,如对学习指导和必要的思想工作没有很好地跟上去,抓不住文件的中心,存在急躁情绪,对党的八大文件的重要性认识不足。针对存在的问题,省委及时提出改进意见:在第一个学习阶段,应当着重认真地、仔细地、反复地阅读文件,全面领会党的八大文件精神,不要过早地联系检查工作,应针对不同水平的学习对象,采取不同的方法,把学习推进一步;对于存在的一些错误认识,领导上除应当加强内容指导,从根本上加以解决外,还应当加强思想工作,帮助他们端正学习态度,并制定某些必要的学习督促制度。为了及时总结学习经验,及时了解学习中的问题，省委要求省直部门党委和市、地委每月向省委报告一次，省直部门党委宣传部和市、地委宣传部每半个月向省委宣传部报告一次。《辽宁日报》还专门开设“用理论联系实际的方法学习‘八大’文件”等专栏，用来交流学习体会。

全省广大党员干部和群众通过深入学习党的八大会议文件，领会会议精神，提高了对社会主义改造完成后新形势和新任务的认识，调动了进行社会主义建设的积极性和创造性。

国民经济发展方针的制定

中共辽宁省委、省人委在认真学习党的八大精神的基础上，以批评与自我批评的态度，认真总结工作，找出全省存在的主要问题。在基本建设方面，投资过大，对于轻重主次缺乏具体分析；对于资金、材料、劳动力、技术条件和管理力量缺乏平衡；指标定得高，步子迈得大，人力、物力、财力都很紧张，造成不少浪费和损失。在工业企业生产方面，贯彻“多、快、好、省”方针不够全面、完整，偏重多、快，忽视好、省，不注意节约原材料，存在大材小用、优材劣用的现象，产品质量标准不够稳定。在农业生产方面，强调以粮棉为主，农业生产单一化，忽视了畜牧业和副业生产，农产品的采购价格偏低，影响了农民的生产积极性，在农村实现高级形式的合作化进程中，大社办得多了一些，等等①。在分析产生存在上述问题的原因时，省委、省人委指出，一是各级领导干部存在官僚主义、主观主义作风；二是部分企业领导干部有骄傲自满情绪，企业管理水平低下；三是某些重大措施的制定和实施，没有经过系统的、充分的调查研究。为促进工农业生产的迅速发展，保证生产计划的完成，省委、省人委采取了一系列有力措施。

在工业生产方面，深入开展先进生产者运动，充分发挥职工群众的积极性和创造性，提高劳动生产率；加强党的领导，全面贯彻执行又快又好又省的方针，保证先进生产者运动健康发展；采取积极有效的办法提

① 《辽宁省人民委员会关于1956年工作总结和1957年主要任务的报告》，《辽宁日报》1956年12月21日第2版。

高各级党组织的思想水平和政策水平，以领导先进生产者运动不断向前发展；坚决贯彻执行党的群众路线，充分发挥职工群众的积极性和创造性，不断提高职工群众的思想觉悟，切实关心关怀职工群众的生活。在深入开展先进生产者运动的同时，省委、省人委又向广大职工发出学习文化技术向科学进军的号召，提出加强对知识分子的工作。省委决定各单位党委和行政管理部门指定专人负责组织工程技术人员和高级知识分子制订向科学进军的计划，确定研究生产需要的课题，及时调整对知识分子使用不当、用非所学、用非所长的情况。省委还提出做好工资改革，正确贯彻执行奖惩制度，加强生活福利和劳动保护等。

在农业生产方面，在实现农业合作化以后，农村的基本任务是领导农民进一步发展生产，提高农民生活水平，从经济、政治上巩固农业合作社，逐步实现农业技术改革，最后达到农业机械化。为此，省委提出，巩固农业生产合作社的根本问题是全面发展生产、增加收入，要提倡勤俭办社方针，反对铺张浪费、滥用民力。农业生产合作社的收益分配是一项重大政策，必须坚持把总收入的 60%—70% 分给社员，以保证社员增加收入。在合作社的规模上，对现有的一部分初级社以生产需要、群众自愿和保证 90% 社员增加收入为依据，转为高级社或与附近高级社合并。合作社的规模应稳定几年不再变动。

在采取措施促进工农业生产迅速发展的同时，根据党的八大通过的《关于发展国民经济的第二个五年计划（1958—1962）的建议》，辽宁省计划委员会着手拟定调查研究提纲，部署各市县、各部门进行第二个五年计划的编制工作。结合辽宁省的具体情况，省计委提出辽宁省经济发展方针是：工业方面，在充分利用资源条件和发挥原有企业潜力的原则下，贯彻投资少、收效快的方针；农业方面，进一步巩固提高农业生产合作社，加强经营管理，努力增产粮食、棉花，适当发展经济作物，积极发展畜牧业，发展多种经营，兴修水利，发展林业，大中城市和工矿区附近建立蔬菜等副食品生产供应基地；交通运输业方面，大力发展内河、沿海水上运输，改善和提高现有道路干线的技术状况，积极发展山区道路；商业方面，合理安排居民货币收入的增长以及与消费资料生产增长的平衡，根据居民商品需求规律和购买力状况，确定商品供应计划，妥善安排购销，建立商品储备制度；文教卫生方面，普及小学六年教育，中学要提高质量稳步前进，发展中等专业和高等师范教育，卫生、文化、体育事业也要相应地发展；基本建设投资方面，主要用于保证工农业生产的发展和为生产建设及人民生活服务的城市公用事业建设，适当满足文教卫生和迫切需要的职工福利设施建设。

1957 年 6 月，编制完成《辽宁省第二个五年国民经济计划建议数字》，确定第二个五年计划的主要任务是：进一步发展工农业生产，尽量缩小粮食产不足销的差额，肉、菜基本自给，努力发展农副特产，最大限度地满足地方工业对原料的需要；大力发展为农业服务的地方工业部门；适当地进行城市建设，相应地发展交通运输业和商业，并在生产发展的基础上进一步改善城乡人民的物质和文化生活。“二五”计划提出 1962 年的建议数字为：工业方面，第一方案工业总产值计划为 453988 万元，比 1957 年增长 64.2%；第二方案为 481850 万元，比 1957 年增长 74.4%。其中，机械工业总产值计划第一方案为 105561 万元，比 1957 年增长 79.4%，第二方案为 115561 万元，比 1957 年增长 96.3%；轻工业总产值计划第一方案为 79836 万元，比 1957 年增长 85.7%，第二方案为 82837 万元，比 1957 年增长 92.6%。农业方面，农业总产值计划为 308000 万元，比 1957 年增长 41.7%；粮食总产量计划为 95 亿公斤，比 1957 年增长 36.4%。教育方面，初中在校学生为 51.8 万人，比 1957 年增长 45.4%；高中在校学生为 8 万人，比 1957 年增长 47.1%；高等师范在校学生为 0.79 万人，比 1957 年增长 91.6%。财政收入方面，1958 年至 1962 年，财政收入为 262000 万元，比 1957 年增长 48%。这是经过较为充分的调查研究、比较接近实际而又积极的计划目标。但是，由于后来指导思想上出现偏差和形势发生变化，计划目标又多次进行修改。

二、开展增产节约运动

1956 年 11 月 10 日至 15 日，党的八届二中全会在北京举行。会上，周恩来在《一九五七年度国民经济发展计划和财政预算的控制数字的报告》中，总结执行第一个五年计划的经验教训，批评1956年的冒进倾向，明确提出：一九五七年的计划应当在继续前进的前提下，对基本建设作适当的压缩，合理调整各经济部门之间的比例关系，以适应国家的财力和物力的可能性。党的八届二中全会同意周恩来的报告，决定按照“保证重点，适当压缩”的方针，安排1957年的计划。还决定在全党和全国人民中开展增产节约运动。增产节约运动，是新中国成立后国家为促进国民经济高速增长，多次开展的一项增加财政收入、减少支出的群众性运动。

为积极贯彻执行中共中央关于开展增产节约运动的指示，1956年12月3日至10日，中共辽宁省委召开一届二次全会。会议传达了党的八届二中全会决议精神，决定开展增产节约运动，“动员一切积极因素，以顽强的工作去克服困难，创造优异的成绩，来响应党中央的号召”。会议提出，必须全面开展增产节约运动，“不论是重点或非重点的生产建设部门，都要以极大的热情来迎接这一运动”。在基本建设投资上，必须执行保证重点、适当收缩的方针；必须保证全面完成国家计划，增产节约必须贯彻实事求是的精神，保证质量和安全①。会后，全省各地进行传达和讨论，许多地方和工矿企业结合总结1956年工作，积极进行增产节约的各项准备工作并开始发动群众。12月26日，辽宁省召开第一届人民代表大会第五次会议。会议决定，立即广泛、深入地开展增产节约运动的宣传教育工作，向所有干部和广大群众反复说明生产节约的重要意义；全面贯彻“多、快、好、省”的方针，进一步广泛开展先进生产者和先进工作者运动；一切机关、团体、企业和学校，必须采取坚决有力措施，大量精简机构，缩减编制，坚决减少会议、文件、报表、刊物等。会议通过的《关于动员全省一切力量全面地开展增产节约运动的决议》指出，全省要“动员一切可能动员的积极因素，广泛而深入地开展全民性的增产节约运动，将我省的社会主义生产建设事业大大向前推进一步”。省人委也对增产节约运动作出部署，提

① 《中共辽宁省委召开全体会议决定全面开展增产节约运动》，《辽宁日报》1956年12月11日第1版。

出禁止行政机关增加新机构和人员,大量精简机构、精简人员;在各级行政机关中减少文件、报表、刊物;原则上一律停止建筑房屋;除招待外宾外,一律不准举行宴会和招待晚会;向广大干部和群众进行教育,号召所有部门厉行节俭,反对铺张浪费,提倡全民节约;在城市开展先进生产者、先进工作者运动,在农村依靠合作社开展农业全面增产运动。

1957 年 2 月 11 日至 15 日,中共辽宁省委召开一届三次全会(扩大)。会议讨论了中共中央《关于 1957 年开展增产节约运动的指示》精神,决定以全面开展增产节约运动和加强思想工作作为全年的中心工作,同时对开展增产节约运动作出具体部署。会议提出,对增产节约运动的领导,仍须贯彻执行省委一届二次全会所确定的全面开展和实事求是的方针。在工业方面,必须发动职工群众讨论国家生产指标,制订增产节约计划,通过大力节约原材料、清理库存和互通有无,解决原材料不足所造成的困难;必须继续开展先进生产者运动,总结与推广先进经验,努力向全国先进水平看齐。在农业方面,动员广大农民群众积极备耕,并立即从机关中抽调一批干部下乡帮助工作,进行一次广泛的宣传工作,动员春耕。在商业方面,要想尽一切办法,保证市场供应,调整流转环节,降低商品流转费用,支持增产节约运动。交通运输、邮电和文教等部门也要根据中央的增产节约指示,结合情况,进行增产节约。2 月 18 日,中共辽宁省委发出《关于工业、基建部门中迅速开展增产节约运动的通知》。之后,各市、地委都先后学习讨论中共中央和省委的指示精神,并根据各地实际情况召开干部会议进行传达和动员,一场声势浩大的增产节约运动在全省范围内开展起来。4 月 6 日,中共辽宁省委办公厅发出《关于制订增产节约方案的几个问题的通知》,对制订增产节约方案时统一计算方法提出具体要求:以上级下达的年度计划为基础,凡较上级计划增产或节约的部分均应作为增产节约计划逐级汇总上报;各个基层企业单位的增产节约计划指标,不论属于哪个系统均由市地委负责汇总;增产节约计划指标,应包括增产节约的价值和为国家增加的积累,以及增产节约的实物。

在中共辽宁省委一系列方针政策指导下,1957 年第一季度,辽宁增产节约运动取得一定成绩。据辽宁省统计局统计,全省工业生产和基本建设第一季度计划执行情况良好,工业总产值、劳动生产率、上缴利润都比 1956 年同期有所提高,而成本却有所降低。1957 年原材料供应十分紧张,增产节约运动抓住增产原材料和节约原材料这一关键,积极解决原材料紧张的问题。原材料生产部门努力提高原材料的产量,尽量满足供应,千方百计寻求增产节约的途径。无论是国营工业、地方工业,还是重工业、轻工业,都重新研究和改进产品的设计和工艺,或是采用代用材料,降低材料消耗定额。同时,针对地方工业中加工服务性的企业存在原材料不足、社会需要不足等状况,采取不同措施解决生产任务不足的困难。对于节约原材料、提高产品质量过程中取得的先进经验,全省进行了积极学习与推广。1957 年 4 月 8 日,省人委向全省通报锦州市、锦西县地方工业开展增产节约运动的情况,介绍了其开展增产节约运动的做法和先进经验。同日,省人委批转省工业厅《关于增产节约运动中如何解决原材料困难问题的报告》,将如何在增产节约运动中解决原材料困难的经验向全省作了推广。

为了进一步推动增产节约运动,省委提出,要有效加强思想工作,深入宣传增产节约运动的特殊意义;开展劳动竞赛,大力学习与推广先进经验;全面贯彻又多、又快、又好、又省和安全的方针;加强企业管理与技术管理工作,提高企业管理水平,打破保守思想,向全国先进水平看齐;开好职工代表大会,增强职工主人翁责任感,提高职工群众积极性,密切领导与群众关系,改进党的领导,大力推动增产节约运动在全省进行。4 月 19 日,省委就工业生产、基本建设和交通运输系统开展增产节约运动情况向中共中央进行报告。报告指出,辽宁省开展增产节约运动的重要特点之一是在讨论和制订增产节约计划中贯彻群众路线,紧密结合当前生产,边发动群众边解决问题。

但是,在开展增产节约运动过程中也出现一些问题。如对运动缺乏具体领导,生产和基建工作质量有所下降,事故增多,有的企业计划完成得不好,劳动竞赛未普遍开展起来,等等。省委经过调查了解后,于 1957 年 6 月 1 日和 6 月 20 日先后发出《关于抓紧增产节约运动的指示》和《关于迅速加强对增产节约运动领导的指示》。省委要求,各厂矿企业的领导干部要坚决深入下去，主动解决增产节约运动和企业中的具体矛盾；职工代表大会应以解决企业中具体矛盾开展增产节约运动为中心；工矿企业的整风要有利于集中力量帮助企业解决具体矛盾。省委要求各市、地委接到指示后，立即召开会议研究部署，迅速行动起来，加强对增产节约运动的经常领导，及时检查、研究和解决运动中存在的问题，抓紧交流经验，从而使增产节约运动有领导地深入持久地发展下去，保证 1957 年国家计划和增产节约计划的全面完成。

1957 年 11 月 22 日至 28 日，辽宁省第一届党代表大会第二次会议召开。省委书记处书记李涛代表省委在会上作《全面开展增产节约运动，推进工业生产建设新高潮》的报告。报告指出，根据党的八届二中全会精神和省委两次全会的指示，1957 年全省的工业生产、基本建设、交通运输部门的增产节约运动在 1956 年社会主义工业建设高潮的基础上，不断克服原材料困难和企业领导干部右倾保守思想，保证了全面完成或超额完成国家规定的主要指标，增加了生产。开展增产节约运动的经验证明，企业中的增产潜力是很大的，但浪费现象也是很严重的。要挖掘生产中的潜力，杜绝浪费，就要深入教育和广泛发动职工群众，批判和克服企业领导干部中的保守思想和消极情绪。深入开展增产节约运动，做到领导与群众结合，大家动脑动手，千方百计想尽一切办法克服困难，就能增产，就能节约。报告指出，1958 年是我国发展国民经济第二个五年计划的第一年。1958 年的工业企业工作，将在 1957 年全面开展增产节约运动、胜利完成第一个五年计划的基础上进行。1958 年全省工业、基本建设、交通运输企业的中心任务，充分发动和组织广大职工群众，全力贯彻执行“勤俭建国、勤俭办企业”和“又多、又快、又好、又省和安全”的方针，开展以增产节约为中心的社会主义劳动竞赛，推进社会主义建设新高潮，为完成 1958 年国家计划和增产节约计划而奋斗。为此，必须发扬艰苦奋斗的优良作风，努力增加生产，把提高技术、改进技术、推广技术，生产出更多更好的产品作为一项重要任务。报告对原材料工业部门、加工与制造工业部门、基本建设部门、地方工业、交通运输部门等不同企业的增产节约运动提出不同要求。报告还指出，为了迎接和推进生产建设新高潮，全面开展增产节约运动，必须在全体职工中深入宣传1958年增产节约运动的重要意义和“勤俭建国、勤俭办企业”的方针，开展群众性的大辩论，将国家对企业所规定的计划和企业所提出的增产节约计划提交全体职工大讨论，发动群众开展合理化建议运动。企业的生产计划和增产节约计划由职工代表大会讨论通过后，即在全体职工中按照先进带动落后、落后向先进学习、互相学习、互相帮助、取长补短、共同提高的原则，开展劳动竞赛。

1957年，辽宁省工业由于坚持开展增产节约运动，保证了全年计划的全面完成。全省工业总产值达25.4亿元（不包括手工业），超额完成计划8%。由于产品的增产、质量的提高和原材料的节约，降低了产品成本，增加了利润积累。辽宁工业开展的增产节约运动，保证了工业生产的顺利进行和计划的超额完成。

三、第一个五年计划的完成

重工业基地的初步形成

在党的过渡时期总路线和党的八大路线指引下，辽宁省从1953年开始执行的第一个五年计划，到1957年末圆满完成。经过五年建设，全省的社会主义建设取得了伟大成就，经济社会面貌发生了巨大变化。

“一五”计划时期，以24项国家重点工程建设为重点，辽宁初步建成以冶金、机械制造、煤炭、电力、石油化工、建材等为主体的重工业基地。在工业建设中，全省工人以主人翁的责任感和使命感，积极投身到建设的大潮中。他们发扬艰苦奋斗、自力更生的精神，克服重重困难，创造了一个又一个奇迹。一批在共和国工业史上起重要作用的首家企业、大型企业在辽宁大地上建立起来，确立了辽宁在全国举足轻重的地位。

在冶金工业方面。建立起以鞍山、本溪为中心，包括抚顺、大连的炼铁、炼钢、炼铝、炼镁工业基地。鞍钢“三大工程”的正式开工，标志着新中国第一个钢铁基地建设的开端。到1957年，辽宁的炼铁年产能力达

522.2万吨,炼钢年产量达378.5万吨,轧钢年产能力达287.4万吨[1]。抚顺铝厂在经过一、二期工程改扩建后,建成了新中国第一个铝电解厂、第一个镁生产车间和第一个纯矽生产车间,每年可生产铝锭35000吨、镁3000吨、纯矽2000吨。杨家杖子钼矿经过“一五”时期改扩建后,日采、选矿石能力从扩建前的3000吨提高到5000吨。

在机械工业方面。建立起以沈阳、大连为中心的制造新式机床、高效率蒸汽机车、冶金设备和矿山机器、电器设备和高压输电设备工业基地。机械工业是辽宁国民经济重要的支柱产业,具有突出的产业优势。到1957年底,15个兴建的机械工业大中型项目全部或部分投入生产,金属切削机床生产能力达2.4万台,工业轴承生产能力达到151万套,机车生产能力达到120台,货车生产能力达3000台。

在能源工业方面。建立起以抚顺、本溪、阜新、北票等矿区为中心的煤炭基地,以大连、抚顺、锦西为中心的石油生产加工基地,以及大连、抚顺、阜新三个火力发电厂。“一五”时期,全省能源工业投资11.3亿元,占全省工业总投资的24.5%,占全国能源工业总投资的15.8%。到1957年,能源工业主要生产能力快速增长,煤矿采煤能力为2586万吨,发电设备能力为86.9万千瓦,原油生产能力为68.2万吨。

在化学工业方面。建立起以沈阳、大连、抚顺、锦西为中心的基本化学、合成化学以及抗生素、人造纤维等制造基地。“一五”计划期间,全省用于化学工业建设的投资为2.3亿元,占全国化学工业总投资的16.6%,累计新增固定资产2.1亿元。到1957年,硫酸、烧碱、纯碱、硫铵、染料、油漆等主要化学工业产品年产能力都有显著提高。

在建材工业方面。为配合以鞍山钢铁基地为中心的重工业基地建设,国家加大投入进行建筑材料工业的建设,恢复和扩大了原有企业的设备能力,使建筑材料的生产有了较快的发展,建材工业的技术水平也有了显著提高。五年间,全省建筑材料工业投资为1.6亿元,占全国建筑材料工业总投资的23.9%。到1957年,水泥年产能力达316.2万吨,

① 辽宁省地方志编纂委员会办公室主编:《辽宁省志·中国共产党地方组织志》,辽宁民族出版社2005年版,第807页。

平板玻璃年产能力达 281.2 万标准箱。

五年间,由于大量新企业的建立和原有企业的改建扩建,以及广大职工技术水平的提升,试制和生产出许多种类的产品,全省制造技术水平显著提高。能够冶炼耐热钢、耐酸钢、高合金不锈钢、高级弹簧钢、滚珠钢、高合金结构钢、高电阻合金钢及航空、汽车、化学、国防工业用的技术复杂的特殊钢种;有色金属采矿和冶炼方面掌握了 10 多种稀有金属的提炼和生产技术;能够生产 66 种型号的机床,成批生产 700 毫米辊径的轧钢机,成套生产多种规格的输变电设备和近百种不同规格的电缆;化学工业主要产品品种发展到 1966 种;发电工业、冶金工业、机械工业、造纸工业的技术水平均超过全国的平均水平。

“一五”计划的胜利完成,使辽宁工业生产的地区分布和生产力布局趋向合理,经济实力不断增强。1957 年,全省工业总产值达 117.1 亿元,居全国第二位,年均增长 20.9%;重工业产值达 72.4 亿元,占全国重工业总产值的 22.7%,居全国第一位;轻工业产值 29.6 亿元,占全国轻工业总产值的 7.9%。基本形成以沈阳为中心,包括鞍山、抚顺、本溪、阜新、辽阳等的中部工业城市群体和以大连为中心,包括安东、营口、锦州等的沿海工业城市地带。辽宁省成为新中国工业的摇篮和工业化的奠基地。

其他各项事业的发展及对全国的支援

“一五”计划期间,辽宁除重工业得到了巨大的发展,农业、交通运输、邮电、对外贸易、文教卫生科技等各项事业都取得较大成就,人民生活水平和城乡居民购买力显著提高。

农业发展速度提升。辽宁城市人口多,工业发展快,对农业提出了更高的要求。“一五”计划期间,农业的基本建设以水利建设为重点,进行了辽河、浑河、太子河、绕阳河、大凌河等流域治理,防洪工程控制面积达 4625 万亩,灌溉面积达到 697 万亩,水田面积扩大到 405 万亩。新建改建了盘山和昌图宝力镇两处国营机械化农场。新建拖拉机站 21 处,增加拖拉机 734 标准台,机耕面积 195 万亩。“一五”计划期间,辽宁全省直接间接用于农业扩大再生产的投资达 9.4 亿元。在植树造林方面,五年完成造林面积664.5万亩,对农田防止风沙侵害起到重要作用。农业建设的加强和农业技术的推广,使农业生产量有较快的提高。

交通运输业和邮电业形成网络。随着工农业生产建设的发展,交通运输和邮电事业的基础设施得到加强。“一五”计划期间,辽宁铁路基本建设投资3.49亿元,恢复和新建铁路420公里。地方交通运输投资4984万元,新建安东至普兰店、沈阳至抚顺等12条公路,全长743公里。铁路、公路、海路、邮电通信线路营业里程有了较大增加。全省铁路通车里程达2913公里,公路通车里程达19338公里。沿海各港口的吞吐量增加到633.4万吨,大连港经过几年的改建、扩建,成为中国机械化程度最高的港口之一。全省邮局自办的邮路总长度达38295公里①,形成全省邮电通信网。

对外贸易呈现稳定增长的好态势。到1957年,辽宁外贸收购额增长到4.9亿元,年均增长13.4%,出口额增长到1.6亿美元,年均增长7.7%。出口的大宗品种有大豆、花生、苹果、丝绸、烤烟、纸张和部分矿产品等共30余种,进口的物资主要是重点建设项目所需要的机械设备和主要原材料。

文教卫生和科研事业有较大发展。“一五”计划期间,在集中力量进行经济建设的同时,国家支出大量经费发展文教卫生和科研事业。到1957年,辽宁省在校学生303万人,全省儿童入学率达79.16%,部分地区达90%以上。初步形成以工科专业为重点、学科门类比较齐全的社会主义高等教育体系,成为全国造就高级建设人才的基地之一。辽宁各地还抽出相当数量的工程技术人员和技术工人到苏联学习。各单位也抽出工人、技术人员到各种技术学校、训练班学习,并从工人中培养了大批的工程技术人员。科学试验、研究机构和科研人员的数量明显增加。从1953年至1957年,辽宁的科学试验、研究机构从小到大,从无到有;科学研究人员从少到多,从初级到高级,形成一支科学研究雄厚力量。中国科学院所属的研究机构由1所增加到4所,中央各产业部门所属的

① 《当代中国》丛书编辑委员会主编:《当代中国的辽宁》(上),当代中国出版社1994年版,第90、91页。

研究机构由 4 所增加到 9 所,省、市所属的试验、研究机构由 3 所增加到 16 所,较大的厂矿普遍建立了试验机构。全省有 4 项研究成果获得 1956 年中国科学院首次颁发的科学奖。卫生医疗领域广泛开展了以除“四害”、讲卫生为中心的爱国卫生运动,加强了防疫和疾病防治工作。城乡医疗设施也有了很大改善,全省有医院、疗养院 289 所,五年共增设床位 7844 张。“一五”计划时期,辽宁初步建立起完整的医疗卫生体系。省、市红十字会相继建立,在协助各级政府动员和组织人民群众开展卫生宣传自救互救活动方面起到较好作用。

人民生活水平显著提高。“一五”计划时期,国民经济发展方针,强调在发展生产的基础上逐步提高人民生活,把职工、农民生活的改善列入计划指标。1957 年,全民所有制职工平均工资 749 元,农民人均收入 108 元[①]。1957 年,全省共有职工 206 万人,有 132 万人享受社会劳动保险,32.9 万人享受公费医疗。在“一五”计划期间,用于建设职工住宅的投资达 5.8 亿元,共建设住宅 857 万平方米。政府还降低了房租、水电及其他公益事业费用。职工工资和农民收入的增加,提高了全省城乡居民购买力。居民非商业支出费用的降低,也相对增加了职工的商品购买力。五年间,全省社会商品零售额增长 64.1%,年均增长率 10.4%。商业服务部门大力组织城乡消费品供应,保证了人民生活的需要和物价的稳定。绝大多数家庭添置了新衣、日用品,以至手表、收音机等消费品。居民家庭生活消费支出中用于购买食品的费用比重下降,用于购买服装、日用品的支出比重有所上升。

辽宁“一五”计划的胜利完成,特别是骨干重工业的建成,不仅使辽宁成为新中国重要工业基地,也大大增强了辽宁工业支援全国社会主义工业化的能力,为全国进一步开展大规模的经济建设作出了巨大贡献。

供应了大量物资和机电设备。“一五”计划时期,为确保国家重点工程建设,辽宁省把建设 24 项重点工程列为“重中之重”。除辽宁地区全力以赴确保重点工程的建设外,全国 48 个省、市派出上万名专业技术

---

① 《当代中国》丛书编辑委员会主编:《当代中国的辽宁》(上),当代中国出版社 1994 年版,第 93 页。

人员和职工支援辽宁,全国上百家的厂矿企业为辽宁24项重点工程提供各种机械设备。同时,辽宁担负起支援全国经济建设的重大任务。支援全国各地建设的产品品种多、数量大,生铁、钢材、水泥、化肥、石油炼成品、机床、矿山设备、变压器、发电机、纯碱和烧碱等绝大部分产品都供应给全国各地生产和建设使用。1953年至1957年,辽宁省共调出生铁490万吨,钢材438万吨,水泥575万吨,化肥81万吨。其中,鞍钢调出的钢材在支援武汉长江大桥、第一汽车制造厂、玉门油田、三峡水电站和包头钢铁公司等重点工程建设中起到重要作用。辽宁支援全国各省区机电设备总量达1810万吨,仅抚顺煤矿运往全国各地的煤炭就达4100多万吨,直接支援了全国500多个工厂企业的生产建设。

培养造就了大批技术工人、专业技术人员和管理干部。"一五"计划时期,辽宁省共向全国各地输送熟练技术工人56479人,工程技术人员7445人,管理干部16397人①。据统计,鞍钢在"一五"计划时期共向外输送1338名技术干部和管理干部。到1957年11月,仅调往武汉钢铁公司、包头钢铁公司等就达854人。辽宁不仅输送技术力量,还为全国各省市代培技术工人和专业技术人员,并把技术资料和技术成果提供给全国各地。抚顺发电厂从1953年起先后为全国各地电力企业培训近千人,接受各大专院校实习生千余人。抚顺铝厂为全国各地有关单位培训技术人员3000余人,全国各地30多个铝厂以及镁、硅、钛等几十个生产厂家几乎都有抚顺铝厂培训的技术骨干和管理干部。沈阳、旅大、鞍山、抚顺、阜新等市的工矿企业,为全国各企业培养了大批技术工人。辽宁工业基地实现了毛泽东1950年3月3日在东北高级干部会上提出的要求,"东北是全国的工业基地,希望你们搞好这个工业基地,给全国出机器,给国家出专家"②。

为国家建设提供了相当数量的资金。1953年至1957年,辽宁省国营和地方国营工业上缴利润和缴纳税金共达87.9亿元,扣除同期国家

---

① 《当代中国》丛书编辑委员会主编:《当代中国的辽宁》(上),当代中国出版社1994年版,第88页。

② 中共中央文献研究室编:《毛泽东年谱(1949—1976)》第1卷,中央文献出版社2013年版,第99页。

对辽宁工业建设的投资,净提供的资金达 43.7 亿元。这些资金在当时相当于建设 3 个鞍钢的投资。

第一个五年计划时期,辽宁省在国民经济和各方面取得的辉煌成就,激发了广大人民投身社会主义建设的积极性,充分彰显了社会主义制度的无比优越性,为社会主义制度的建立和巩固提供了坚实物质基础,更加坚定了全省人民走社会主义道路的信心和决心。

四、毛泽东第二次视察辽宁

1958 年 2 月 12 日至 13 日,毛泽东第二次到辽宁视察。2 月 12 日,毛泽东一下飞机就向辽宁省委提出先到附近的飞机发动机制造厂看看。在辽宁省委和沈阳市委负责同志的陪同下,毛泽东从机场直接到 410 工厂(沈阳黎明机械厂,今沈阳黎明航空发动机有限责任公司)视察。毛泽东询问了工人和管理人员的基本情况,接着来到发动机总装车间。之后,毛泽东还谈到了支援农业生产、干部参加劳动等问题。在宽敞的车间里,贴着不少反浪费、反官僚主义的大字报。毛泽东指着这些大字报问:“你们这里也有浪费现象吗?”总工程师程华明说:“有时也出废品。”毛泽东又问:“有停工现象吗?”程华明说:“有时候会由于原材料、零件供应不上,出现局部停工。”毛泽东说:“我看你们最大的浪费,就是开工不足。有什么解决办法吗?”程华明回答:“除生产主产品外,我们打算生产供农村使用的机械。”毛泽东高兴地说:“这样很好!生产农业机械是个方向。像你们这样的大厂,不支援农业是没有道理的。”毛泽东还观看了该厂制造的涡轮飞机发动机。

2 月 13 日上午,毛泽东视察了 112 厂(沈阳松陵机械厂,今沈阳飞机工业集团有限公司)。在 36 车间门口,毛泽东看了大字报,然后观看了产品组装过程。副厂长刘南生向毛泽东介绍了飞机尾罩的耐热功能。在 37 车间装配线的尽头,毛泽东仔细观看了车间黑板报,他伸出手,指着时事专栏说:“应该注意时事!”然后,他的目光停留在《关于 7003 号废品卡片》的标题上,问道:“这写的是什么?”车间干部说:“是批评官僚主义的。”毛泽东说:“官僚主义应该批判。”在33车间,毛泽东详细观看每件废品,并谈到培养工人学习技术问题。之后,毛泽东又视察了34车间、32车间和35车间。毛泽东还登上工作梯,观看了中国自己制造的飞机,并了解了飞机制造的具体情况。

离开112厂,毛泽东一行来到沈阳市小型开关厂视察。在装备车间,毛泽东高兴地与工人苏玉春握手,并亲切谈话。毛泽东在沈阳市小型开关厂视察的时间不长,但与工人们交谈得十分愉快。为了纪念毛泽东的这次视察,沈阳市小型开关厂后来更名为“沈阳市二一三机床电器厂”。

离开沈阳市小型开关厂后,毛泽东乘车前往抚顺视察。当路过高坎高级农业生产合作社旧站管理区(今沈阳市棋盘山风景区高坎街道办事处旧站村)时,毛泽东提出进村看看。毛泽东向生产队队长赵文泉询问了社里的情况,全生产队的土地面积、人口、劳力、粮食产量等情况,赵文泉一一作了回答。接着,毛泽东让赵文泉带路,参观正在施工的电井工地。毛泽东走过被冬雪覆盖的地垄台,来到电井旁,关注地看着电井,亲切地问:“你们为什么要打电井呀?”赵文泉回答:“因为电井牢固,用水泥灌的,打得深、水量大。”毛泽东又问:“打多深,能浇多少地?”赵文泉回答:“八丈深,能浇300亩菜地。”毛泽东再问:“你们的电力在哪里呢?”赵文泉用手指着远处的高压线铁架子说:“那不是吗,电就从那引下来,那还是‘四十条’纲要发表以前就有的。眼下电柱子都开埋了,马上可以通电了。”毛泽东望着高压线铁架子点点头。

结束视察高坎农业社后,毛泽东到抚顺西露天矿视察。毛泽东亲切地和大家握手,并一一询问在场每个同志的名字、籍贯、做什么工作等。矿长王齐芳汇报了西露天矿开采的历史和发展现状,毛泽东听得非常专注,当听到矿区在总体改建设计施工中,常常因为国外进口材料、设备不能按时到货而影响生产时,毛泽东加重语气,一字一句地说:“要破除迷信,解放思想,发动群众。群众发动起来了,什么事情都好办了。”王齐芳向毛泽东汇报说,矿工们的劲头很足,在去年产煤240万吨的基础上,今年西露天矿的煤产量要达到400多万吨。毛泽东关切地问:“要不要增加人？”王齐芳回答：“不增人，也不要钱。”毛泽东又问：“那用什么办法增产？”矿党委书记葛玄武说：“靠发动群众，搞老矿挖潜。”毛泽东听后连连点头说：“这样做很好，我赞成。”

在大家的陪同下，毛泽东走上参观台上，远眺露天矿大坑。他发现坑下有几处烟雾升腾，就问：“这是怎么回事？”王齐芳汇报说：“这是坑下自然发火引起的，是日伪时期遗留下来的隐患”。毛泽东严肃地说：“要爱护资源，尽早熄灭自然发火，不能把资源白白烧掉。”毛泽东还指示：在搞好煤炭生产的前提下，要加强煤矿的综合治理，要变废为宝，“为什么不用煤炼油呢？不要将煤白白烧掉”，“煤的综合利用问题要好好研究，这是今后发展的一个重要方面，搞综合利用，中央支持你们搞，要钱给钱，要物给物”。

结束了对西露天矿的视察后，毛泽东又前往抚顺铝厂。在整流车间、电解车间，他不时询问铝电解的生产过程和生产铝的主要工艺流程。在铸造车间的通道处，毛泽东看到工人用铁钩子钩着铝锭，一块一块把铝锭垛起来，非常辛苦，就问：“一个锭子有多重？”总工程师韦涵光答道：“一个锭是 15 公斤。”毛泽东很关心工人的劳动条件，问道：“这样笨重的体力劳动算不算重体力劳动啊？”韦涵光如实回道：“这还不算重体力劳动，电解车间算重体力劳动。”

从抚顺铝厂出来，毛泽东一行来到抚顺友谊宾馆。中共抚顺市委书记沈越向毛泽东汇报了抚顺市工农业生产的情况。因为毛泽东未能到抚顺钢厂视察，就频频询问“特殊钢厂高温合金钢的最高耐温度是多少”等问题。当沈越汇报到副食供应时，毛泽东又问：“郊区蔬菜基地建设怎么样？”并指示说：“要建立蔬菜生产基地，解决城市吃菜问题”，“郊区要很好发展副食业”。当沈越汇报到煤的综合利用问题时，毛泽东指示说：“煤的综合利用很重要，你们要好好抓一抓。”下午，毛泽东高兴地与抚顺市党政干部合影。合影后，大家依依不舍地欢送毛泽东一行离开抚顺。

毛泽东的亲切关怀给辽宁省广大干部和群众以极大的鼓舞，他对辽宁的热切期盼成为辽宁工业基地发展的强大动力。

第九章

整风运动和反右派斗争

1956 年夏秋，国际共产主义运动出现大的波折，发生了波匈事件[①]。国内也出现了一些群众闹事等未曾预料到的问题。面对这些复杂的新情况，党中央和毛泽东深入思考社会主义社会的矛盾，提出了关于正确处理人民内部矛盾的理论。1956 年，党的八届二中全会提出开展全党整风的号召。在整风过程中，出现极少数右派分子向党猖狂进攻的局面。党对反党反社会主义的倾向进行了正确和必要的反击和斗争。中共辽宁省委认真贯彻落实中共中央精神，研究处理全省人民内部矛盾问题，开展整风运动。整风过程中，由于对阶级斗争形势估计过于严重，导致出现反右派斗争扩大化的错误。

一、《关于正确处理人民内部矛盾的问题》的学习贯彻

根据党的八大精神和现实生活中党内外出现的新情况、新问题，中

① 波匈事件：苏共二十大后，东欧一些社会主义国家对苏联的大国沙文主义表示不满。1956 年 6 月，波兰波兹南地区由于工人的某些要求没有得到满足而引发流血冲突。10 月下旬至 11 月上旬，匈牙利布达佩斯等地发生 20 万人的示威游行，并演变成反政府的暴乱。

共中央决定从整顿党的作风入手,克服官僚主义、宗派主义和主观主义,正确处理人民内部矛盾。在 1956 年 11 月党的八届二中全会上,毛泽东郑重宣布在 1957 年开展全党整风。1957 年 2 月,毛泽东在最高国务会议第十一次(扩大)会议上作《如何处理人民内部的矛盾》的讲话。讲话稿经补充修改后,以《关于正确处理人民内部矛盾的问题》为题在 6 月公开发表。他指出:矛盾是普遍存在的,社会主义社会也充满着矛盾,正是这些矛盾推动着社会主义社会不断地向前发展。社会主义社会的基本矛盾仍然是生产力和生产关系、经济基础和上层建筑之间的矛盾,不过这些矛盾同旧社会的矛盾具有根本不同的性质和情况,可以经过社会主义制度本身的自我调整和完善,不断地得到解决。这一论断第一次科学揭示了社会主义社会发展的动力,实际上为后来的社会主义改革奠定了认识基础。毛泽东还指出:社会主义社会存在着敌我矛盾和人民内部矛盾两类性质根本不同的矛盾。敌我矛盾需要用强制的、专政的方法去解决,人民内部矛盾只能用民主的、说服教育的、“团结——批评——团结”的方法去解决,决不能用解决敌我矛盾的方法去解决人民内部的矛盾。《关于正确处理人民内部矛盾的问题》是毛泽东在社会主义时期重要的理论著作,在马克思主义发展史上具有开创性意义,是对马克思主义理论宝库的卓越贡献。

中共辽宁省委高度重视对毛泽东《关于正确处理人民内部矛盾的问题》讲话的传达、学习和贯彻工作,立即召开市地委书记和省直属机关干部会议,传达学习讲话精神。各市地委也组织各工厂、机关、学校进行广泛传达和学习,一些地方还进行了多次讨论。1957 年 4 月 11 日至 17 日,省委召开工业政治工作会议。会议的中心内容是讨论党对工业、基本建设、交通运输企业的领导和贯彻群众路线的问题,省委书记处书记、副省长李涛作了题为《加强党对国营和地方国营工业、基本建设、交通运输企业的领导和贯彻群众路线》的报告。省委第一书记黄欧东作总结报告时强调,国内的阶级基本上消灭了,国内敌我之间对抗性的矛盾已经基本解决了,但在人民内部还存在着各种矛盾,这种矛盾是非对抗性的。人民内部矛盾能够得到正确解决,有利于调动人民群众建设社会主义的积极性。对于如何解决人民内部矛盾,黄欧东提出,各级领导干部要克服官僚主义,增强民主作风,经常向群众进行思想政治教育,提高群众觉悟,深入基层及时解决问题,正确认识和处理人民内部矛盾。4月25日,省委发出《关于学习正确处理人民内部矛盾的指示》。《指示》要求,各级党组织必须认真学习和贯彻执行毛泽东和中共中央关于正确处理人民内部矛盾的指示,将其作为推动当前一切工作的中心环节。全省各级党委和工矿企业、农村、机关、学校党的基层组织都应该把这个工作迅速摆到首要日程上来,并做好四项工作:一是各级党委在目前一个时期要把关于正确处理人民内部矛盾问题,作为干部学习和对群众教育的中心内容,使全体干部和人民群众了解我国社会的巨大变化,了解在社会主义社会中还存在人民内部矛盾,了解敌我矛盾和人民内部矛盾的根本区别以及应该如何正确对待人民内部矛盾等根本问题;二是扩大民主是依靠群众克服官僚主义的有效步骤,工业企业中的职工代表大会经过试点、总结经验后应有步骤地迅速推行,职工代表大会要充分开展批评与自我批评;三是加强经常性的思想政治工作,提高人民群众的政治觉悟,更完满更顺利地解决人民内部矛盾,各级党委必须经常了解和掌握人民群众的思想动态,在工矿企业、农村、机关、学校建立思想政治工作制度,领导人员必须经常向群众作报告,同群众谈话,讲解群众关心的问题;四是人民内部矛盾主要表现为领导与群众之间的矛盾,因此首先要克服领导上的官僚主义,各级领导机关与领导干部必须适应新形势,改变旧作风。由于各地存在的具体问题都不一样,因此省委要求要把本地区、本单位人民内部矛盾情况进行调查研究,分门别类(如按工业、农业、贸易、学校等方面),提出解决这些矛盾的具体措施,并组织执行。全省各级党组织应当一面学习,一面行动。特别要按照中央的指示,由第一书记把这一工作领导起来,在实际工作中消除官僚主义,培养深入群众、密切联系群众的作风。

1957年4月25日至5月6日,辽宁省政协召开一届三次全体会议,集体学习毛泽东《关于正确处理人民内部矛盾的问题》的讲话。中共辽宁省委第一书记黄欧东就认真学习好讲话发表了意见。他指出,人民内部矛盾不是今天才有的,过去也是有的。但是,这种人民内部的矛盾在过去没有很明显地显露出来,是因为当时敌我之间的矛盾是主要矛盾,人民群众在大敌当前的时候,为了一致对付敌人取得斗争的胜利,所以人民内部的矛盾就表现得不明显。今天敌我之间的矛盾已经解决了,因此人民内部的矛盾就显得突出了。特别是当前正处在一个社会大变动时期,一方面,人民对共产党和人民政府是满意的,是热爱祖国的;另一方面,由于生产关系的根本变化,也使一些人不可避免地感到某些方面不习惯、不协调、不摸底,感到不能掌握自己的命运。人民群众和领导之间的矛盾,是由于他们所处的地位不同和领导上的官僚主义而产生的。正确处理人民内部矛盾,就是要扩大民主生活,克服领导者的官僚主义,认真贯彻"百花齐放,百家争鸣""长期共存、互相监督"的方针,加强人民群众的政治思想工作。各级领导人员要关心群众痛痒,深入群众了解情况,及时解决问题。解决人民内部矛盾要遵循"团结——批评——团结"这一公式,不能用对待敌人的态度来对待人民内部矛盾。会议通过的决议指出,毛泽东《关于正确处理人民内部矛盾的问题》的讲话,具有巨大的理论意义和实际意义,是马克思列宁主义的新发展,是处理各种工作、解决一切问题的指针。作为统一战线组织成员的各民主党派、各人民团体、各方面代表人士,必须更好地把自己的责任承担起来,进一步发挥人民政协在扩大团结,加强领导与群众之间的联系,调节各方面的关系,推动人民群众进行自我教育、自我改造等工作中的作用,以利于人民内部矛盾的顺利解决。

1957 年 6 月下旬,中共辽宁省委宣传部召开地委宣传部和五个县委宣传部部长座谈会,研究如何在农村开展正确处理人民内部矛盾问题的宣传。会议讨论了农村中一些值得注意的情况,如反动会道门散布谣言、农忙季节赌博、干群关系紧张、滥伐林木、反对粮食统购统销等。会议认为,产生这些问题的原因除了由于某些领导机关和农村干部的工作和执行党的方针政策有缺点、农民的旧思想还没有得到应有的改造外,还因为《关于正确处理人民内部矛盾的问题》的讲话还没有在农村基层党员干部和农民群众中进行宣传,对"人民内部矛盾""百花齐放,百家争鸣"存在误解,使部分农村干部和群众产生了思想上的混乱,影响了农民内部的团结,助长了矛盾的发展,不利于生产。鉴于这些情况,会议提出在农村迅速开展《关于正确处理人民内部矛盾的问题》宣传的意见：一是各级党委加强领导，把当前生产和宣传工作统一安排，组织各方面的力量大力开展宣传，克服只抓生产、不积极领导宣传工作的片面想法，提高对开展宣传工作的认识；二是在基层党员干部中进行学习讨论；三是在农民群众中进行宣传必须紧密结合和围绕当前生产，在宣传内容上要和当地当时阻碍生产的问题联系起来，和农民当前迫切要求解决的问题结合起来，联系社内当前问题去说明人民内部矛盾问题和正确处理这些问题的原则和政策，并引导农民正确地加以解决。省委转发了宣传部的意见，要求各地、县委利用农村紧张生产的空隙，立即向农村干部和群众展开宣传。在宣传中要在肯定全国人民大团结、社会主义改造和建设已经取得巨大成绩的前提下，说明人民内部矛盾的主要内容以及解决人民内部矛盾的方针；要根据“团结——批评——团结”的精神去解决当前生产中应该解决而且可能解决的矛盾，推进当前的生产；要正面说明许多糊涂思想是不对的，是不符合“正确处理人民内部矛盾问题”的精神的，如“百家争鸣，干什么都行，百花齐放，干什么都不挡”是错误的。

通过学习，全省广大党员干部对于社会主义改造基本完成后的社会形势有了进一步的认识，普遍认识到能不能正确处理人民内部矛盾，是在新形势下党的事业能不能向前推进的主要问题，必须要学会善于区分敌我矛盾和人民内部矛盾，学会处理人民内部矛盾的方法。

全省广大干部群众在学习的基础上，开始结合实际揭露并正确处理内部矛盾。沈阳市连续召开技术人员座谈会、科学工作者座谈会、高等学校和中等专业学校座谈会、文艺工作者座谈会、中学教师座谈会和党的工作者座谈会，广泛征求社会各界的意见和建议。旅大市对全市各方面的工作进行分析和研究，把当前实际工作中存在的急需解决的 12 个问题列举出来。鞍山市分别召开工程技术人员座谈会、工商界人士座谈会和文化、教育、医务系统工作者座谈会，讨论正确处理人民内部矛盾问题。一些企业如沈阳高压开关厂、沈阳矿山机器厂、沈阳冶炼厂等通过召开职工代表大会、设立职工接待日等方式听取职工提出的各种问题并加以解决，使各级领导的作风大大转变，领导与职工之间的关系大为改善。

二、开展整风运动

整风运动的发动

1957 年 4 月 27 日，中共中央正式发出《关于整风运动的指示》，决定在全党进行普遍、深入的反对官僚主义、宗派主义和主观主义的整风运动。《指示》指出："几年以来，在我们党内，脱离群众和脱离实际的官僚主义、宗派主义和主观主义，有了新的滋长"。因此，中央认为有必要"在全党重新进行一次普遍的、深入的反官僚主义、反宗派主义、反主观主义的整风运动，提高全党的马克思主义的思想水平"，方针是"从团结的愿望出发，经过批评和自我批评，在新的基础上达到新的团结"，方法是和风细雨、实事求是地批评与自我批评，从上而下、从领导干部到全体党员逐步展开。《指示》要求，以毛泽东在 2 月最高国务会议上的报告和 3 月在全国宣传工作会议上所作的报告为指导思想，把正确处理人民内部矛盾问题作为当前整风的主题，多采取个别谈心或开小型座谈会和小组会的方式，一般不要开批评大会或斗争大会。后来，毛泽东在《一九五七年夏季的形势》一文中指出，党希望通过整风，达到这样的目标：造成一个又有集中又有民主，又有纪律又有自由，又有统一意志、又有个人心情舒畅、生动活泼，那样一种政治局面。5 月 1 日，《人民日报》公布中共中央的整风指示，全党整风由此开始。

中央整风指示发布以后，中共辽宁省委积极行动起来。5 月 2 日和 3 日，省委召开书记处会议和常委扩大会议，讨论中共中央《关于整风运动的指示》，决定立即在全省范围内开始整风。会议认为，在全省实际工作中，党的某些方针政策并未很好地贯彻执行，反映出全省的领导在思想作风上存在着官僚主义、教条主义和宗派主义。整风运动中自始至终应该贯穿"惩前毖后，治病救人"的方针，放手鼓励批评，被批评者应该虚心听取别人的意见。会议强调，这次整风运动的主题是正确处理人民内部矛盾，应一面进行整风，一面有效地改进工作。会议决定组成整风领导小组，成立整风领导小组办公室。5月10日，省委发出《关于贯彻执行中共中央〈关于整风运动的指示〉的计划》。《计划》规定，全省县级以上党组织分两批交错进行整风，第一批是省、市、地委以及大型厂矿企业和大专学校，包括省直和中央驻辽机关，从5月开始到9月底结束。第二批是县级机关和较大的厂矿企业，从7月开始到10月底结束。在第二批结束后再在区、乡和一般厂矿企业及其他党的基层组织中进行。为了使干部了解整风的意义、目的和要求，《计划》提出，必须认真学好毛泽东2月在最高国务会议上的讲话和3月在全国宣传工作会议上的讲话及中央的整风指示。省级各机关从5月11日到5月底，区分不同情况每周用8小时或12小时学习文件，各市、地委及其他整风单位的学习时间可自行安排，但每周不得少于8小时，整风应采取边学习、边检查、边改进的做法。《计划》强调，整风运动是一个严肃认真又和风细雨的思想改造运动，应该多采用同志间谈心和少数人座谈的方式，不要开批评大会，对被批评者应该容许保留不同意见。党外人士参加整风运动完全自愿，中途可以随时退出，不得有丝毫强迫。不参加整风的非党人士，也要邀请他们参加座谈会或采取个别谈心的方法，充分听取他们的意见。《计划》决定，成立由黄欧东、王铮、杜者蘅、喻屏、李荒、李涛、李均、刘异云组成的省委整风领导小组，下设办公室，负责了解、反映情况和其他日常工作。

5月11日，中共辽宁省委召开整风动员大会，省委第一书记黄欧东作整风动员报告。报告分析了此次整风与1942年整风的区别和党面临的新形势，指出人民内部矛盾是客观的存在，党内脱离群众、脱离实际的官僚主义、宗派主义、主观主义有所滋长，因此必须响应党中央的号召，有计划有步骤地开展整风运动。整风以毛泽东两次讲话为指导思想，把正确处理人民内部矛盾问题作为整风主题，通过整风运动，使同志们的思想水平提高一步，工作作风真正能够得到切实的改进，增强党的团结，发扬艰苦奋斗的优良传统，使党与党外的关系更加密切起来，人民内部矛盾得到正确处理，调动一切积极因素，来推进工作。会议传达了省委关于分批开展整风运动的计划，强调各地各单位在整风运动中，要结合本地区本单位的实际情况，按整风、工作两不误的原则和边学习、边检查、边改进的方针进行。会后，省委又召集各市、地委书记会议，研究整风的具体计划。省委整风动员报告和整风计划印发之后，全省整风运动分批分期开展起来。

整风运动的展开

1957 年 5 月 17 日，《辽宁日报》发表题为《大胆放，不会乱》的社论。社论指出，“整风运动刚刚开始，领导和群众的矛盾，党内和党外的矛盾，都还基本上没有揭露出来，党内外的同志都有揭露矛盾、解决矛盾的要求，但是他们中许多人又有各种疑虑，怕今天提了意见，批评了领导，被记在账上，将来‘穿小鞋’，怕共产党是‘放长线，钓大鱼’，‘诱敌深入，聚而歼之’，等等”。社论还指出，有些人担心放会“乱”，实际上如果不放，把矛盾捂起来，不去解决，看起来是不乱，可是乱子在潜伏着、酝酿着，总有一天还得出头，那就可能真要乱一下。相信党能够领导群众正确处理人民内部矛盾，相信群众有觉悟能够按照党的方针政策，帮助党进行整风和正确处理人民内部矛盾[①]。

在省委的动员和领导下，全省各级党组织立即行动。省委、省人委直属机关主要是学习文件，边检查边解决问题。5 月，省委直属机关召开党委委员扩大会议，研究立即在省委直属各机关党组织中开展整风运动问题。会议指出，机关党组织应使每个党员都了解这次整风的意义、目的、要求和方针，为检查思想、检查工作打下基础。通过整风运动，机关党组织对每一个党员的思想作风要有一个系统的了解，并注意了解机关党的工作上的问题，以便进一步改进机关党的工作。机关党组织要深入了解机关党员思想动态，及时掌握运动进展情况，积极帮助领导解决本单位的矛盾问题。

5 月 23 日到 6 月 12 日，中共辽宁省委统战部连续多次召开各民主党派负责人和无党派民主人士座谈会，深入揭发官僚主义、宗派主义和主观主义的种种表现，倾听党外批评意见，请党外人士帮助共产党整风。有些民主党派负责人认为，基层党组织对统战工作不重视，甚至歧视民

① 《大胆放，不会乱》，《辽宁日报》1957 年 5 月 17 日第 1 版。

主党派；还有人提出，党的领导主要是政策方针的领导，有些党员自以为是党的化身。针对这些意见和批评，省委指出，党与非党的区别是有的，但不要把线变成墙、变成沟，要拆墙、要填沟。各民主党派也认识到墙是党与非党双方筑起来的，共产党应该先动手拆墙，非党也要动手拆墙，整风运动就是马列主义学习运动，党内外都要多学习，观点、立场一致才能拆墙、填沟①。

在整风运动初期，辽宁的教育文化艺术界、工程技术人员等都比较活跃。在沈阳的10余所高等院校，连续召开各种形式的会议，动员广大教师畅所欲言，大胆揭露矛盾。各院校所揭露出的问题主要有四个方面：一是学校领导高高在上，缺乏民主精神，甚至压制民主；二是学校领导在用人方面不坚持德才兼备标准，而是重德轻才，而“德”的标准只是党团员的称号；三是学校没有学校特点，机关风气十足，学术风气淡薄，有的学校一年也不搞一次学术活动；四是在党与非党关系上存在着矛盾，教师的积极性没有很好地发挥出来。5月中下旬，旅大、鞍山等市举行科学家、工程技术人员座谈会，广开言路，批评官僚主义、宗派主义、主观主义。座谈中意见最集中的问题表现在对知识分子的看法问题和关于科学研究问题。科技人员提出，有的单位领导对知识分子不作具体分析，只以个人出身简单加以判断，认为从旧社会过来的知识分子都是自私自利、落后、充满资产阶级思想的人，甚至说知识分子是反动政权的帮凶。为此，许多科技工作者强烈提出，各级党组织要为科学研究创造条件，对科技工作者的使用要考虑其专业特点，一些重要科研项目组成人员要稳定。在座谈中，有人提到，一位工程师在三年半中工作调动14次；还有人提出，对科技人员不要用红色专家、粉红色专家称号，这不利于团结科技人员。

1957年8月之前，辽宁省的整风运动主要在省、市、地级的领导机关、民主党派、高等院校、科学技术界进行。8月中旬，省委对全省整风作了新的部署。此后，全省的工人、农民和其他行业的整风和社会主义教育运动分批展开。

---

① 《大家动手拆墙填沟帮助共产党整风》，《辽宁日报》1957年5月16日第1版。

全省工业企业整风从1957年9月中旬开始。1957年9月12日，中共中央发出《关于在企业中进行整风和社会主义教育运动的指示》。根据中央的指示精神，辽宁省委立即对企业整风作出部署。工业企业最早的一批整风运动，主要以改进领导作风、改进企业管理为中心，边整边改。为了消除顾虑，一方面各企业反复向职工宣传整风的意义；另一方面企业领导干部表示改进工作的决心，接受群众的意见，从而激发了职工的热情。经过边整边改，许多企业依靠群众处理了一些重大问题。到10月底，全省国营工业、基本建设、交通运输和一部分手工业、公私合营工业共计951个单位全面开展了整风运动，参加运动的职工达126万人。企业的广大职工用大字报、座谈会、辩论会、意见箱、个别谈话等形式提出批评和意见。沈阳、抚顺、鞍山、本溪等市开展运动较早的企业纷纷转入着重整改阶段，少数单位还进行了重点车间和科室大辩论的试点。各企业党委领导虚心听取群众意见，依靠群众，群策群力，边整边改，比较集中地解决了一些一般性生产技术管理问题和精简机构、下放干部等问题，调动了工人、干部的积极性，劳动纪律普遍好转，增产节约形成风气。从1958年3月开始，企业又普遍开展了以反浪费、反保守为中心的整风运动。

全省财贸系统的整风运动从1957年9月开始，经过两个月的鸣放①、边整边改，11月全省城市贸易企业整风进入整改阶段。为了做好整改工作，辽宁省委财贸整风办公室召开会议提出，基层贸易企业的整改重点是改进领导作风，积极克服宗派主义、官僚主义、主观主义；改进工作，把商业经济工作提高一步，更好地贯彻为生产为消费服务的方针。财贸企业的整风，提高了广大职工的社会主义觉悟，促进了领导作风的转变，许多单位订立和实行了领导干部下店、下场(厂)检查和参加体力劳动的制度，有些单位还实行了职工代表大会和职工大会制度，密切了干群关系。

农村的整风从1957年9月开始，主要是围绕“要不要统购统

① “鸣”“放”，是在讨论和实行“百家争鸣，百花齐放”方针中形成的简化词语，随后发展为“大鸣”“大放”，加上“大字报”“大辩论”，形成所谓“四大”。

销”“要不要合作化”“要不要人民民主专政和民主集中制”“工农关系（主要是考虑农民生活有没有改善）”等问题全面展开。通过整风，提高了农民群众的社会主义觉悟，推进了增产节约粮食工作和征购粮工作，促进了农业生产合作社的巩固，改进了基层干部的工作作风和思想作风。农村的整风运动历时近半年，到 1958 年 1 月末基本结束。1958 年 8 月以后，各县按照省委对农村整风部署的精神，又在乡社干部中进行了整风运动。1958 年冬季以后，农村整风又增加了“拔白旗、插红旗”① 的内容。

1957 年 10 月 31 日，中共辽宁省委发出《关于在中学、师范与小学教职员中开展整风运动和反右派斗争的指示》。根据《指示》精神，11 月开始，全省中学、师范和小学教职员工开展整风运动和反右派斗争。

三、反右派斗争及其扩大化

反右派斗争的发动

自 1957 年 5 月整风运动全面展开后，各民主党派、高等院校师生、工程技术人员以及文化艺术各界，对在实际工作中表现出来的官僚主义、宗派主义、主观主义提出大量有益的批评。有些批评尽管很尖锐，但态度是诚恳的，用心是善意的。提出的问题，暴露出来的矛盾，对于全党整风，改正工作中的缺点，改善党内外关系和干群关系是极为有益的。然而，随着整风运动的开展，许多复杂情况出现了。极少数人乘大鸣大放之机，向党和新生的社会主义制度发动进攻，认为官僚主义是社会主义制度造成的，宗派主义是共产党领导的无产阶级专政造成的，主观主义是马列主义造成的，要整掉“三大主义”，就必须取消社会主义制度，取消共产党对国家的领导和无产阶级专政，取消马列主义，这些使整风

① 在“左”倾错误思想的影响下，那些从实际出发、坚持按客观规律办事、反对浮夸的人，被称为“资产阶级白旗”，受到批判、斗争和处分，当时把这种做法叫做“拔白旗”。而“红旗”则成了“无产阶级”思想、理论、路线、主张的代名词，树立这方面“先进典型”的做法被称为“插红旗”。

运动无法深入下去。

1957 年 6 月 12 日，毛泽东撰写的《事情正在起变化》一文署名“中央政治研究室”印发党内高级干部。文章分析了整风鸣放的形势和党内外的思想状况，第一次提出“右派猖狂进攻”的问题，这标志着党中央和毛泽东关于整风运动的指导思想正在发生变化，运动的主题开始由正确处理人民内部矛盾转向对敌斗争，由党内整风转向反击右派的进攻。6 月 8 日，中共中央发出组织力量准备反击右派分子进攻的党内指示，指出：这是一次大战，不打胜这一仗，社会主义是建不成的，并且有出匈牙利事件的某些危险。同日，《人民日报》发表《这是为什么？》的社论，公开批评整风鸣放以来的错误言论。一场全国规模的群众性的急风暴雨式的反右派斗争由此开始。7 月，毛泽东在青岛召开省市委书记会议，讨论整风运动和反右派斗争的关系，提出整个整风过程分为四个阶段（大鸣大放阶段，反击右派阶段，着重整改阶段，每人研究文件、批评反省、提高自己阶段）的安排。

1957 年 6 月 17 日，中共辽宁省委召开市地委书记会议，传达中共中央指示精神，部署在全省开展大规模的反右派斗争。省委决定组织力量在报纸上公开反击右派，发动各界群众对右派言论进行批判驳斥，号召所有人都参加到这个重大的政治斗争中来。此后，《辽宁日报》相继报道了各市工人、大专院校师生、农民反击右派分子的情况。7 月，省直和各市分别召开会议，批判温情主义，克服右倾思想。

8 月 1 日，中共中央发出《关于继续深入反对右派分子的指示》。《指示》指出，反右派斗争一方面向地县两级（在城市向区级和大工矿基层）展开，一方面又必须在中央一级和省市自治区一级各单位深入地加以挖掘。8 月 10 日至 14 日，中共辽宁省委召开第四次全委会议，传达中央的指示精神并对反右派斗争情况进行研究和部署。会议强调指出，在鸣放中出现的意见多数是善意的批评，反映了人民内部矛盾的大量存在，要学会区别敌我矛盾和人民内部矛盾，正确处理人民内部矛盾。方法是实事求是，群众路线，在反击右派的同时，仍应该虚心倾听善意的批评，和群众商量办事，认真做到边整边改。会议提出，省市民主党派、大专学校、新闻界、科学界和党政机关的反右派斗争要向纵深发展；在文艺界、卫生界、国营商业系统要开展反击右派的斗争；在全省工人和农民中，要广泛进行社会主义教育。关于今后如何把反右派斗争深入下去，会议提出，已经开展斗争的单位，力求继续深入，以取得全胜。在9月之前，运动的重点放在机关和民主党派、文化教育界、卫生界、科学技术界、工商界等方面。

1957年九十月间，党的八届三中全会召开。邓小平代表党中央作关于整风运动的报告，对5月份以来的整风运动和反右派斗争作了总结，对今后的任务作了部署。对于反右派斗争，邓小平要求：还要继续深入和展开，不能草率收兵，不能前紧后松，必须争取全胜。凡是在反右派斗争已经取得决定性胜利的单位，应该及时转入以整改为主的第三阶段[①]，同时对资产阶级思想进行系统的批判。10月22日，中共辽宁省委发出《关于整改工作的通知》。《通知》指出，第一批整风运动的单位和后进入整风的单位正在交错进行，特别值得注意的共同问题是整顿作风和改进工作问题。经过几个月的反右派斗争，大多数单位的右派分子基本上被挖出来并已孤立了，领导上要善于"掌握时机，采取措施，把运动推进到整改阶段上来"。在11月22日至28日召开的第一届党代表大会第二次会议上，省委正式宣布辽宁由反右派斗争转入整改阶段。会议指出，反右派斗争的决定性胜利，为正确处理人民内部的矛盾扫清了道路。但是，反右派斗争本身并不能消除工作中所存在的缺点。转入着重整改阶段，就是要克服领导机关和领导干部中存在的官僚主义、宗派主义和主观主义，以便正确处理人民内部矛盾。

根据省委的指示，1958年初，全省各地对群众在鸣放中揭露出来的工作中的缺点、错误，提出了改进方法，予以纠正，改进了领导作风和机关工作。领导干部经常深入基层，开展调查研究，参加体力劳动，并形成制度，密切了干群关系，同时也紧缩了机构。到1958年3月底，全省共精简人员编制236155人；到4月底，下放劳动锻炼和做其他处理的干部228949人，基本上扭转了非生产人员过多、人浮于事的局面，机关工作

① 中共中央党史研究室著：《中国共产党历史》第二卷（1949—1978）上册，中共党史出版社2011年版，第454、455页。

效率明显提高。

1958年4月2日，中共中央发出《关于整风问题的指示》。《指示》提出，一定要把整风坚持到底，不能虎头蛇尾。各地区、各部门，在目前的“双反”（反浪费、反保守）运动告一段落后，应当及时地转入第四阶段，即阅读文件、个人反省、提高自己的阶段。方法是：在党委和政府、人民团体的主持下，分别召开二三十人的小型整风会议，严肃认真又和风细雨地开展批评与自我批评，不要采取人人检讨、人人过关的方法。为此，辽宁省委要求“省市机关在‘双反’告一段落后，应在适当时间转入整风第四阶段（内容和方法根据中央1958年4月2日整风指示执行）”。6月24日，省委召开全委扩大会议进行第四阶段整风。会议历时近4个月，到10月13日结束。出席会议的有省委委员、候补委员，各部、委、厅、局负责人，各市地委书记。会议分三个阶段进行：6月24日至8月8日为第一阶段，主要揭发省委领导作风上的“三风五气”（“三风”指官僚主义、宗派主义、主观主义作风，“五气”指官气、暮气、阔气、傲气、娇气）和执行中央方针政策上的一般性问题；对省委常委、省总工会主席张烈的“反党反社会主义罪行”进行检查，严肃批判省委在处理事件上所犯的“右倾错误”；揭发王铮、宋黎、杜者蘅、李涛、吴铎等人的所谓“反党宗派活动”。8月18日至9月24日为第二阶段，对王铮、宋黎、杜者蘅、李涛、吴铎等人的所谓“反党宗派活动”作进一步揭发批判。9月25日至10月13日为第三阶段，错误地通过了《关于以王铮同志为首的反党宗派活动的决议》①，这一不符合实际的错误决议形成后，在全省范围内进行了传达贯彻。省委要求结合整风第四阶段，掀起一个以“肃清反党宗派活动”影响为主要内容的“拔白旗、插红旗”运动。同时，又在沈阳、旅大、鞍山、抚顺、本溪等市委召开扩大会议，揭发、批判一部分领导干部的所谓“右倾问题”，处分了一批干部。辽宁省的整风运动，到1959年6月基本结束。

---

① 1979年3月21日，中共中央复电辽宁省委，同意省委决定撤销1958年省委扩大会议《决议》和1965年省委《复查决议》，撤销《复查决议》中认定王铮、杜者蘅、李涛进行反党宗派活动的结论及给予的处分，恢复原工资级别。1979年4月9日，中共中央复电辽宁省委，同意省委关于张烈同志问题的改正意见，恢复张烈同志党籍和政治名誉。

反右派斗争严重扩大化及其后果

对极少数右派分子的猖狂进攻坚决予以反击，对反对党的领导、反对社会主义道路的思潮进行批判，借以教育广大党员和人民，是正确的和必要的。反右派斗争在全国人民中澄清了大是大非，稳定了新建立起来的社会主义制度。如果放弃这种斗争，不在问题发生的范围内鲜明地击退极少数右派分子的进攻，就会造成思想上和政治上的严重混乱。在这方面，党所取得的经验是具有长远意义的。但是，由于当时党对阶级斗争和右派进攻的形势作了过分严重的估计，把大量人民内部矛盾当作敌我矛盾，把大量思想认识问题当作政治问题，并且沿用革命时期大规模的急风暴雨式的群众性政治运动的斗争方法，对斗争的猛烈发展又没有能够谨慎地加以控制，致使反右派斗争被严重地扩大化了。

在反右派斗争发动之初，中共辽宁省委曾提出反右派斗争中要"严格分别右派和中右的界限，切不可把仅有若干右倾情绪或者说过几句右倾话的中右分子当右派去斗争"，"找出有代表性的人物作为标兵，同时对疑似人物一律不斗，暂列为中间分子，随着斗争深入将不断发现新的材料，如果证明为右派则再去斗争不迟"①。在 1957 年 8 月 11 日各民主党派联席会议上，省委第一书记黄欧东提出，反右派斗争要细致一些，以免出偏差；要坚持说理原则，不能简单粗暴；对右派分子的言行要充分揭发，然后加以分析，既不要让真正的右派分子溜走，也不要乱扣右派分子的帽子；在斗争方式上要少开大会，多开小型会，防止出现粗暴做法；对已确定的右派分子不要忙于作组织处理，对右派分子不要放弃帮助。但是，由于没有采取有力的措施，这些要求和政策没有付诸实施。因此，已经发现的扩大化错误不但没有得到及时纠正，反而继续发展。到整风反右派运动结束时，全省共划右派分子 25000 余名②。被划右派人员中有机关干部、大专院校师生、中小学教员、工程技术人员、编辑记者、政治理论

① 《关于全省整风情况和今后意见》（1957 年 8 月 10 日），辽宁省档案馆馆藏档案。

② 根据中央的有关规定，从 1959 年至 1963 年，辽宁共分 5 批将 14945 名右派分子摘掉帽子。1978 年又为 1 万多名右派分子摘帽。到 1985 年，辽宁对错划的 25000 余名右派分子全部改正。

教员、医生、演员、作家,几乎包括了社会各阶层和各种社会职业。

对于右派分子的处理,根据中共中央、国务院《关于在国家薪给人员和高等学校学生中的右派分子处理原则的规定》,1958 年 2 月 22 日,中共辽宁省委发出《关于即行开始处理右派分子的通知》。《通知》要求在处理右派分子时,均应在本单位群众中宣布中共中央和国务院的处理原则,组织群众讨论并提出处理意见,然后由本单位领导作出处理决定,按干部任免的职权范围报请上级批准;对给予撤销原有职务、另行分配待遇较低的工作和给予降职降级降薪处分后而需要在劳动中改造的右派分子,亦可送到农村或其他劳动场所参加劳动生产;右派分子到农村或其他劳动场所接受劳动改造,需向群众说明应对这些右派分子进行监督教育,不要对他们进行侮辱;对党内、团内右派分子,应即按照党章、团章规定的手续,开除党籍、团籍;对降职降级降薪参加劳动的右派分子可暂由原机关借给一定的生活费,要求退职的,可借一部分路费和生活费,待有统一规定后再进行补算。4 月 24 日,省委又发出《关于"处理右派分子一些具体问题的规定(草案)"的通知》。《通知》针对有些地方处理右派分子存在的问题指出,在处理之前,要做好复查工作;不能采取简单的由组织宣布处理决定的办法,必须在群众中进行中共中央、国务院关于右派分子处理原则和有关文件的学习讨论;处理右派分子后,应根据中央指示,选择适当时机,召开右派分子会议或吸收右派分子参加的会议,交代政策,指明出路,组织右派分子加以讨论。《通知》附加了"处理右派分子一些具体问题的规定(草案)",提出处理各类不同的右派分子所应采取的办法。但在实际工作中,这些力图克服反右派斗争错误的设想很快被突破了。被划为右派分子的,或者被戴上极右分子帽子,或者被定为反社会主义分子;还有的几罪并定,在右派之上又加上了反革命、坏分子的帽子。

反右派斗争严重扩大化的错误给党内政治生活带来消极影响,损害了社会主义民主和法制建设。许多知识分子、爱国人士和党内同志的积极性遭到打击,使党探索建设社会主义道路的良好开端受到挫折,动摇和修改了党的八大关于我国社会主义主要矛盾的正确判断,给党和国家的事业造成重大损失,教训是深刻的。

第十章

社会主义建设总路线的贯彻、“大跃进”和人民公社化运动

为了尽快改变中国贫穷落后的面貌，党中央在1957年冬提出了15年赶超英国钢产量的目标，在1958年正式制定了社会主义建设总路线，并发动了“大跃进”和人民公社化运动。社会主义建设总路线、“大跃进”和人民公社，当时被称为“三面红旗”。它们的提出和推行，表明党力图在探索中国社会主义建设道路中打开一个崭新的局面。实践证明，这个努力是不成功的。按照党中央的决策部署，辽宁省广大党员干部和群众积极宣传总路线，并投入以兴修水利等为特征的农业生产“大跃进”、以大炼钢铁为特征的工业生产“大跃进”。同时，开展了以“一大二公”[①]为特征的人民公社化运动。但由于“大跃进”和人民公社化运动缺乏从客观实际出发的充分依据，片面追求高指标、高速度，结果打乱了正常的经济秩序，造成了国民经济的困难局面。

一、社会主义建设总路线的学习宣传与贯彻

1958年5月5日至23日，党的八大二次会议召开。会议通过了

① “一大二公”：“大”就是规模大，“公”就是生产资料公有化程度高。

“鼓足干劲、力争上游、多快好省地建设社会主义”的总路线。社会主义建设总路线的提出，反映了党和广大人民群众迫切要求尽快改变我国经济文化落后状况的普遍愿望，体现了党中央、毛泽东关于社会主义建设的思路。但是，由于这条总路线是在批评反冒进的过程中形成的，是在急躁冒进、急于求成的思想指导下制定的，忽视了国民经济的综合平衡，夸大了主观意志的作用，因而存在严重缺陷。

1958 年 5 月 30 日至 31 日，中共辽宁省委召开全省市、地委书记会议，传达贯彻党的八大二次会议精神。会议决定立即在全省范围内迅速深入地宣传、学习、贯彻总路线。会议研究了传达、宣传、学习党的八大二次会议内容的具体方法。会议提出，要做到迅速、普遍、深入，在干部、工人、农民、知识分子和民主党派中要分别有重点地组织宣传和学习；负责干部亲自出马，认真讲解；党员干部要集中传达学习，采取大鸣大放的方法，结合工作、思想进行检查和讨论，讨论和工作不断反复轮替进行，做到学习和工作两不耽误，互相推动，使思想问题解决得又深又透。6 月 1 日，省委又作出《关于迅速开展总路线宣传运动的决定》。《决定》提出，各级党委必须首先学习好，这是贯彻执行总路线的关键，可以采取集中学习或分期分批集中学习的方法。对党员、对各阶层人民（包括知识界和民主党派），要采用组织各级负责同志直接作报告和运用多种多样生动活泼的宣传形式。在各级干部经过短期集中学习以后，要组织力量迅速深入下去，进一步采用边传达、边检查、边辩论的方法，和广大群众运动相结合，以总路线为标准来检查工作，“进一步鼓足干劲、批判冷风，想办法、增措施、开展技术革命和文化革命，千方百计克服一切困难，完成工业生产最高规划，完成农业生产一年三自给的任务，完成其他一切工作的规划”①。

在学习贯彻社会主义建设总路线过程中，省委注重批判“保守思想”，并重新确定了全省经济发展指标。省委提出，在工业方面，要保证完成“跃进”规划的最高指标；在农业方面，要保证完成粮食、猪肉、蔬菜

---

① 《中共辽宁省委关于迅速开展总路线宣传运动的决定》，《辽宁日报》1958 年 6 月 3 日第 1 版。

一年三自给；在教育方面，要保证提前完成扫盲任务，一年普及小学教育，大办中学和高等专科学校。省委还提出必须破除迷信，解放思想，打破“右倾保守”及教条主义、经验主义等使人不敢想不敢做的思想束缚。思想解放是保证贯彻总路线的关键，所以要有敢想、敢说、敢做的革命气概；有建设的雄心，要相信群众、放手发动群众。6月2日，《辽宁日报》发表《宣传总路线，到处插红旗》的社论。社论指出：“在毛泽东同志的教导和总路线的光辉照耀下，我省人民和干部思想已经得到很大的解放，从而使我省的整风和生产双双‘跃进’，使我们提出了振奋人心的促进农业生产的‘大跃进’的‘一年三自给’的口号，而且在今年实现这个口号是有条件的。”“有数不尽的事实可以证明，思想有解放，工作就有‘跃进’，思想有大解放，工作就有‘大跃进’，有飞跃的发展，这是符合发展规律的。”

在党的各级组织领导下，全省城乡各地广泛开展了宣传社会主义建设总路线的活动。对总路线学习、宣传的基本要点是：调动一切积极因素，正确处理人民内部矛盾；巩固和发展社会主义的全民所有制和集体所有制，巩固无产阶级专政；在继续完成经济战线、政治战线和思想战线上社会主义革命的同时，逐步实现技术革命和文化革命；在重工业优先发展的条件下，工业和农业同时并举，大型企业和中小型企业同时并举；尽快把中国建设成为一个具有现代化工业、现代化农业和现代化科学文化的伟大的社会主义国家。

通过学习宣传社会主义建设总路线，全省广大干部群众热情高涨，干劲十足，决心响应党的号召，在继续整风的基础上，迅速掀起社会主义建设高潮。与此同时，各地还对工农业进行大检查，用以推动生产“大跃进”和技术革命、文化革命。

二、“大跃进”运动的发动和展开

农业“大跃进”的开展

1957年9月20日至10月9日，党的八届三中全会召开。会议通过了《一九五六年到一九六七年全国农业发展纲要(草案)》以及关于工业、商业、财政的管理体制和关于劳动工资、劳保福利问题的几项规定草案,重点讨论了关于整风和反右派斗争问题、农业问题、国家行政管理体制问题、劳动工资和劳保福利问题、国内主要矛盾问题。全会结束后不久,1957 年 10 月 25 日,中央正式公布全会通过的《一九五六年到一九六七年全国农业发展纲要(修正草案)》,并发出通知,要求组织全民讨论,开展关于农业生产建设的大辩论,掀起一个生产高潮。10 月 27 日,《人民日报》为此发表题为《建设社会主义农村的伟大纲领》的社论。社论要求“有关农业和农村的各方面的工作在十二年内都按照必要和可能,实现一个巨大的跃进”,从而在中共中央机关报上提出了“跃进”的口号。11 月 13 日,《人民日报》发表题为《发动全民,讨论四十条纲要,掀起农业生产的新高潮》的社论。社论批评“有些人害了右倾保守的毛病,像蜗牛一样爬行得很慢,他们不了解在农业合作化以后,我们就有条件也有必要在生产战线上来一个大的跃进”。12 月 12 日,《人民日报》发表《必须坚持多快好省的建设方针》社论,发出了“把一九五八年的各项计划指标订得尽可能先进些”的号召。在 12 月召开的中国工会第八次全国代表大会上,党中央向全国人民宣布了 15 年在钢铁和其他工业产品的产量方面赶上或者超过英国的口号。1958 年元旦,《人民日报》发表的《乘风破浪》社论,再次提出 15 年赶超英国的目标,同时还提出,准备再用 20 年到 30 年的时间在经济上赶上并且超过美国,以便逐步地由社会主义过渡到共产主义社会。为了实现赶超目标,中央提出“以粮为纲”“以钢为纲”的口号。1958 年 1 月和 3 月,党中央先后召开南宁会议和成都会议,进一步批判反冒进。南宁会议提出“苦战三年,使大部分地区的面貌基本改观”,还提出要实行生产计划三本账①。这种三本账的制度,是导致各地区、各部门在制订计划时层层加码、追求高指标的一个重要因素。3 月 3 日,中共中央发出《关于开展反浪费反保守运动的指示》,要求采用大鸣、大放、大字报、大辩论和开现场会、办展

① 指中央和地方的生产计划分别有必成和期成的两本账,中央的第二本账就是地方的第一本账,评比要以这一本账为准。

览会等形式，揭露和批判浪费、保守现象，支持群众在各方面的“跃进”。这一运动的开展，助长了高指标、浮夸风等错误的发展。

按照中央全国农业发展纲要（修正草案）的要求，“大跃进”首先从农业开始。从1957年冬到1958年春掀起的农业生产高潮，拉开了“大跃进”运动的序幕。辽宁是工业大省，农业相对落后，粮食不能自给，农副产品不足。从1952年到1955年，辽宁粮食产量一直徘徊在100亿斤至120亿斤。1956年粮食获得大丰收，总产量达148.64亿斤，1957年又回落到117.4亿斤。1957年11月召开的中共辽宁省第一届代表大会第二次会议提出，继续贯彻执行党的八届三中全会精神，彻底克服“右倾思想”，把整风进行到底，领导全省人民掀起工农业生产新高潮。在农业生产方面，为实现全国农业发展纲要确定的目标任务，必须坚决贯彻执行在优先发展重工业的前提下，实行工农业同时并举的方针，全力巩固合作社，发展农业生产，争取在五年内使粮食总产量达到190亿斤，做到全省人民吃粮自给，三年内全省农业生产提高30%至40%，使全省农业社的生产水平和收入水平都赶上或超过富裕中农。在12月召开的辽宁省第八次计划工作会议上，提出以发展农业为中心全面发展地方经济的计划。计划指出，为了推动各项事业不断跃进，必须和各种“右倾保守”思想作顽强斗争，以便在好省的基础上尽量更多更快地发展生产。会议还提出农业以增产粮食为中心，力争全面增产，1958年粮食产量要达到156.8亿斤，比1957年提高20%左右；生猪647万头，比1957年增加200万头。实现农业增产的主要措施是兴修农田水利，防洪排涝，扩大高产作物面积等。

为了实现这个计划，掀起农业生产高潮，1958年1月27日至2月4日，省委、省人委召开辽宁省农业建设积极分子代表会议。辽宁省副省长褚凤岐作了《鼓足干劲，推进生产高潮，为实现1958年农业“大跃进”而奋斗》的报告，提出要下最大决心，用最大努力，搞好1958年农业生产“大跃进”，并提出农业生产主要指标：粮食总产量800万吨，皮棉6.67万吨。会议号召全省提前四年实现农业纲要产粮指标，把五年内做到全省粮食自给跃进为争取三年内实现。在闭幕会上，省委书记王铮在讲话中提出“争取三年内完成粮食自给，力争蔬菜一年自给，猪肉二年自给，三年内做到农村食油自给”，同时提出实现农业生产“大跃进”的12项要求。会议再一次强调，实现农业“跃进”，必须有“跃进”思想，只要批判了右倾保守思想，农业生产就可“跃进”。3月2日至7日，省委召开全省农村工作会议。会议批判了1956年下半年至1957年上半年反冒进问题，深入反对“右倾保守”思想，重新提出粮食总产量的修订指标：“一千万吨为必成数，一千三百万吨为争取数”，并“希望各县、市按照一千三百万吨的指标制订具体措施”，“我省原定三年达到纲要粮食指标，现在两年就可以达到了”。会议提出“鼓足干劲，大干60天”的号召。省委扩大会议作出部署，“我省农业要一年实现粮食、猪肉、蔬菜自给和消灭涝灾，两年实现水利化，三年实现农业发展纲要的粮食指标和做好水土保持工作，绿化全省，五年基本实现农业机械化和农村基本电气化，除四害要三月突击一年完成。”[①] 随后，省委、省人委举行农业“跃进”誓师广播大会，宣布开原、昌图等9县计划亩产千斤。

1957年冬，辽宁省委、省人委根据中央“十年看三年，三年看头年，一年之计在于冬”的指示精神，在全省范围内开展了以农田水利建设和积肥为中心的大生产运动。解放军指战员、学生、城镇居民、厂矿职工等纷纷到农村献工，参加水库建设和修梯田劳动。行动最快的安东地区，到1958年3月18日，已经出工1000多万个，建成大小水库、塘坝590多座。3月20日至25日，全省第一次农业生产“大跃进”检查评比会议在安东县召开。省委认为全省农业生产“大跃进”的高潮已经广泛深入地、异常迅猛地开展起来，其特点是来势猛、行动快、情绪高、劲头大，一日千里，摆在全省各级农村领导面前的急迫政治任务就是：继续克服“右倾保守”思想，认清新的形势，抓住有利时机，更广泛、更深入地发动群众，想尽一切办法挖掘增产潜力，拿出双倍的措施，保证一年实现“三自给”，力争全省1958年农业生产大翻身。会议肯定了安东县的成绩和做法，提出了农业生产再跃进的要求。会后，全省范围内的兴修水利运动再掀高潮。

---

① 《讨论党中央指示　促进全民大干劲　中共辽宁省委部署全面大跃进》，《辽宁日报》1958年3月7日第1版。

5月6日至11日，全省农业生产“大跃进”第二次检查评比大会在新宾县召开。会议指出，从1957年冬到1958年5月，全省累计建成大小水库1.3万多座，塘坝5.8万个，深井和普通井8.8万眼。安东、新宾、桓仁等11个县宣布实现水利化。会议在对粮食产量“算了两笔大账”（即按增产措施计算和按作物单位面积产量计算）后认为，实现粮食自给是完全有把握的，“某些人指手画脚地说‘产量指标多高，脱离实际’等等，纯粹是毫无根据的谬论”。会议提出，要组织大鸣大放、大字报、大辩论，摆措施、摆干劲，用具体事实说明完成指标的可能性和可靠性，要把群众的热情和冲天干劲巩固起来，发展下去，不断用新的任务，把农业高潮一浪推一浪地引向新的高潮。

1958年7月后，辽宁在全省范围内广泛开展了“卫星田”运动。营口、铁岭、庄河、北镇、抚顺等12个市、县上报的“卫星田”“火箭田”“冒尖田”“高产田”“大王田”等达210万亩。安东全区除创造亩产3000斤的苞米、4000斤的水稻大面积丰产田外，还计划把干部的试验田全部变成“卫星田”，苞米和水稻亩产要达到万斤，地瓜争取达到10万斤，发射上万颗“卫星”。由于生产计划不切实际，因此秋后各地普遍虚报产量。10月11日，新民县红旗人民公社发出玉米亩产3000斤的消息，随后各地“高产卫星”竞放，有的地区竟将十几亩地收获的粮食集中到一亩地中，拍下照片，公之于报。在这种形势下，1958年辽宁全省粮食总产量达140亿斤。

1958年秋，辽宁省根据《中共中央关于深耕和改良土壤的指示》精神，决定从秋季开始，在两年内把全省耕地普遍深耕一遍，到1959年春“最低要完成二百万垧以上，深度要达到一尺以上，高产田、卫星田、试验田要达到二尺至三尺以上”①。10月6日，省委召开深翻地电话会议，提出1958年要把全部耕地进行深翻，“其中深翻一尺到一尺五的，至少要达到二百万垧；深翻二尺以上的，要达到一百万垧；不能深翻的土层薄的地，要求尽可能地借‘客土’，改良土壤，加厚土层达到一尺以上。要动

① 《大搞深翻，为明年更大的丰收打基础》，《辽宁日报》1958年9月22日第1版。

员五百万人，掀起一个一天一百万亩的深翻地运动"①。会议认为，全省的粮食总产量虽然增长了百分之三十几，但没有完成三自给的计划。1959年，全省的农业生产不仅要做到三自给，而且要有盈余，粮食产量要求每亩最低达到千斤，为了实现这个计划，要抓紧深翻地。10月8日，省委又召开全省大搞深翻地广播誓师大会，向全省500万农民和干部发出号召："深翻是当前农业生产最迫切的任务，这是我们争取明年农业生产大翻身的一个最紧要的问题。"为此，省委决定，"今秋发动五百万深翻大军，最少要深翻三百万垧，一般深度要达到一尺到一尺半，其中一百万垧要达到二尺以上，卫星田要达到三尺以上"。会后，各地纷纷组织野战兵团昼夜苦战突击深翻，各地相继发射深翻"卫星"。据《辽宁日报》报道：绥中县组织16万人、8个深翻兵团、178个营，上自九旬老人，下至红领巾，操起7000余付深翻犁，点起3万盏灯，一昼夜深翻地10万亩，深度为1—3尺。锦州地区动员200万人深翻，一昼夜深翻百万亩。昌图县放出"大卫星"，28万人一昼夜深翻26万亩，深度为1—5尺不等。到12月初，全省经过深翻的土地达到1845万亩。

从农业增产的角度来看，适当翻整土地是一项有益措施，但不加区别地一律要求深翻，往往事与愿违。尤其是在庄稼成熟待收的情况下，调动强壮劳动力去深翻地，严重影响了秋收的进度和质量，致使大量已成熟的庄稼被白白浪费，更严重的是深翻土地把生土翻上来，造成了此后几年的粮食减产。

工业"大跃进"的开展

1957年12月14日，《辽宁日报》发表消息：全省职工以无比信心响应党中央的号召，决心15年赶上英国工业水平，沈阳、旅大、鞍山、抚顺、本溪等市组织各种活动，表达职工的决心，促进生产建设高潮，迎接第二个五年计划，推动了辽宁工业"大跃进"的开展。不久，中共辽宁省委发出《关于把工业生产建设新高潮向前推进一步的指示》。《指示》提出，"对职工群众开展广泛的宣传教育，使他们正确认识十五年内赶上或

---

① 《深翻地——我省农业翻身的重要环节》，《辽宁日报》1958年10月8日第2版。

者超过英国工业水平伟大号召的意义，提高积极性，鼓起干劲来，把生产建设高潮向前推进一步”。在此基础上，发动职工充分挖掘企业潜力，讨论明年或明年一季度的计划，定出先进的切实可行的生产计划和增产节约计划，以及保证计划实现的积极的具体措施，组织和发动职工群众提合理化建议和推广先进经验，开展社会主义劳动竞赛。年末，辽宁省第八次计划工作会议确定了1958年地方经济计划。计划提出，全省地方工业总产值为31.48亿元，比1957年增长12.4%，大多数主要产品比1957年都要有所增长，特别是供应农田排灌需要的柴油机、涡轮机、水泵、工业原料和出口物资中的原煤、铁矿石、镁砂等都要有较大增长。全省地方基本建设投资额为1.639亿元，比1957年增长33.8%。这个增长速度比第一个五年计划期间任何一年都要高。在基本建设投资中，水利建设投资比1957年增长64.4%。为了推进工业战线的“大跃进”，在制定1958年地方工业经济计划之后，省委发出“鼓足干劲，做工业高潮的促进派”的号召，严厉批判“不愿接受先进生产指标”“不愿主动承担更繁重的任务”“对高潮形势表示怀疑”等所谓“右倾保守”思想。号召指出，产生“右倾保守”思想的根本原因有两个：一是对当前国际、国内形势带来的任务缺乏深刻认识和革命自觉性，许多人对于东风压倒西风、社会主义压过资本主义的形势下，中国在15年左右在重要工业产品方面赶超英国的重要性认识不清；二是某些干部看不到群众的力量，不相信群众的创造性。省委号召大家迅速克服“右倾保守”思想，鼓起新的干劲，快马加鞭、迎头赶上新形势的发展，做工业生产“大跃进”的促进派。

1958年2月11日，辽宁省人委召开各市工业局长会议，把1958年地方工业指标再度提高。会议确定1958年全省地方工业生产总值比1957年增长40%，手工业产值比1957年增长70%，第二个五年计划全省地方工业总产值比1957年增长3倍。会议在分析了辽宁省许多特有的有利条件后，认为实现1958年的“大跃进”计划和第二个五年计划指标是有把握的。2月22日，省委召开全省企事业整风会议，传达中央企业整风会议精神，确定企业整风的中心任务是，以“反浪费、反保守”为纲，深入开展整风运动；强调整风是上半年压倒一切的中心任务，要求把整风和生产高潮结合起来,以促进生产"大跃进"。3 月 5 日,省委提出,"我省要大干三年,以根本改变全省的面貌。国营工业要在这三年内为十五年或更多一点时间赶上英国创造充分条件,要向全国先进水平看齐,要向世界先进水平看齐……我省地方工业在五年中总产值要增加三倍,今年产值要提高百分之四十。"

根据中央有关要求和辽宁省委、省人委的部署,1958 年 3 月,省计委根据国民经济全面"大跃进"的新形势,发出补充修订的规划表格和参考提纲,要求各市、县计划委员会和省直各有关部门,填报第二个五年计划建议数字。6 月,辽宁省重新编制地方工业主要行业的第二个五年计划,提出一些脱离实际的计划指标。不仅如此,工业计划指标在国家生产计划"三本账"思想指导下进一步攀高。1958 年 10 月,省人委又下达 1958 年工业生产计划第三本账的通知。因此,辽宁省制订了两套第二个五年计划,并由省计委提出检查全省第二个五年计划完成情况的工农业产品达到的水平和提前达到这个水平的目标。为了超额完成 1958 年的工业"跃进"计划,迎接 1959 年更大的"跃进",1958 年 10 月 27 日至 11 月 8 日,省委召开工业会议。会议讨论和部署了在企业中大搞群众运动、大搞革命,在全省工业企业中开展翻身运动。在讨论 1959 年生产"大跃进"时,"有的同志提出:'翻两番不够格,三、四番是中游,五、六番以上是红旗'"。

在"大跃进"思想指导下,从 1958 年开始,辽宁掀起了全党全民办工业的高潮。大办工业最明显的表现就是新建及改建、扩建大量厂矿和工业企业。1958 年,鞍钢、本钢等国有大型钢铁企业纷纷扩建厂房、增加设备,准备为完成钢铁生产任务创造条件。到 1958 年 4 月,全省建成各种类型厂矿、作坊达 3677 个,平均每天有 36 个厂矿投入生产。其中最为突出的是锦县,在不到 1 个月的时间里就新建了 356 个小型厂矿。4 月 11 日至 13 日,省委在锦县召开现场会,介绍推广锦县、凌源等县发展县乡工业的经验。会议认为,社会主义建设"大跃进"形势迫切需要县乡工业的迅速发展,农业"大跃进"要提前实现机械化、电气化、化肥化和水利化,必须有工业的支援,而工业的支援不能光靠大中城市,必须发展县乡工业。会议要求各级党委根据多快好省、鼓足干劲、力争上游的精神，因势利导，造成声势，把县乡工业发展起来。由于“大跃进”的推动，1958年辽宁省工业企业单位数由1957年末的5629个增加到42928个，增加了6.6倍。其中，仅小钢铁一个行业的企业单位数，就由1957年的18个增加到1958年的1487个，增加了82.6倍。集体所有制工业企业数量从1957年的3986个急剧增加到1958年的40044个[①]。

辽宁作为全国重工业基地之一，钢铁工业实力十分雄厚。到1957年，辽宁拥有鞍钢、本钢、抚钢、大钢等县以上钢铁企业20家。在1958年春开始工业“大跃进”后，省委、省人委非常关注如何提高钢铁产量，设想在省内几大钢厂基础上多建小型钢铁厂，从根本上改变全省工业、农业、水利、交通等各项事业“大跃进”所需钢铁与有色金属材料不足的局面。4月，省工业厅组织20余县代表到河北抚宁杜庄炼铁厂参观学习后认为，县里可以建高炉，并作出规划，提出不要国家一分钱，年内建成“抚宁式”小高炉58座，产铁7万吨。1958年7月4日，省委、省人委作出《关于大力挖掘钢铁和有色金属资源支援工农业生产“大跃进”的决定》。《决定》号召全省人民开展挖掘回收废旧钢铁和有色金属运动，并提出“先土后洋，由小到大，依靠群众，遍地开花”的方针，要求凡是有金属矿产资源的地方和有制造炼钢铁设备能力的企业、比较容易改扩建的厂矿企业、铸钢铸铁车间和冶金企业，都要立即兴办和扩建钢铁与有色金属工业。《决定》发出后，全省各地立即行动起来，掀起挖掘回收废旧钢铁的工业“抗旱”运动。此后，各地纷纷回收废钢铁，兴建各种小高炉。7月中旬，鞍钢提出大中小型同时并举，挖掘潜力，准备在年内新建中小型转炉50座、中小型高炉200座。抚顺、本溪等地也先后修建中小型高炉。8月初，《人民日报》发表《土洋并举是加速发展钢铁工业的捷径》的社论，把修建小高炉运动推向高潮。

1958年8月召开的北戴河中央政治局扩大会议（以下简称北戴河会议）确定，1958年钢产量要达到1070万吨的指标。实际上，前8个月，钢的生产只完成400万吨，要想实现全年钢产量翻番的目标，就必须

① 辽宁省统计局编：《辽宁奋进四十年》（1949—1989），中国统计出版社1989年版，第354页。

在余下的 4 个月内完成 600 万吨至 700 万吨的生产任务。为了完成钢的生产任务，北戴河会议提出由党委第一书记挂帅、大搞群众运动、全党全民办钢铁工业的方针。为了动员全党全民大炼钢铁，北戴河会议还将 1070 万吨的钢产量指标写进会议公报。

在全国钢产量要达到 1070 万吨的指标中，辽宁省承担了其中 40%以上的任务。因此，以钢为纲、开展大炼钢铁的群众运动就成为辽宁省“大跃进”运动的中心任务。8 月 26 日，省委召开工业生产紧急会议，提出第一书记亲自挂帅，抓住钢铁、机械两大重点，坚决保证完成国家计划。省委、省人委提出“大洋群为主，小洋群与小土群[①]结合，大搞群众运动的方针”，组织钢铁大会战。8 月 28 日，辽宁省工业跃进誓师广播大会召开。会议提出：“要振奋起来，鼓足冲天干劲，高举革命比赛的红旗，赶过上海和其他兄弟省市，争取我省工业大翻身，摘掉落后帽子，走在全国最前列，不达目的，誓不休止。”[②]根据省委、省人委的决定，首先调整了鞍钢、本钢、大连钢厂、抚顺钢厂等钢铁企业的生产计划，提高各项生产指标，并通过扩建厂房、增加设备等措施，增加企业的生产能力，为完成钢铁生产任务创造条件。在重点抓国营大中型钢铁企业的同时，各市、县相继成立钢铁生产指挥部，组织全省工、农、商、学、兵和广大机关干部投入钢铁生产大会战，形成全省大炼钢铁的群众运动。9 月，全省钢铁战线开展向时间夺取钢铁的决战。从 9 月 1 日至 26 日的平均日产量，与历史最高产量的 8 月份同期日产量相比，钢增长 8.16%，生铁增长 6.6%。全省小高炉和土高炉的建设进度也大大加快，9 月 19 日还只有 3738 座，26 日已建成 12196 座，平均每天建成 1200 多座。到 26 日，投入生产的炉数达 2600 多座，其中正常出铁的 490 座。9 月下旬平均日产量比 9 月中旬增加将近一倍。10 月中旬，根据中央的指示精神，省委向全省人民发出紧急号召，“大干特干一鼓作气干到 12 月 10 日，提前 20 天完成今年的钢铁大跃进计划，夺下钢铁大关”，并决定从 10 月 15 日至 20 日，掀起钢铁高产周运动，大放一周“高产卫星”。在全省范围

① 大洋群是指大型企业、现代化生产方法炼钢炼铁、群众运动；小洋群是指小型企业、现代化生产方法炼钢炼铁、群众运动；小土群是指小高炉、土法炼钢炼铁、群众运动。

② 《抓钢铁，抓机械 保证实现工业跃进计划》，《辽宁日报》1958 年 8 月 29 日第 2 版。

内组织若干个小土群生产生铁千吨县、千吨市和500吨市，争取辽宁省在10月下旬成为万吨省，全省钢铁达到日产3万吨。在省委、省人委的号召下，数百万农民上山，大办小矿山和小炼焦厂，各级财政部门投入大量资金，广大群众献出家里可作炼钢铁原料的废旧铁锅、铁铲、柴刀、菜刀，甚至门把手。在大战钢铁周中，以大鸣、大放、大辩论开道，总结经验教训，批判保守思想，大搞千吨炉、万吨厂。为完成钢铁周的高产任务，组织了铁路、公路运输、电力、煤炭等部门共产主义大协作。

鞍钢是全国最大的炼钢企业，钢产量占辽宁省总产量90%以上。1958年年初制订计划时，确定鞍钢生产352万吨钢。全国提出1070万吨钢的任务后，鞍钢承担其中450万吨钢的任务。鞍钢能否完成产钢任务，对辽宁省乃至全国都有决定性意义。辽宁省委号召全省各行各业支援鞍钢，实现钢铁“跃进”计划。9月25日，中共中央书记处书记、国务院副总理李富春在鞍钢职工大会上号召鞍钢广大职工进一步解放思想，破除迷信，充分发挥主观能动性，挖掘物资潜力，大搞技术革命，发挥现代化大企业潜力，把钢铁生产推向一个新阶段。从9月开始，鞍钢连续开展“高产月”“高产周”“高产日”活动，各级领导干部纷纷下到生产第一线，与工人“同吃、同住、同劳动”，搞“试验田”总结高产经验。大批工人搬进厂内“守炉餐、伴炉眠”，分秒必争，夜以继日。不少工人冒着高温抢修平炉水套，清理钢罐，烫伤不下火线。各厂矿掀起了“比先进，比多快好省”的劳动竞赛热潮，全鞍钢呈现出轰轰烈烈的“跃进”局面。原定1958年底竣工的39项工程，绝大部分提前完成。炼铁厂改变过去一直沿用的苏联高炉中等冶炼强度的操作方法，实行“精料、大风、高温”操作方针，提高了高炉的利用系数和冶炼强度。同时，加紧第二条钢铁战线建设，突击兴建小洋高炉和小转炉。先后在弓长岭、大孤山、东鞍山、樱桃园、大栗子等铁矿及南部、西部、北部、灵山各机修厂和耐火材料厂、碎铁厂等厂矿建小洋高炉、小转炉。中共鞍山市委、鞍钢党委还发动全市各行各业职工及家属兴建土炼铁炉、土炼钢炉，掀起了“全民大炼钢铁”的热潮。11月3日，鞍山市委决定开辟小土群战线，以确保钢铁“跃进”计划提前完成。在之后短短10多天时间里，全市组织了包括工人、农民、干部、学生，甚至街道居民和解放军官兵在内的10万多人，共同投入大炼钢铁的运动，共建起3333多座小土炉[①]。省委钢铁指挥部召开市地委工业书记现场会，推广鞍山土法炼钢铁经验。但是，鞍钢在年终并未完成1958年450万吨钢产量的“跃进”指标。

到1958年底，辽宁全省共生产钢470万吨[②]，修建1.5米至7.2米小高炉1528座。1959年，辽宁省全民大炼钢铁运动趋于收缩，地方钢铁工业生产的重点主要放在小高炉方面，小土炼钢炉的生产基本停止。大炼钢铁运动打乱了正常生产和建设秩序，违反了科学原则和客观经济规律，产品质量差、成本过高，给经济发展造成严重破坏。

首先，大炼钢铁虽然在一定程度上缓解了全省工业、农业、水利、交通等行业所需钢铁的困难情况，但由于超越了客观条件的允许和可能，浪费了大量的财力、物力、人力。大量土法炼钢炉极其简陋，如鞍山铸管厂的土转炉，就是用旧汽油桶做外壳，里边糊上泥沙，用几根铁棍架起来，通上风就开始炼钢，生产出来的钢铁质量很差，有些根本无法使用。县以下公社及一些机关学校修建的所谓小高炉，炼出的钢质量更差。

其次，严重冲击和挤压了农业、轻工业，造成国民经济发展比例严重失调。由于许多劳动力、运输工具和设备、原材料等被用于大炼钢铁，使农业生产受到损失，造成群众生活的严重困难。轻工业产品品种和产量大幅度减少，直接导致了人民日常生活用品供应的紧张状况。1958年全省工业（含轻、重工业）投资总额为18.5694亿元，而农业投资总额仅为0.8381亿元。从产值上看，1958年工业总产值为163.7亿元，农业总产值为21.3亿元。从国民收入看，1958年工业收入为40.1亿元，农业收入为15.4亿元。1958年工业收入比1957年增加近20亿元，而同期农业收入只增加0.3亿元，造成工农业比例严重失调。同时，轻重工业比例失调。1958年重工业产值为125.2亿元，占工业总产值的76.5%，轻工业产值38.5亿元，占工业总产值的23.5%。

---

① 《鞍山市全民大炼钢》，《辽宁日报》1958年11月24日第1版。

② 由于一定程度的虚报浮夸，1958年年底，辽宁曾宣布完成了中央下达的493万吨的指标任务。1959年9月17日，中共辽宁省委在辽宁省第二届代表大会的工作报告中写道，1958年钢产量为470万吨，超额完成计划。

文教卫生领域的“大跃进”

在工农业生产“大跃进”的同时,全省文教卫生领域也提出“全面的跃进”的高指标。“大跃进”发动之初,《人民日报》社论就指出,我们国家现在正面临着一个全国“大跃进”的新形势,工业建设和工业生产要“大跃进”,农业生产要“大跃进”,文教卫生事业也要“大跃进”。中共辽宁省委多次召开会议,统一部署。1958 年 3 月 6 日至 11 日,省委召开各市县(旗)文化部长会议。会议提出文教卫生事业要全面“大跃进”,达到以下几个指标:一年普及小学教育;两年普及初中教育,做到乡乡有中学;扫除文盲工作,两年完成,一年扫尾;在中等学校普遍推进勤工俭学;卫生工作“大跃进”,大战三个月一年除四害,基层医疗单位一年自给,做到乡乡有卫生所;文化艺术事业上要做到社社乡乡有业余歌咏队和剧团;篮球、排球、乒乓球、自行车、射击等项要赶上国际水平,争取 1959 年全国运动会上得总分前三名;三年普及科学知识[①]。

1958 年 3 月 20 日,中共辽宁省委印发《关于召开全省文教会议研究中、小学教职员的清理补充问题和文教事业大跃进的问题的报告》,制定了文教事业“大跃进”的规划。5 月 6 日至 11 日,省委召开全省教育工作会议,传达全国教育工作会议精神,讨论教育事业“大跃进”问题。会议认为要继续批判保守思想,要求全省教育事业要继续“大跃进”。在发展各项文教事业过程中,应贯彻“两条腿走路”的方针,积极发展教育,从而造成一个轰轰烈烈的文教事业“跃进”的形势。为此,教育领域掀起了扫除文盲、勤工俭学和群众办学浪潮。1958 年,全省发动群众组织扫盲大军,广泛采用汉语拼音方式,加速扫盲进程。1959 年 4 月,省人委发出《关于在农村继续大力进行扫除文盲和巩固发展业余教育的指示》,要求全省继续大力进行扫除文盲工作。同时,积极开办各种形式的农民业余学校,组织广大脱盲的青壮年参加学习,防止产生复盲现象。

勤工俭学是贯彻落实我国教育方针的重要内容之一。通过勤工俭学,一方面可以培养学生的劳动观念和劳动品格;另一方面也有助于对文化课的理解和掌握,创造经济收入,弥补教育经费不足,改善办学条

① 《全省文教事业要全面大跃进》,《辽宁日报》1958 年 3 月 12 日第 1 版。

件。但这期间,勤工俭学忽视教育与教学,过分追求经济效益,有单纯经济观点;对学生的健康、安全注意不够[①]。不少学校取消文体活动,有的学校为实现与工矿订立的合同,往往白天停课休息,夜间去工矿干活,打乱了教学秩序,降低了教学质量。1958 年 8 月,辽宁省教育厅根据"多快好省、勤俭办学"的方针和"两条腿走路"的精神,提倡群众创办各种类型学校,以促进教育事业"大跃进",使教育更好地为政治斗争和生产建设服务。在两个多月的时间里,全省群众举办的民办中小学已达 8290 所,就学人数 54 万多人。其中民办小学 5100 所,就学人数 35.55 万名;民办中学 3190 所,就学人数 19 万人。民办中学里有农业中学 850 所、业余中学 1711 所、普通民办中学 550 所,还有化肥学校、畜牧学校、水利学校等职业学校。1958 年,全省小学在校生达 351.14 万名。1959 年,在校生增加到 380.18 万名,学龄儿童入学率达 90.5%。由于在实际工作中过分强调主观能动性,忽视客观规律性,致使学校规模急剧膨胀,教育质量严重下降。

在文化领域,1958 年,全省建立了成千上万的文化站、业余剧团、图书馆、农村俱乐部、展览馆(室)和民办书店,文联、音协、美协、歌咏队、文物保护小组等群众组织也发展很快。1958 年 3 月 8 日,中国作协沈阳分会召开在沈作家和理论批评工作者会议,讨论如何响应中国作家协会向全国发出的"大跃进"号召。会议提出"苦战三年,改变现有面貌"的口号,要开展一个群众性的文学创作活动,三年中创作各种形式作品 4000 件,在作家中展开竞赛,比数量、比质量。会后,许多作家深入工厂、矿山、农村体验生活。到 10 月,全省群众业余创作组约有 2 万多个,创作出文艺作品 800 余万件[②]。1959 年 1 月,《文艺红旗》召开座谈会,发动工人写工厂史、放"厂史卫星"。出版、发行、电影等各部门也都在 1958 年底完成了"跃进"计划。在"全民办文化"口号的影响下,1958 年,全省农村俱乐部达到 52062 个。1959 年,有民办文化馆 740 所,公社文化站 3991 个。其间,群众文化艺术异军突起,涌现出一些令全国

① 《关于学校开展勤工俭学活动情况的视导报告》(1958 年 4 月 21 日),辽宁省档案馆馆藏文件。

② 《我省文化事业空前繁荣》,《辽宁日报》1959 年 1 月 27 日第 1 版。

瞩目的优秀工农作者和表演人才，如海城县农民诗人霍满生、法库县农民诗人金玉廷等被推选出席全国文教群英会。但是，在带有严重“浮夸风”色彩的“大跃进”运动的背景下，这种一哄而上的突击式、大规模的群众运动式、行政命令式的发展文艺方法，是违背文艺发展规律的。从艺术价值上看，文艺“大跃进”所产生的文艺作品，绝大多数都是一些公式化、概念化、标语口号式的作品，非但没有创造出新的艺术形式，反而阻碍了艺术的多样化发展。

卫生工作也制订了“跃进”规划，提出“大干三个月，基本消灭四害，变成四无省”，在农村还提出了“社社办产院，队队办托儿所”的要求。在高指标要求下，药品厂家和品种迅速增加，许多不合格药品进入了销售和使用环节。

在“大跃进”运动中，辽宁全省各级党组织、广大党员、干部和群众，发挥高度的社会主义积极性和创造精神，通过艰苦努力，在农田水利、工业建设、科教文卫事业等方面取得了一定成就。但“大跃进”运动中提出的不切实际的指标和急于求成的做法，对全省生产力造成了极大破坏，给国民经济和人民生活带来了灾难性损失。

经济社会协调发展受到严重影响。“大跃进”中，在“左”的思想指导下，违背了社会主义基本经济规律，片面强调高积累、多基建，先生产、后生活。在 1958 年国民收入中，省内积累率为 41.7%，比“一五”计划时期 31.3% 的年平均积累率高 10.4%。地方财政赤字增加，超过了实际承受能力，挤占了改善人民生活方面的投入。加之过分追求钢铁翻番和重工业优先发展，重工业投资挤占了农业和轻工业。虽然钢铁产量提升了，但破坏了农业、轻工业、重工业平衡发展的比例关系，造成后来工农业生产大幅度下降，钢铁产量随之下降。

人民群众生活遭遇困难。大炼钢铁、大办工业等运动，加剧了对农村人力、物力的无偿调拨，使辽宁农业和整个农村元气大伤，人力、畜力、地力俱损。农业高估产带来的高收购，使农村经济陷入混乱状态，粮食、油料、副食品供应出现严重不足的局面。1958 年辽宁省商业厅的报告显示，城市居民新年、“五一”、中秋、国庆 4 个节日每人供给半斤肉，端午节每人 4 两肉，春节每人供应 1 斤肉。一年之中，只有 1、3、7、8、11 月每人每月供应半斤肉。城乡人均收入减少。1957年,全民职工年平均工资为749.1元,1958年为708.69元。农村大约有30%的社员年收入在50元以下。

党的实事求是的思想路线和密切联系群众的优良作风受到极大损害。在脱离实际的高指标压力下,辽宁全省各地脱离实际进行“大跃进”,采取了深翻地、秋收大会战、大炼钢铁等错误做法。由于缺乏对社会主义经济规律的认识,夸大主观意志和主观努力的作用,在发展生产上犯了急于求成的错误,脱离实际、脱离省情,提出“一年三自给”、钢铁生产“七番八番是上游”等超越历史发展阶段、与实际相差甚远的口号,背离了实事求是的思想路线。同时,一些领导干部脱离群众,不调查研究,关起门来瞎指挥,形成了“上下不通气”的状况,更加助长了当时“五风”(“共产风”、浮夸风、干部特殊风、强迫命令风、生产瞎指挥风)的滋长和蔓延,给党和国家的事业带来严重损害。

三、人民公社化运动

农村人民公社化运动

1958年3月20日,中共中央政治局扩大会议在成都召开,各省和中央有关部门的负责同志参加会议。会议讨论了我国工业发展和农业合作社适当并社等问题,通过了《关于把小型的农业合作社适当地合并为大社的意见》,4月8日,中央政治局会议批准了此《意见》。《意见》指出:“我国农业正在迅速地实现农田水利化,并将在几年内逐步实现耕作机械化,在这种情况下,农业生产合作社如果规模过小,在生产的组织和发展方面势将发生许多不便。为了适应农业生产和文化革命需要,在有条件的地方,把小型的农业合作社有计划地适当地合并为大型的合作社是必要的。”此后,各地在较短的时间内广泛开展了并社工作。同年8月,中央政治局扩大会议在北戴河召开。会议正式决定在全国农村中建立人民公社,并于29日通过《中共中央关于在农村建立人民公社问题的决议》。

辽宁省的人民公社化运动步伐很快。早在北戴河会议之前，辽宁省农村就于 1958 年四五月间，掀起了并乡并社运动。从 1957 年冬到 1958 年春，辽宁省农村广大农民在社会主义建设总路线、"大跃进"运动鼓舞下，掀起了大规模的兴修农田水利运动。水利事业的发展，特别是大中型水利工程的兴建，要求打破原来高级社的狭小范围，在更大范围内协作，更合理地利用资源和劳动力。1958 年 5 月，根据群众发展生产的需要，辽宁省许多小社开始合并成大社。全省农业生产合作社由 1957 年底的 2574 个乡、镇，合并为 1172 个乡、镇，由 9270 个社合并为 1392 个大社，基本上形成一乡一社，少数是一乡数社，具备了人民公社的形式和规模。北戴河会议后，根据会议精神，辽宁省迅速掀起建立人民公社的高潮，在很短时间内，就在原来 1392 个农业合作社的基础上成立了 472 个人民公社，一个人民公社几乎相当于 4 个乡的规模。9 月 4 日，《辽宁日报》发表《高举人民公社的红旗前进》的社论。社论指出，人民公社的建立标志我国农村社会主义运动进入一个新的阶段，这是出于农民群众高度社会主义觉悟的基础上自动创造的，是我国历史发展的必然趋势。社论还指出，在少数最早的公社获得成功以后，许多合作社学习他们的榜样，决心要求建立人民公社，辽宁已经基本上实现了全省人民公社化。新华社 9 月 6 日发表电讯：辽宁省 1500 万农民在党的社会主义建设总路线指引下，高举加速社会主义建设的红旗前进，已在最近实现了全省农村以"一大二公"为标准，在四乡一社的规模基础上，基本生产资料归公社所有，社员的自留地、家庭副业归公社所有；实行以社为核算单位；在分配上实行工资制和供给制结合的分配制度，生活上办公共食堂；人民公社不仅是经济组织，而且是政权组织，实行政社合一的体制。

9 月 18 日，中共辽宁省委发出《关于在农村开展社会主义和共产主义思想教育，完全实现全省人民公社化的指示》。《指示》指出，经过并社运动，全省绝大部分合作社已经具备"一大二公"的特点，农村基本上实现人民公社化，但人民公社的思想基础还是薄弱的；由于政社尚未合一，工农学商兵还未结成一体，人民公社化在组织上和经济上还很不完备；一部分在规模上仍然不够大，与全面"大跃进"需要还不完全适应。所以，根据《中共中央关于在农村建立人民公社问题的决议》，要立即在全省农村开展社会主义和共产主义思想教育，进一步解决人民公社中尚未解决的一些问题，以便完全实现全省人民公社化，并使之成为推动生产更"大跃进"的巨大力量。为此，省委指示：采用大鸣大放、大辩论、大字报的方法，向广大干部和农民宣传人民公社的优越性、性质和怎样办好人民公社；部分社的规模还应适当扩大，以适应生产发展的需要，应合并的社应争取及早合并起来，以利于统一安排生产规划和生产的准备工作；凡是乡社未合一的均应实行乡社合一；应根据保证国家财政收入和便于公社统一领导的原则，解决乡办工业、国营农场和商业体制的问题；关于收益分配和劳动报酬方面，应根据生产的发展，逐步推进工资制；要正确宣传各项经济政策，消除社员某些误解，避免改变生产关系过程中可能发生损失。省委要求各级党委在接到指示后，立即研究部署并贯彻执行。

随着全省人民公社化运动的发展，一些违背经济发展规律的"左"倾错误逐步暴露出来。人民公社化实现不久，就刮起"一平二调"的共产风。"一平"即搞平均主义，社队内部贫富拉平，实行平均主义的供给制或半供给制，大办食堂，吃饭不要钱。1958 年秋，全省农村公社公共食堂达 7 万多处，就餐人数占农村人口总数的 70%。11 月 11 日，《辽宁日报》报道了安东前阳人民公社实行粮食、布匹、烧柴、蔬菜免费供应的消息，并配发《半供给制——共产主义的萌芽》的社论。社论指出：随着生产的进一步发展，随着旧分工的消灭，随着人们共产主义觉悟的迅速增长，必须逐步用共产主义分配原则代替社会主义分配原则。一时间，各市县的社队争相提出各种免费供应，一哄而起地办起所谓具有共产主义性质的公共食堂。"二调"就是公社以兴办和扩充公社企业、加快发展畜牧业等名义无偿调用生产队的劳动力和土地、财产、物资以及社员的某些财物。1958 年秋，各公社调用大批劳动力和大量物力、财力去搞农田基本建设和兴修水利，组织大批劳动力深翻土地，有的公社还强行将管理区的企业划归公社经营管理。1959 年 1 月，又提出"社员的自留地、菜园地一般由公社所有""种猪一律由集体饲养"，取消自留地和家庭副业。由于调工调物不给报酬，一时造成农村混乱局面，出现杀鸡、杀猪、卖家具、提存款、大吃大喝等现象。

以“一平二调”的“共产风”为主要特征的人民公社化运动，严重脱离了当时的社会生产力水平和人民群众的觉悟水平，致使生产关系的完善和变革没有与生产力的状况相适应，是一种超阶段的空想。不仅如此，在人民公社化运动中，又急于把部分集体所有制向全民所有制过渡。辽宁省委提出三四年过渡到公社所有制，要求在 1959 年底，把社有经济比重增加到 30%—40%，因而过渡了许多直属队，平调了生产大队、生产队和社员的车、马和猪羊等，以壮大社有经济，结果侵害了群众的基本利益，破坏了生产。在人民公社化过程中，一再提倡小集体合并为大集体，大集体向全民所有制过渡，对个体经济和其他非公有制经济则当作“资本主义尾巴”割掉。这种“越大越公越纯”的所有制结构，使国民经济既没有竞争能力又失去活力，严重阻碍了社会主义商品经济的发展。人民公社之间和人民公社内部实行“一平二调三收款”（推行平均主义、无偿调拨物资、银行收回贷款），违背了商品生产和价值规律，使经济体制不断僵化，全省经济效益下降。

城市人民公社化运动

在辽宁全省广大农村开展人民公社化运动的同时，城市也开始建立人民公社。1958 年，在社会主义建设总路线的影响下，全省各项工作都出现“大跃进”的局面。中央提出全党全民大办工业的号召后，街道居民即刻给予响应，相应地兴办集体福利和生活服务事业。于是，托儿所、幼儿园、公共食堂和服务事业如雨后春笋般地涌现，文教卫生事业也相应地有了很大发展。原来是消费的街道变成了生产的街道，分散的居民变为集体化的劳动者。这样，单一的街道办事处的行政组织远远不能适应，在这种情况下，城市人民公社建立起来。

1958 年 7 月，沈阳市北关区东横街建立了全省第一个街道人民公社——红旗公社。北关区东横街第五居民委员会的十几名家庭妇女凭借几件简陋工具和 100 元资金创办起一个五金生产小组。很快，生产小组就发展成为一个拥有 300 多工人的工厂，并相继办起托儿所、文化站和公共食堂等生活服务组织。到9月1日,红旗公社发展成为以街道为单位的一街一社——红旗人民公社。红旗人民公社当时总结出在城市街道组织公社有以下特点:一是进一步解放生产力,高速度地发展生产;二是手工业合作工厂、手工业合作社、合作商店和民办工业由原来的集体经济变成了公社的全民所有制经济的一个组成部分;三是家庭妇女能够参加社会生产和劳动;四是有利于人民物质文化生活的改善和提高;五是有助于加强党的领导,更好地贯彻党的各项政策,正确处理人民内部矛盾;六是街道的性质变为集体的生产大家庭,人们的生活方式、精神面貌有了很大改观。此后,全省各地兴起办城市人民公社的热潮,形成以街道为中心、以大工厂大企业为中心和以机关学校为中心各种类型的城市人民公社。

1958年11月28日,党的八届六中全会通过的《关于人民公社若干问题的决议》指出,城市人民公社将"成为改造旧城市和建设社会主义新城市的工具,成为生产、交换、分配和人民生活福利的统一组织者"。到1958年底,辽宁全省共建立城市人民公社128个(包括21个筹委会),其中以街道为主的有110个,以大工厂为主的有15个,一区一社的有2个,以业务系统组织的辽宁人民艺术公社1个。

1958年开始的"大跃进"和人民公社化运动,是党在探索中国自己的建设社会主义道路过程中遭受的一次严重挫折。党中央发动"大跃进"的初衷,是为了尽快改变中国贫穷落后的面貌,使中国不再受帝国主义的欺侮,使人民过上幸福的生活。广大干部群众在"大跃进"运动过程中以空前的热情和干劲,战天斗地,昼夜苦干,也取得了一部分实际成果。但是,经济建设有它所必须遵循的不以人们主观意志为转移的客观规律,生产力的发展也需要有一个积累过程。"大跃进"运动的最大失误是在建设速度上急于求成,人民公社化运动的最大失误是在所有制关系上盲目求纯。两者共同的教训,归根到底,是限于当时对社会主义的认识,脱离了中国社会生产力发展水平的现实,夸大了主观意志和主观努力的作用,违背了经济和社会发展的客观规律。这一历史教训是非常深刻的,值得后人永远记取。

关于社会主义建设总路线、"大跃进"运动和农村人民公社化运动,

1981 年 6 月党的十一届六中全会通过的《关于建国以来党的若干历史问题的决议》指出:“一九五八年,党的八大二次会议通过的社会主义建设总路线及其基本点,其正确的一面是反映了广大人民群众迫切要求改变我国经济文化落后状况的普遍愿望,其缺点是忽视了客观的经济规律。在这次会议前后,全党同志和全国各族人民在生产建设中发挥了高度的社会主义积极性和创造精神,并取得了一定的成果。但是,由于对社会主义建设经验不足,对经济发展规律和中国经济基本情况认识不足,更由于毛泽东同志、中央和地方不少领导同志在胜利面前滋长了骄傲自满情绪,急于求成,夸大了主观意志和主观努力的作用,没有经过认真的调查研究和试点,就在总路线提出后轻率地发动了‘大跃进’运动和农村人民公社化运动,使得以高指标、瞎指挥、浮夸风和‘共产风’为主要标志的左倾错误严重地泛滥开来。”

第十一章
初步纠“左”和“反右倾”斗争

1958 年秋冬之际，中共中央逐渐认识到“大跃进”和人民公社化运动中出现的问题，开始在实际工作中着力纠正“左”的错误。按照中央部署，辽宁省各级党组织采取整顿人民公社、调整公社管理体制等纠正“左”倾错误的措施，使形势开始向好的方面转变。但 1959 年庐山会议后，全省又错误地开展“反右倾”斗争、继续“大跃进”运动，造成“左”的错误再度泛滥，经济陷入严重困境。

一、“左”倾错误的初步纠正

中央纠“左”精神的传达贯彻

针对“大跃进”和人民公社化运动中出现的以盲目冒进、急于求成、急于过渡和高指标、瞎指挥、浮夸风、“共产风”为主要标志的“左”倾错误，中共中央从 1958 年 11 月到 1959 年 7 月多次召开会议，力求在社会主义建设理论方面作进一步思考，并在实践中采取措施，努力加以纠正。1958 年 11 月 2 日至 10 日，毛泽东在郑州主持召开有中央和地方部分领导人参加的工作会议（即第一次郑州会议）。会议期间，他对统一调拨产品、资金、劳力表示了否定的意见，批评了废除货币、取消商品的主张。还批评了急于由集体所有制向全民所有制过渡、由社会主义向共产主义过渡的倾向。郑州会议表明,党对实际工作的指导思想开始有了某种转变。1958 年 11 月 21 日至 27 日,中共中央在武昌召开政治局扩大会议(即武昌会议),主要讨论人民公社问题。这次会议沿着郑州会议的思路,继续批评急于过渡的倾向以及工农业生产上的高指标和浮夸风。

经过第一次郑州会议和武昌会议的准备,1958 年 11 月 28 日至 12 月 10 日,党的八届六中全会在武昌召开。这次会议着重分组讨论、修改并通过了《关于人民公社问题的决议》和《关于一九五九年国民经济计划的决议》两个文件。《关于人民公社若干问题的决议》,从理论上和政策上纠正了混淆社会主义和共产主义界限,急于实现由集体所有制向全民所有制过渡、由社会主义向共产主义过渡的倾向。是党中央第一次以全会决议的形式,力图在理论上解决第一次郑州会议、武昌会议以来所觉察到的"左"倾错误,意义是明显的。《关于一九五九年国民经济计划的决议》,压缩了一些高指标。1959 年 2 月 27 日至 3 月 5 日,中共中央在郑州召开政治局扩大会议(即第二次郑州会议),着重研究解决人民公社体制问题。在这次会议上,毛泽东明确指出,人民公社的主要问题是在生产关系的改进方面,即在公社所有制问题方面前进得过远了一点。根据毛泽东的思想,会议确定了整顿和建设人民公社,遏制"共产风"的基本政策:"统一领导,队为基础;分级管理,权力下放;三级核算,各计盈亏;分配计划,由社决定;适当积累,合理调剂;物资劳动,等价交换;按劳分配,承认差别"。会议还制定了《关于人民公社管理体制的若干规定(草案)》。1959 年 3 月 25 日至 4 月 1 日,中共中央在上海召开政治局扩大会议,肯定了生产队为基本核算单位,而且承认大体相当于初级社规模的生产小队的部分所有制;同时决定清算公社成立以来的账目,退赔平调的资金物资。

中共辽宁省委和省人委贯彻落实中共中央一系列精神。1958 年 12 月 16 日至 27 日,省委召开第八次全体委员(扩大)会议,传达中共八届六中全会精神。会议学习讨论了毛泽东在武昌会议上的讲话和中共八届六中全会通过的《关于人民公社若干问题的决议》。会议总结了辽宁省 1958 年"大跃进"的经验,讨论了 1959 年工农业生产的规划、农村整风和整顿人民公社的问题。会议指出，要防止“跃进”出现的浮夸作风，不要单凭热情、干劲，忽视科学分析或脑子只热不冷的现象。但是，由于不能正确对待成绩与失误，没有正视“大跃进”以来造成的危害，会议依然提出了高指标：1959年粮食产量达到280亿斤到340亿斤，比1958年增长60.3%到100%；钢产量达到675万吨，比1958年增长40.4%；全省财政总收入从1958年的34亿元，增加到1959年的50.5亿元，增长49%。会议期间，省委发出《关于学习和宣传八届六中全会文件的通知》。《通知》要求在工厂、公社、机关、学校中迅速组织对八届六中全会有关决议的学习和大规模的宣传运动。学习和宣传应以《关于人民公社若干问题的决议》为中心，通过及时宣传决议，从理论上、政策上回答广大干部群众迫切关心的重大问题，使人民信心更足，干劲更高。要先在基层以上干部中采取适当形式进行学习，学习时要把学文件、鸣放辩论和检查总结“大跃进”相结合，做到搞清理论和政策，解答自己和群众在实际工作中所遇到的问题。要尽快结合整风、生产等各项工作，广泛地组织干部，普遍地向人民群众进行宣传。要进行鸣放辩论，真正解决群众的思想问题，使之成为1959年工农业生产和各项工作更大“跃进”的思想动力。会后，全省各级党委先后召开会议，对农业生产和整风、整社工作进行部署安排。各县都抽调干部进行短期集训，主要学习八届六中全会《关于人民公社若干问题的决议》和省委关于农村整风问题的指示。许多县采取讲课的形式，由主要负责干部作报告，讲解六中全会精神，交代整风整社目的、意义、内容、方法和步骤，然后采取鸣放、辩论的方法进行学习。经过学习和辩论，参加整风整社的干部都熟悉了方针政策①。

1959年2月22日至3月6日，中共辽宁省委召开全省农村工作四级（省、市、县、社）干部会议。3月8日，省委将会议扩大为六级（省、市、县、社、管理区、生产队）干部会议，传达第二次郑州会议精神。会议认为，过去公社的权力过于集中，财权、物权、人权都集中在社，统得过多，统得过死，队里一点权力都没有，造成队里的积极性不高。但会议对

① 《我省万名干部下乡帮助整风整社》，《辽宁日报》1959年1月20日第1版。

人民公社的优越性予以肯定，批判了平均主义。会议根据第二次郑州会议精神，决定将全省农村人民公社的管理体制退回到管理区（大队）为基本核算单位，并要求各市、县立即召开四级干部会议，传达贯彻省委六级干部会议精神。

1959年3月下旬至4月上旬，中央政治局扩大会议和党的八届七中全会相继在上海召开，重点讨论1959年国民经济计划草案，并检查农村人民公社的整顿工作，形成《关于人民公社的十八个问题》。4月24日至28日，中共辽宁省委召开第十次常委扩大会议，传达中共八届七中全会精神。会议指出，坚决算好旧账是当前执行第二次郑州会议精神的一个重要方面，是搞好整风整社、推动农业生产更大高潮的一个关键性的中心环节。会议要求，各县要学习中央《关于人民公社的十八个问题》文件，统一认识，成立算账小组，先算国家、公社和基本核算单位之间的账，即一平二调三收款的账，然后从上到下一步步地清算。

农村人民公社的初步整顿

1959年1月，中共辽宁省委发出《关于整顿和巩固人民公社的指示》，要求全省广大农村开展整顿和巩固人民公社运动，通过整社工作，使人民公社更加巩固和提高，使人民公社的巨大优势更充分发挥出来。关于整社的内容和要求，省委提出，要开展一个广泛深入的社会主义和共产主义思想教育运动，统一认识；搞好工农业生产这个中心环节；搞好分配工作，正确分配人民公社的收入；关心群众生活，办好人民公社的集体福利事业；健全组织机构，管理体制应采取公社、管理区（大队）、生产队的三级管理制；改进经营管理；在整社中，要进行整党、整团和整顿民兵的工作。此外，省委还陆续发出《关于农村人民公社组织建设和经营管理的几个问题的意见（草案）》《关于农村人民公社若干经济政策问题的规定（草案）》《关于农村人民公社收益分配若干问题的规定（草案）》《关于作好农村人民公社社员生活问题的几项规定（草案）》《关于加强市场管理和活跃城乡物资交流的若干规定》《关于精简工业企业多余人员支援农业的决定（草案）》等一系列文件。这些文件，针对干部和群众对人民公社的误解，从理论上说明了社会主义和共产主义、集体所有制和全民所有制的区别和联系，按劳分配和按需分配的区别，生活资料和生产资料的界限与区别，指明了急于实现由集体所有制向全民所有制和由社会主义向共产主义过渡是错误的。1959 年 2 月 14 日，省委召开整社工作电话会议，传达省委对当前农村整社和生产工作的意见。会议指出，从 1 月中旬开始，全省整社工作已在全省范围内进行了大鸣大放，有半数的人民公社进入了鸣放高潮，有的公社进入了鸣放整改阶段。整社工作取得的巨大收获，表现在广大群众和基层干部明确了前进的方向，划清了思想和政策界限，澄清了混乱思想，提高了社会主义和共产主义觉悟。会议号召各地以整社为动力，迅速掀起巨大规模的、群众性的备耕生产高潮。

省委还采取一些具体措施，纠正实际工作中的“左”倾错误。

一是加强学习，提高认识。各级党委和广大干部通过对中共中央一系列会议精神和省委文件的学习，认识到社会主义与共产主义、集体所有制与全民所有制之间的区别与界限。认识到人民公社基本上还是集体所有制，把农村中的集体所有制变成全民所有制，还需要经过一段相当长的时间；由社会主义变为共产主义，需要更长的时间，只有在生产力不断发展的基础上，同时采取适当步骤，才能逐步实现全民所有制，开始在实际工作中放慢过渡的步伐。

二是缩小所有制规模，缩小经济核算单位。1959 年上半年，开始把公社所有制改为三级所有，以大队为基础。后来又在公社实行小队的部分所有制。恢复农民的自留地，允许社员喂养家畜、家禽，在房前屋后种树。

三是贯彻按劳付酬原则，克服平均主义。根据中共中央提出的改变“旧账一般不算”的规定，以及强调“一平二调”的“旧账要算，而且要退赔”的精神，在生产活动中贯彻按劳分配、多劳多得的原则。改进计酬方式，推行“小包工”和“按件计酬”的办法，实行工分落地、个人计件，在保质保量的前提下按件计分的办法等。

四是改进经营管理方式，建立健全生产责任制。加强生产队的劳动管理，各生产小队层层建立生产责任制。如实行“三包两奖”（包任务、包财务、包工资和超产奖励、节约奖励）等生产责任制，打破人民公社化运动以来分配上的“大锅饭”和生产上出工不出力的局面，调动社员的生产积极性。

五是提倡实事求是，反对浮夸风。根据毛泽东“压缩空气”“要清醒头脑，不要相信假话”“凡迷信，一定要破除；凡科学，一定要坚持”的指示精神，提出全省工作中产生的虚夸、强迫命令、违法乱纪、不关心群众生活、无组织无纪律无政府状态、铺张浪费等一些不良作风的原因与“大跃进”任务重、要求急，省级各部门布置任务分散、条条下达有关系，因此克服不良作风要从省委做起。省委还多次提醒各地，要注意警惕“大跃进”以来出现的浮夸风问题，批评了一些人单凭热情和干劲、忽视科学分析的现象。

这些做法和措施，对于纠正实际工作中的各种错误起到一定的积极作用，全省国民经济逐渐向好的方向转变。

城市人民公社的整顿

1959 年，辽宁全省对城市人民公社进行了整顿。整顿后，全省城市人民公社合并为 111 个，其中以街道为主的 102 个，以大工厂为主的 7 个，一区一社的有 2 个，并把 1 万多个小型街道工厂整顿为 1356 个。辽宁的城市人民公社大多数是在原街道办事处、居民兴办街道民办工业和生活福利事业的基础上建立起来的，因此公社建立伊始，一方面执行街道政权的职能，另一方面又组织领导公社和生产、服务、福利、文化、教育、卫生等工作。它带有政社合一的性质，一套组织、一套人员分别负责管理街道政权工作和管理企业、事业工作。

城市人民公社照搬农村人民公社“工农商学兵相结合”“政社合一”的体制，存在急于过渡的问题和“一平二调”的“共产风”。有些公社平调了手工业合作社的生产资料和本区所管辖内的国营企业的物资设备，有的还占用人民群众的私有房屋和物资，损害了群众利益。城市人民公社造成了全民所有制职工人数剧增、财政负担加重、市场紧张等不良后果。

1960 年 3 月 9 日，中共中央发出《关于城市人民公社问题的指示》，要求各地放手发动群众，组织实验各种形式的城市人民公社，可以以大型厂矿和机关学校为中心，也可以以街道居民加一部分农村居民组成。根据中央的指示精神，中共辽宁省委于3月14日召开城市人民公社座谈会，总结全省1958年开展城市人民公社的成就，决定在全省范围内，开展一个大规模的群众性的发展城市人民公社运动。省委提出，在1960年上半年开展城市人民公社化运动，使全省大的集镇、县城以上的城市基本实现公社化，争取公社工业产值翻四番；城市人民公社的建社方针是：以生产为中心，生产、生活福利、服务事业同时举办，以职工家属及其他劳动人民自力更生为主，国营工矿、企业、机关、学校应该大力支援；城市人民公社应根据各地的实际情况采取多种组织形式，面向全民，为全体城市居民服务。为加强对城市人民公社的领导，省委决定成立城市人民公社领导小组，组成四个工作组分赴各地，调查研究城市人民公社组织生产、生活福利事业的经验，研究组织形式、体制等问题。座谈会后，各市委普遍建立了城市人民公社工作领导小组和办公室，传达中央的指示精神，制定规划，迅速地开展工作。截至8月底，全省共有各种形式的城市人民公社122个。省委提出，对城市人民公社要进行整顿、巩固、提高，纯洁干部队伍，克服社办工业生产的盲目性和资本主义经营思想，认真贯彻自力更生、勤俭办企业的方针和劳逸结合的原则，解决社办公共食堂、幼儿园、服务站、居民代销店存在的问题，整顿公社的财务工作。但随着国民经济出现严重困难局面，城市人民公社也难以为继。

二、“反右倾”斗争和继续“大跃进”的严重后果

“反右倾”斗争的发动

1959年7月2日至8月1日，中央政治局扩大会议在江西庐山召开。毛泽东认为，总的形势是成绩很大，问题不少，前途光明。按照他的原意，这次会议是要统一全党对形势的认识，在充分肯定成绩的

前提下认真总结经验教训,进一步纠“左”,动员全党完成1959年的任务。在讨论中,大家表示拥护总路线、“大跃进”和人民公社。也有不少与会者从不同角度强调“大跃进”以来问题的严重性,认为前一段纠“左”虽有成绩,但还很不够,要求进一步深入进行。而另外一些与会者则对工作中的缺点错误护短,甚至认为纠“左”已经过头,使干部群众泄了气,出现了右的倾向。会议期间,中央政治局委员、国务院副总理兼国防部部长彭德怀对形势深感忧虑,本着对党和人民负责的精神和实事求是的态度,在7月14日给毛泽东写了一封长信,陈述自己的意见,希望得到毛泽东的理解和支持,以利于正确地总结经验教训。彭德怀的信反映了客观实际,基本内容是正确的。两天后,毛泽东批示将彭德怀的信印发全体与会者。小组讨论时,出现两种截然不同的意见。有些人认为彭德怀夸大错误,低估成绩,有埋怨泄气情绪。也有不少人表示基本上赞成,认为彭德怀指出的缺点错误实际上存在,只是有些问题的提法和分寸需要斟酌。解放军总参谋长黄克诚、外交部副部长张闻天、湖南省委第一书记周小舟等分别在小组会上发言,支持彭德怀的基本观点。彭德怀的信和张闻天等人的发言引起毛泽东的强烈不满,他把这些批评和议论都看作是对党的攻击。7月23日,毛泽东召集大会发表讲话。他逐条批驳彭德怀等人提出的不同意见。7月26日,毛泽东又在一封党的工作人员向中央反映意见、批评工作中犯有“左”倾冒险主义错误的信上写了一段批语,认为现在党内外出现了一种新的事物,就是右倾情绪、右倾思想、右倾活动已经增长,大有猖狂进攻之势。反右必出“左”,反“左”必出右,这是必然性。现在是应该反右的时候了。毛泽东讲话后,会议主题由纠“左”转为反右。根据毛泽东的建议,8月2日至16日,党的八届八中全会在庐山召开。全会通过《关于以彭德怀同志为首的反党集团的错误的决议》和《为保卫党的总路线、反对右倾机会主义而斗争》等文件,认定彭德怀、黄克诚、张闻天、周小舟结成“反党集团”,犯了“具有反党、反人民、反社会主义性质的右倾机会主义路线的错误”。会后,“反右倾”斗争在全党全国展开。

庐山会议期间,7月25日,中共鞍山市委给中共辽宁省委写了《关于鞍钢当前生产和群众运动情况与8月份工作安排的报告》。7月27日，省委将这份报告送给在庐山参加会议的辽宁省委第一书记黄火青并报中共中央、国家经委、冶金工业部党组。报告写道，鞍钢绝大多数厂矿党委，不仅认真地检查了领导上的松劲情绪，而且采取了具体措施扭转了7月上半月生产下降的局面。由于克服了消极等待外部条件的问题，继续贯彻中共中央和省委指示，认真加强对生产的领导，彻底克服松劲情绪，鞍钢保证完成和超额完成第三季度计划，以优异的生产成绩，向国庆十周年献礼。7月31日，毛泽东对鞍山市委的报告作出批示："反右倾、鼓干劲，现在是时候了。机不可失，时不再来。"8月1日，黄火青从庐山打电话给辽宁省委，传达毛泽东7月31日对鞍山市委报告的批示。省委接到电话后，于8月3日至5日召开各市委第一书记和省直机关主要负责人80余人参加的常委扩大会议。会议指出，随着工农业生产的继续跃进，广大干部和群众的革命干劲在新的基础上日益高涨。但是，在一小部分干部中，右倾保守思想有所抬头，畏难松懈情绪有所滋长，这种右倾思想已经成为当前工作中的主要危险。当前右倾思想，主要表现为害怕困难，缺乏干劲，不依靠群众，不相信群众的积极性和创造性的巨大威力，不敢继续大跃进。这种右倾情绪与绝大多数干部和广大职工的充沛革命热情是根本对立的，无论工业、农业、运输业、商业和文教卫生等部门，都必须反对右倾情绪，鼓足干劲，在新的基础上为新的跃进而奋斗。省委要求各级党的组织，立即发动群众，对"右倾思想"和"右倾情绪"加以检查和克服。

8月7日，中共中央发出《关于反对右倾思想的指示》。

8月8日，中共辽宁省委接到中共中央《关于反对右倾思想的指示》后，召开省委扩大会议进行讨论。8月9日，通过了报给中央的《中共辽宁省委关于执行〈中共中央关于反对右倾思想的指示〉的报告》。报告指出，1958年的大跃进取得的成绩必须肯定，也证明了鼓足干劲，力争上游，多快好省地建设社会主义总路线的正确性。报告还指出，右倾思想在辽宁主要的表现是：怀疑、否定1958年大跃进、人民公社化的成就，攻击总路线，夸大工作中某些暂时的、局部的、已经克服或正在克服的缺点，看不清主流；害怕困难、缺乏干劲，没有斗志，不依靠群众，不相信群众,以消极态度对待工作。省委的报告上报后,8 月 12 日,毛泽东对这份报告作出批示:“印发各同志。各省、市、自治区的情况如何?辽宁那样的反右倾、鼓干劲部署,是否已经做了,效果如何?看来各地都有右倾情绪、右倾思想、右倾活动存在着、增长着。有各种不同程度的情况。有些地方存在着右倾机会主义分子向党猖狂进攻的形势。必须按照具体情况,加以分析,把这种歪风邪气打下去。辽宁做得很快,步骤也好,成效显著。他们取得了主动权,迫使右倾机会主义分子处于被动。这个经验,值得各地注意。”8 月 14 日,中共中央将辽宁省委的报告和毛泽东的批示转发全国各省、市、自治区及国家机关、人民团体党组、总政、团中央。

同时,辽宁全省还组织一系列旨在鼓干劲、“反右倾”的活动。8 月 8 日,中共辽宁省委召开工业生产会议,提出 8 月以后到年底的任务十分艰巨,必须鼓干劲、反对右倾思想情绪,厉行增产节约,克服困难,力争超额完成跃进计划。会议号召全省人民行动起来,掀起增产节约新高潮。8 月 10 日,省委召开广播大会,提出决心鼓足更大干劲,克服右倾思想,大干八、九两个月,掀起增产节约新高潮,迎接国庆十周年的号召。会后,各地党组织立即发动群众,组织贯彻省委的号召。8 月 17 日,省委召开反右倾、鼓干劲,大干八、九两个月,力争农业全面大丰收誓师广播大会。会议号召各级干部和群众,要认真学习中央和省委的各项指示,学习《人民日报》和《辽宁日报》发表的有关社论,提高认识,大反“右倾保守”思想,鼓足干劲,奋勇前进。8 月 24 日,省委召开全体委员(扩大)会议,传达中共八届八中全会精神。8 月 27 日,中共八届八中全会公报发表后,辽宁“反右倾”斗争发动起来。

“反右倾”斗争的深入开展

1959 年 9 月 5 日至 22 日,中共辽宁省第二届代表大会召开。出席大会的代表 527 人。列席会议的有省直各机关、团体,各市、县,工商企业,文化教育部门和沈阳军区及所属驻辽宁省部队的领导干部 1189 人。会议的中心任务是传达中共八届八中全会精神;检查和批判干部中的“右倾情绪”“右倾思想”“右倾活动”;审查上届省委工作报告;讨论如何进一步深入开展增产节约运动,以实际工作的成绩,保卫总路线,保卫以毛泽东为首的党中央的领导,坚决实现全省的经济建设、文化建设和各项工作在今后时期内继续“跃进”再“跃进”。

会议传达了中共八届八中全会精神和庐山会议前后两个阶段的情况。会议认为,从省第一届党代会以来,全省各项工作有了巨大发展。1958年,全省工业总产值比1957年增长了62%,开展了轰轰烈烈的全民大办工业和工业“抗旱”等群众运动,民办工业、农业和财贸、教育、文化、科学技术、卫生体育、政法等工作都取得巨大成绩。会议总结了整风反右、“大跃进”、人民公社等一系列运动的经验,即:党必须领导一切,各项工作都必须大搞群众运动,提倡敢想、敢说、敢做的首创精神。与会同志认真学习了八届八中全会精神,以整风的精神和方法,对全省工作进行了广泛深入的讨论。

会议布置了到1959年年底前工业战线、农业战线、商业战线的工作任务。确定工业战线的中心任务是广泛深入地开展轰轰烈烈的增产节约运动,完成和超额完成1959年的生产和建设计划;农业战线的中心任务是做好秋收,一切工作都要以秋收为中心,进一步整顿、巩固和提高人民公社,深入开展社会主义教育,加强经营管理,把人民公社建设得更好,把公共食堂办好;商业工作的中心任务是真正做到政治挂帅,克服右倾思想,反对资本主义思想,使商业工作继续跃进,以适应市场的需要。会议还专门提出“反右倾”问题,要求全省各级党组织都应当以反对“右倾思想”为中心,开展一次整风运动。在“反右倾”斗争中,要注意区分“右倾机会主义”分子、不坚定分子和一些在个别问题上认识不清的人,注意保护那些从拥护总路线出发而提出工作中缺点和错误的人,同时注意防止主观主义、官僚主义和强迫命令等倾向。

会议通过了《关于贯彻执行八届八中全会决议,开展增产节约运动的决议》。《决议》指出,辽宁是全国主要工业基地之一,在党的八届八中全会提出的伟大号召中担负着艰巨而光荣的任务。今后经济建设的方针是:充分利用现有的工业基础,大力挖掘企业潜力,更好地支援全国。在此前提下,大力发展农业,五年内基本实现农业机械化。在全国一盘棋的前提下,要注意国民经济各部门之间和各部门内部的综合平衡和互相协调，加强薄弱环节，以便更好地做到有计划、按比例发展，实现跃进再跃进。要广泛深入地开展轰轰烈烈的增产节约运动。工业方面，要在保证完成国家计划的基础上，再增产钢 20 万吨、铁 10 万吨、钢材 20 万吨、原煤 200 万吨，其他工业产品，也都要有相应的增产。同时要提高产品质量，增加产品品种，降低成本，降低原材料的消耗，节约劳动力，提高劳动生产率，保证安全生产。农业方面，要以粮食为中心，结合做好秋收分配、秋耕秋种、秋季选种、秋菜管理、秋粮征购等工作，进一步整顿和提高人民公社，争取做到当年蔬菜自给，第二年肉食自给，在较短时期内尽快解决粮食和若干工业原料的自给。商业方面，要政治挂帅，树立坚定地为工农业生产和人民生活服务的观点，积极配合各个生产战线的增产节约运动，大力做好购销工作，促进生产的跃进，合理调拨商品，有计划地组织生产资料和生活资料的供应，保证完成出口任务。政法、文化、教育、卫生、科学各部门和工会、共青团等人民团体，都必须围绕增产节约，反右倾、鼓干劲，贯彻执行党的方针政策，做好各项工作。

9 月 22 日，中共辽宁省委召开二届一次全委会议，选举省委常务委员会委员和省委监察委员会委员。黄火青、黄欧东、喻屏、李荒、杨春甫、王良、周桓、仇友文、孙洪志、杜平、金直夫、贺庆积、胡亦民、张子衡、徐少甫、黄达、焦若愚、褚凤岐等 18 人当选为省委常委；黄火青当选为省委第一书记，黄欧东当选为省委第二书记，喻屏、李荒、杨春甫、王良、周桓当选为省委书记处书记。张子衡、杨子谦等 19 人当选为省委监察委员会委员，张子衡当选为省委监察委员会第一书记，杨子谦当选为第二书记，李炳勋、田果行为副书记。

中共辽宁省第二届代表大会后，在省、地（市）、县、公社党员干部中开展了以“反右倾、鼓干劲、保卫总路线”为中心内容的“反右倾”整风运动。运动的重点放在解决领导核心、领导骨干问题上，采取大鸣、大放的方法，围绕对总路线、“大跃进”、人民公社、群众运动和党的领导等问题的认识态度进行检查和批判。

为了推动整风运动深入开展，10 月 26 日至 29 日，中共辽宁省委召开各市委书记、省直党委和各部门负责同志参加的整风工作会议。会议学习了中央的有关指示精神,研究了全省整风形势,确定了整风的内容、要求和安排,还着重介绍了中共沈阳市委召开市委扩大会议集中整风、重点批判的经验。会议指出,这次整风的重点,首先是各级领导干部,从上到下,逐步扩展,逐步深入;在基层党委进行整风时,要吸收支部书记等基层干部参加;整风要以“反右倾、鼓干劲、保卫总路线”为中心。省委整风工作会议之后,全省各地迅速开展了整风运动。

11 月 25 日至 28 日,中共辽宁省委召开整风汇报会,总结一个多月来整风运动的经验,并研究如何把整风运动搞细、搞深、搞透。省委认为,反右倾斗争中暴露出的问题有:右倾机会主义分子和有“严重右倾错误”的人虽然为数不多,但多是老党员老干部,占据着重要工作岗位,利用职权向党进攻,给党带来的危害最严重;重点对象中宣传、文教系统占相当大的比重;有不少人披着马列主义外衣散布右倾机会主义谬论,反对马克思主义,从思想上、政治上、理论上向党进攻。为此,省委确定整风的主要对象是党的各级领导干部,文化教育部门的各级领导干部,特别是“灵魂工程师”,也应列为整风的重点。在步骤上,省委确定大体分为三个阶段:第一阶段主要是学习文件,领会党的八届八中全会决议的精神实质,端正态度,划清界限;第二阶段要开展群众性的向党自觉交心运动,揭发批判“右倾”错误言行;第三阶段是系统提高阶段,在第二阶段初步批判的基础上提到两条道路、两个阶段、两种革命、两种世界观的高度进一步系统地批判。

截至 1960 年 1 月 10 日,全省所有应参加“反右倾”整风的县以上机关、团体、厂矿、企业、学校都开展了整风、“反右倾”运动。但省委认为,全省整风运动存在不平衡的问题。因此,省委要求全省各机关、学校、厂矿、企业部门,在整风生产(工作)双丰收的前提下,既要搞深,又要加快速度。到 1960 年 3 月整风、“反右倾”运动结束时,全省被定为“右倾机会主义”分子和反党错误的共 1321 人,定为严重“右倾错误”的 1125 人①。

---

① 辽宁省地方志编纂委员会办公室主编:《辽宁省志 · 中国共产党地方组织志》,辽宁民族出版社 2005 年版,第 786 页。

“反右倾”斗争造成了十分严重的后果。在政治上，它使阶级斗争扩大化的错误在理论和实践上进一步升级，并直接延伸到党内和党的高层领导中来。党内意见分歧被当作对抗阶级的生死斗争来看待和处理，伤害了许多同志，进一步发展了人为制造阶级斗争的“左”倾错误。在组织上，从中央政治局、中央委员会到基层的民主生活遭到严重损害，“一言堂”、家长制等现象进一步滋长和蔓延，大批敢于反映实际情况、提出批评意见的同志受到打击，党内高层成员由于提出批评和不同意见而遭到批判和组织处理，而那些说假话、见风使舵的人却得到赏识和升迁。这在很大程度上堵塞了党内的言路，使得党难以防止、抵制或及时纠正后来发生的更大失误。在经济上，打断了纠“左”的积极进程，许多已被指出的、有待纠正的错误重新发展起来。

“大跃进”的继续

在党的八届八中全会“反右倾，鼓干劲”的要求下，全国掀起继续“大跃进”的高潮。以高指标、瞎指挥、浮夸风和“共产风”为主要标志的“左”倾错误再度泛滥，持续更长的时间，造成更大的危害。

1959 年 9 月，辽宁省第二届代表大会提出为超额完成今年“跃进”计划而奋斗的口号，强调各项工作都必须大搞群众运动，解放思想，提倡敢想、敢说、敢做精神，坚决批判各种“右倾思想”。11 月，省计委提出，1959 年全省工业总产值预计达到 205 亿元，比 1958 年增长 32.7%，如果达不到这个指标，将产生不良政治影响，而且会影响全国增长速度，因此必须保证完成。这时，距年底还有一个多月时间，钢产量已完成 564 万吨，与调整后的 675 万吨指标相比，还有 100 余万吨任务尚未完成。为了完成全省钢产量任务，中共辽宁省委要求继续提高全省钢的日产量，两条腿走路，充分利用小土群、小高炉，不仅要求 1958 年、1959 年修建的小土群、小高炉要加以整顿提高，转入小洋群，而且要求全省凡有煤、铁资源的市、县和有条件的人民公社，都要进行以煤、铁为中心的小洋群。这样，又一次掀起了小土群、小洋群运动。辽宁省第二届人民代表大会第二次会议报告宣布：在继续“大跃进”的形势下，提前和超额完成了国民经济计划。工农业总产值达到 242.6 亿元，比 1958 年增长

29%，其中工业总产值215亿元。钢产量为679万吨，生铁产量为767万吨[①]。

1960年2月8日至15日，中共辽宁省委召开二届二次全体（扩大）会议。省委第一书记黄火青传达了1月份召开的中共中央政治局上海扩大会议精神，省委书记处书记杨春甫作了题为《为1960年我省工业生产的特大跃进而奋斗的报告》。报告指出，1959年是在1958年“大跃进”的基础上继续全面跃进的一年，摆在全省人民面前的主要任务是，在两年“大跃进”的基础上，继续实现更好、更全面的“特大跃进”。会议决定，对工农业的主要指标进行新的加码，提出1960年工农业总产值计划比1959年增长51%，钢产量比1959年增加120万吨，煤炭计划指标比1959年实际完成量增长20.5%，发电量计划指标比1959年增长33.6%[②]。同时，又提出在工业上赶超上海、创造一天一个亿产值的口号，限期实现“超声波化”“锅炉煤气化”“管道化”等。

为了完成高额的生产计划，辽宁省各地组织开展了生产“开门红”“日日红”“月月红”“满堂红”等活动，要求月月、季季提前超额完成任务，基本建设战线继续扩大规模。1959年年底，全省投入生产或部分投入生产的建设项目达2588个，全年基建计划投资高达23亿多元，还不包括后追加的项目。到1960年8月，全省基建规模已达34亿多元。在8月召开的基建计划会议上，省委承认，基本建设的摊子铺得过大，战线拉长，分散了力量，影响了重点工程不能按期投入生产，使生产受到影响。同时，基建战线与农业生产也有矛盾，基建占用过多土地和过多抽调农业劳动力，不利于农业生产。

农业生产也提出“特大跃进”计划。1959年12月召开的全省农村工作会议提出，力争在1962年，最好在1961年做到粮食自给，标准是每人平均占有1000斤粮食。粮食总产量以1959年的160亿斤为基础（实际上1959年粮食总产量为118亿斤），三年每年平均增加15%，到1962年粮食总产量可达240亿斤。对于中共中央指示辽宁省1960

① 朱川、沈显惠主编:《当代辽宁简史》，当代中国出版社1999年版，第173页。

② 朱川、沈显惠主编:《当代辽宁简史》，当代中国出版社1999年版，第174页。

年“粮食产量必须达到九百三十六万吨，比 1958 年增产百分之十七”的要求，会议提出，要“积极创造条件，争取实现特大跃进”，即“粮食增产百分之二十，总产量达到九六〇万吨”。会议明确提出，在 1960 年年内，“人民公社所有部分（包括固定资产和流动资产）一般应占全社经济的百分之三十——四十”。

1960 年 1 月，中共辽宁省委、省人委召开辽宁省农业先进生产单位代表、劳动模范会议。会议倡议，1960 年在农业生产战线上，以粮食生产为纲，切实搞好副食品生产，积极发展多种经营，实现农、林、牧、副、渔五业并举，保证农业生产更大、更好、更全面地“跃进”。会议向党中央和毛泽东主席发出致敬电，提出保证粮食总产量比 1959 年增长 15% 以上，生猪达到 1000 万到 1500 万头，实现农村人口一人一猪，力争副食品自给。1960 年，尽管采取多种方法，如采取大量开荒，大搞旱改水、大力改造低产田、扩大夏种面积，加速实现机械化、半机械化，兴修水利等措施，但是由于优先发展工业，农业生产处于从属地位，加之遭受一定自然灾害，到秋收时粮食产量只有 72 亿斤，仅达到要求的 37.5%。

农村落后地区的改造

早在 1954 年 8 月，中共中央曾针对在“过去历史中发展不平衡和不彻底所遗留下来的落后情况”，向各地发出改造落后地区的指示。中央认为，全国农村“仍有一部分（全国大约 10%）乡村的工作处于落后状态。这种落后，不是指在当前对农业的社会主义改造运动中进展比较慢的地区，也不是指在某地区经济、文化发展程度上的落后，而是指在上阶段的历史任务——土地改革运动中反封建斗争发展不平衡和不彻底所遗留下来的落后”。辽宁当时没有开展农村落后地区改造（简称“落改”）工作。

1959 年 5 月，中共辽宁省委开始就“落改”工作摸情况、搞试点，有 41 个县委、7 个郊区党委、1 个农垦局党委和 149 个生产队参加试点。7 月，省委召开各市、县委组织部部长会议，对改造农村落后地区问题进行专题讨论，明确指导思想，提出工作计划。9 月，省委组织部向省委提交了《关于彻底改造农村落后地区的报告》。《报告》指出，全省绝大多数农村地区的情况是好的,但也还存在着少数落后地区。这些地区一般以原高级社或行政村为单位,即相当于生产大队;少数则以自然屯,即相当于生产小队为单位。《报告》认为,形成落后地区的原因主要是由于民主革命和社会主义改造进行得不彻底。10月,省委批转了这个报告,要求各市、县委和各直属党委、党组立即着手成立机构,制订分批改造落后地区计划,调配力量,进行试点,训练干部。11月,省委召开农村党的基层组织工作会议。会议着重讨论了改造农村落后地区工作,认为全省农村中还有大约10%的落后地区。这些落后地区,就其性质来说,可分为两类:一类是民主革命与社会主义改造都不彻底,资本主义势力很大,封建残余势力很大,地富反坏分子直接或间接地操纵了党政领导权,敌我矛盾是当前的主要矛盾;一类是社会主义改造不彻底,资本主义势力很大,活动嚣张,党政领导权被具有严重资本主义思想行为的富裕中农所掌握。在这些地方,已被打倒的地富反坏分子往往又乘机进行破坏活动。这两类落后地区中,一般都是两类不同性质矛盾相互交错,同时并存。会议提出,改造工作要经过三个步骤:第一步,工作组以参加劳动帮助工作名义,摸清情况,找出问题的关键,做好酝酿准备工作。第二步,放手发动群众,进行大鸣大放大辩论。第三步,总结教训,进一步整顿各种组织,进行组织处理,选拔领导骨干,有条件地发展党、团员,改进生产队的经营管理,制定规划,健全制度,巩固成果。

中共辽宁省委对农村落后地区改造采取了依靠贫农、下中农,放手发动群众,严格区分两类矛盾,团结、教育犯错误的干部,坚决打击阶级敌人的方针。省委组织部、省改造农村落后地区领导小组根据中央有关指示精神及省政法委制定的《关于对地富反坏右五类分子社会主义改造中几个政策问题的规定》等文件,提出了“落改”工作的一些具体政策。

随着“落改”工作在全省的开展,中共辽宁省委发现落后大、小队的比重越来越大,敌我矛盾为主的大、小队越来越多,触动的人也越来越多,落后地区的数量又有了大幅上升。1961年1月27日,省委向中共中央及中共中央东北局报告:全省落后大队3717个,其中地富坏分子直接或间接操纵领导权的2289个。已经有75%的落后队结束了改造。省委的报告不仅对改造落后队的具体情况作了详尽说明，而且对公社一级和县级组织不纯情况也作了分析。《报告》认为，某些人民公社和县级机关，特别是它的领导核心不纯情况相当严重。

鉴于这种情况，中共辽宁省委要求在改造落后队中，要顺蔓摸瓜、扩大战果，彻底纯洁县社组织。同时准备在整风整社运动中，彻底清查和处理县级机关。同时，省委也发现“落改”工作中存在着“左”的倾向，主要表现打击面偏宽，甚至有个别混我为敌的错误。尽管省委已经注意到“左”的倾向，但由于总的指导思想是“左”倾，总的趋势是不断反右，因而“落改”工作中对“左”倾错误估计不够，纠正力度也不够。

到1961年夏，全省改造落后地区工作基本结束。中共辽宁省委认为，辽宁省的“落改”工作成绩是主要的，通过对落后地区的改造，充分发动了贫下中农群众，有力地打击了阶级敌人篡夺领导权的活动，彻底整顿了基层组织，提高了党员、干部的阶级觉悟，纯洁了党和干部队伍，进一步树立了党在农村的领导权和贫下中农的阶级优势，巩固了集体经济，有力地推动了农业生产和农村各项事业的发展。

但是，“落改”工作也存在着一些问题。一是夸大敌情，扩大了打击面；二是错误地打击了一大批农村基层干部；三是把正常的农副业生产和小商品贩运当作资本主义倾向加以抵制，挫伤了农民的生产积极性。有的“落改”地区不仅没有促进生产，反而使生产下降。

国民经济出现困难局面

纠“左”虽然取得一定成效，但由于是在肯定“大跃进”和人民公社前提下进行的，初步好转的形势很不巩固。随后出现的“反右倾”斗争中断了纠“左”的进程，加上自然灾害和苏联政府背信弃义撕毁合同，全国经济面临严重困难，辽宁全省经济也出现了严重困难局面。

工农业比重进一步失调，重工业畸形发展。辽宁省是全国重工业基地之一，工业发达，农业相对比较落后，工农业总产值比重历年差距都很大。1958年的“大跃进”、大炼钢铁，造成比重差距继续加大，农业在工农业总产值中的比重逐年下降。1958年工农业总产值的比例为

88.5∶11.5,1959年为90.1∶9.9,1960年为94.2∶5.8[①]。不仅工农业比例关系严重失调,工业内部各行业之间比例也严重失调。1960年,轻工业中为重工业和基本建设服务的陶瓷、玻璃、皮革、麻纺织品等行业所占比重由19.4%上升到26.4%,而面向市场提供民用产品的轻工业比重由71.6%下降到63.5%,严重阻碍了国民经济的健康发展。另外,一些企业在高指标压力下,产品粗制滥造,损失浪费严重。

基本建设战线过长,赤字过大。在全面“大跃进”的形势下,辽宁省工业虽取得暂时的高速发展,但工业生产指标过高,基本建设战线过长,各种基建项目迅速上马。庞大的基建经费,加上一些企业单纯追求多快,忽视质量和效益,给经济建设造成巨大损失。从1958年到1960年的三年间,辽宁全省财政赤字达15亿元。从消费与积累的比例看,1960年辽宁的消费率是37%,比全国平均消费率的60.4%低23.4%;积累率则高达63%,比全国平均积累率的39.6%高出23.4%。积累过多,消费减少,严重影响人民生活水平的提高。

社会购买力不断下降。1960年,全省社会商品货源与社会购买力差额达6亿多元,其中消费品货源缺额更大。为了货币回笼和满足一部分人的需求,按照中共中央的要求,全省实行商品特别是食品、副食品的高价、议价政策。在这种情况下,工资有所降低,群众生活水平下降。

粮、油、菜、肉、蛋等主要食品严重匮乏,供需矛盾严重恶化。1959年、1960年的“特大跃进”,从农村抽调176.9万人投入基本建设战线,严重削弱了农业第一线生产能力,造成粮食产量逐年下降。1959年至1961年,辽宁频繁遭遇水灾、旱灾、风雹灾、虫灾,对农业生产造成很大影响。1960年10月,估计全省可产粮91.8亿斤,实际产量只有72亿斤,虽然中央拨给30亿斤,但粮食供应仍然紧张,只得减少粮食供应量。农村口粮数计划为每人每年260斤,后来实际得到粮食只有164斤,平均一天不到半斤粮。城市供应量在原供应标准基础上压低2斤,大中城市库存粮食达到只有八九天销量的危急程度。城镇居民食用油每月定量由原350克减到150克。同时还压低了城乡居民棉、布定量

---

① 辽宁省统计局编:《辽宁统计年鉴1995》,中国统计出版社1995年版,第28页。

供应的标准。由于缺乏饲料,家禽家畜饲养困难,鸡鱼蛋肉等副食品极度紧缺。1960年入秋以后,因为营养不良,全省各地普遍发生浮肿病。特别是1960年冬和1961年春,情况更加严重,许多强壮劳动力因患浮肿病,体力减弱,甚至不能劳动。1961年,辽宁省的人口比上年减少40.2万人,是新中国成立以来,人口唯一出现负增长的年份。这是"大跃进"、人民公社化运动和"反右倾"斗争造成的最严重的后果和教训。

第十二章
对国民经济和社会政治关系的全面调整

进入60年代,国内经济形势十分严峻。面对继续“大跃进”造成的经济全面紧张,全党和中央决心认真调查研究,纠正错误,调整政策。1960年11月,中共中央发出《关于农村人民公社当前政策问题的紧急指示信》;1961年1月,党的八届九中全会正式决定对国民经济实行“调整、巩固、充实、提高”的八字方针。以这两件事为标志,党的指导方针发生重要转变,“大跃进”和向基本社有制的过渡停止了。全党上下与人民群众同甘共苦,克服困难,为进一步探索中国自己的建设社会主义道路积累了新的经验。根据中央的部署,从1961年开始,辽宁省进行国民经济和社会政治关系的调整工作。经过全省上下齐心协力,攻坚克难,艰苦奋斗,到1962年底,调整工作取得初步成果。

一、国民经济调整方针的初步贯彻

《关于农村人民公社当前政策问题的紧急指示信》精神的传达贯彻

1960年下半年,我国国民经济遭受最严重的困难。为了改变这种状况,1960年11月3日,中共中央发出《关于农村人民公社当前政策问题的紧急指示信》(即“十二条”),其核心是要求全党用最大努力来坚决纠正“共产风”。《紧急指示信》明确提出,人民公社以生产队为基础的三级所有制，是现阶段人民公社的根本制度；彻底清理“一平二调”，坚决退赔；加强生产队的基本所有制；实行生产小队的小部分所有制；允许社员经营少量自留地和小规模家庭副业；坚持按劳分配原则；恢复农村集市等。《紧急指示信》发出的当天，党中央还发出《关于贯彻执行“紧急指示信”的指示》，明确提出贯彻执行“紧急指示信”的关键，首先在于提高干部的思想，提高他们的经济理论水平和政策水平。《紧急指示信》发出后，各地党委纷纷制定落实的具体措施。11 月 7 日，中共辽宁省委发出《关于传达和执行中央紧急指示信的通知》。

1960 年 11 月 15 日，毛泽东起草了《中共中央关于彻底纠正五风问题的指示》，要求各地党委“必须在几个月内下决心彻底纠正十分错误的‘共产风’、浮夸风、命令风、干部特殊风和对生产瞎指挥风，而以纠正‘共产风’为重点，带动其余四项歪风的纠正”。12 月 6 日，辽宁省委召开常委扩大会议，根据中央的要求，初步检查了全省农村的“五风”问题。12 月 15 日，省委又召开二届三次全体（扩大）会议，对全省农村人民公社以“共产风”为主的“五风”情况作深入分析，揭发了全省的“五风”情况及其危害，也进行了自我批评。1961 年 1 月 4 日，省委结合辽宁实际情况发布了关于农村工作的六个文件，对关于清算“一平二调”若干具体问题的处理、关于农村公共食堂、关于牲畜饲养和繁殖、关于发展猪羊和鸡、鸭、兔等生产问题以及关于积肥、社员自留地等问题作了详细规定。六个文件的下发，使全省农村工作有章可循、有规可依，起到了稳定和促进农业生产的积极作用。

1961 年 1 月 14 日至 18 日，中共中央召开八届九中全会，讨论通过了《关于 1960 年国民经济计划执行情况和 1961 年国民经济计划主要指标的报告》，在会议公报中正式向全党和全国人民宣布，从 1961 年起对国民经济实行“调整、巩固、充实、提高”的八字方针。全会决定，在全国各大区重新成立党的六个中央局，即中共中央华北局、东北局、华东局、中南局、西南局、西北局。1 月 20 日至 25 日，中共辽宁省委召开全省各市主管工业书记、省直各工业厅局党组书记会议。省委第一书记黄火青传达了八届九中全会精神，着重分析了全省工业战线形势，认为煤炭生产是当前左右工业全局的关键。中央此次会议提出的集中主要力量抓煤、电、运的方针是完全符合辽宁情况的,必须动员全省各行各业像保粮保钢一样来保煤炭生产。

辽宁省坚决贯彻执行中央关于经济调整的八字方针,国民经济建设开始进入全面调整阶段。主要内容是:调整农业、轻工业和重工业的比例关系;生产和基本建设的关系;经济建设和文教事业、国防事业以及各条战线、各个部门的关系。调整的中心是,大力巩固人民公社集体经济、恢复发展农业生产,适当放慢重工业的发展速度,坚决缩短基本建设战线,发展轻工业。调整的目的是,改变“大跃进”中社会主义建设事业发展出现的许多不协调现象,为国民经济持续稳定发展创造条件。在调整过程中,由于对“大跃进”造成的损失认识还不一致,有人认为问题较严重的是农业生产和农民生活上的一些问题,工业方面问题不是很大;也还有人心存疑虑,怕调整过头又犯右倾错误,所以这一阶段的调整只是初步的。1962 年初中央召开七千人大会之后,全省调整工作深入开展。

调查研究的开展

面对严重的经济困难,毛泽东在党的八届九中全会上号召全党恢复实事求是、调查研究的作风,一切从实际出发。毛泽东和党中央重新倡导调查研究,端正思想路线,成为纠正错误、调整政策、转变党的指导思想的先导。1961 年 3 月 23 日,中共中央发出《关于认真进行调查工作问题给各中央局,各省、市、区党委的一封信》,附有散失多年、不久前重新发现的毛泽东 1930 年写的《关于调查工作》(后来公开发表时改题为《反对本本主义》)。要求县以上各级领导机关干部,首先是第一书记,要认真学习毛泽东注重调查研究的思想方法和工作方法,把深入基层,蹲下来亲自进行系统的典型调查,当作工作的首要任务。强调要“一切从实际出发,不调查就没有发言权必须成为全党干部的思想行动的首要准则”。

工业方面。辽宁省从 1958 年开始,连续三年大炼钢铁,各项生产指标定得偏高,造成国民经济各项比例严重失调。特别是煤炭生产,由于连年过量开采，造成采剥、采掘比例严重失调，几个主要煤矿的煤炭产量都大幅度减产，许多企业被迫停产或半停产。为了摸清情况，辽宁省加强对工业生产，特别是煤炭生产的调查研究。1961 年 3 月，中共中央东北局第一书记宋任穷带领两个调查组到阜新矿务局平安煤矿蹲点，调查组成员有中共辽宁省委书记处书记李东冶、省委工业部部长杨波等。工作组成员深入生产一线，分别召开干部、工人和技术人员座谈会，了解煤炭生产中的经验和遇到的问题。工作组的同志严格要求自己，坚持与工人同吃、同住、同劳动，深受工人欢迎。调查发现两个方面主要问题：一是党委在实行全面领导中，过多地包揽行政事务，放松了经常性的思想工作，各级行政责任制不够健全；二是在大搞群众运动中，经常工作没有紧紧跟上去，政治挂帅与物质鼓励结合不够，在执行工资政策上存在平均主义现象，职工群众的积极性没有被充分地调动起来。这两方面的问题，在当时带有普遍性。调查组认为必须抓住问题的本质，总结经验教训，采取对症下药的方法，解决一些政策性的问题。1961 年 5 月，调查组形成《阜新平安煤矿十二条（草稿）》。《阜新平安煤矿十二条（草稿）》的前四条是“党委必须实行全面领导”“健全厂长负责制”“建立政治部”“大搞群众运动”。这四条是根据一般政治工作原则和当时形势提出的。后八条则是针对“大跃进”以来一些破坏工资制度、废弃合理的规章制度和技术工作条例、忽视职工福利生活等现象，明确提出的符合经济发展规律、促进生产发展的内容，包括“正确贯彻执行工资政策”“建立与健全规章制度”“正确贯彻执行技术政策”“实行三包四固定”“节约劳动力，充实第一线”“安排好职工生活”“做好职工家属工作”“广泛深入开展整风运动”等。其中关于工资部分，对于工资形式、奖惩政策、津贴等都作了详尽的规定，使全体职工有章可循，生产好的受奖，无故旷工者停发工资。在技术政策一条里，提出为了更好地贯彻技术政策，必须充分发挥技术人员的作用和提高工人的技术水平；对技术人员必须采取团结教育的方针，发挥他们的作用，使他们有职有权有责地进行工作。在安排好职工生活一条中，提出安排好群众生活是一切工作的基础，并要求办好职工食堂。这对于保证职工身体健康，以充沛精力投入生产有重大意义。《阜新平安煤矿十二条（草稿）》，经东北局批示转发辽、吉、黑三省,对东北三省的经济调整工作起到很好的作用。

农村工作方面。主要是调查贯彻执行中央“十二条”的情况,解决辽宁农村在执行政策上存在的各种问题。1961 年 4 月,宋任穷带领两个调查组深入到阜新蒙古族自治县富荣镇公社蹲点,重点解决给农业与农村造成严重影响的“五风”问题,为阜新实现农业战线的调整开好头作示范。

调查组到富荣镇公社后,召开各种类型座谈会并走访调查,广泛听取社、队干部和广大农民的意见和要求。针对干部、群众反映强烈又直接关系农村生产生活的突出问题,在与市、县、社、队各级干部以及农民充分讨论协商后,集中进行了解决。

关于公共食堂问题。当时农村食堂普遍办得不好,主要问题是粮食少、吃不饱。富荣镇公社六家子大队的三个食堂,早午两餐每人只能吃一个不到四两的粗粮饼子,晚餐只有稀粥没有菜。每人每天规定八两粮,但食堂管理人员、炊事人员多吃多占,社员最多吃到七两。而公共食堂是“共产主义新生事物”,各级领导都不敢停办。调查组当机立断,停办临时食堂。

关于供给制问题。由于过早地实行供给制,脱离农村实际,违背了按劳分配原则,挫伤了群众的积极性。富荣镇公社土地营子生产队经济状况中等,1960 年供给部分的比例高达 60% 以上,好劳动力、挣工分多的与弱劳动力、挣工分少的家庭相差无几,对此群众意见很大。调查组要求从实际出发,减少供给制的比重。

关于保护牲畜问题。因为饲料不足,牲畜瘦弱,寒冬季节牲畜死亡现象严重。虽然有的生产队有牲畜饲养奖励规定,但责任没有落实到人,没有形成制度。调查组通过与大小队干部和社员群众交谈,提出生产队应建立牲畜饲养责任制,散牛、散羊不必全部集中饲养,有一些可以放给群众分散饲养。这条措施深受广大干部、群众欢迎,牲畜死亡现象明显减少。

关于林木问题。调查组看到农村荒山多,成片的成材林少,而且树皮多被剥光,但社员自留地房前屋后的树却长得很好。于是,调查组提出划定一部分自留山让社员造林，这条措施使林木得到有效保护。

宋任穷等领导深入基层开展调查研究，从实际出发解决问题，取得良好成效。通过阜新等地的调查研究，进一步确立了党的实事求是的思想路线，省委和各级党组织检讨和总结了“大跃进”和人民公社化运动中的经验教训，为全面贯彻党的八字方针奠定了基础。

农业领域的调整

为系统解决农村人民公社存在的问题，党中央于 1961 年春夏先后在广州和北京召开工作会议。在广州会议上，毛泽东主持起草了《农村人民公社工作条例（草案）》（简称“农业六十条”）。这个条例是在总结农村人民公社三年多的经验和贯彻《紧急指示信》经验的基础上制定的，在仍保持人民公社总体框架的前提下，纠正了公社化以来一直突出存在的若干错误，解决了当时群众意见最大最紧迫的一些问题，从而在调动农民积极性、恢复和发展农业生产，以及遏制“共产风”再起方面，发挥了重要作用。

4 月 8 日，中共辽宁省委召开市、县委第一书记会议，省委第一书记黄火青传达了中央广州工作会议精神和中共中央《关于认真进行调查工作问题给各中央局，各省、市、自治区党委的一封信》。会议对“农业六十条”进行了深入讨论，黄火青在总结报告中强调了农村工作形势，统一全党思想认识，全面地、正确地贯彻执行“农业六十条”等问题，对整风整社工作作出部署。会后，全省农业战线展开调整工作。

首先是调整社、队规模。4 月 14 日，中共辽宁省委发出《关于调整农村人民公社规模的意见》，要求本着有利于生产、有利于经营管理、有利于安排生活、有利于团结、群众自愿、不宜过大的原则调整，使公社、生产大队、生产队三级分别恢复到相当于原来乡、高级社、初级社的规模。划清公社内部所有制界限，巩固提高大队基本所有制，发展大队经济；生产大队对生产队实行包产、包工、包成本和超产奖励的“三包一奖”制度。在生产队的经营管理方面，实行生产责任制，评工记分、定额管理和集体小包工等方法，实行按劳分配。在传达贯彻“农业六十条”的同时，又组织四五万名干部下乡，一面开展“农业六十条”的宣传，充分发动群众讨论，广泛征求群众意见，一面按照“农业六十条”的精神组织贯彻执行。通过“农业六十条”的贯彻执行，辽宁省广大农村的政治经济面貌发生重大变化，群众积极性大大提高。

其次是调整基本核算单位。1961 年 10 月 7 日，中共中央发出《关于农村基本核算单位问题给各中央局，各省、市、区党委的指示》，要求就此问题认真调查研究。辽宁省委接到指示后，立即开展调查摸底和试点工作，全省总计搞了 400 多个试点，包括 1250 个大队，经过 4 个多月的工作，到 1962 年 2 月底调查基本结束。调查结果表明，把基本核算单位由生产大队下放到生产队是基层广大干部和群众的迫切要求。这是因为，以生产队为基本核算单位，实行所有权和使用权统一，生产权和分配权统一，能够彻底解决这方面的矛盾，防止平调，促进生产发展；能够充分调动生产队和社员的积极性；能进一步增强社员集体主义思想，促使社员们更加热爱集体，关心集体；便于经营管理；便于大队干部更好地参加生产、领导生产、贯彻政策，做好各项工作。在调查过程中，也有一些公社和大队干部，对把基本核算单位下放到生产队还存在不同认识和疑虑，担心富队穷队收入悬殊越来越大，造成分化。对存在不同认识和疑虑的干部，经过和他们座谈研究和比较试行，很快弄通了思想，消除了疑虑。

改变基本核算单位工作中，全省绝大多数生产大队根据广大群众的要求，把基本核算单位下放到生产队。据全省 13804 个大队的统计，基本核算单位下放到生产队的有 13556 个大队，占大队总数的 98.2%。仍然坚持以大队为基本核算单位的有 248 个大队，占大队总数的 1.8%。这类大队主要是沿海地区的一部分渔业大队和大城市郊区的一部分蔬菜队，也有一部分是居住集中、规模较小、生产搞得较好的农业队，群众称之为“小大队”。还有极少数是几年来生产较好，基本建设较多，产量和社员收入逐年上升，各生产队之间的差别不大的大队。1962 年 2 月，中共中央发出指示，规定原来以生产大队为基本核算单位的普遍改为以生产小队为基本核算单位，至少 30 年不变。辽宁省委根据中央指示精神，在全省对改变基层核算单位工作进行了复查补课，逐条检查、落实，凡是不符合中央指示精神的都进行了纠正，做得不够的进行了补课。同时，各地大力加强生产队建设工作，帮助生产队迅速建立起正常的生产秩序，更加充分地发挥人民公社集体的作用。

第三是减少城镇人口，精简职工。为加强农业生产第一线力量，落实中共中央《紧急指示信》精神，1961 年 8 月 13 日，中共辽宁省委发出《关于 1961 年动员城镇人口还乡精简职工的计划（草案）》，决定在 3 年内动员城镇人口还乡 160.4 万人，精简职工 80 万至 100 万人。1962 年 1 月 23 日，省委发出《关于减少城镇人口、精简职工工作的报告》，指出到 1961 年 11 月底全省共减少城镇人口 101.9 万人。6 月 8 日，中共中央东北局作出《关于贯彻执行〈中共中央、国务院关于进一步精简职工和减少城镇人口的决定〉的决定》，指出在 1961 年精简职工 137 万人、精简城镇人口 158 万人的基础上，1962 年 1 月至 5 月底，又精简职工 95 万人，减少城镇人口 129 万人。7 月 3 日，省委、省人委作出《关于进一步减少城镇人口、精简职工的决定》，决定减少城镇人口的任务再增加 30 万人，增加精简职工 16.5 万人。

同时，辽宁省在地方财政十分困难的情况下，增加对支援农业生产和农业事业费的支出，由 1960 年的 1.19 亿元增加到 1961 年的 2.1 亿元。大幅度提高农副产品收购价格，1961 年比 1960 年提高 24.6%，1962 年又在上年基础上增长 3.5%。两年间，粮食产量递增，农民口粮增加，菜、肉、蛋也有所增加。

上述政策的调整，使辽宁省的农业得到充分休养生息，生产状况逐步得到恢复，耕地面积有所增加，地力得到提升。1962 年全省新开荒土地约 200 万亩，耕地面积达到 6376 万亩，比上年增加 0.6%。1962 年全省粮食产量达到 602 万吨，比 1961 年增产 56.2 万吨。

工业领域的调整

全党大兴调查研究之风，也为工业领域调整提供了重要思想基础。工业调整的一个方面，是降低计划指标。1961 年 8 月 23 日至 9 月 16 日，中共中央在庐山召开工作会议，主要讨论工业问题。会议通过的《中共中央关于当前工业问题的指示》强调，我们已经丧失了一年多的时机，现在再不能犹豫了，必须当机立断，该退的就坚决退下来。如果不下这个决心，仍然坚持那些不切实际的指标，既不能上，又不愿下，我们的工业以至整个国民经济就会陷入更被动、更严重的局面。根据这个指示精神，国家计委对八届九中全会所定的1961年、1962年计划指标作了较大的调整。

工业调整的另一方面，是整顿企业秩序。在邓小平主持下，由李富春、薄一波负责，派出11个工作组到部分厂矿企业进行调查。7月，在广泛调查研究的基础上，经过讨论、修改，形成《国营工业企业工作条例（草案）》（简称“工业七十条”）。1961年9月16日，“工业七十条”经庐山中央工作会议讨论通过并发布试行。“工业七十条”系统地总结了新中国成立以来特别是“大跃进”以来工业管理工作的经验教训，提出了我国国营企业管理的一些指导原则，并作出许多具体规定。这个条例确定国家对企业实行“五定”①，企业对国家实行“五保”②。条例规定：国营工业企业实行党委领导下的厂长负责制，党委负责贯彻执行党的路线、方针、政策，讨论和决定企业中各项重大问题；在党委领导下建立以厂长为首的统一的生产行政指挥系统；车间、工段不实行党总支、党支部领导下的车间主任、工段长负责制，党总支、党支部对本单位生产行政工作起保证和监督作用。

“工业七十条”下发后，1961年9月25日至10月14日，中共辽宁省委召开二届五次全会。省委第一书记黄火青传达了中央工作会议精神，着重讨论了工业战线形势、《国营工业企业工作条例（草案）》及职工生活等问题。当时辽宁工业的形势是：党的八届九中全会后，辽宁省着重分析了调整国民经济的八字方针。全省工业生产、交通运输等情况不容乐观，煤炭产量逐日下降，直接影响了钢铁产量。全省六大电厂，因煤炭不足，每天少发电近两千万度。由于煤、电不足，迫使绝大部分企业处于停工、半停工状态，不但给全省工业战线和人民生活带来很大困难，

---

① “五定”，即定产品方案和生产规模；定人员和机构；定主要的原料、材料、燃料、动力、工具的消耗定额和供应来源；定固定资产和流动资金；定协作关系。

② “五保”，即保证产品的品种、质量、数量；保证不超过工资总额；保证完成成本计划，并且力求降低成本；保证完成上缴利润；保证主要设备的使用期限。

而且对全国也有影响。造成工业生产大幅度下降的原因,除客观上辽宁遭到特大水灾、粮食和副食品供应比较紧张、工业内部某些薄弱环节需要调整之外,最直接的原因是对中央提出的“调整、巩固、充实、提高”的八字方针认识不足,工业方面放缓速度、降低指标没有真正落实。会议决定,工业调整方面,要搞好煤炭的增产节约工作,保证第四季度煤的平均日产量达到8万吨,并决定在广大群众中开展形势教育,踏实开展增产节约运动;调整地方工业的管理体制,把地方工业的管理权限集中在省、市、县(区)一级;完成企业的精简任务;在轻工和小商品生产方面,千方百计解决燃料和原料、材料;积极提高轻工业、手工业的产品质量;保证商品的合理分配,坚决反对商品“走后门”和不合规定的以物易物。全省工业战线认真贯彻执行八字方针,以调整为中心,做了一系列工作。

调整工业企业的生产。通过综合平衡对工业企业分三批实行了关、停、并、转。到1962年5月末,全省县以上工业企业共关、停、并、转1375户,工业企业总数比1960年的3271户减少了42%。

调整一批企业隶属关系。省直属企业由原来的56户增加到146户,占全省地方国营工业企业的4.3%,其中还将省部分重工业企业收归中央直属。

迅速恢复手工业职工队伍。组织老手工业骨干工人9.6万人归队,手工业职工达到17.3万人,基本上恢复到1957年的水平。

此外,在干部、人员、设备上适当充实了保留企业,增强了工业内部和企业内部的薄弱环节,使工业生产更加适应发展国民经济的要求。同时,对职工进行形势教育和党的路线方针政策教育,使广大职工提高了阶级觉悟,在党的领导下,克服了困难,认清了大局,坚定了信心。

通过贯彻“工业七十条”以及工业战线的全面调整,辽宁的工业经济和国营企业都有了很大进步。这对于贯彻执行“调整、巩固、充实、提高”的方针,恢复和建立正常的生产秩序,提高全省企业的经营管理水平、技术水平、生产水平,都起到了积极促进作用,使“大跃进”造成的企业管理混乱局面有了很大改变。

二、各项事业的全面调整

社会政治关系的调整

经过一年多国民经济的调整，国民经济严重困难局面开始有了转变，但整体形势依然十分严峻。为进一步总结经验教训，战胜严重困难，1962 年 1 月 11 日至 2 月 7 日，中共中央在北京召开扩大的中央工作会议。参加这次会议的有中央和省、地、县委四级主要负责人以及部分大厂矿和军队的负责人，共 7118 人，通常称为七千人大会。会议的主要目的是进一步总结 1958 年“大跃进”以来的经验教训，统一认识，增强团结，动员全党更坚决地执行调整方针，为战胜严重困难而奋斗。七千人大会后，社会政治关系方面的调整加快了步伐。

2 月 16 日至 3 月 19 日，中共辽宁省委召开常委扩大会议，传达贯彻七千人大会精神。会议传达了刘少奇作的《在扩大的中央工作会议上的报告》，毛泽东等其他领导同志的讲话，并进行了学习和讨论。省委第一书记黄火青代表省委向大会作了报告，对几年来省委的工作进行了检查，同时动员大家给省委提意见。会议遵照七千人大会精神，发扬党内民主，实行“三不主义”（不抓辫子、不打棍子、不扣帽子），与会同志敞开思想，畅所欲言，把几年来的心里话都说了出来。会上，不仅对省委工作方面提出批评意见，而且对省委领导同志个人也提出批评建议，这些意见绝大多数是正确的，对改进省委的工作作风有很大帮助。会议活跃了党的民主生活，在基本统一认识的基础上，达到了加强团结、加强集中统一领导的目的，对做好当前工作，改进工作作风，恢复与发挥党的优良传统起到了重要作用。全省工农业生产、人民生活、财政金融方面有了好转，而且在政治生活上、党内民主生活上也发生了一些变化。

为在“大跃进”“反右倾”运动中被错误批判和处理的干部和群众甄别平反，是调整政治关系的一项重要内容。早在 1961 年 6 月 15 日《中共中央关于讨论和试行〈农村人民公社工作条例〉（修正案）的指示》中就有关于甄别工作的规定和要求,中共辽宁省委于1961年7月21日发出《关于甄别干部、党员处分的指示》,要求对历次运动中受过批判和处分的干部、党员进行一次甄别。凡是批判和处分全部错了的,要全部改正,恢复名誉,恢复职务;部分错了的,改正部分结论,安排适当工作。甄别的范围是在反右整风、整党整社、社会主义教育、改造农村落后地区与“拔白旗”等运动中受批判和处分的党员、干部和群众。甄别的顺序为先领导干部,后一般干部;先明显的错案,后问题复杂的案件;先反右倾斗争和整党整社中的案件,后其他政治运动中的案件。指示要求各级党组织先做好调查研究、摸底排队工作,然后进行试点,取得经验,逐步展开。

到1962年2月底,全省共甄别案件21832起,占需要甄别案件的41.4%。1962年3月,针对一些干部对甄别工作意义认识不足,甄别工作不彻底的问题,省委甄别工作领导小组召开第四次各市(地)和省直机关甄别工作办公室主任会议,着重研究如何排除阻力,加快甄别工作的进度。同年4月,在邓小平主持下,中央书记处制定和发出《关于加速进行党员、干部甄别工作的通知》。6月2日,省委发出《关于加速进行党员、干部甄别工作的指示》。到1963年8月,共甄别受批判、处分的党员、干部151337人,同时还甄别了受批判、处分的工人、农民、学生162189人。由于甄别工作是在维护“三面红旗”前提下进行的,因此很不彻底,但毕竟是为纠正“左”倾错误而采取的重大举措,对调整党内外关系起到了积极作用。

为了进一步加强和改进统一战线工作,中共中央统战部和全国人大民族委员会、国家民族事务委员会于1962年4月下旬至5月下旬,在北京分别召开全国统战工作会议和全国民族工作会议。会议着重检查了近几年工作中发生的一些严重“左”倾错误,提出要做好对在政治运动中受到伤害的党外人士的甄别平反工作。做好对摘去右派帽子的人和还戴着帽子的人的安置工作,对被划为右派分子的家属和子女在上学、就业、生活等方面,不要歧视。中共辽宁省委根据中央指示精神于6月15日至17日召开全省统战工作会议。会议传达和学习了全国统战工作会议精神,即以“发扬民主、调整关系、充分使用、耐心教育为当前统战工作的基本任务”,纠正统战工作中的“左”倾错误。会议要求,认真做好对党外人士的安置工作,全省县以上3956名党外人士,不精简、不下放农村,不要降低他们的行政职务、政治地位和生活待遇。在压缩城镇人口中,对归国华侨、华侨子女一律不动员下乡,华侨职工干部只调动不精简。活跃政协和民主党派工作,充分发挥这些组织的积极作用。在当前困难情况下,仍需对各界民主人士的生活给予必须的照顾。并要求做好党外人士的甄别平反工作、知识分子思想工作,搞好少数民族的生产生活,正确处理民族关系等。8月15日至20日,在省第三届人民代表大会第三次会议上,省长黄欧东在《辽宁省人民委员会工作报告》中对我省民族工作作了部署:认真贯彻执行党和国家的民族政策,尊重少数民族的自治权利,尊重少数民族的风俗习惯和宗教信仰;注重培养少数民族干部,帮助少数民族进行社会主义建设;有关少数民族的重大问题,应该经过少数民族的人民和干部的充分讨论,按照他们的意愿作出部署;对少数民族生产生活上的困难,应该给予照顾。全省共有民族中学18所,要求全部保留下来,高等学校招生对少数民族学生也要有所照顾。应该经常注意克服和防止干部中的大汉族主义思想和地方民族主义思想,不断加强各民族的团结。

全省统战工作会议指出,在政治关系调整中,辽宁省各地在思想政治工作方法上,总结出许多好的经验,如先党内、后党外,先干部、后群众,党内与党外相结合,干部与群众相结合;政治活动与经常的思想工作相结合;党内教育与社会教育相结合;一般教育与个别教育相结合;对职工的教育与对职工家属的教育相结合等。这些做法在实际工作中都得到了运用,并不断增添了新的内容,从而在政治上保证了国民经济调整工作的顺利进行。

经济领域的深度调整

1962年5月,中共中央在北京召开工作会议,讨论和通过了中央财经小组起草的关于1962年调整计划的报告,作出了大刀阔斧调整国民经济的重大部署。1962年5月17日至25日,中共辽宁省委召开二届六次全会。中共中央东北局第一书记宋任穷传达了中央工作会议(通常称五月会议）精神。会议结合中央财经小组关于1962年调整计划的报告，讨论了经济形势及全省精简职工、压缩城镇人口、工业企业调整、财政、市场和粮食等问题。会议结束后，经济领域按照会议精神，在初步调整基础上，进行了深入调整。

精简职工和缩减城镇人口。省委二届六次全会通过了1962年全年精简职工67万人，缩简城镇人口102万人的任务。1962年1月23日，辽宁省计划委员会曾在全省计划会议上提出1962年精简职工的原则和要求：根据工业调整计划，重点企业（例如煤炭、木材、有色矿山等）少减；非重点企业多减；以工业品为原料的少减，以农产品为原料的多减；为农业生产服务的少减，为一般工业服务的多减；事业部门和单位第一线人员少减，第二线人员多减。根据此要求，1961年到1962年全省共精简职工114.5万人，完成原定两年计划的96.2%；减少城镇人口173.2万人，减轻了城市压力。辽宁省精简职工和缩减城镇人口工作，对于调整城乡关系、工农关系，平衡财政收支、粮食供销和市场供求，促进国民经济调整、经济形势好转发挥了重要作用。同时，促进了企业劳动组织的改善，提高了劳动生产率，改进了经营管理，减少了亏损。全省工业企业的全员劳动生产率1962年比1961年提高了19.3%，亏损企业由1961年占企业总数的45.5%，下降到1962年末的28.5%，对全省经济发展产生深远影响①。

调整基本建设战线。基本建设战线调整的原则是按照农、轻、重的次序，进行工程排队，把支援农业和国防工业项目排在重点保证的位置，适当加强轻工业和城市公用事业的项目；对未完工工程进行适当处理和利用；对于楼、馆、堂、所等非生产性建设项目坚决不再上马，已经上马的坚决停下来。全省非生产性建设项目从1960年的3100多个压缩到1961年的1300多个，1962年又减少到1100多个。基本建设投资也逐年减少，1960年为24.8亿元，1961年为7.18亿元，1962年为4.18亿元，大大减轻了全省的财政负担，同时对工业内部的投资结构也进行了调整。

---

① 《中共辽宁省委1963年精简职工、减少城镇人口计划（草稿）》（1963年3月12日），辽宁省档案馆馆藏档案。

缩短工业战线。1962 年 6 月 19 日至 27 日,省委召开工业工作会议,在总结 1961 年下半年到 1962 年 5 月末前两批工业企业调整工作的基础上,确定全省县(区)以上工业企业第三批调整方案,关停并转企业 651 个,保留企业 1747 个。到 1962 年底,全省共关停并转县以上全民所有制工业企业 1774 个,其中重工业企业 1100 个。压缩工业战线取得显著成绩,重工业与轻工业、重工业内部原料工业与加工工业之间的比例关系得到初步调整。同时,在生产上坚决压低了过高的计划指标,并留有余地,调整了发展速度。

进行清仓核资。清仓核资的主要目的是,彻底查清企业账内、账外所有的固定资产和流动资产,澄清家当;彻底清理企业的债权债务和各种财务遗留问题。全省各工业企业普遍开展了清仓挖潜工作,不少企业基本上查清了家底,处理了大量积压物资,支援了工农业生产,树立和加强了经济核算思想,建立和健全了一些规章制度,初步改善了经营管理。1962 年 7 月 20 日,全省工业企业清仓核资工作进入复查验收阶段。通过核定流动资金定额,把企业用不着或一时用不着的物资拿出来,调到国民经济急需的方面,对克服财政经济困难,促进国民经济调整,有着重大的作用。

在深度调整期间,根据省委二届六次全会把支援农业工作列为“当前的主要工作”的决定,全省各地、各部门进一步从物力、财力、人力等各个方面支援农业。1962 年 12 月 18 日,全省召开工业交通企业政治工作会议。会议提出,工业发展要把支援农业放在第一位,为农业技术改革服务。在省委领导下,全省工业各部门制定并实施了支援农业的具体方针:机械工业部门制定了以生产机械化、半机械化农具为主的支援农业的规划;手工业部门制定了保证中、小农具供应的支援农业规划;化工部门提出了为农业提供更多化肥农药规划;运输系统针对农运物资的特点,采取各种措施,千方百计地方便农民;电力部门帮助农村改造供电设备,进行水电建设,增加农业电力灌溉能力;财政金融部门开辟了财源,增加了收入,节约了支出,帮助农业改善经营管理,扭转亏损和增加赢利。许多部门还为农村培训了技术骨干,输送了技术人才。在调整中,全省各地区、各部门还突出注意了加强农业机械、运输工具维修的薄弱环节,制定了省内11个大型运输机具维修厂帮助农村维修大型和关键运输工具;审查和修改了不符合支援农业要求的规章制度[①]。这些调整措施,不仅有力地支援了农业,而且极大地促进了工业生产的发展,国民经济开始出现复苏局面。

知识分子政策和科学、教育、文艺政策的调整

1962年,随着国民经济的全面调整,党对知识分子政策以及科学教育文艺政策作了进一步调整。自1957年反右派斗争以来,党的知识分子政策存在着很大的片面性,对知识分子在政治上的进步和社会主义建设中的作用估计不足。知识分子一直承受着"资产阶级知识分子"帽子的压力,许多知识分子受到不公正的待遇,没有能够很好地发挥作用。1962年3月,周恩来总理在全国人大二届三次会议上所作的政府工作报告中,强调知识分子中的绝大多数,都是积极地为社会主义服务,接受中国共产党的领导,并且愿意继续进行自我改造的,中国知识分子的绝大多数已经属于劳动人民的知识分子。这使辽宁各条战线的广大知识分子深受鼓舞,心情舒畅,干劲倍增。1962年6月15日至17日,省委召开的全省统战工作会议,明确提出保证知识分子必要的工作条件和学习进修条件,让他们享受适当的政治待遇,照顾他们的生活,帮助他们解决必须解决的问题,使他们得以充分发挥各自专长,划清学术问题、思想认识问题和政治问题的界限。会议清除了知识分子心里的隔阂,密切了知识分子与党的联系,重新调动起广大知识分子的积极性,使知识分子在各个领域中发挥积极作用,取得了一系列显著成就。

1961年6月,根据中共中央发出的《关于自然科学研究机构当前工作的十四条意见(草案)》(简称"科学十四条"),及在广州召开的全国科学工作会议精神,辽宁省委批转省科委《关于省科学技术工作会议情况的报告及调整我省地方科学技术机构的初步方案》,对"科学十四条"及时进行了试点,对知识分子的作用作了正确的估计,对全省科研机构

① 辽宁省经济委员会《关于我省工业支援农业情况的简要报告》,1961年2月25日,辽宁省档案馆馆藏档案ZE28—1—27。

进行了调整，特别是调整了科研计划中一些不切实际的高指标，克服了“大跃进”期间出现的制度废弛、工作混乱的局面，明确了科研单位的基本任务是“出成果、出人才”，从而使全省的科技事业走上稳步、健康的发展轨道。

1961 年 9 月 15 日，中共中央颁布《教育部直属高等学校暂行工作条例（草案）》（简称“高教六十条”）。9 月 25 日至 10 月 14 日召开的省委二届五次全会，讨论了“高教六十条”的试行以及教育问题。根据教育部确定的调整精神，认真纠正生产劳动过多、社会活动过多的现象。坚持以教学为主的原则，保证教师一周有六分之五的时间用于业务活动；重新强调基础理论、基本知识和基本技能的教学，发挥教师在教学中的主导作用；加强教材建设，恢复和健全课堂讲授、实验等教学环节。由于正确处理了政治与业务关系，教学与生产劳动、科学研究的关系，教育、教学质量得到显著提高。

随着国民经济开始好转，文化活动逐渐复苏。1962 年 4 月，中共中央发出《关于当前文学艺术工作若干问题的意见（草案）》（简称“文艺八条”）。辽宁省委认真贯彻“文艺八条”精神，纠正了民间职业剧团增长过快、不注意发挥艺人积极性和经营管理失当以及搞平均主义等偏向。通过精简文艺机构，加强民主管理，认真实行按劳分配制度等举措，调动了广大文艺工作者的积极性，使一度受“左”的思想干扰和破坏的辽宁文学艺术事业开始转机，出现新的气象。

第 十 三 章

60 年代前期的主要成绩

20 世纪 60 年代前期，面对国民经济出现的困难局面，辽宁省广大干部群众在中国共产党的领导下，不畏困难，团结一致，共克时艰，做了大量卓有成效的工作，社会主义建设取得了突出的成绩，涌现出了许多英雄模范人物，他们以祖国和人民利益为重，不计名利、甘于奉献，展现出良好的精神和社会风貌。

一、社会主义经济建设的主要成绩

群众性技术革新和技术革命运动的发展

从 1958 年开始，为了提高生产效率，攻克难关，解决生产中的一些关键问题，在大搞群众运动的形势下，全国各地开展了技术革新和技术革命运动。辽宁省是企业密集的省份，技术革新和技术革命尤其具有重要意义。1960 年 1 月，中共中央发出大搞技术革新和技术革命的指示，辽宁省在原来已开始进行的技术革新和技术革命基础上，又掀起新高潮。

为了推动全省技术革新和技术革命的发展，1960 年 4 月 10 日，中共辽宁省委、省人委召开全省工业战线技术革新和技术革命先进集体和革新者代表会议。省委书记处书记李东冶作了题为《高举毛泽东思想红旗,把技术革新和技术革命运动推向更广泛、更深入、更持久的更高阶段》的报告。会上,中国科学院沈阳分院聘请省内 92 名革新能手为特邀研究员。这些工人出身的优秀革新能手步入科学研究殿堂,把自己丰富的生产实践经验与科学理论结合起来,给科研部门注入了新鲜血液。例如,沈阳东北机器制造厂冲压女工尉凤英,从 1953 年到 1960 年共完成技术革新 107 项,刀具改革后提高功效 14 倍,改革的冲具提高功效 100 多倍,仅用 434 天就完成第一个五年计划的生产任务。沈阳铸造厂副总机械师张成哲,从 20 世纪 50 年代开始搞技术革新,成功研制出自动芯卡机,提高功效 10 多倍,他研制的铸铁管漂浮检验机,填补了铸铁行业的空白。会议提出今后技术革新和技术革命的主要任务是,迅速提高机械化、半机械化、自动化、半自动化水平,大力提高劳动生产率;大搞原材料生产,继续开展群众性的夺材大战;大搞企业管理革命,特别要注意解决企业综合经营问题;大力支援农业,掀起一个规模更大的各行各业特别是工业战线全面支援农业的群众运动,从而使这一运动沿着正确、科学、全民的轨道继续前进。

在辽宁省的众多企业里,鞍钢搞技术革新的规模和声势最大,行动也最早。1959 年 11 月,鞍钢组织技术表演,提出大量技术革新项目。从 1960 年元旦开始,从矿山到炼钢、炼铁厂,从各主要生产部门到生产辅助部门都投入到这场运动中。到 2 月初,鞍钢职工提出技术革新建议 10 万多件,对于生产计划的完成起了积极作用。鞍钢技术革新活动的最大特点,就是十分注意把工人的干劲和智慧及丰富的实践经验同工程技术人员的理论知识相结合,以解决一些重大技术问题。

沈阳市技术革新和技术协作活动是从 1961 年开始的。1961 年 10 月 24 日,我国第一个群众性技术协作组织——沈阳市劳动模范、先进生产者厂际经验交流、技术协作活动委员会正式成立。在吴家柱、林海丰、吴大有、王凤恩等劳动模范的带动和影响下,技术革新和技术协作队伍迅速壮大、规模不断扩展,越来越多的工人技术骨干在“一不为名,二不为利,一心为社会主义”的号召下凝聚起来。1964 年,先后有吉林、山西、湖北、北京等 27 个省市的工业技术和技协访问团来沈阳“取经”,学习沈阳开展技协活动经验的热潮在全国蓬勃兴起。

这一时期,辽宁省各地在技术协作中推广与交流先进经验的活动异常活跃。全省10个市和沈阳、锦州两个铁路局,1963年上半年通过群众技术协作的串连活动,交流、推广的先进生产技术操作经验就达4500多项。各地和许多企业为适应活动迅速发展的需要,初步建立了一些制度,按工种、行业或产品建立了专业组,并采取一些有效措施,极大地促进了技术协作活动的进一步巩固和开展。辽宁地区技术协作活动的开展也成为技术革新和技术革命运动的重要组成部分。

群众性技术革新和技术革命运动的蓬勃发展,不仅帮助很多企业解决了一个个重大技术难题,创造了很多新工艺和新技术,为推动工农业生产的技术进步作出了巨大贡献。同时,技术革新和技术革命运动也极大地激发了广大群众的积极性和创造性,为弘扬艰苦创业、奋发图强的革命精神,促进生产力的发展,加速全国工业化的进程起到了极大的推动作用。

"鞍钢宪法"的产生

1959年7月25日,中共鞍山市委向中共辽宁省委报送了《关于鞍钢当前生产和群众运动情况与八月份工作安排的报告》,汇报了当年5月份以来,鞍钢生产形势逐步好转的情况,以及为完成生产任务准备采取的若干措施。省委将此报告转呈中央。毛泽东在庐山会议上看到这一报告极为高兴,迅速作了批示,并希望以后还能看到有关鞍钢情况的报告。庐山会议后,中央要求鞍山市委总结鞍钢的生产经验,并向中央书面报告。1960年初,鞍山市委调研室和鞍钢党委调研室组织人员,分别到鞍钢的炼铁、炼钢、轧钢厂和运输部等单位了解生产及技术革新情况。市委和鞍钢公司领导多次召开座谈会,听取汇报。在掌握大量情况的基础上,形成《关于工业战线上的技术革新和技术革命运动开展情况的报告》。报告汇报了鞍山地区开展技术革新和技术革命运动的基本情况,总结了技术革新和技术革命的经验,以及鞍山地区1960年继续"跃进"计划和完成任务的途径。3月11日,鞍山市委将报告报送辽宁省委、党中央。报告引起毛泽东的高度重视,1960年3月22日,毛泽东在对报告近600字的批示中指出,鞍山市委这个报告很好,使人越看越高兴，不觉得文字长，再长一点也愿意看，因为这个报告所提出来的问题有事实，有道理，很吸引人。鞍钢是全国第一个最大的企业，“过去他们认为这个企业是现代化的了，用不着再有所谓技术革命，更反对大搞群众运动，反对两参一改三结合的方针，反对政治挂帅，只信任少数人冷冷清清地去干，许多人主张一长制，反对党委领导下的厂长负责制，他们认为‘马钢宪法’（苏联一个大钢厂的一套权威性的办法）是神圣不可侵犯的”。现在这个报告，“不是马钢宪法那一套，而是创造了一个鞍钢宪法。鞍钢宪法在远东，在中国出现了”[①]。

3月24日，辽宁省委将毛泽东的批示转到鞍山市委。3月25日至26日，鞍山市委常委会学习讨论和研究贯彻批示精神，迅速传达到鞍钢各厂矿。4月22日，鞍山市委将《关于进一步贯彻执行中共中央和毛主席批示情况的报告》呈报辽宁省委和党中央。5月23日至26日，冶金部党组在鞍钢召开了学习、推广“鞍钢宪法”现场会。

“鞍钢宪法”的基本原则和主要内容是：加强党的领导。就是实行党委领导下的厂长负责制，党对企业的政治领导负有完全的责任，对生产行政工作负有监督、保证的责任。强调加强党的领导不是党委代替行政，包办一切；厂长负责制也不是削弱党的领导、忽视集体领导作用。

坚持政治挂帅。就是要使人们明确政治方向，提高思想觉悟，树立正确的人生观、价值观。

大搞群众运动。就是坚持群众路线，充分发挥工人阶级在企业中的主人翁地位和作用。

实行“两参一改三结合”。“两参”就是干部同工人一起参加劳动，工人参与企业管理；“一改”就是改革不合理的规章制度；“三结合”就是干部、工人和技术人员相结合。

大搞技术革新和技术革命运动。就是发挥职工群众的积极性创造性，以实现半机械化、机械化、半自动化、自动化为目标，开展技术攻关，改进工艺，提高技术装备水平。

---

① 中共中央文献研究室编：《建国以来重要文献选编》第13册，中央文献出版社2011年版，第97—98页。

“鞍钢宪法”激发了企业职工的积极性和创造性，强化了企业的思想政治工作，改进了企业管理，推动了群众性技术革新和技术革命的开展。1960 年 7 月，中央工业工作部、辽宁省委一同到鞍山总结贯彻落实党中央和毛泽东主席批示的做法和经验。此后，在鞍钢乃至全国冶金战线掀起学习宣传贯彻“鞍钢宪法”活动的高潮，进一步推动了群众性技术革新和技术革命运动的广泛开展。

锦州新兴工业的发展

1958 年以后，中共锦州市委、市人委在党的八大精神的鼓舞下，以大庆为榜样，破除迷信、解放思想、自力更生、艰苦奋斗，大搞技术革新和技术革命，集中精力发展生产。在工业基础薄弱，严重缺乏技术、设备的情况下，因陋就简，土法上马，土洋结合，大胆试验，以老带新，以新促老，科研与生产相结合，大力开发新产品、新技术，走出了一条既符合国情、又适合锦州工业发展特点的道路。锦州市主要探索出两条发展路径。

一是从国家需要和本地资源实际出发，选择和确定开发新产品新项目。1958 年以后，锦州市委、市人委先后三次集中力量对本地矿产资源和国家需要做了比较全面的调查，了解国际国内新技术、新工艺的发展和运用情况，对全地区国营、省营工业可供地方工业使用的产品、副产品，各种废渣、废液、下脚料等材料及其用途作了认真调查和分析。受调查中发现的上海利用锦州地区的石油化工原料生产日用工业品的启发。有关部门组织十几个工作组到锦州、锦西两地的石油、化工和有色金属等几个大企业中进行调查研究，发现很多资源可以用来发展具有本地优势和特点的工业。如利用石油六厂的合成油，锦西化工厂的烧碱、液氯等，可以生产洗涤剂、增塑剂；利用锦州丰富的硅石、稀土资源能够提炼透明、不透明石英产品和稀有金属。市委根据国家的急需和本地资源的具体情况，确定发展无线电仪表、石英玻璃、合成纤维、塑料、稀有金属等项目，一经上马就得到了迅速发展。

二是由基础材料工业向成材成器、成龙配套方向发展。1958 年至 1962 年，锦州新兴工业主要发展的是一些基础材料，如石英晶体、稀土、化工塑料等。1963 年以后,注意向成材成器、成龙配套方向发展。如无线电、半导体工业,先从硅材料、磁件和线材做起,接着开发晶体管和各种元件,然后制造收音机、载波机、自动化控制设备等。激光的发展,先从红宝石、钕玻璃、氟化钙晶体等基础材料做起,然后制造各种元件,进行光学件加工,生产脉冲氙灯等配套产品,试制了固体和气体激光器。随后,又试验成功激光在工业、测距等方面的应用器械。化工塑料工业,利用锦西化学工业公司的锦纶单体和有机玻璃下脚废料等资源发展合成纤维、塑料、有机玻璃制品等。1964 年,根据国家需要和本地资源的实际情况,又发展了一批新项目,在真空技术、无线电、塑料、稀土运用、激光等方面试制和生产了一批具有先进水平的新产品。

1965 年 11 月 22 日至 12 月 3 日,中共中央东北局在锦州市召开东北地区发展工业新产品、新技术经验交流会,推广锦州市创办新兴工业的经验。会上,东北局发出“以锦州为榜样,走锦州市发展新技术、新产品的道路”的号召。由于新兴工业的发展,锦州市地方工业总产值由 1957 年的 1.2 亿元增加到 1965 年的 2.6 亿元,主要产品的品种由 32 种增加到 70 种。其中,新兴工业的产值占地方工业总产值的 21.7%,产品品种占地方工业产品总数的 25.4%。

从 1958 年到 1965 年,锦州新兴工业从无到有,从小到大,从低级到高级,迅速发展。先后改建、扩建 49 个企业和厂点,形成了石英玻璃、真空设备、稀土金属、半导体、无线电、激光、化工塑料、仪表仪器 8 个方面的新兴工业,共生产和试制了 213 种产品。这些产品有的达到国内、国际先进水平,有的填补了中国工业的空白,有的在技术和工艺上有独特的风格和特点,在为国防建设和尖端科学技术服务、为满足社会和人民生活需要方面,起到重要作用。

锦州新兴工业的发展引起各级领导的高度关注,国务院、东北局和辽宁省委对锦州市几年来发展新兴工业的成效给予很高评价,认为锦州新兴工业的发展道路,是一条符合我国实际情况的发展新产品、新技术的道路。在 1966 年初召开的全国工业交通工作会议上,锦州市介绍了发展新兴工业的经验和做法。锦州因此被国务院命名为“大庆式锦州新兴工业地区”。

二、工业学大庆、农业学大寨运动的开展

开展工业学大庆运动

新中国成立后，国家投入大量人力物力进行石油勘探和开发。1959年9月，钻探人员在位于松辽盆地中央凹陷区北部的大同镇找到工业性流油，并进而发现了高台子油田。这是中国石油地质勘探工作取得的一个重大成果。因国庆10周年临近，人们将油田命名为“大庆油田”。1960年2月20日，中央批准石油部党组关于“集中石油系统一切可以集中的力量，用打歼灭战的办法，来一个声势浩大的大会战”的建议，决定集中力量在大庆地区进行石油勘探开发大会战。经过三年的奋战，大庆油田完成探明和建设，形成了年产600万吨原油的生产能力，结束了中国人靠“洋油”过日子的时代。

1963年10月，中共中央东北局书记处召开会议，专门研究推广大庆经验。会议认为，大庆石油会战的经验，不仅适用于石油战线，而且具有普遍意义，是东北地区工业交通战线出现的新事物，应该在全东北地区推广。会议决定召开大庆油田现场会议，推广大庆工作经验，学习大庆精神。10月下旬，东北局在大庆油田召开了东北地区工业交通各企业基层工作经验交流会。东北三省和15个市的工交部门及101个厂矿企业的领导干部共200多人参加了会议。现场会结束后，东北局给中共中央和毛泽东主席写了《关于大庆油田现场会议的报告》，报告从大庆油田执行社会主义建设总路线、集中优势兵力打歼灭战、做大量细致艰苦的基础工作、加强基层建设、大胆突破技术关、搞好职工生活、建设好领导班子和做好政治思想工作等方面总结概括了大庆石油会战的基本经验。为了进一步推广大庆经验，1964年1月，东北局发出《关于切实推广大庆油田经验给各级党委的一封信》。信中提出，东北局决定在全区工业部门和工业交通企业中普遍地学习和推广以大庆油田为主的各项先进经验。大庆油田经验是有普遍意义的，农业、财贸、科学、文教部

门也要认真学习和运用。1964年初,大庆油田组织报告团专门来到沈阳,给东北局和辽宁省直属机关干部作了报告。

根据东北局的要求,辽宁全省各市和各地区开展了工业学大庆运动。1963年11月8日,沈阳市委召开常委会议,对东北局书记处推广大庆经验的会议精神进行了传达、学习和讨论。12月9日,市委第一书记焦若愚率队赴大庆油田参观考察。随后,市委作出《关于学习推广大庆企业经验的决定》,并在市文化宫召开全市党员干部会议,介绍大庆油田的经验。市委还决定在部分企业进行学习大庆经验的试点工作。1964年1月3日,市委第一书记焦若愚主持召开常委扩大会议,听取《关于沈阳市学习、推广大庆经验的情况汇报》,就进一步宣传、学习与推广大庆经验进行了研究和部署,要求全市各级党组织把这项工作作为1964年全年的中心任务之一。

1963年10月,旅大地区的大连钢厂、大连化工厂、大连运输公司和大连高压阀门厂派人员参加了在大庆油田召开的东北地区工业交通各企业基层工作经验交流会,率先向本单位职工宣传大庆油田奋发图强、勇于实践、敢于革命的精神。11月9日,市委召开由全市党政工团领导干部1700余人参加的专门工作会议,传达大庆油田政治思想工作和岗位责任制经验,并就贯彻东北局关于学习大庆油田经验现场会精神作出具体部署。11月13日,市委工业部组织参加市党政工团领导干部会议的同志,分头向全市各厂矿企业科级以上党员干部4000余人传达了大庆自力更生、奋发图强、多快好省地搞生产建设的经验,要求狠抓增产和提高质量,扎实做好基层工作和基础工作,明确领导核心革命化是学大庆的决定性环节。会后通过抓试点、总结经验、派党政干部到大庆实地参观等办法深入学习大庆经验。市委工业部还总结了全市工交企业贯彻东北局学习大庆油田经验现场会议情况,把工业学大庆中好的做法向全市推广,促进全市工业学大庆运动的开展。全市各界通过学大庆运动受到教育,使大庆精神在广大干部和职工中得到传承与发扬。

1963年11月上旬,锦州市委先后组织工业系统机关副科长以上干部和61家企业300多名负责人,对东北地区工业交通各企业基层工作经验交流会精神进行传达,并开展了座谈讨论。之后,各企业分别召开党委会层层传达，动员广大干部群众学习大庆经验。各企业按照市委的统一部署，开展了“查、比”活动，以找差距为中心，进行大检查、大总结、大评比活动。通过评比，涌现出一批“四个一个样”（指黑天和白天一个样、坏天气和好天气一个样、领导不在场和领导在场一个样、没有人检查和有人检查一个样）大庆经验学习典型。

由于大庆人创造出了辉煌业绩，表现出了伟大的奉献精神，党中央和毛泽东于1964年1月提出了“全国工业学大庆”的号召。2月5日，中共中央发出《关于传达石油工业部〈关于大庆石油会战情况的报告〉的通知》。《通知》发出后，全国工交战线开展了学习大庆经验的运动，大庆成为我国工业战线的一面旗帜。

1964年2月4日至6日，中共阜新市委召开三届五次全会，传达中央关于工业学大庆的指示，要求全市工矿企业立即行动起来，迅速掀起工业学大庆高潮。4月中旬，在全市工交战线“五好”企业（政治思想好、完成计划好、个人作风好、企业管理好、生活管理好）和“五好”职工（政治思想好、完成任务好、遵守纪律好、经常学习好、团结互助好）代表大会上，表彰83个“五好”企业、190名“五好”职工。其中，阜新蒙古族自治县农业机械制造厂、新邱露天煤矿被命名为大庆式企业。

1964年2月，朝阳市委召开干部会议，传达了大庆油田大会战经验，向全市人民发出了工业学大庆的宣传动员，要求全市人民利用各种宣传阵地和宣传工具，大力宣传大庆经验。各县、区积极响应市委的号召，广泛宣传工业学大庆的指示和大庆人艰苦奋斗、大会战、为祖国开发建设大油田的“铁人精神”和经验。朝阳市各县、区、直属机关、厂矿、公司、事业单位等，经过工业学大庆运动，涌现出一批学大庆的先进集体、先进工作者和技术革新能手。

1964年2月20日至24日，辽宁省委召开常委扩大会议。根据党中央、毛泽东和东北局接连发出的关于推广大庆油田经验的指示，省委第一书记黄火青在会上对“克服故步自封，骄傲自满，学习解放军和大庆油田经验，发扬革命精神，改进领导作风的决定”作了说明。决定指出，要认真学习毛泽东著作，用毛泽东思想武装干部；要学习大庆油田经验，实行“四个第一”（人的因素第一，政治工作第一，思想工作第一，活的思想第一)。会议指出,学习大庆油田的经验是一个时期的任务,必须有步骤有计划地进行,学习的过程中,不可能没有思想斗争,要做艰苦细致的思想工作,要一步一步地学,要有恒心,要永远坚持下去。只有这样,才能做到不仅学到手,而且坚持住,传下去。会议决定,工业学大庆是1964年全省的中心工作之一。

在工业学大庆运动中,省内各地区、各系统、各企业以大庆为榜样,比学赶帮,涌现出一批学习大庆的先进单位和先进个人,产生了许多大庆式的企业,掀起了生产建设的高潮。如沈阳市在大庆精神的鼓舞下,1964年实现革新项目2万多项,解决生产技术关键问题1.2万多个,举办技术表演、技术讲座1.37万多次,参加人数26.59万多人次,促进了先进经验的传播。锦州市被国务院命名为“大庆式锦州新兴工业地区”后,市委以此为契机,号召全市干部群众学大庆、赶大庆、超大庆,在取得成绩的基础上再鼓干劲,找差距,订措施,进一步学习大庆人的革命精神,把锦州市的新兴工业推向新阶段。

工业学大庆运动的广泛开展,不仅极大振奋了全省人民自力更生、奋发图强的精神,调动全省工业战线广大职工的劳动积极性,而且对于狠抓企业管理、提高劳动效率、促进生产、完成全省国民经济任务,起到了重要的推动作用。

开展农业学大寨运动

大寨是山西省昔阳县大寨公社的一个村。这里自然条件恶劣,土地贫瘠。大寨人在党支部的领导下,从1953年开始开山凿坡、修造梯田。1962年,在全国大灾和严重困难的年景下,大寨粮食亩产达到774斤,高出同县平均产量530斤。1964年1月28日,全国农业工作会议介绍了大寨大队的经验。2月10日,《人民日报》刊登了新华社记者的通讯报道《大寨之路》,并发表社论《用革命精神建设山区的好榜样》,号召全国人民尤其是农业战线学习大寨人的革命精神。毛泽东在听取山西省委的介绍时,赞赏和肯定了大寨人的艰苦奋斗精神。农业部专门派出调查组到大寨作全面考察,并在调查报告中肯定了“大寨是全国农业战线的一面红旗”。1964年12月,周恩来总理在全国人大三届一次会议上把大寨精神概括为“政治挂帅、思想领先的原则，自力更生、艰苦奋斗的精神，爱国家爱集体的共产主义风格”。

在中央的号召下，辽宁省开始了农业学大寨运动。1964年2月27日至3月5日，全省农业生产会议召开。会议传达了全国农业会议精神，由参观山西省昔阳县大寨公社大寨大队的同志介绍了大寨经验。会议认为，学习山西省昔阳县大寨公社已经成为各地的奋斗目标和行动纲领，互相参观学习、取经送宝的风气正在形成，但农业战线的比学赶帮运动开展得还不够广泛和平衡。会议号召各地认真学习大寨经验，深入开展比学赶帮运动，促进农业生产形成新高潮。

为了深入学习大寨精神，辽宁组织全省各市、县的书记和部分公社党委书记到大寨进行了参观学习，并结合各自实际情况，树立起本地区的大寨式典型。

旅大市以复县（今瓦房店市）磊子山大队、复州公社青年试验场和金县杏树屯公社3个典型带动全市的学大寨运动。1964年3月17日，市委作出《关于在农村开展学习磊子山大队、复州公社青年试验场、杏树屯公社经验的决定》，要求各县区委、公社党委、农村支部及社员群众以这些典型为榜样，认真学习他们的革命精神和经验，找差距，挖潜力，因地制宜，在实践中不断学习、总结、提高，搞好以治山治水和农田水利建设为中心的比学赶帮运动。3月23日，《旅大日报》第一版全文转发市委的决定，同时刊载磊子山大队的先进事迹，发表了《扎扎实实地学习先进单位的增产经验》的社论。3月24日至25日，《旅大日报》连续发表市委工作组关于复州公社青年试验场、杏树屯公社先进事迹的调查报告。市委、市人委先后召开两次现场观摩会。1964年冬至1965年春，全市农村有45万人参加治山治水活动，共治理涝洼地29万余亩，修梯田7.7万余亩，新开水田3.4万余亩，完成水土保持控制面积7.1万亩，积肥1亿多吨，翻地211万亩，植树造林21万余亩。农村群众性科学实验活动也迅速得到发展。1964年，全市农业总产值达到4.3亿元，比1961年增加1.1亿元，比1962年增加7000多万元。全市粮食总产量比1963年增加1亿多斤，水产品总产量比1963年增加240万吨，是60年代中期产量最高的一年。

中共阜新市委多次组织县、公社、大队干部赴大寨大队参观，了解大寨经验，学习大寨人自力更生、艰苦创业精神，努力改变本地的生产条件。在大寨经验启发下，经过调查研究和反复论证，阜新地区总结出当地存在的主要问题是大部分山坡地被山水冲击，大部分河道拓宽淤高，坡耕地和河边地不断减少，如不尽快治理农业没有出路。针对存在的问题，阜新地区将农业学大寨运动与学习本地的"三沟经验"（毛岭沟的封山育林经验、塔子沟的河边造林防风固沙经验、招束沟拉各拉生产队的治理坡耕地防治水土流失经验）结合起来，提出了"远学大寨、近学'三沟'"的口号。4月28日，阜新市委作出《关于学习推广阜新蒙古族自治县"三沟经验"，实现阜新地区农业稳产高产的决定》，在全市推广"三沟经验"。阜新蒙古族自治县委先后组织各公社、大队、生产队干部和部分群众代表近万人，到"三沟"参观学习，使广大干部群众对"三沟经验"有了比较全面的了解。在此基础上，阜新蒙古族自治县委、县政府的几位领导分别到东梁公社吐呼鲁大队、王府公社东灰同大队、务欢池公社东大队和广民大队，同社员一起修水平梯田、治理坡耕地，建成5个大面积治理坡耕地样板。在县委的带动下，全县共树立学习毛岭沟封山育林样板大队30个，学习招束沟公社拉各拉生产队治理坡耕地样板大队45个，学习塔子沟营造护岸林样板大队37个，树立学习"三沟经验"综合配套样板大队10个。"三沟经验"的推广得到东北局和辽宁省委、省人委的重视。东北局候补书记强晓初，省委第一书记黄火青，第二书记、省长黄欧东，省委书记处书记白潜，副省长张正德和张庆泰等领导都到阜新蒙古族自治县指导"三沟经验"的推广工作。国家林业部也多次到阜新蒙古族自治县视察林业工作，对人工造林成就给予充分肯定。1965年11月，在北京农业展览馆举行了全国大寨式农业典型展览，"三沟经验"作为52个大寨式农业典型之一用了十几个展位展出。

中共朝阳地委组织各县县委书记、部分公社党委书记到大寨进行参观，学习大寨改变山区面貌，发展副业生产，开展思想政治工作和领导方法的经验。参观回来后，朝阳地委召开机关干部大会，在全地区范围内提出了"外学大寨，内学宋杖子、北四家子"的号召。1964年9月，朝阳地委在朝阳县北四家子公社召开全地区农业学大寨现场会，进一步扩大全地区治山治水的规模。会后，朝阳地委发出《关于山区建设中几个问题的决定》，对全地区的治山治水工作提出了具体要求：第一，大力治理山坡地。根据大寨和本地试点的经验，每个生产队都要选择土层较厚的坡地，修建10亩到20亩的水平梯田，全地区要达到20万亩。取得经验后，逐步把所有坡地都改造成水平梯田。第二，大量植树造林和封山育林。要采取自采、自育、自栽的办法，做到队队户户都育苗，提倡就地育、就地栽。下决心搞好封山育林和林带、林网建设，北部荒山、荒地要大量发展种草，试行草田轮作，以增强防风固沙和水土保持能力。第三，适当控制羊只发展，逐步有计划淘汰山羊，改良绵羊，限制个人养羊数量。提倡发展养猪、养鸡等增加副业收入。第四，认真总结和推广已有的成功经验，以大寨为榜样，掀起大规模的山区建设高潮。1965年，在认真学习和推广大寨及宋杖子、北四家子经验基础上，朝阳地区通过召开现场会、抓政治思想工作、搞科学实验、推广典型经验、制定综合治理全面规划、正确处理农林牧副的关系等措施继续推进学大寨运动和治山治水、农田基本建设。这些措施既推动了全地区农业学大寨运动，也促进了全地区山区建设工作的发展。1965年8月，朝阳地委召开全地区山区建设工作会议，进一步明确了农业学大寨、搞好山区建设的具体任务。此后，各地出现了很多“八一林”（民兵）、“三八林”（妇女）、“五四花果山”（青年团）、“长寿林”（六十岁以上老年人）、“红领巾林”（少年儿童）。由于全地区万众一心“学大寨、搞建设”，朝阳的农业学大寨运动势头良好，山区建设也取得较大成绩。在1964年以后全地区开展的4次大规模的治山治水运动中，新增封山面积640万亩，育苗12.3万亩，造林252万亩，治理坡耕地78.5万亩，改良土壤55万亩，种草面积78.5万亩。修建自流引水渠262处，抽水机站56处，打机电井322眼，普通井4000眼，有效灌溉面积增加31.5万亩。

本溪桓仁县委、县人委提出在全县开展远学大寨、近学下甸子，以农田基本建设为主攻方向和“以粮为纲，多种经营，全面发展”的群众运动。从1964年到1966年，全县因地制宜，在漏河、六道河、哈达河和部分沿江地区修建防洪工程850多处，全长达3万多米；疏通河道20多处，营造护岸林1.48万多亩。下甸子大队在以治山治水为中心的农田基本建设中成绩突出,为全县树立了榜样,成为治山治水的一面旗帜。到1965年,农村供电高压线路已发展到96公里,全县有24个生产大队建立了电网,水田面积由1963年的4.39万亩增加到5.78万亩,为建设稳产高产田打下基础。畜牧业生产有了较快发展,大牲畜发展到3.4万多头;生猪由1963年的4.7万头发展到6万头。1965年粮食总产量达15万吨,较1963年增长9.3%。

除了这些先进典型,其他地区也结合自身实际开展了学大寨运动。如沈阳市委在1965年工作要点中提出,郊区的农业建设,要发扬大寨精神,贯彻以副食品为主、为城市服务的方针。按照市委、市人委的工作部署,市郊农村广大社员在大寨自力更生、艰苦奋斗革命精神的鼓舞下,大力开展以兴修水利为中心的农田基本建设,新建和维修电井150多眼,小型抽水站48处,建成万亩以上的灌区1处,新增水田面积10万多亩,农田灌溉面积已占全部耕地面积的21.4%。治理坡耕地、平整土地、植树造林工作也很突出。1965年蔬菜总产量达5亿公斤,比1964年增加1.3亿公斤。年末生猪存栏20万头,比1964年增加1.6万头。果树、淡水鱼以及采集、编织等各项副食和副业生产,都比1964年有较大幅度的增长。

1965年12月,辽宁省副省长张正德代表省人委在辽宁省第三届人代会第三次会议上作了《高举毛泽东思想红旗,发扬大寨精神,为加速转变辽宁农业生产面貌而奋斗》的报告。报告总结了1965年全省学大寨取得的成绩:全省参加农村农田基本建设运动的劳动力,最高时达到了170多万人,是几年来出工最多的一年,形成了一个以治山治水为中心的群众性的农田基本建设新高潮。粮食、棉花的产量都有所增长,副业生产品种增加、范围扩大,桑树、果树大量栽植,还利用滩涂、水库发展了水产养殖。报告提出,学大寨,就是要学习他们那种藐视困难、敢于革命的英雄气概,自力更生、奋发图强的坚强意志,胸怀祖国、顾全大局的高尚风格。大寨原来自然条件很不好,经过十几年的艰苦奋斗,建成了稳产高产田,使粮食亩产提高到七八百斤。阜新的三沟、朝阳的北四家子八盘沟生产队、凌源的宋杖子公社等都是学习和发扬大寨精神,艰苦奋斗,自力更生,大搞农田基本建设,使粮食获得大幅度增长的好典型。

事实证明，只要我们依靠大寨的革命精神，把农田基本建设搞好，其他各种措施跟上去，充分利用客观存在的增产的可能性，大寨能办到的事情，我们也一定能办到。

通过学大寨运动，以大寨为榜样、走自力更生的道路成为辽宁全省广大农民的自觉行动，广大农民的精神面貌发生了深刻变化。农业学大寨运动的开展，有力促进了农田基本建设，对推动全省农业生产的恢复和发展发挥了重要作用。

三、对三线建设的支援

20 世纪 60 年代初，国际形势出现新的动荡，我国周边形势日趋紧张，备战问题摆到党的重要议程上来。1964 年五六月间，毛泽东主持召开中共中央工作会议。在专门讨论“三五”计划时，高度关注国家安全，他从经济建设和国防建设的战略布局考虑，将全国划分为一、二、三线[①]，提出三线建设问题。据此，中央改变“三五”计划的最初设想，作出开展三线建设、加强备战的重大战略部署。辽宁省根据国家关于三线建设的总体规划和各省加强小三线建设的有关指示精神，发出《关于加强地方军事建设的指示》《关于地方军工生产建设的初步设想》，开始对全省支援三线建设进行部署。

辽宁省是既沿海又沿边的省份，基础工业和国防工业地位突出，支援三线建设任务很重。辽宁积极响应党中央的统一部署，成立三线建设领导小组，从 1964 年下半年开始了支援三线建设工作。

中共辽宁省委认为，支援三线建设工作是一项较为长期的艰巨任

---

① 沿海地区为一线地区，沿海与三线之间的地区为二线地区。沿海地区包括辽宁、北京、天津、河北、山东、江苏、上海、浙江、福建、广东、广西等 11 个省、自治区、直辖市。其余 18 个省、自治区均称为内地。中央军委关于全国三线地区划分的范围是：甘肃省的乌鞘岭以东、山西省的雁门关以南、京广铁路线以西的地区。这些地区包括：四川、云南、贵州、青海、陕西等省；山西、甘肃、宁夏等省、自治区的大部分地区；豫西、鄂西、湘西、冀西、桂西北、粤北地区。其中，西南的四川、贵州、云南和西北的陕西、甘肃、宁夏、青海等地俗称为“大三线”，一、二线地区的腹地俗称为“小三线”。

务，也是一项光荣任务，因此高度重视，做了以下几项工作。一是抓思想政治工作。采取自愿报名与领导批准相结合的办法，按照先党内、后党外，先干部、后工人，先企业内部、后职工家属的方法进行动员，支援三线建设。二是做家属工作。各市支援单位一般都选派群众中有威信的干部组成家属工作小组或留守小组，专做家属工作，加强思想工作和解决各种具体问题。三是实行两手抓。一手抓搬迁，一手抓生产，人员、设备调走后，各地各部门一般都及时整顿劳动组织，调整机构，充实设备，做到减人不减产，促进生产高潮。

据不完全统计，到 1965 年 5 月，辽宁地区迁往内地和正在迁往内地的企业及技术支援项目共 26 个（均列入国家搬迁计划），调出 5 万人左右（其中基本建设队伍近 2 万人）。

迁建企业是一线支援三线建设的主要形式。由于在迁建中认真贯彻“中心型、专业化”原则，一线与三线密切配合，加之老厂贯彻执行“包迁、帮迁、包投产”要求，所以收到了投资少、建设快、投产快的效果。同时，老厂把先进经验带过去，迁建企业走的弯路少，从投产之日起，就达到较好的技术水平和管理水平。辽宁省支援三线建设工作做得好，成绩大。如：鞍钢第二中板厂迁入重庆钢铁公司，不仅为重庆钢铁公司配备了较强的领导班子，选拔了政治条件好、技术等级高（平均 3.9 级）的技术工人，而且对迁出的 67 个机组和 390 多台电机设备进行了全面检修。沈阳气体压缩机厂迁入重庆华中机械厂的 59 台设备，经检修后绝大部分达到原来出厂标准。大连机床厂液压仿型机床车间迁入银川长城机械厂后，出色地完成了生产计划和各项任务，被宁夏回族自治区评为迁建企业的标兵。此外，许多迁出单位，不仅用良好的生产设备支援内地，而且在调人员的同时，还把职工日常生活用具如床、椅、桌、凳等都带去，很好地完成了搬迁和生产任务。

从辽宁搬迁的企业，有的是并入当地企业，对当地企业起到了充实、提高、补缺的作用；有的是利用当地下马工程进行安装建设，节省了大量资金，加快了建设速度；也有的是新建项目。在整个迁建过程中，充分体现了辽宁迁建单位的高效率，严密的组织工作和广大干部职工意气风发的良好精神风貌。

1965年9月，中共中央召开迁建工作会议。会后，为了解迁建工作情况，协调解决搬迁中的问题，中共中央东北局组成赴西南、西北三线访问团，到成都、重庆、西安、西宁、兰州、银川等由东北地区迁来的52个单位，慰问这些单位的职工和家属，并听取了迁入地区的中央局和省、市委负责人对迁建工作的意见。访问团回到沈阳后，向东北局第一书记宋任穷、书记顾卓新作了书面汇报。宋任穷将汇报材料呈送给彭真、薄一波、余秋里和谷牧等党和国家领导人。1966年5月，根据中共中央和国务院作出的《关于老基地、老企业支援三线钢铁基地建设的决定》，辽宁省和鞍钢负责包建攀枝花钢铁基地和贵州水城铁厂。从筹建、施工到建成投产，从配备领导班子和技术骨干、提供设备和原材料到承担试验研究工作、提供技术资料和备品备件等，辽宁省和鞍山钢铁公司都非常重视，当作重要政治任务，全面负责，一包到底。

在支援大三线建设的同时，东北局还根据中央提出的一、二线也要搞点军事工业的要求，部署在东北地区加强小三线建设。1966年9月，东北局在沈阳召开东北地区小三线基本建设和生产试制会议，讨论通过了小三线生产和建设的十条规定。小三线建设项目，特别是军工项目，基本上贯彻执行了“靠山、分散、隐蔽”的方针，发挥了自力更生、艰苦奋斗、勤俭创业的精神。

辽宁省在支援三线建设中，体现出全国一盘棋思想和大局意识，发挥了作为国家工业基地的优势和作用，输出了大量人力、物力、财力和技术、装备，为西南、西北地区工业经济的壮大乃至全国经济的发展作出了重大贡献。

四、良好精神和社会风貌的形成

学习雷锋活动的广泛开展

雷锋，湖南省望城县人，1940年12月出生。幼年就失去了父母，成为孤儿。1949年家乡湖南解放后，参加了儿童团，并于1950年上学读书。1956 年小学毕业后,先后在乡政府、县委当通讯员和公务员。1957 年 2 月,在家乡农场当拖拉机手并加入中国共产主义青年团。1958 年,从湖南北上辽宁鞍山,参加鞍钢建设,成为一名推土机手。1960 年 1 月,雷锋参加中国人民解放军,实现了少年时的梦想,被编入沈阳军区工程兵某部运输连四班。在部队,雷锋凭着对党、对社会主义的无比热爱,干一行爱一行。在生活中,他时刻注意勤俭,从一点一滴做起,把节约下来的钱用于支援灾区、资助战友和需要帮助的群众。他在日记中写道,“我活着是为了全心全意为人民服务”,“我要把有限的生命,投入到无限的为人民服务之中去”。他是这样说的,也是这样做的。“雷锋出差一千里,好事做了一火车。”这是当时群众对雷锋的真心赞誉。1960 年 11 月 8 日,雷锋光荣地加入中国共产党,他对自己的要求更加严格了,努力践行着入党时的誓言。不管是出车还是休息,他都随身背着一个小书包,抓紧时间学习。正是靠着这种钻的精神,他掌握了丰富的知识,并能运用到具体工作中;正是靠着这种钻的精神,他克服了身体条件的不足,练就了一身过硬的本领。

1960 年 9 月,雷锋所在部队整理了《雷锋同志模范事迹材料》。11 月 26 日,沈阳军区《前进报》在第一版用整版篇幅发表题为“毛主席的好战士”的长篇通讯,详细地记述了雷锋的成长过程,同时号召军区各部队学习雷锋的先进事迹,结合“两忆三查”运动[①]对部队进行教育。12 月 1 日,《前进报》又用整版的篇幅以“听党的话,把青春献给祖国”为题,发表《雷锋日记摘抄》15 篇,这是雷锋日记首次公开发表。12 月 11 日,《抚顺日报》转载长篇通讯《毛泽东的好战士》和《雷锋日记摘抄》,这是地方报纸第一次全面宣传雷锋事迹。12 月上旬,《前进报》又开辟“向雷锋同志学习,做毛主席的好战士”专栏,陆续发表全军区各部队学习雷锋的文章。《抚顺日报》《辽宁日报》分别进行了转载。此后,部队推荐雷锋先后到驻沈阳、抚顺、海城、营口、旅大、安东等地的部队、学校巡回作报告。不久,《人民日报》《中国青年报》《解放军报》先后发表文章介绍雷锋的模范事迹。

① 即忆阶级苦、忆民族苦,查立场、查斗志、查工作。

1961年1月14日,中国人民解放军工程兵政治部发出《关于开展学习雷锋活动》的通报,要求立即组织群众学习雷锋的模范事迹。1962年2月,雷锋以特邀代表身份,出席沈阳军区首届共青团代表大会,并被选为主席团成员。此次大会通过了《给军区部队全体共青团员的一封信》,号召军区部队广大共青团员和青年,要以毛主席的好战士雷锋等先进人物为榜样,掀起一个学先进、赶先进的竞赛热潮。会后,新的学习雷锋热潮在军队中兴起。

1962年8月15日,年仅22岁的雷锋在抚顺市因公殉职。8月17日,“公祭雷锋同志纪念大会”在抚顺市望花区政府礼堂举行,党政军民各界前来参加追悼活动的人群络绎不绝。追悼会结束后,街上聚集的数千名群众都怀着沉痛的心情,护送雷锋的灵柩缓缓走向烈士陵园并举行了安葬仪式。8月23日,《前进报》在头版显著位置刊登雷锋牺牲的消息,并配发公祭大会的照片和雷锋的简历。10月22日,雷锋生前所在团正式举办了“雷锋烈士生平事迹展览”。此后,学雷锋活动在部队中持续展开。

1963年1月7日,中华人民共和国国防部根据雷锋所在班的请求,批准命名雷锋生前所在部队运输连四班为“雷锋班”。1月18日,沈阳军区党委作出《关于开展学习雷锋运动的决定》,号召广大指战员和青少年向雷锋学习。1月21日,沈阳军区在八一剧场隆重举行“雷锋班”命名大会。《辽宁日报》刊登了中国人民解放军总参谋长罗瑞卿大将为大会的题词。“雷锋班”的命名,极大地鼓舞了雷锋所在团的广大指战员,同时也推动了部队学雷锋活动向纵深发展。

为了使广大指战员更加详细地了解雷锋,扩大宣传范围,《辽宁日报》于1963年1月8日刊登长篇通讯《永生的战士》。1月19日,又以整版的篇幅登载雷锋日记。2月9日,中国人民解放军总政治部发出通知,号召全军迅速开展宣传和学习雷锋的模范事迹活动。《解放军报》发表题为“像雷锋那样做毛主席的好战士”的社论。中国人民解放军工程兵政治部为积极响应总政治部的号召,于2月12日发出《关于广泛深入开展宣传和学习雷锋活动的指示》。2月21日,《解放军报》又发表社论《再论像雷锋那样做毛主席的好战士》,学雷锋活动在部队形成规模。

部队学雷锋活动,推动了地方学雷锋活动的开展。1962年11月4日,共青团抚顺市委五届二次全委会议发出“学雷锋,做无产阶级革命事业接班人”的倡议书。随后,抚顺市学雷锋活动便由青少年向全市的党员、干部和广大人民群众中延伸扩展。1963年1月8日,辽宁省军区、共青团辽宁省委联合发出通知,号召全省学习雷锋的先进事迹。中共辽宁省委组织雷锋烈士生平事迹报告团,报告团的报告会在主会场之外都专设分会场,仅大连造船厂的一次报告会就设了26个分会场。雷锋的先进事迹在群众中产生强烈的震动,报告团所到之处,各市地报纸、电台等新闻媒体都给予充分的报道,他们走到哪里,哪里就掀起一个学习雷锋的高潮。报告团从1963年1月上旬到4月下旬,先后到沈阳、本溪、旅大、鞍山等9个市和18个县,共报告433场,有85.3万人直接听到雷锋同志生前战友的报告,有348台录音机录音,72万余人收听录音报告。这一活动的开展,为基层开展学习雷锋活动起到了舆论指导和推动作用。

1963年3月2日,毛泽东“向雷锋同志学习”的题词在《中国青年》杂志首次登载。刘少奇、周恩来、朱德、陈云、邓小平等中央领导同志也都为雷锋题词,一个全民性的学雷锋活动在中华大地上轰轰烈烈地开展起来。1963年3月5日,全国各大报纸都刊登毛泽东的题词手迹。从此,3月5日就作为毛泽东等老一辈无产阶级革命家发出“向雷锋同志学习”伟大号召的纪念日。1963年,周恩来向全国文艺界发出倡议,要用文艺形式来歌颂雷锋。此后,全国用话剧、曲剧、歌剧、电影等形式上演的雷锋剧目层出不穷。沈阳军区抗敌话剧团创作演出的话剧《雷锋》上演百余场,党和国家领导人先后观看演出。全国有100多个艺术团体上演话剧《雷锋》,各地的文艺团体还创作演出了大量学雷锋的歌舞、曲艺、故事。

在雷锋精神的感召下,全国各地涌现出许许多多雷锋式的模范人物,群众性的学雷锋活动开展起来。在雷锋精神的感召下,全国各地涌现出许许多多雷锋式的模范人物,群众性的学雷锋活动开展起来。由此,全国各条战线、各个行业掀起了一个持久的学习雷锋的热潮。像雷锋那样做人、像雷锋那样工作、学习和生活,在全国蔚然成风。雷锋成为一个时代的楷模。这场学习热潮,极大地激发了广大群众建设社会主义的积极性,推动了全社会良好道德风尚的形成。雷锋精神也成为社会主义中国的强大精神力量,激励了一代又一代人立足本职、无私奉献、为社会主义革命和建设贡献青春和力量。

优秀文艺作品的大量涌现

1962 年,随着国民经济开始好转,文化活动也逐渐复苏。经过对文艺政策的调整,文学艺术工作者的创作积极性被调动起来,文学艺术的发展出现了生机。中共辽宁省委对文学艺术工作的重视和一系列工作,极大地提高了全省文艺工作者的社会主义觉悟,文艺工作者的思想水平和艺术水平得到提高,文艺事业呈现繁荣发展的崭新局面。

1962 年到 1965 年,辽宁省的戏剧艺术日趋成熟,创作和演出了一批优秀作品,其中一些优秀剧目到北京展演。1963 年 8 月 1 日,毛泽东主席观看了沈阳军区抗敌话剧团演出的《雷锋》。1962 年 10 月 9 日,周恩来总理及李先念、邓颖超等国家领导人观看了话剧《兵临城下》,并接见了全体演员。1965 年,东北京剧团演出的《红石钟声》、沈阳京剧团演出的《插旗》《白毛女》《詹天佑》《奇袭白虎团》、阜新京剧团演出的《种棉记》、锦州京剧团演出的《夜探葵花岛》、大连京剧团演出的《松骨峰》《迎风斗浪》等均获奖励。

这一时期,富有辽宁地方特色的戏曲也进入繁荣期。“二人转”在群众中深受欢迎,广为流传。一大批二人转新作品中,反映农村新人新事的作品较多,如《绿叶红花》《画家史》等,也有一些表现工矿、铁路职工生活的作品,如《百年大计》《高炉凯歌》等。1965 年,在东北三省京剧现代戏观摩演出会的二人转专场上,辽宁代表队演出的二人转《人民好车站》受到好评。同年 10 月,全省新曲艺观摩演出会在沈阳举行,又出现东北大鼓《白求恩》等一批新作品。

地方剧种在这一时期不断提高,稳定发展。1962 年 7 月,辽宁省辽南戏实验剧团经过改革,使皮影传统声腔艺术既保持了浓郁的乡土气息,又较好地适应了舞台艺术的需要。1963 年,辽宁省人民广播电台录音播放了辽宁省青年戏曲剧院辽南戏实验剧团排演的《宫门断鞭》。同年,首演的《龙凤镜》布景根据影调戏的特点有所创新,使用了“风格框”及剪纸图案。

1963—1965 年,辽宁曲坛比较活跃,创作了一大批优秀作品。1963 年,中国曲协辽宁分会在沈阳举办“说唱新书好书”座谈会,“提倡说新书,允许说好书,反对说坏书”。会后,全省掀起编新书、说好书热潮,出现了《肖飞买药》《许云峰赴宴》《怒斥白义德》等许多优秀评书。1964 年,鞍山人民广播电台举办长篇评书连播《三里湾》,在全国引起反响。自 1964 年开始,鞍山人民广播电台共录制播放长篇评书 70 余部,其中刘兰芳的《岳飞传》《杨家将》《挺进苏北》,单田芳的《明英烈》《百年风云》,荣获全国电台协作会一等奖。一些讲史的评书,先后被北京大学、清华大学、哈尔滨工业大学,以及北京、河南等地的中学复制向学生播放。鞍山市成为全国播放评书的重要基地。

这一时期辽宁省的文学创作,也为社会主义文化发展和繁荣增添了新的风采。1963 年,赵乐璞发表《火热的大家庭》,刘湛秋发表《写在烈日下的报告》。1964 年初,朱赞平、晓凡、刘湛秋、侯旭东合作完成长篇报告文学《红心壮志》,再现了沈阳市技术协作队伍发扬主人翁精神为国家奉献的可贵品格。同年,徐光夫发表《高炉热浪十五年》《走在时间前面的人》,姚杰、潘洪禺、李代生、时峰创作了反映煤炭战线生产生活的中篇报告文学《历经苦难见阳光》。1963 年,毛泽东“向雷锋同志学习”题词发表后,沈阳军区作家陈广生迅速完成长篇报告文学《雷锋的故事》,在全国产生广泛影响。这一时期出版的报告文学还有《织棉歌》《煤都矿工》《抗洪凯歌》《卫士凯歌》《雷锋的战友》《列车在前进》等。这些优秀作品在广大人民群众中产生很大反响,成为鼓舞人民,树立正确世界观、人生观、价值观的生动教材,成为服务社会主义建设和发展、颂扬中国人民新生活的重要精神力量。

第十四章

城乡社会主义教育运动和意识形态领域的错误批判

20世纪60年代初，随着国民经济的全面调整，经济形势逐步好转，但是党在指导思想上的“左”倾错误并没有从根本上纠正。随着国际形势出现一定程度的紧张局面，党内对形势估计和工作指导上的分歧又逐渐发展起来，党探索社会主义建设道路的进程，又发生新的波折。在此影响下，辽宁在政治思想文化领域出现较为严重的“左”的错误。

一、农村社会主义教育运动的开展

开展以巩固集体经济为中心的农村社会主义教育

1962年9月24日至27日，党的八届十中全会召开。会议指出，党的迫切任务是要继续贯彻执行以农业为基础、以工业为主导的发展国民经济的总方针，对国民经济进一步进行切实的调整、巩固、充实、提高。会议通过了《关于进一步巩固人民公社集体经济、发展农业生产的决定》《农村人民公社工作条例修正草案》等几个文件。9月29日，《人民日报》发表了中国共产党第八届中央委员会第十次全体会议公报。但是，这次全会错误地开展了对所谓“黑暗风”“单干风”和“翻案风”的批判,对党的工作产生了消极影响。

根据《关于进一步巩固人民公社集体经济、发展农业生产的决定》提出的“要在农民中,在各级干部中,经常进行社会主义、爱国主义、集体主义的教育”的要求,辽宁结合实际情况,首先在农村开始进行社会主义教育。1962 年 10 月 18 日至 26 日,中共辽宁省委召开二届七次全体(扩大)会议,传达党的八届十中全会精神。会议决定,广泛开展一次以巩固集体经济为中心的社会主义教育。

1962 年 12 月 7 日,中共辽宁省委发出《关于在农村开展以坚持社会主义方向巩固集体经济为中心内容的社会主义教育的指示》。《指示》指出,自贯彻“十二条”“农业六十条”以来,农村总的形势是好的。农民群众的生产积极性有了很大提高,绝大多数人民公社的集体经济有了进一步巩固,绝大多数党员、干部和农民,是坚持走社会主义道路的。但同时也要看到,全省大约还有 15% 左右的生产队集体经济还不够巩固,在这些地方,单干倾向比较严重。这种单干倾向已经在一些党员、干部和农民中发生腐蚀作用,模糊了社会主义方向,对集体经济发生了动摇。这种闹单干的人虽然不是多数,但他们的思想影响很广泛,如不及时抵制,任其泛滥,将不利于人民公社集体经济的巩固,会大大影响农业生产的发展。鉴于这种情况,省委决定,根据党的八届十中全会精神,紧密结合农村冬季工作,在全省农村开展以坚持社会主义方向、巩固集体经济、发展农业生产为中心内容的社会主义教育。通过教育,在党员、干部和农民中,明确社会主义方向,进一步贯彻“农业六十条”,进一步巩固集体经济,进一步调动广大党员、干部和农民维护集体经济的积极性,为搞好农业生产打下思想、物质基础。《指示》指出,在运动进行中,要注意四个方面问题:一是结合总结本地区的生产和工作经验,向干部、党员和农民进行国内外形势教育;二是树立各种正面典型,用大量的典型事实进行集体经济优越性教育;三是按照“农业六十条”和《中共中央关于进一步巩固人民公社集体经济、发展农业生产的决定》,认真检查本生产队生产工作和政策贯彻情况,提高干部、社员的认识;四是通过群众的切身经验,用群众自我教育的方法,对群众进行阶级教育,提高群众的阶级觉悟。《指示》提出,社会主义教育要坚持正面教育的方法。对人民内部的问题,要坚持摆事实、讲道理,正面引导,以理服人;对于一贯的严重的投机倒把分子,要依法制裁;对于地富分子的造谣、破坏,要发动群众坚决回击,对他们实行专政。此外,还提出对正当集市贸易和“农业六十条”允许的小开荒、自留地、家庭副业等要加以保护,不能一律反对,一切都要以“农业六十条”作为衡量是非的标准。搞好农村社会主义教育的标志是既要提高思想认识,又要搞好生产。《指示》强调,农村社会主义教育是贯彻八届十中全会精神一项十分重要的工作,各级党的组织都要把这一工作摆到重要日程,加以领导。各市、县委都要有一名书记或副书记自始至终负责这一方面的工作,认真抓好;担负农村工作的负责干部,要深入社、队,亲自摸索社会主义教育经验[①]。

全省农村社会主义教育开展两个月后,中共辽宁省委对全省情况进行了初步总结,认为全省农村社会主义教育进展比较正常,效果也很显著,但在少数地方发生了一些问题:不严肃执行政策,把“农业六十条”规定范围内的一些正当的“小自由”都反掉了;野蛮粗暴,强迫命令;简单草率,形式主义。为此,省委向各市、县委提出,这些问题虽然现在还只是个别地区发生,但应当引起警惕,并及时采取措施,杜绝类似现象的发生。要特别注意加强对运动的领导,必须坚持正面教育,使广大干部和社员明确社会主义方向。在整个运动中,要严肃认真地贯彻执行党的政策。凡是“农业六十条”规定范围内社员的“小自由”,包括家庭副业生产,都应当积极加以保护和提倡。1963 年 2 月 19 日,省委发出《关于认真搞好农村社会主义教育问题的几点意见》,要求各市、县委要准备用几年时间搞好社会主义教育工作,并要搞深搞透;农村社会主义教育的内容是通过学习党的八届十中全会公报和中央《关于进一步巩固集体经济、发展农业生产的决定》,解决社会主义方向问题,进一步巩固集体经济;以学习“农业六十条”为中心,解决全面贯彻执行党在农村各项政策问题;强调在进行社会主义教育时,要理论联系实际,领导要亲自抓好此项工作。

---

① 《中共辽宁省委关于在农村开展以坚持社会主义方向巩固集体经济为中心内容的社会主义教育的指示》(1962 年 12 月 7 日),辽宁省档案馆馆藏档案。

3月11日至22日，中共辽宁省委召开二届八次全委（扩大）会议，着重讨论农村社会主义教育问题。会议认为，正在开展的以巩固集体经济为中心的社会主义教育收获很大，克服了单干风，明确了社会主义方向，加强了阶级斗争观念，调动了广大干部和群众的社会主义积极性，但根据中央指示精神还有不足之处。会议决定，凡是做得基本好的，即达到了中共中央和中共中央东北局指示要求，打击了歪风邪气，树立了贫下中农优势，进一步贯彻了“农业六十条”，健全了领导核心，生产有了新气象，可告一段落，转入经常教育。对少数落后社、队还要进行补课的，县委应派县委副部长以上干部率领工作组，具体帮助①。到4月中旬，以巩固集体经济为中心的社会主义教育基本结束。5月12日，省委向中央及东北局报告了此次农村社会主义教育的情况。报告指出，这次社会主义教育是近几年我省社会主义教育效果最好、作用最大的一次，使群众明确了方向，提高了觉悟；贯彻了政策，改进了工作，推动了生产。这次教育的规模广、声势大，既轰轰烈烈，又踏踏实实，既严肃批判了资本主义倾向，统一了认识，又具体扎实地贯彻执行了党的政策，解决了具体问题；对个别地方出现的简单粗暴倾向，也及时进行了纠正。整个工作的发展是正常、健康的。对于农村社会主义教育中存在的问题，省委认为，主要是发展不平衡，约有20%左右的生产队搞得比较粗糙，不深不透。开始时，县以上领导干部深入生产队向群众作报告少；进行过程中虽然始终强调依靠贫农、下中农，树立阶级优势的问题，但对于建立贫农、下中农阶级组织还不够明确，很多地方没有建立这一阶级组织；对农村干部思想作风上的问题解决得不够好，着重强调了正面教育，没有提出干部“洗澡”“下楼”②的问题。因此，对干部中存在的多吃多占、特殊化、贪污盗窃、投机倒把等问题，解决得很不彻底。报告提出，根据党中央和毛泽东关于阶级、阶级斗争和社会主义教育的指示精神，结合辽宁具体情况，准备在今后的社会主义教育中抓好以下几方面问题：社会主义教育应紧紧围绕农业生产进行；建立领导干部下乡作报告制度；有领

① 《中共辽宁省委第八次全体委员（扩大）会议纪要》（1963年3月26日）。
② “洗澡”是指干部自我检查交代问题，然后让群众进行评议，合格、过关后才能“下楼”。

导、有计划地开展写全村阶级斗争史、合作化发展史和贫农、下中农家庭的阶级斗争史活动；有领导有计划地建立贫农、下中农阶级组织；进一步发动干部参加劳动，逐步养成习惯，形成制度，长期坚持下去；各级党委要进一步把社会主义教育提到党委的重要日程上来，加强领导。

开展以“四清”为主要内容的农村社会主义教育运动试点

辽宁开展的以巩固集体经济为中心的社会主义教育，从全国范围看，是比较早的。八届十中全会之后，由于忙于繁重的经济调整工作，绝大多数省份的社会主义教育运动，并没有迅速地搞起来。毛泽东感到社会主义教育运动的问题没有引起各地负责人的高度重视，决定在1963年2月召开的中央工作会议上专门讲一下。1963年2月21日至28日，中共中央在北京召开工作会议。毛泽东批示，将河北保定地区清理账目、清理仓库、清理财物、清理工分（简称“小四清”）和湖南纠正所谓“单干风”的经验印发会议讨论，并在讲话中强调，只有抓好社会主义教育，才可以防止出修正主义。提出“社会主义教育、干部教育、群众教育，一抓就灵”，督促各地抓紧开展社会主义教育运动。会议决定，以抓阶级斗争为中心，在农村开展以“四清”为主要内容的社会主义教育运动（简称社教运动），在城市开展反对贪污盗窃、反对投机倒把、反对铺张浪费、反对分散主义、反对官僚主义的“五反”运动。这次会议后，城市“五反”首先在中央机关以及部分基层单位展开，农村社教运动开始了试点。

但河北等地社会主义教育运动的经验材料转发到各地之后，从全国整体上看，社会主义教育运动还处在方针不明、政策不清、办法不一的状态。为了正确指导社会主义教育运动，毛泽东打算由中央作出一个决定，全面阐明全国社会主义教育运动的指导思想和具体的方针、政策、办法。1963年5月2日至12日，中共中央在杭州召开部分中央政治局委员和各大区书记参加的会议，专门讨论农村社会主义教育运动问题。会议讨论和制定了《关于目前农村工作中若干问题的决定（草案）》，共十条。它与同年9月中央工作会议通过的《关于农村社会主义教育运动中一些具体政策的规定（草案）》（内容也有十条），后来被分别简称为

“前十条”和“后十条”。“前十条”对国内的政治形势作了过分严重的估计，认为当前中国社会中出现了严重的尖锐的阶级斗争情况，甚至把党变修、国变色、全国发生反革命复辟看成已经面临的现实危险，认定“四清”和“五反”是“打击和粉碎资本主义势力猖狂进攻的社会主义革命斗争”，要求各地训练干部进行试点，为普遍开展社会主义教育运动作准备。

6月3日，中共辽宁省委发出《关于印发中共中央〈关于目前农村工作中若干问题的决定（草案）〉的通知》，要求省市两级机关、团体、学校和城市中的企业、事业单位，要将中央决定精神先向十七级以上党员干部传达，农村基层组织要随着运动的开展，分批传达。

从1963年5月开始，辽宁省在沈阳、旅大、鞍山、抚顺、本溪、安东、锦州、营口、阜新、辽阳、朝阳市及盘锦农垦局选择13个公社、1个农场，共14个单位、234个大队、1629个生产队进行第一批省、市（地）农村社会主义教育运动试点。第二批进行的县（区）试点包括63个公社、927个大队。据统计，参加试点工作队的各级干部共有2500人，其中市地级以上干部18人，县级干部206人①。在农村社会主义教育运动试点工作中，中共锦县县委坚持以正面教育为主的方针，采用领导干部讲课和群众自我教育相结合的方法，着重对群众进行阶级教育。通过回忆“三史”（村史、合作化史和贫下中农家史）进行今昔对比、好坏生产队的对比，解决群众思想问题、提高群众阶级觉悟和社会主义觉悟的做法，得到东北局的肯定。对锦县的做法，东北局第一书记宋任穷以个人名义给党中央和毛泽东写了报告，并被批转全国。

试点工作大体分为四个阶段。一是准备阶段，训练工作队干部，派工作队到村宣传“前十条”，稳定干部和群众情绪，并通过“三同”（同吃、同住、同劳动），扎根串连，物色、选拔参加公社三级②干部会议的贫下中农代表；调查摸底，了解“敌情”和干部队伍情况；帮助公社党委“洗

---

① 辽宁省委农村社教办公室：《关于省、市农村社会主义教育运动试点工作概况的报告》（1963年12月10日），辽宁省档案馆馆藏档案。

② 公社、生产大队、生产队。

手”[①]“洗澡”,拟好三级干部会议的动员报告。二是三级干部会议阶段,集中工作队的主要力量,帮助公社开好三级干部会议。同时留一部分工作队干部,在村内继续进行扎根串连和调查摸底工作;有的地方还采取会内会外相结合的方法,一齐发动,推动开好会议。三是社会主义教育或对敌斗争阶段,公社三级干部会后,先传达三级干部会议精神,继续扎根串连,扩大阶级队伍,以生产大队为单位训练贫下中农骨干分子和未参加三级干部会议的干部,为开展社会主义教育运动和对敌斗争作准备。对先搞社会主义教育、后搞对敌斗争的大队,先在贫下中农中开展回忆诉苦,进行以“三史”为主要内容的阶级教育,揭敌人的盖子,“洗手”“洗澡”,在此基础上深入开展社会主义教育运动。四是建设阶段,主要进行划分四类分子、建立监督管理制度;查原因、找危害,进行思想建设;学习“农业六十条”,划清政策界限,全面贯彻“农业六十条”政策;改进经营管理工作,建立健全各项管理制度;制定秋收分配方案,落实分配政策;总结干部参加劳动的经验,制定规划;全面整顿基层组织,处理与改选干部,进行党员登记;召开贫下中农代表大会,正式成立贫下中农委员会;发动干部和群众共同总结运动经验,组织复查验收,建立档案,并完整地移交给公社党委和支部等工作。

为了保证农村社会主义教育运动的顺利进行,辽宁省委从省直机关分期分批地抽调干部参加社教运动。省委要求,凡是没有参加过土地改革斗争和虽然参加过土地改革斗争、但长期在机关工作的处科级、知识分子出身的干部,原则上只要具备条件,都应分批分期地到农村自始至终参加社会主义教育运动。抽调干部的条件须是政治好、工作积极、作风正派、身体健康、能坚持农村工作的,党员要占80%以上。每批抽调干部工作时间三个月到半年。各市、县也要采取省直机关的办法,分期分批抽调干部参加社教运动。

1963年11月,辽宁省委农村社会主义教育办公室向省委、东北局农委、国务院农办分别报告了辽宁省农村社会主义教育运动试点工作情况及经验。报告指出,这次试点工作成绩巨大,效果显著,基本实现了重

① “洗手”是指干部自我检查交代问题。

新教育人、重新组织革命阶级队伍的要求，达到了团结95%以上干部和群众、共同对敌、进一步巩固无产阶级专政和集体经济、发展生产的目的，极大地促进了全省农村形势向着更加有利的方面发展。报告认为，这次社会主义教育运动的主要收获有：对广大农村干部和社员群众进行了一次极为深刻的阶级和阶级斗争的教育；建立了贫下中农阶级组织，树立了贫下中农阶级优势；打垮了阶级敌人的猖狂进攻，遏止了资本主义活动，扫荡了歪风邪气；比较彻底地解决了社、队干部中长期存在的"四不清"问题，大大改善了党群关系和干群关系；整顿了基层组织，纯洁了干部队伍，充实了基层组织的领导核心，提高了党的基层组织战斗力；进一步调动了农民群众的集体生产积极性，推动了当前生产，等等。

全省农村社会主义教育运动试点工作结束后，还进行了组织处理工作。到1964年4月，已结束组织处理工作的有11个公社，社、队干部6028名。

农村社会主义教育运动全面展开

自1964年2月开始，辽宁省农村社会主义教育运动在全省各县农村全面展开，分三个阶段进行。

第一阶段：从1964年2月到1964年7月。继续坚持试点阶段的"两手抓"（一手抓放手发动群众，一手抓团结教育干部）"三结合（群众、干部、工作队）、回忆诉苦"等一些做法，以"前十条"和"后十条"为指导思想，强调团结95%以上的干部。工作组进驻社、队以后，先访贫问苦，扎根串连，然后或先开展社会主义教育，或先进行对敌斗争，或交叉进行，主要视各社队情况而定。但无论是先社会主义教育或者先对敌斗争，都以阶级斗争贯穿始终。每个社队都配有省、市、县、公社四级干部组成的社会主义教育工作队。由于有试点的经验，这一阶段采取的政策是比较好的，如更加强调"保护干部"，"依靠基层"，提出的一些口号也都比较正确，如"一切通过支部""支部坐正座，工作组当参谋""工作队离村时要有支部鉴定"，等等，对干部的处理也比较得当，基本没有处理干部。

第二阶段：从1964年8月到1965年1月。原预定到1964年7月末就可以大部分结束的第一批农村社会主义教育运动,由于 1964 年 5 月在北京召开的中央工作会议而改变了部署。9 月 18 日,中共中央发出《关于印发农村社会主义教育运动中一些具体政策规定的修正草案的通知》(又称“后十条”修正草案),对“后十条”进行了修改。修改后的“后十条”对敌情估计过于严重,错误认为“敌人拉拢腐蚀干部建立反革命的两面政权”,是“敌人反对我们的主要形式”,错误指出“这次运动,是一次比土地改革运动更为广泛、更为复杂、更为深刻的大规模群众运动”。这个文件对第一个“后十条”中“依靠基层组织和基层干部”的提法有所改变,提出对农村基层组织和基层干部,经过扎根串连和调查研究后,分别情况区别对待,可依靠的就依靠,不能依靠的就不依靠,农村社会主义教育运动都由工作队领导。中共辽宁省委于 9 月 28 日作出《关于重新安排城乡社会主义教育运动的补充决定》,对城乡社会主义教育运动进行了调整。在农村社会主义教育运动部署上,决定将原来拟定从 1964 年末到 1965 年上半年利用冬、春季节在每县各搞两三个公社的社教运动规划,调整为全省集中力量搞好金县、开原、喀左三县和沈阳五三公社的试点。对重新安排的三县农村社会主义教育运动必须保证工作队的数量和质量,要达到每个生产队配备骨干 1 人到 2 人,生产大队 3 人到 5 人,公社 7 人到 10 人。工作队必须经过学习、训练和审查方可入队。调整后,金县等 3 个县共 62 个公社、848 个生产大队、6383 个生产队共 105.5 万人参加社会主义教育运动,占全省农村应参加运动人数的 7% 左右。根据中央 5 月工作会议和“后十条”修正草案的精神,全省对已经完成的包括试点阶段和第一批开展农村社会主义教育运动的公社进行了复查。

第三阶段:从 1965 年 2 月到 1965 年 6 月。1964 年底至 1965 年初,中共中央在北京召开工作会议,毛泽东主持制定了《农村社会主义教育运动中目前提出的一些问题》(简称“二十三条”)。“二十三条”肯定了干部中的多数是好的或比较好的,要尽快解脱他们,逐步实行群众、干部、工作队三结合;工作方法上要走群众路线,不搞神秘化,也不要依靠人海战术,社会主义教育要落实在建设上面,增产要成为搞好运动的标准之一。这些规定,初步纠正了自 1964 年下半年以来一些过“左”的做法。但又强调这次运动的性质是解决社会主义和资本主义的矛盾，重点是“整党内那些走资本主义道路的当权派”，这使阶级斗争扩大化理论进一步发展。“二十三条”还规定，农村和城市的社会主义教育运动一律称为“四清”（清政治、清经济、清组织、清思想）运动。此后，“二十三条”取代了“后十条”和“后十条”修正草案，成为指导“四清”运动的文件。1965年1月20日至29日，辽宁省委召开工作会议，传达贯彻“二十三条”。会议根据“二十三条”精神检查和总结了过去的社会主义教育运动，并就不明确的问题进行了认真讨论。会议要求认真学习领会“二十三条”，放手发动群众，以阶级斗争为纲，以生产为中心，认清社会主义时期的主要矛盾，充分发扬民主，处理好农村中生产与社教的关系。会议期间，省委下发了《关于执行“中央关于宣传‘二十三条’的通知”的通知》，要求各地按照先党内后党外、先干部后群众的顺序进行传达；在有工作队进行试点的单位，则应先在工作队中传达，然后再在试点的单位传达。3月14日至19日，省委召开常委（扩大）会议提出，要深入宣传贯彻执行“二十三条”，解除干部和群众对社会主义教育运动的疑虑、误解。在贯彻执行“二十三条”过程中，各单位采取了“两手抓”“三结合”的方法，召开贫下中农代表会和三级干部会，大搞群众运动。进一步明确了依靠多数、团结多数，孤立打击少数的思想，解放和团结了大多数干部，进行了同党内少数坚持走资本主义道路的当权派的斗争。同时，进行了阶级成分的清理，深入开展了对有破坏活动的四类分子的斗争。在集中开展农村社教的3个县（金县、开原、喀左）和1个公社（沈阳五三公社）先后召开了贫下中农代表会和三级干部会。在清理阶级成分时，采取了实事求是的态度，“重在表现，就低不就高”，有些漏划的地主、富农，属于可划可不划的，一律不划。过去应划为中农而误划为下中农或贫农的，不再变动，贫下中农错划为中农或地主、富农的则坚决划回来。把没有剥削行为、政治上表现好的中农划为下中农，以壮大阶级队伍[①]。

---

① 《中共辽宁省委关于重点县社会主义教育运动情况的第二次报告》（1965年6月17日），辽宁省档案馆馆藏档案。

辽宁省农村第一批社会主义教育运动于1965年6月基本结束。在辽宁省农村第一批社会主义教育运动中，中共中央东北局第一书记宋任穷在金县三十里堡蹲点，解决了金县亮甲店公社葛麻大队富农女儿孙云杰的入党问题。孙云杰原来是大连机车厂子弟小学教师，1962年响应号召从城里回乡参加农业生产。她思想进步，劳动积极，表现很好，积极要求入党。当时大队党支部和工作队也想发展她入党，但对其家庭出身有所疑虑。宋任穷根据中央关于有成分论，不唯成分论，重在政治表现，对剥削阶级家庭出身的子女要给出路等政策精神，当即表示同意入党。不久，孙云杰被批准入党[①]。此后，各地都出现了吸收剥削阶级家庭出身的青年入党入团的情况。

1965年6月7日，中共辽宁省委作出《关于今后农村四清运动部署的意见》。《意见》指出，根据中央在符合六条标准的条件下把农村"四清"运动进行得再快一点的指示精神，决定从1965年下半年起，再进行四批，每一批进行四分之一左右的县、社（当时有40个县、14个区、1059个公社尚未进行"四清"运动），到1967年底即可结束全省的农村"四清"运动。按照《意见》要求，1965年8月，辽宁省农村第二批社会主义教育运动开始。在此之前，首先用一个多月的时间解决了县（郊区）、社领导机关的问题。工作队大力宣传"二十三条"精神，进行群众运动。经过初步发动群众和摸底之后，放手让贫下中农群众民主选举代表，召开大队贫下中农代表会议，充分发挥贫下中农代表会议作用，注意群众、干部、工作队三结合，用回忆诉苦、编讲三史、举办阶级教育展览等多种形式进行阶级教育。根据中共中央东北局提出的农村第二批社会主义教育运动优先安排三线地区、海防和重点产粮县的要求，辽宁省农村第二批社会主义教育运动在沈阳、旅大、鞍山、抚顺、本溪、丹东、锦州、营口、阜新、朝阳等市铺开，在10个县240个公社、30个农场和林场、3190个大队中进行。全省共抽调9.2万名工作队员进驻社会主义教育运动单位。各工作队、组的先遣队于7月中旬进点，大批工作队于8月中旬陆续进村。到11月，各点都陆续开完贫下中农代表会和三级干部会。

---

① 宋任穷：《宋任穷回忆录》，解放军出版社1994年版，第397—398页。

第二批社会主义教育运动吸取了第一批抓运动、抓阶级斗争很紧，和生产结合得不够紧，对一些生产中的问题注意不够、解决得也不好的教训，根据东北局第一书记宋任穷在海城县牌楼公社下房身大队蹲点时向鞍山市委和海城县委提出揭生产斗争盖子问题的做法，普遍安排了专门揭生产斗争盖子的阶段和内容。所谓揭生产斗争盖子，就是在运动中专门拿出一些时间，把本社队在生产方面关于农业技术改造、改进经营管理、治山治水、植树造林等一系列问题揭摆出来，研究措施，提出改进方案。这一活动得到了干部、群众的支持和拥护。在当时的形势下，能够提出揭生产斗争盖子、注重发展生产，是难能可贵的。辽宁省农村第二批社会主义教育运动到 1966 年 5 月前后相继结束，工作队相继撤出。

7 月 7 日，中共辽宁省委召开农村四清工作会议，对农村第二批社会主义教育运动进行总结。会议认为，第二批社会主义教育运动“取得了巨大成绩”。会议还对第三批社会主义教育运动作出安排，计划 198 个公社、2614 个生产大队、38 个农场、12 个城镇参加，争取 8 月份进点，1967 年 4 月结束。但此时因“文化大革命”已经发动，虽然提出结合“文化大革命”进行，但实际上已停止了社会主义教育运动。

二、城市社会主义教育运动的开展

开展城市“五反”运动

在农村开展社会主义教育的同时，辽宁省还在城市开展了以“五反”为内容的社会主义教育运动。

1963 年 3 月 1 日，中共中央发出《关于厉行增产节约和反对贪污盗窃、反对投机倒把、反对铺张浪费、反对分散主义、反对官僚主义的指示》。根据中央的指示精神，辽宁省在城市开展了以增产节约为中心、以“五反”为内容的社会主义教育运动。3 月 11 日至 22 日，中共辽宁省委召开二届八次全委（扩大）会议。会议认为，开展“五反”运动完全必要，时机已经成熟，并对运动的步骤作出初步安排：4月上旬以前为准备阶段；从4月上旬到5月上旬为第一阶段；5月中旬到6月上旬为第二阶段；6月中旬到8月为第三阶段。会议强调，在准备阶段要立即向十七级以上党员干部传达中央指示精神，省市主要领导干部尽可能在4月内“洗澡”“下楼”，试点工作争取在4月或5月上旬取得基本经验。

4月3日，中共辽宁省委下发《关于开展增产节约和五反运动的规划》。《规划》指出，在全省县（团）级以上党政军机关、国营企业、事业单位、物资管理部门、文教部门中开展增产节约和“五反”运动，必须坚持分期分批进行，中央直属企业、大型文教单位先进行，力量薄弱的县、区企业，文教单位后进行；与农村社、队“四清”工作有关的单位（如农村基层供销社等），应与“四清”工作结合进行；根据各个单位生产和工作的不同情况，统一安排，使运动与生产工作结合进行。

从4月到6月下旬，省、市机关的“五反”运动主要进行反铺张浪费。6月24日，中共辽宁省委召开常委会议，根据中共中央东北局指示精神，认真讨论机关“五反”工作问题，确定机关“洗澡”的范围、重点、做法、领导问题。会议还确定省委常委要进一步检查官僚主义和分散主义，召开常委会议进行批评和自我批评，并且在“洗澡”进行到一定程度后，再召开大会，吸收适当范围的干部参加，帮助常委“洗澡”。7月初，省、市机关领导干部在检查铺张浪费、特殊化的基础上，重新学习中央有关“五反”运动的指示和东北局机关“五反”座谈会精神，认真进行第二次“洗澡”，深入检查官僚主义和分散主义。9月，省委向中央、东北局报告了机关“五反”运动的进展情况，指出省、市机关所存在的官僚主义、分散主义作风主要表现在：脱离群众，脱离实际；追求安逸享乐，革命意志衰退，工作不负责任；计较个人名誉地位，闹无原则纠纷，抵消力量；违反民主集中制原则，实行家长式领导，作风粗暴。省委认为，经过检查和批判，广大干部认识到官僚主义作风的严重性和危害性，大多数单位的运动都比前一时期更加深入。对于下一步工作，省委提出，要继续加强对运动的领导，省、市委和机关党委必须把住关口，对于即将结束前“三反”（反铺张浪费、反官僚主义、反分散主义）的单位要严格按东北局规定的标准组织验收，没有达到标准的都要补课，否则不能转到下一阶段。

从1963年7月中旬开始，全省43个县的县委常委（包括党员副县长）陆续进行“洗澡”。7月29日，中共辽宁省委发出《关于抓紧搞好县级机关“五反”运动的通知》。《通知》指出，县级机关“五反”运动和县委常委“洗澡”，应根据中央关于增产节约和“五反”运动的指示及东北局、省委关于增产节约和“五反”运动的要求进行。县级机关领导干部要检查阶级观点和铺张浪费、官僚主义、分散主义、贪污盗窃等行为；在进行“五反”运动的同时，要抓好农业增产增收工作，做到“五反”和生产两不误。全省县以上机关“五反”运动，大体分为两个阶段进行，第一阶段重点开展反对铺张浪费、反对分散主义、反对官僚主义；第二阶段进行反对贪污盗窃、反对投机倒把斗争。采取的方法是，通过“洗澡”进行自我检查，互相检查，开展批评与自我批评。在“洗澡”进行到一定程度后，召开扩大会议，吸收适当范围内的干部参加，帮助各部门的领导干部“洗澡”，即领导检查与群众见面。在省、市委的积极领导下，各县“五反”运动进展较快，到9月中旬，除盘山县因防汛任务重，没有继续“洗澡”外，有24个县召开县委扩大会议或两级干部会议进行洗澡，检查铺张浪费、官僚主义、分散主义。经过“洗澡”，各县发现的主要问题有：多吃多占、生活特殊化；革命意志衰退、三心（革命事业心、责任心、进取心）淡薄，工作不负责任、贪图安逸享乐；计较个人名誉地位；阶级斗争观念、敌情观念淡薄；分散主义比较普遍。针对这些问题，省委增产节约和“五反”运动领导小组办公室要求，县委机关的“五反”运动一定要搞深搞透，不受时间限制，特别是县委常委的“洗澡”一定要做好；充分发动群众，认真开展批评与自我批评；坚持高标准，把住关口，凡结束前“三反”的县，要经过市委检查验收；认真进行整改，特别是那些属于铺张浪费、多吃多占、特殊化等问题要迅速整改。

全省工业企业的“五反”运动，从1963年3月开始，首先从深入开展增产节约运动、反对浪费入手。这年春，各工业企业在传达中共中央《关于厉行增产节约和“五反”运动》的指示精神后，放手发动群众，通过反浪费、挖潜力、比先进、找差距，揭露出大量的损失浪费现象。各企业针对损失浪费现象进行整改，建立健全了生产经营管理的各项规章制度。由于整改进展迅速,效果显著,生产水平稳步上升,劳动生产率显著提高、消耗逐步减少、成本逐步降低。上半年,全省工业总产值完成55.17亿元,比1962年同期增长11.2%。在反对损失浪费基础上,从7月开始,各企业对群众反映强烈、影响面较广的干部官僚主义作风问题进行清理和纠正。而后,各企业开展了反对贪污盗窃、反对投机倒把的斗争。到1964年3月底,全省工业、交通、基建等95%以上的职工参加增产节约和“五反”运动。

财贸企业也开展了“五反”运动。全省财贸企业共有2071个单位,职工22.89万人,到1964年3月,已有1977个单位先后开展了“五反”运动。到1964年6月底,县以上企业结束运动的有1560个单位,其余单位在10月前也全部结束“五反”运动。运动揭发出大量经营管理不善和损失浪费问题,改善了经营管理。财贸系统还开展了进一步代替私商和打击市场投机倒把的活动。从1963年4月初开始,首先在沈阳、旅大市对经营熟食和肉类的私商开展经济代替工作。开展熟食和肉食代替后,熟食价格下降了10%到20%。旅大市在集市上的私商网点由400个减少到180个左右,日卖钱额由近万元下降到1200元左右。经过试点,从6月中旬开始在鞍山、抚顺、本溪、安东、锦州、阜新、营口、朝阳、辽阳等市全面铺开。私商由于利润减少,经营困难,逐步被国营商业所代替。在打击投机倒把活动中,对商贩倒卖的粮食和油料一律没收;对倒卖烟、麻者,一律按牌价收购,属长途贩运的一律没收;对严重的惯犯则定为投机倒把分子;对农业生产单位和社员出售自产粮油或口粮也作了严格限制。

从1963年3月到1964年5月末,辽宁省有9367个全民所有制单位开展了“五反”运动,占单位总数的95.4%①。一年多的城市“五反”运动,大多数单位认真贯彻执行中央的方针政策,反复向职工进行阶级和阶级斗争的教育,进行反对阶级敌人破坏活动以及批判各种错误思想行为的斗争。“五反”运动取得一些成绩:第一,全省通过运动初步揭露出

① 《关于重新安排城市五反和社会主义教育运动的规划》(1964年7月18日),辽宁省档案馆馆藏档案。

贪污盗窃、投机倒把行为等大量严重问题，特别是揭发出各级领导干部中存在的严重问题。第二，各级领导机关和领导干部的思想作风有了一定程度的转变，特殊化、多吃多占、铺张浪费之风已基本刹住。第三，对生产和工作起了促进作用，工业产品产量稳步上升，质量显著提高，各项指标完成的都比较好。但是，运动还存在不深不透的问题，没有把群众充分发动起来①。

开展城市社会主义教育运动

1964年7月，根据中央工作会议精神，中共辽宁省委提出，城市“五反”和社会主义教育运动必须内外结合，城乡“五反”“四清”联合夹攻，上下互相推动，分期分批进行城市社会主义教育运动，除原定“五反”内容外，还要增加划阶级，整顿党、团、工会、民兵组织，登记党员、团员、会员，干部参加劳动和领导机关进一步革命化等要求。省委重新安排“五反”和社会主义教育运动的规划，对整个运动重新部署：第一批，县区以上党政领导机关、文教机关、大中工商企业、农林事企业、高等学校、大医院和较大的文化艺术单位；第二批，县营规模较小的商业企业、农林事企业、手工业社、合作商店、中小学校、医务所、文化馆、体育馆、剧场、电影院以及农村基层财贸单位；第三批，街道社会主义教育（包括小市镇和街道企业在内）。每一批要分期分批，集中力量打歼灭战；每批结束后，要普遍进行一次检查验收；三批完成之后，再全部大清查、大扫荡一次。全省范围内的城市“五反”和社会主义教育运动，大体在1967年可以基本结束，城市街道的社会主义教育运动由于面大，可能要到1968年结束②。

1964年8月，辽宁省第一批城市社会主义教育运动开始。省委派出1.4万余名干部，组成59个工作团（队），在145个基层单位的20万职工和4.6万应受教育的街道居民中进行试点。1个月后，省委将试点

① 《关于城市五反和社会主义教育运动的意见》（1964年7月13日），辽宁省档案馆馆藏档案。

② 《关于重新安排城市五反和社会主义教育运动的规划》（1964年7月18日），辽宁省档案馆馆藏档案。

缩减为 70 个单位。试点开始后,出现对敌情估计过于严重、对干部队伍的问题也看得过重的现象。1964 年,公安部部长谢富治到沈阳冶炼厂蹲点,撰写了《沈阳冶炼厂资本主义经营管理方法种种》的报告上报中共中央。报告对工厂经营管理和干部队伍思想作风问题写得十分严重,引起毛泽东的重视。12 月 5 日,毛泽东对报告作出批示:“我们的工业究竟有多少在经营管理方面已经资本主义化了,是三分之一,二分之一,或者还更多些,要一个一个地清查改造,才能知道。而要这样做,必须派政治上很强的工作队分期分批去做。”

1964 年 12 月 15 日,辽宁省委召开城市社会主义教育运动座谈会。会议指出,各单位存在领导权被地富反坏分子篡夺,领导权被蜕化变质分子所掌握,领导核心严重不纯、进行各种违法乱纪活动的问题。在 70 个试点单位中,初步发现有 28 个单位烂掉或半烂掉,占试点单位总数的 40%。所有试点单位都有相当大的一部分科室和车间的领导权被坏人所把持或篡夺。

1965 年 6 月,辽宁省第一批城市社会主义教育运动结束。省委进行了总结,认为城市社会主义教育运动的发展基本上是健康的,主要收获是:广泛、充分地发动了群众;比较彻底地解决了干部四不清的问题,广大干部和职工群众受到深刻的教育,提高了阶级觉悟和政治觉悟,增强了阶级斗争观念,基本上划清了敌我界限和社会主义与资本主义两条道路的界限,坚定了社会主义方向;干部作风大有转变,改善了干群关系,推动了机关革命化;有力地促进了生产建设,等等。但还存在一定问题,有 10% 到 15% 的单位群众发动不够充分,有些问题揭发不深不透;个别单位在斗争中重点还不明确,敌我界限、是非界限划分不清;还有一些单位对隐藏在企业中的地富反坏分子和贪污盗窃分子,没有认真地进行清查,对党内走资本主义道路的当权派批判斗争不够。

1965 年 6 月 1 日至 12 日,中共辽宁省委召开三届四次全体(扩大)会议。会议决定全省的城市“四清”运动从 1965 年下半年起,每期进行半年左右,分五六批进行,大体于 1968 年上半年结束。会议强调,开展运动的单位,要由上级派出工作队进行帮助,必须根据各个部门的不同特点采取不同方法、选择不同重点开展运动,不能千篇一律,同时要注意总结经验,加强对运动的领导。

此后,辽宁省第二批城市社会主义教育运动陆续开始。全省共派出3.1万多名工作队员,在1009个基本核算单位、11个城市公社,64万名职工和5.4万名社会居民(街道社会受教育对象)中开展运动。重点是工交、财贸企业,而且大多数是中央直属的大中型骨干企业和国防企业。按照计划,这批运动结束后,辽宁的全部石油、电力企业,半数以上的煤炭、冶金、机械、化工和军工企业,半数左右的铁路、邮电企业就可以完成社会主义教育运动。其他教育卫生、科学研究、文化艺术事业、机关团体、手工业以及街道居民的运动再陆续进行。

第二批城市社会主义教育运动的具体做法是:利用有利形势,放手发动群众,把政策思想发动和组织行动结合起来,把放手发动同细致工作结合起来,深入发动群众揭发干部的问题。在对干部的工作中,贯彻严肃、积极、热情和实事求是的精神,对群众揭发的问题,进行分类排队,查证核实,分清是非,强调"三允许"(允许本人申辩,允许他人帮助解释,允许保留意见),边整边改。自始至终抓整党建党,抓整改,抓生产。认真训练工作队,提高工作队的政治水平。

1965年底,中共辽宁省委向中共中央、中共中央东北局报告了辽宁省第二批城市社会主义教育运动开展情况。报告指出,第二批城市社会主义教育运动对形势认识比较客观,绝大多数工作队都坚持从实际出发,进点前派先遣队摸情况,进点后深入调查研究。在充分发动群众,大揭阶级斗争盖子的基础上,一分为二,全面分析,既看到大好形势,也看到阶级斗争的严重性、尖锐性,把握住了运动的性质和重点。1966年四五月份,第二批城市社会主义教育运动进展较快的单位基本结束。

城乡社会主义教育运动,对于纠正干部多吃多占、强迫命令、欺压群众等作风和解决集体经济经营管理方面的问题,对于打击贪污盗窃和刹住封建迷信活动等歪风,起到一定的作用。但是,由于指导思想上"以阶级斗争为纲",许多不同性质的问题都被认为是阶级斗争或者阶级斗争在党内的反映,因而混淆了两类矛盾,使国内的政治空气更加紧张,使不少干部和群众受到打击,使各方面工作受到严重影响,一些调整城乡经济的政策未能认真执行。

三、思想文化领域批判运动的开展

在“大跃进”发动初期,曾对知识分子提出思想文化“大跃进”的口号,特别是对高级知识分子进行了过火的学术思想批判,开展了“拔白旗”运动。1959 年庐山会议后,文化领域进行了整风。1959 年 10 月,中共辽宁省委召开文艺工作座谈会。会后,省委宣传部针对如何适应“大跃进”形势、提高文化工作质量以及省直一些文艺单位领导干部中存在的分散主义与本位主义倾向等问题,请求省委考虑以适当方式进行整风。为了“反右倾,鼓干劲,争取文化艺术工作的更大跃进”,1960 年 2 月 8 日至 3 月 23 日,省委宣传部召开全省文化工作会议。会议传达了全国文化工作会议精神,决定用整风的方法,展开对文艺界存在的修正主义思想及各种资产阶级思想的批判。会议着重批判了中国作协沈阳分会原戏剧创作组和“他们写的毒草及不良倾向的作品”。此外,还批判了鲁迅美术学院、辽宁大学中文系的部分教师。会议认为,这些人在文艺理论上的修正主义观点主要是从阶级斗争熄灭论出发,抹杀文学的阶级性、党性原则,取消文艺的目的性和教育作用,提倡“人类共性”,宣扬超阶级的文学;反对文艺为无产阶级政治服务,打着“写真实”的旗帜提倡“写小人物”“画纯山水”,揭露新社会的“阴暗面”,“反对写英雄的时代英雄的人民”。

1960 年以后,中共中央在经济领域采取实事求是的态度,努力纠正“大跃进”以来的“左”倾错误政策,调整国民经济,迅速恢复和发展了国民经济。1961 年到 1963 年,随着国民经济调整,对思想文化工作的政策也进行了必要的调整,思想文化工作呈现出迅速发展的势头。虽然经过调整,文艺战线出现活跃的局面,但文化教育和意识形态领域一系列错误的批判仍在持续进行。

1962 年 9 月,党的八届十中全会概括了现代修正主义产生的根源,更加强调反对现代修正主义的斗争。1963 年,毛泽东认为中国党内也出现了修正主义，因而在党内外干部中掀起了反对现代修正主义的热潮。1964 年 1 月 30 日至 2 月 8 日，辽宁省哲学社会科学联合会召开第一届第一次委员会扩大会议。会议提出，“反修斗争绝不只是中央的事，而是每一个哲学社会科学工作者义不容辞的战斗任务”。会议认为，“以反修为纲，就是在各项工作中，都要以苏为戒，把现代修正主义当作反面教材”。在科学研究中，“要面对现实，为无产阶级政治服务，立足中国，面对世界，总结经验，写出马克思列宁主义的东西，批判资产阶级各种思想”；在学习马克思列宁主义理论时，“要把修正主义作为对立面，有比较地、有对照地在斗争中去学习”；在培养理论队伍工作中，“应吸取苏联的教训，按照无产阶级又红又专的方向去培养”①。

1964 年 7 月 10 日至 8 月 3 日，中央宣传部、高等教育部、教育部在北京联合召开全国高等学校、中等学校政治理论课工作会议。会议传达了毛泽东关于深入开展社会主义教育、防止资本主义复辟和关于培养革命接班人的指示精神，着重讨论了过渡时期的阶级斗争及其在学校中的表现和政治理论课教学中存在的问题。10 月，辽宁省召开高、中等学校政治理论课工作会议，传达中央会议精神，检查总结辽宁省高、中等学校政治理论课工作中存在的问题。会议认为，在全省高、中等学校政治理论课教员中，绝大多数是好的，但也有极少数“举的不是毛泽东思想红旗，而是资产阶级白旗”，“他们有的公开散布资产阶级、修正主义的思想观点，有的以教条主义形式，贩卖资本主义、修正主义的私货，他们披着马列主义、毛泽东思想的外衣，以资产阶级世界观改造学生和改造我们的队伍。”会议指出，召开这次会议“主要是正确地贯彻中央政治理论课工作会议精神，不是‘办点货’，搞点材料回去，是一场激烈的斗争，是无产阶级思想和资产阶级思想的斗争，是社会主义和资本主义两条道路的斗争，是马列主义和修正主义的斗争”，“我们政治理论课工作，就是要用毛泽东思想武装青年，使劳动人民的子弟更自觉地接革命的班，把剥削

① 《关于召开辽宁省哲学和社会科学联合会第一届第一次委员会扩大会议、贯彻中国科学院哲学社会科学部委员会第四次扩大会议精神的报告》（1964 年 3 月 6 日），辽宁省档案馆馆藏档案。

阶级家庭出身的青年改造过来,使他们不接反动阶级、资产阶级的班”①。此后,辽宁大学党委召开政治理论课工作会议,对少数教师进行错误的揭发和批判,指责他们“用资产阶级的思想观点,抵制毛泽东思想”,“引导学生走只专不红的道路,和我们争夺青年一代”。哲经系和马列主义教研室还就“一分为二”与“合二为一”的问题、历史系就李秀成②的评价问题、中文系针对周谷城的文艺思想③等问题,进行了讨论和批判。共青团辽宁省委和中共沈阳市委召集沈阳市的部分青年工人举行座谈会,对北京大学党委副书记、哲学家冯定所写的《工人阶级的历史任务》进行批判,认为此书“宣扬了否认阶级和阶级斗争,鼓吹阶级调和,反对革命和无产阶级专政,反对学习毛泽东思想等一系列修正主义观点”,“是一本同青年革命化大唱反调的书”。不久,团省委召集一部分团的基层干部对冯定的《共产主义人生观》和《平凡的真理》也进行了批判。

与此同时,文艺界也开展了批判运动。1963 年 12 月、1964 年 6 月,毛泽东两次对文艺工作作出批示,掀起文艺界大批判的浪潮。1964 年 1 月,辽宁省文化系统开始进行以阶级斗争为主要内容的社会主义教育运动。运动中揭露出文艺队伍中普遍存在着对党的文艺路线贯彻不认真、不坚决的问题,甚至有的单位在一个时期实际上已脱离了党的文艺方向和道路等问题。辽宁省还发动了对一大批文艺作品及其作者的批判。如批判了蔡天心的长篇小说《大地的青春》,认为它是一部宣扬阶级调和路线、政治上有严重错误的作品,并上纲上线到“是关系到社会主义文艺方向的大是大非的问题”。1964 年 9 月 12 日,团省委、沈阳市委联合召开座谈会,批判欧阳山的长篇小说《三家巷》和《苦斗》,认为“是两本宣扬阶级调和、爱情至上的坏书”。《辽宁日报》与辽宁大学中文系、沈阳市图书馆、沈阳重型机器厂分别召开座谈会,对《三家巷》和《苦斗》

---

① 《高举毛泽东思想红旗,培养无产阶级革命后代》(无日期),辽宁省档案馆馆藏档案。

② 李秀成:太平天国将领。

③ 周谷城文艺思想:20 世纪 60 年代初期,著名学者、历史学家周谷城发表一系列文章,探讨史学、美学和文艺理论问题,阐述了如何正确认识矛盾斗争的限度、矛盾斗争与矛盾统一的关系,如何认识时代与时代精神,如何正确认识科学、道德、艺术的社会功能等重大问题的看法,批评了当时支配一切的“斗争哲学”的错误思潮。

持续展开批判。

1966年5月中旬，全省文化界、新闻界、出版界转为重点揭发本省的“资产阶级代表人物”。《辽宁日报》根据《人民日报》《光明日报》《解放军报》发表的批判文章，摘编成“《兵临城下》是一部违反毛主席军事思想的坏影片”一文，对影片《兵临城下》进行批判。随后，由沈阳京剧院根据小说《海公大红袍》改编整理而成的京剧《海瑞背纤》等一批文艺作品也受到批判。此剧1959年在沈阳首演，而后全国各大剧院竞相排演，一度掀起“海瑞热”。《兵临城下》作者之一、辽宁省文化厅副厅长、著名剧作家洛丁和《海瑞背纤》的作者、剧作家徐菊华等一批剧作家、学者和教授被扣上“资产阶级代表人物”的帽子受到点名批判。电影《早春二月》、话剧《茶花女》《阿诗玛》等也遭到过火的批判①。

受到批判的绝大多数作品，是国民经济调整以来文艺界创作的优秀作品。对它们的批判，破坏了“百花齐放、百家争鸣”方针的贯彻，严重影响了社会主义文化事业和思想理论工作的健康发展。

① 1979年2月，辽宁省委宣传部转发了省文联、省作协党组《关于给作品和作者平反的报告》，给错批的文艺作品平反，为受迫害的作家及受株连的同志平反。

第　三　编

“文化大革命”和对“左”倾错误的抵制与抗争

（1966年5月—1976年10月）

正当全国克服国民经济的严重困难、完成经济调整任务，开始执行发展国民经济第三个五年计划的时候，1966 年 5 月发动了“文化大革命”，直到 1976 年 10 月结束。“文化大革命”是当时的称呼，实际上它根本不能称为革命，而是一场内乱。这场“大革命”之所以被冠以“文化”二字，是因为它由文化领域的批判开始。

“文化大革命”期间，辽宁省各级党政机构遭到严重破坏，一度处于瘫痪、半瘫痪状态。正常的经济秩序和社会秩序被打乱，给全省人民带来严重灾难。同时，广大党员、干部和人民群众对“左”倾错误和极左思潮进行了不同程度、不同形式的抵制和斗争，使“文化大革命”的破坏得到一定程度的限制，社会主义建设事业在一些领域仍然取得了若干进展。

第十五章
“文化大革命”在辽宁的全面展开

1965 年 11 月，上海《文汇报》发表姚文元《评新编历史剧〈海瑞罢官〉》一文，成为引发“文化大革命”的导火线。这篇文章的发表及其导致的更加猛烈的文化批判，起初曾受到中央领导一定程度的抵制，这进一步引起毛泽东对“中央出修正主义”的忧虑，使他下决心发动一场更加激烈、广泛的反对“修正主义”的运动。经过 1966 年 5 月中央政治局扩大会议和同年 8 月党的八届十一中全会，“文化大革命”开始发动起来。10 月，以批判“资产阶级反动路线”为主题的中央工作会议后，运动范围由文化、教育领域及党政机关，迅速扩展到工矿企业和广大农村。

一、“文化大革命”的开展

“文化大革命”的导火索

《海瑞罢官》是北京市副市长、明史专家吴晗于 1960 年 11 月写成的京剧剧本，1961 年 1 月在北京首次演出。江青认为《海瑞罢官》存在严重的政治错误，应该停止演出，并多次向毛泽东说《海瑞罢官》有问题，要批判。后经江青、张春桥共同策划，由姚文元执笔写了一篇点名批判的文章[①]。文章认为,《海瑞罢官》影射现实,使人们很容易把历史上海瑞所进行的“退田”“平冤狱”等情节,同党的八届十中全会批判的“单干风”“翻案风”联系起来,说“‘退田’‘平冤狱’就是当时资产阶级反对无产阶级专政和社会主义革命的斗争焦点”,进而文章猛烈攻击《海瑞罢官》就是这种阶级斗争的一种反映,“是一株毒草”。1965 年 11 月 30 日,《人民日报》转载姚文元的文章并加了编者按,主张把讨论作为学术问题而不是政治问题来处理。此后,全国各地报刊陆续发表一些从不同角度批判《海瑞罢官》的文章,也发表了少量对姚文元文章提出质疑和批驳、为吴晗和《海瑞罢官》辩护的文章。

姚文元的文章引起学术界普遍反感,也受到中央有关部门和北京市委的冷遇,《人民日报》和北京各报刊十多天没有转载。这加深了毛泽东对北京市委和中央一些主要领导人的怀疑和不满。此后,对《海瑞罢官》的批判带上更为严重的政治色彩,批判迅速升级,涉及的范围急剧扩大。

1966 年 2 月初,中共中央政治局委员、书记处书记、北京市委第一书记、市长彭真召集文化革命五人小组[②]开会。会后,起草了《关于当前学术讨论的汇报提纲》(后被称为“二月提纲”)向中央政治局常委汇报。“二月提纲”虽也有许多在当时环境下难以避免的“左”的提法,但主旨是试图把运动置于党的领导下,限制在学术讨论的范围内,对已经出现的“左”的倾向加以适当约束,不赞成将其变为严重的政治批判。2 月 12 日,“二月提纲”作为中共中央文件转发全党,要求各级党委“照此执行”。“二月提纲”发出后的一段时间里,思想文化领域的批判运动有所缓和,这引起了江青等人的极度不满。此后,围绕着“二月提纲”,开

---

① 中共中央文献研究室:《关于建国以来党的若干历史问题的决议注释本》,人民出版社 1983 年版,第 364 页。

② 中央文化革命五人小组,是根据毛泽东的提议于 1964 年 7 月成立的,任务是负责领导有关方面贯彻执行中央和毛泽东有关文学艺术和哲学社会科学问题的指示。经党中央指定,中央政治局委员、中央书记处书记彭真为组长,组员为中央政治局候补委员、中央书记处书记、中央宣传部部长陆定一,中央政治局候补委员、中央书记处书记、中央理论小组组长康生,中央宣传部副部长周扬,新华通讯社社长、《人民日报》总编辑吴冷西。

始了一场新的、更严重的斗争。斗争的范围,从意识形态领域扩大到政治领域和党的高级领导机关;斗争的焦点,从对《海瑞罢官》的批判转移到对“二月提纲”的否定;斗争的对象,从《海瑞罢官》、“资产阶级学术权威”转移到“支持”“包庇”他们的“党内资产阶级代表人物”“睡在我们身旁的赫鲁晓夫”。这场批判也就更加明确、直接地和所谓“中央出修正主义”联系起来。

中共辽宁省委对《文汇报》发表的《评新编历史剧〈海瑞罢官〉》一文,既不了解它的政治背景,也不知道它的政治分量,以为是寻常的学术讨论,因此,省内报纸一直未转发姚文元的文章。直到1965年12月下旬,迫于全国政治局势的压力,省委机关报《辽宁日报》才全文转载姚文元的文章,同时转发《人民日报》的编者按。此后的三个月内,省委没有表态支持姚文元的文章,也没有组织对《海瑞罢官》进行系统的批判。省内各级报刊只是转发中央报刊和外省、市报刊的部分批判文章,版面也多是以宣传模范人物的先进事迹和学习毛主席著作典型经验等内容为主。当时,省委领导的主要精力集中在指导农村的“四清”运动和安排“三五”计划等经济工作上。

1966年4月,中共中央东北局召开第九次全会。会议针对文艺界现状,通过了《关于学术批判问题的讨论纪要》,遵照中央的指示精神,在东北三省学术界、教育界、新闻界、文艺界、出版界开展了对吴晗等所谓“资产阶级代表人物”的点名批判。随后,辽宁省委按照东北局的要求,部署了对“资产阶级代表人物”的批判。4月末至5月初,全国各省由最初批判《海瑞罢官》转为开展重点揭发批判本省“资产阶级代表人物”的群众运动。辽宁省重点批判了一批作家、学者和教授,给他们扣上“资产阶级代表人物”的帽子。

1966年5月4日,辽宁省文化革命领导小组成立。5月9日至11日,东北局在长春召开东北三省负责文教工作的省委书记会议,研究讨论“文化革命”的问题,并作出统一部署。根据辽宁省文化革命领导小组建议和东北局要求,辽宁省委于5月11日召开常委会议,研究辽宁省思想领域阶级斗争情况并对辽宁地区深入开展“文化革命”运动进行研究部署。会议确定,广泛深入地发动广大干部和工农兵群众,积极参加对邓拓等人的“反党反社会主义罪行”的揭露和批判。省委决定,立即成立各市(地)文化革命领导小组及其办事机构,着手组织工农兵群众召开座谈会,写批判文章,大专院校可以停课开展批判活动。省委强调,辽宁省的“文化革命”仍以学术界、教育界、新闻界、文艺界、出版界为重点,“群众大会一般就不搞了”,“不要扣帽子”,“大字报一般地不提倡”,“县里基本上以春耕为中心,在工作过程中可以学习,春耕不要受到影响。工厂也要适当,不要影响生产”。

“五一六通知”精神和党的八届十一中全会精神的贯彻

1966 年 5 月 4 日至 26 日,中共中央政治局扩大会议在北京召开。会议于 5 月 16 日通过了《中国共产党中央委员会通知》(简称“五一六通知”)。“五一六通知”对彭真主持起草的“二月提纲”进行了全面批判,并指出:“混进党里、政府里、军队里和各种文化界的资产阶级代表人物,是一批反革命的修正主义分子,一旦时机成熟,他们就会要夺取政权,由无产阶级专政变为资产阶级专政。”会议决定撤销以彭真为首的文化革命五人小组,其后成立以陈伯达任组长,康生为顾问,江青、张春桥等任副组长的中央文化革命小组(简称中央文革小组)。这次会议是“文化大革命”正式发动的标志,“五一六通知”成为发动“文化大革命”的纲领性文件。会后,“文化大革命”异常迅猛地开展起来。最先起来“造修正主义的反”的是大、中学校的学生。短短几天时间,全国几乎所有的大、中学校都出现学生造反的“革命行动”。不久,许多学校的领导机构陷于瘫痪,混乱局面日趋严重。

6 月 3 日,中央政治局常委扩大会议讨论决定,按照党领导历次群众运动的做法,针对已经出现的问题,对大、中学校开展运动作出若干规定。随后,全国大部分省、市、自治区和中央部、委陆续向本地区、本系统的一些学校派出工作组。工作组进入大、中学校后,宣布停止原校领导的职权,由工作组代行领导。

“五一六通知”精神在辽宁省传达后,对学术界、教育界、新闻界、文艺界、出版界的批判斗争迅速扩展到其他领域。

1966 年 6 月 2 日,《辽宁日报》转载《人民日报》6 月 1 日发表的社论《横扫一切牛鬼蛇神》和《人民日报》发表的评论员文章《欢呼北大的一张大字报》。之后,省内各大专院校学生纷纷举行座谈会、赶写大字报、召开声援和声讨大会。沈阳、旅大等城市的一些大专院校领导被攻击为“资产阶级代表人物”,一些专家、教授被当作“反动学术权威”“反党反社会主义分子”受到批判。不同意这些看法的师生也张贴大字报,予以反驳,并展开面对面的“大辩论”,学校的正常教学秩序开始混乱。在辽宁大学,校党委第一书记、校长邵凯反对学生乱批乱斗,立即遭到该校一部分学生的围攻。一些学生用白纸写了一张大字报,贴在学校食堂的墙壁上,攻击以邵凯为首的学校党委执行了修正主义路线,主张打倒邵凯;还有一些学生很快贴出一张用红纸写的大字报,表示坚决拥护校党委的领导。支持前者的被称为“白纸派”,支持后者的被称为“红纸派”,双方激烈辩论,互相攻击。“白纸派”强烈要求中共辽宁省委罢免邵凯,并追查省委和沈阳市委的所谓“后台”。到6月中旬,全省各地大专院校学生纷纷走出课堂,停课造反,大字报铺天盖地,批斗围攻愈演愈烈。随后,一些工厂、机关也行动起来,社会秩序开始出现混乱。

为了防止事态扩大,自6月3日起,辽宁省委先后采取一系列措施,包括提倡写小字报,不提倡写大字报,不提倡开声讨大会等。7日,省委根据中央政治局指示精神,决定向大专院校派出工作组。从11日开始,工作组陆续进驻辽宁大学、东北工学院、沈阳农学院等大专院校,按照省委的要求,对学生的“过火”行为进行积极引导。

当时,“文化大革命”究竟怎么搞,什么时候结束,全省各级领导干部都不清楚,而且对这种搞法很不理解。因此,在认识上和行动上都比较迟钝,“阶级斗争的盖子”迟迟揭不开。中共中央东北局第十次全委扩大会议对辽宁省进行了批评。为了解决这些问题,1966年6月13日至25日,辽宁省委召开700多人参加的三届五次全体扩大会议,传达毛泽东关于开展“无产阶级文化大革命”的指示精神。会议根据中央政治局扩大会议通过的“五一六通知”要求及东北局第十次全委扩大会议精神,对辽宁省思想文化战线的问题进行了检查。会议认为,省委对意识形态领域“兴无灭资”的斗争认识迟钝,觉悟不高,对毛主席正确路线跟得不紧,辽宁省思想文化战线存在“严重的阶级斗争问题”。会议揭发批判了以省委书记处书记周桓为首的所谓“辽宁反党反社会主义文艺黑线”,并认定周桓是“辽宁反党反社会主义文艺黑线”的主要代表,周桓被迫在大会上作检查。大会还点名批判《营口日报》总编辑和沈阳、旅大、抚顺等地的报纸,指责这些报纸同所谓“三家村”①遥相呼应,“向党和社会主义射出了大量毒箭”。会议对全省“文化大革命”运动和工农业生产、城乡“四清”等工作作出安排和部署。会议要求,“要放手发动群众,站在运动前面积极领导、善于领导、敢于领导。会议强调,这次斗争就是彻底揭露批判混入党内的反党反社会主义的资产阶级代表人物,彻底批判学术界、教育界、新闻界、文艺界、出版界的资产阶级反动思想,夺取这方面的领导权。对于混进党、政府、军队、文化领域以及社会各界里的资产阶级代表人物,必须彻底揭露、彻底批判”。

6月14日,中央电告辽宁省委,同意在报纸上公开批判周桓。于是,《辽宁日报》发表《向我省反党反社会主义头目周桓开火》的社论。6月24日,《辽宁日报》又发表《彻底揭露和批判周桓反党反社会主义的反动本质》长篇批判文章,推动揭发批判周桓为代表的辽宁省文艺黑线运动掀起高潮。除高等院校、艺术团体参加揭发批判活动外,省委、省人委直属机关干部和职工也集会,声讨周桓的所谓“反党反社会主义罪行”。《辽宁日报》连日发表批判文章,全省开展了一场揭发和批判周桓的运动,同时,有人也给主管文教工作的省委书记处书记李荒等人贴出大字报。6月29日,根据中央的部署,省委又从省直单位抽调大批干部组成工作组,到教育界、学术界、新闻界、文艺界和出版界参加并领导运动。省委在贯彻中央作出的“内外有别”等八条指示②精神的同时,又根据辽宁省的具体情况向工作组提出几项限制性规定,如:大字报不要上街;要内外有别,不写政治历史问题,不写男女关系问题;党委成员之间有意见可以开展批评,不要写大字报,不召开全市性的声讨大会,等等。

---

① 三家村:指1966年吴晗、邓拓、廖沫沙三人因之前在《前线》开辟《三家村札记》专栏而被诬为“三家村反党集团”。

② 八条指示:1966年6月3日,中共中央拟定了《八条指示》,提出要“内外有别”“注意保密”“大字报不要上街”“不要示威游行”“不要搞大规模声讨会”“不要包围黑帮住宅”等要求,力图使混乱局面得到一定控制。

要求工作组对群众运动予以正确引导,使运动向健康方向发展。此后,省委又对运动发展问题提出一些要求和意见,但是,已经被发动起来的学生并不接受这些规定,全省各地大中学校和一些工厂、机关的教学、生产和工作秩序受到极大干扰。在教育界,学生们认为“普遍存在资产阶级的教育思想、教育制度、教育方法”,必须予以批判。东北工学院、沈阳农学院、大连工学院等高等院校的领导干部遭到昼夜围攻和批斗,他们被指责犯有所谓“反党反社会主义反毛泽东思想及压制革命群众运动的严重错误”,是“反动学术权威”。仅东北工学院就有15名领导干部和所谓“反动学术权威”被游斗、声讨和批判。

6月29日至7月3日,中央政治局委员、国务院副总理陈毅陪同尼泊尔贵宾到沈阳、鞍山、旅大等地参观访问。6月30日,陈毅在辽宁省委第二书记、省长黄欧东陪同下,在鞍山召集鞍山市委常委及部分市委机关领导干部座谈鞍山“文化大革命”问题。陈毅在讲话中强调:辽宁省是国家重要工业基地,“生产要保证”,要求鞍钢“基层干部要安定下来,不要像大学一样全面开花”,“不要把生产搞乱”。陈毅要求市委主要负责人“积极领导运动,要进行自我批评,取得领导地位”。黄欧东及时向省委机关和工作组负责人传达了陈毅的讲话精神。根据中央八条指示和陈毅讲话精神,各工作组和基层党委负责人对群众运动中的过火行为进行了一定的约束,使全省乱揪乱斗的局面有所缓和。

7月25日,毛泽东接见中央文革领导小组成员和在京的各大区第一书记时说:“不要工作组,要由革命师生自己搞革命,成立革命委员会。”他严厉指责工作组:“一不会斗,二不会改,起坏作用,阻碍运动。”7月29日,辽宁省委召开常委会,决定立即从各大中学校撤出工作组。工作组撤出后,各大中专院校的师生纷纷组织红卫兵、扯旗“造反”,批判工作组执行资产阶级反动路线,反对无产阶级革命。个别学校红卫兵还指责工作组支一派压一派,要求对工作组追究责任甚至进行揪斗。一些党政机关、企事业单位也组织各种名目的“造反组织”,乱揪乱斗现象重新出现。至此,辽宁省在教育系统和其他战线的“文化大革命”初步发动起来。

8月1日至12日,党的八届十一中全会在北京召开。会议期间,毛泽东写的《炮打司令部——我的一张大字报》印发全会。8月8日，全会通过了《中国共产党中央委员会关于无产阶级文化大革命的决定》（简称“十六条”），对“文化大革命”的目的、重点、依靠力量、方法等作出规定。全会批准通过的“十六条”表明，党内完成了发动“文化大革命”的法定程序和组织程序，标志着“左”倾错误方针开始在党中央占据主导地位，“文化大革命”全面发动起来。

8月9日，《辽宁日报》全文刊登了“十六条”。8月10日，中共辽宁省委召开省直机关“文化大革命”会议，要求把省直“文化大革命”轰轰烈烈地搞起来。8月13日，省委办公厅根据中央办公厅发出的揭发批判以中央办公厅副主任兼国家档案局局长曾三为首的档案黑线的通知精神，决定在省档案局、档案馆及东北档案馆开展“文化大革命”运动。

8月14日，《辽宁日报》刊登《中国共产党第八届中央委员会第十一次全体会议公报》。辽宁掀起了“横扫一切牛鬼蛇神”“坚决把无产阶级文化大革命进行到底”运动高潮。

8月22日，中共辽宁省委召开三届六次全委（扩大）会议。会议传达了党的八届十一中全会精神，进一步领会毛泽东“炮打司令部”和“这次运动的重点，是整党内那些走资本主义道路的当权派”的指导思想，并对全省“文化大革命”作出部署。要求省、市（地）、县领导机关要彻底解决领导核心问题，由干部群众选出“文化大革命”委员会，领导“文化大革命”。学校“文化大革命”是各级领导的重点，一定要切实抓好。厂矿、财贸、医院等单位，以“文化大革命”为中心带动“四清”。这些单位的运动，由各单位的职工群众选出文化革命委员会来领导。农村正在进行“四清”的社队，要把“文化大革命”插进去，把“文化大革命”提出的问题交给群众讨论，大兴无产阶级思想，大灭资产阶级思想。农村“四清”工作队中，县以上各级机关的干部撤回原机关参加“文化大革命”。“四清”尚未结束的社队，要留下借调干部、军队干部和少数机关干部组成小工作队，善始善终地把运动搞好。随后，根据省委要求，省、市（地）、县组织大批干部深入学校、厂矿、街道、农村，宣讲“十六条”和中共八届十一中全会公报，“文化大革命”运动在全省范围内全面开展起来。

二、“文化大革命”的全面展开

红卫兵运动的兴起和大串连

1966年5月29日，清华大学附属中学的几个学生秘密组织了“红卫兵”组织，北京的其他中学也相继建立起类似的组织。6月24日和7月4日，清华大学附中红卫兵写了《无产阶级的革命造反精神万岁》和《再论无产阶级的革命造反精神万岁》两张大字报。8月1日，毛泽东写信给清华大学附中红卫兵，表示对他们造反精神的热烈支持，随之红卫兵运动在全国迅猛兴起。8月18日，在首都北京举行百万群众庆祝“文化大革命”集会，毛泽东出席集会，表明他对红卫兵的支持。此后，红卫兵组织在北京和全国各地普遍建立。

毛泽东写给清华大学附中红卫兵的信传到辽宁省后，各高等院校、中等学校学生立即响应，在很短的时间内红卫兵组织就遍布全省。在红卫兵运动推动下，党政机关、企事业单位，以至农村人民公社，先后成立了名目众多的各种群众造反组织。

8月19日，辽宁省沈阳市30多万人集会并举行游行。中共中央东北局第一书记宋任穷、中共辽宁省委第二书记黄欧东分别在大会上讲话，各界群众代表也在会上作了表态发言。大会期间，远离会场中心的部分高校学生以听不清楚东北局、辽宁省委领导的讲话和各界代表的发言为由，向大会组织者提出质疑和抗议，并打出“造反有理”的标语牌。部分学生的发难引起会场骚乱，有两名学生在冲突中受伤。为此，沈阳市委向东北局和辽宁省委及全市各级党组织作出检讨，并作出撤销时任大会总指挥的市委书记处书记、副市长宋光党内外一切职务的决定。同日，旅大、鞍山、抚顺、本溪、丹东、锦州、阜新、辽阳、锦州和朝阳等地区，分别举行了大规模的群众集会和游行。

8月中下旬，北京红卫兵率先冲出学校，走上街头，破除“四旧”[1]。在“造反有理”的号召下，以简单、粗暴、蛮横的行动打击他们认定的“牛鬼蛇神”，使“打碎”“火烧”“砸烂”等口号和行为风行一时。在北京红卫兵的鼓动和影响下，辽宁省大中学校的红卫兵纷纷冲出学校，走上街头，破除“四旧”，“横扫一切牛鬼蛇神”。

8月下旬，《人民日报》《红旗》杂志等先后发表社论《好得很》《向我们的红卫兵致敬》《向革命的青少年致敬》，称赞红卫兵的做法“好得很”。红卫兵“破四旧”等行动，得到中央文革小组的肯定和赞赏。于是，辽宁省各地的红卫兵组织更加盲目和冲动，砸物、抄家之风愈演愈烈。他们走上街头，将城市中所谓“四旧”内容的街道、商店、医院、学校的名称、标识、老字号等视为散发着封建主义、资本主义、修正主义臭气的东西而统统取缔或砸掉，换上被认为是革命化的、体现“四新”[2]内容的新名称、新牌号。许多大街小巷也被冠以“东方红”“东风”“反修”“立新”等一类带有“革命”色彩的名字。沈阳市有100多所中学被改成“抗大”“长征”“延安”“井冈山”等名称。红卫兵还提出沈阳市一些区的名字含有封建意识，市人委根据红卫兵的强烈要求，将五个城区和四个郊区的名字全部作了改动。

全省各地掀起的红卫兵“破四旧”、揪斗“反动权威”和“横扫一切牛鬼蛇神”的运动，很快扩展到党政机关、工交企业、财贸、文教等战线和广大农村，在“造反有理”“打倒一切”“踢开党委闹革命”等口号鼓动下，不仅文物古迹被捣毁，许多知识分子和干部也遭到红卫兵的批斗。中共辽宁省委、省人委的领导及各级党政机关成为斗争的对象。教育界、学术界、新闻界、文艺界、出版界许多领导干部和专家、教授等被当作“黑帮”“走资派”“反革命修正主义分子”“反动学术权威”受到批斗。许多共产党员、共青团员、干部、教师、劳动模范，甚至一部分优秀学生也被当作“保皇派”“牛鬼蛇神”“黑爪牙”“修正主义苗子”等受到批斗。红卫兵还到工厂、农村去串连，甚至进行武斗，破坏了工农业生产的正常进行。

---

① “四旧”即“十六条”中所说的“剥削阶级”的旧思想、旧文化、旧风俗、旧习惯。

② “四新”，指新文化、新思想、新风俗、新习惯。

8月26日，东北工学院红卫兵在辽宁省委机关礼堂召开大会，揭省委“阶级斗争盖子”。9月10日至16日，沈阳“中等学校红卫兵”“大专院校革命串连联络总部”“大专院校红卫兵总部”“红后代指挥部”，以及一些工厂、企业和机关的群众组织，先后在沈阳市人民体育场召开大会，“揭省、市委阶级斗争盖子”。不久，沈阳、丹东、旅大、抚顺、锦州、鞍山、朝阳、阜新等地的“毛泽东思想红卫兵总部”先后在沈阳召开“揭发辽宁省和沈阳市资产阶级反动路线大会”，辽宁省委第一书记黄火青、第二书记黄欧东、书记处书记李荒，沈阳市委书记处书记吴铁鸣以及一些高等院校主要负责人被带到会场批斗，一些领导干部被撤职罢官。红卫兵的这些过激行动，引起了部分党政领导干部对局势的忧虑及广大群众的极大反感和不满。

9月初，中共中央、国务院发出关于组织外地师生来京参观“文化大革命”的通知。各地红卫兵纷纷涌入北京“取经”，北京红卫兵也分赴各地“点火”，号称“大串连”。在中央文革小组的煽动下，红卫兵大串连遍及全国。从8月18日到11月下旬，毛泽东共8次接见来自各地的红卫兵，人数达1100万人。

北京的红卫兵到辽宁省各地，帮助“破四旧、立四新”，开展“革命大串连”。辽宁省大中专院校的红卫兵也纷纷奔向北京，接受毛泽东的检阅。许多红卫兵为了实现到北京看一眼毛主席的愿望，不惜扒车赴京，造成旅客列车拥挤不堪。8月25日，大连海运学院的15名大学生组成“大连——北京长征红卫队”，从大连步行进京，在全国引起轰动。此后，辽宁省多地出现步行串连的红卫兵队伍。赴京串连的红卫兵不仅接受了毛泽东的检阅，还学到了北京等地造反派的所谓“经验”，回来后即在全省各地大造各级党委的反。他们还成立串连组织，汇聚到沈阳，大造中共辽宁省委的反。9月18日，沈阳市大专院校革命串连联络总部召开所谓揭发省、市委“阶级斗争盖子”群众大会。辽宁省委和沈阳市委劝阻辽宁大学、东北工学院等院校红卫兵不要召开这个会议，遭到拒绝后，又劝说他们推迟会议时间，因为那天是九一八事变国耻日，为此，一些干部、群众与联络总部的红卫兵发生辩论。红卫兵不听劝阻，强行召开会议。省委对会议消息的报道有所推迟，内容也作了部分修改，引起红卫兵的极大不满。于是,红卫兵把斗争矛头直接指向辽宁省委,指责省委“犯了方向路线错误”,“起了限制群众,压制群众的坏作用,使刚刚起来的群众革命运动离开了毛泽东思想的正确轨道”,声言要抓“反革命”,抓“右派”。

这一时期,不仅辽宁省委遭到红卫兵“炮轰”,全省各市(地)、县委也成为红卫兵“炮轰”的目标。当时,辽宁省的红卫兵组织名目繁多,数量也很多。有的组织只有几个人或十几个人,也冠以“兵团”“军团”的名义。他们按照自己对“反修防修”的理解,同时也为表现自己的“革命造反”精神,采取了不少过火行动。

在红卫兵运动迅猛兴起,“大串连”遍及全国时,周恩来、陶铸等领导人仍努力把红卫兵运动纳入党组织领导的轨道,要求红卫兵注意政策,不搞武斗,不要影响生产。毛泽东在8月29日主持中央政治局扩大会议时强调:“文化大革命,发展到社会上斗批改。要文斗,不要武斗。”为维持国民经济的正常运行,9月中旬,在周恩来主持下,经毛泽东批准,中共中央就维护工业生产问题连续发出通知,明确提出要坚持党的领导,坚守岗位,完成好生产任务,红卫兵不要到工厂农村进行串连,不搞群众直接“罢官”等等。但由于此时全国局势已经混乱,各级党委已经处于瘫痪边缘,对社会上的混乱局面既“无发言权”,更谈不上去制止了。尽管如此,从中央到地方各级党委、政府仍极力维持生产和生活秩序。

为保护文物,辽宁省文化厅向省人委提交了《关于在无产阶级文化大革命中保护古代文物建筑问题的报告》,要求对已列入和计划列入的全国重点文物保护单位和拟定文物保护单位,由各级政府文化主管部门和文化革命委员会共同协商,暂时封存,停止开放,妥善保护;要求各级文化主管部门和文物保管所应积极协助文化革命委员会发动广大革命群众揭发、批判文物保管工作中的问题,认真研究革命群众的意见,提出处理意见,分别报请国务院和省人委批准后,再逐步进行处理。省文化厅还特别强调要向群众切实做好宣传教育工作,公布重点保护的文物建筑名单。这些措施为保护古代文物、建筑免遭红卫兵破坏起了重要作用。与此同时,中央也十分关注辽宁的工业生产建设,特别是对作为全国钢铁生产基地的鞍山市更加重视。9 月下旬,中共中央政治局委员、国务院副总理李富春代表中央对鞍山问题作出重要指示,明确指出:中央要求鞍山采取团结稳定和“抓革命、促生产”的方针。9 月 26 日,中共鞍山市委第一书记王鹤寿、第二书记赵敏向鞍山市委常委、各单位党员领导干部共 3000 多人分别传达了中央对鞍山作出的重要指示精神。10 月 7 日,鞍山市委将王鹤寿的传达稿印发全市各基层单位,传达到全体职工群众。鞍山市全体党员干部和群众共同努力,撤掉了街头的大字报,洗刷了街道墙壁,停止了街头广播,紧张局面一度有所缓和,生产有所恢复。

10 月 10 日,中共辽宁省委、省人委发出《关于地方交通运输企业单位分期分批开展文化大革命运动和加强运输生产工作领导的通知》。《通知》指出,地方交通运输企业的无产阶级“文化大革命”,应结合“四清”运动,按原来的部署,分期分批进行;凡没结合“四清”开展“文化大革命”的单位应暂停进行,集中力量抓好运输生产建设工作;要整顿运输秩序,提高效率,扩大运输能力;要加强保卫工作,严防阶级敌人的破坏活动。以上措施和政策,对“文化大革命”初期稳定生产、稳定社会秩序、维持社会治安起到了一定作用。但随着运动的发展,这些措施和政策对“文化大革命”产生的乱象,失去有效的约束力。

随着红卫兵“大串连”的发展及其对党政机关的冲击,使这一“革命运动”和交通、生产之间的矛盾日益尖锐,经济建设面临严重困难,为此,中央决定停止全国“大串连”。1967 年 9 月 23 日,经毛泽东批准,中共中央、国务院、中央军委、中央文革小组联合发出《关于在外地串连学生和在京上访人员立即返回原单位的紧急通知》,要求外出学生和其他人员“立即无条件地全部返回原地”。10 月 14 日,中共中央、国务院、中央军委、中央文革小组又发出《关于大、中、小学复课闹革命的通知》,要求“全国各地大学、中学、小学一律立即开学”。辽宁省委认真贯彻中央通知精神,但由于当时混乱局面的发展,相当多的学生仍散在社会没有返校,学校的干部和教师也普遍因受到批判和审查而不能恢复正常工作。中央的通知精神实际上难以迅速在全省贯彻落实,全省很多大学、中学迟迟复不了课,学校秩序仍处于混乱状态。

批判“资产阶级反动路线”

“文化大革命”虽然轰轰烈烈地发动起来了，但是这场“大革命”仍没有得到多数干部和工农群众的理解和支持。为消除党内高、中层对“文化大革命”的阻力，批判“资产阶级反动路线”的问题被提了出来。1966年10月1日，林彪在庆祝中华人民共和国成立17周年大会上发表讲话说：“以毛主席为代表的无产阶级革命路线，同资产阶级反对革命路线的斗争还在继续。”同日，《红旗》杂志第13期发表《在毛泽东思想的大路上前进》的社论，强调：“有极少数人采取新的形式欺骗群众，对抗‘十六条’，顽固地坚持资产阶级反动路线。”“对资产阶级反动路线，必须彻底批判。”这篇社论首次提出“批判资产阶级反动路线”问题。

10月9日至28日，以批判“资产阶级反动路线”为主题的中央工作会议在北京召开。这次会议是继5月中央政治局扩大会议和八届十一中全会之后，对“文化大革命”进行的再一次发动。会上，毛泽东提出要解决“思想不通”的问题。刘少奇、邓小平作出书面检查，对所犯“路线错误”承担责任。会后，全国迅速掀起批判“资产阶级反动路线”的热潮，使社会上更多的群众加入造反派，造反派的队伍很快扩展到社会的各个方面，成分也越来越复杂。他们从不同的目的出发，打着反对“走资本主义道路的当权派”和“资产阶级反动路线”的旗号，把矛头集中地对准各级党政领导机关及其负责人，攻击他们“执行错误路线”，使整个社会陷于不断的混乱之中。从地方到军队，领导机关受到冲击，领导干部被揪斗、围攻事件不断发生，大批久经考验的领导干部蒙冤受屈，身陷囹圄。

11月3日至9日，中共辽宁省委召开省、市（地）、县三级干部大会，传达中央工作会议精神，集中解决所谓“无产阶级文化大革命中的两条路线斗争问题”。会议期间，红卫兵冲击会场，逼迫主持会议的省委书记处书记白潜交出所谓“镇压群众”的“黑材料”，省委书记处书记、候补书记除生病住院者外，大都被抓被扣，失去人身自由，辽宁省委处于瘫痪状态。11月4日，红卫兵查封了省委机关报《辽宁日报》，11日，砸了省委档案室。批判“资产阶级反动路线”的群众运动深入全省各个基层单位。

经过几个月“炮轰”“火烧”以及打、砸、抢、抄、抓的激烈冲击，到1967年，辽宁省、市（地）、县各级党政机关已经基本处于瘫痪状态，生产秩序无统一指挥，群众生活无妥善安排，导致事故频发、损失巨大。

“文化大革命”的扩展

党的八届十一中全会要求，“文化大革命”的重点是大中城市的文化教育单位和党政领导机关，工交企业和农村的“文化大革命”要和“四清”运动结合起来，有领导、有计划、分期分批地进行。

1966年9月8日，周恩来主持制定了《关于抓革命、促生产的通知》，毛泽东批示以中共中央名义下发。《通知》要求：“工业（包括国防工业）、农业、交通、财贸部门，应当立即加强或组成各级指挥机构，保证生产、建设、科学研究、设计、市场、收购等工作的正常进行，保证革命、生产双胜利。”但10月以后，由“批判资产阶级反动路线”引发的造反浪潮突破了这一要求，开始扩展到工农业领域，严重干扰国民经济的正常运行。

党的八届十一中全会后，对工矿企业是否进行和如何进行“文化大革命”，在党内高层一直存在严重分歧。上海“安亭事件”①之后，这一分歧终于在11月下旬的工业交通座谈会上引发一场激烈的斗争。11月中旬，中央文革小组提出一份关于工交系统开展“文化大革命”的文件稿，其中写有“允许工厂成立群众组织”“允许学生到工厂串连”等规定。为此，周恩来决定召开有重点工业企业的省市和国务院有关部门负责人参加的工业交通座谈会，讨论中央文革小组的文件稿。会上，部分领导和与会者，纷纷以事实批评中央文革小组的意见稿，赞同周恩来等人的一贯主张，即工交企业不能“停产闹革命”，运动只能在业余时间进行，必须在党委统一领导下进行，工厂不要再建立群众组织，学生不能到

① 1966年11月初，上海一些工厂的造反派代表筹建“上海工人革命造反总司令部”（简称“工总司”）。中共上海市委没有承认“工总司”是合法的群众组织。11月10日凌晨，“工总司”负责人王洪文带2000余人冲入上海北站强行登车，声称要赴京请愿。列车行至上海附近的安亭站被阻留。王洪文煽动工人卧轨断路，造成沪宁线全线运行中断30多个小时。这一事件被称作“安亭事件”。

工厂串连，等等。然而，这些意见却被压制下去。

12月9日和15日，中共中央先后发出《关于抓革命、促生产的十条规定（草案）》（简称“工业十条”）和《关于农村无产阶级文化大革命的指示（草案）》（简称“农业十条”）。随着“工业十条”和“农业十条”在辽宁省的贯彻落实，“文化大革命”迅速在全省工交财贸系统和广大农村开展起来。工厂、农村纷纷建立群众造反组织，开展大鸣、大放、大字报、大辩论（简称“四大”），在厂矿、社队之间进行串连等做法得以合法化，“文化大革命”全面地扩展到工农业生产领域，并且同大、中学校的学生造反浪潮连结起来。此后，各级、各部门主管生产的领导干部，上至省委、省人委主要负责同志，下到车间、生产队长，他们或遭批斗，或“靠边站”，大多受到冲击，致使全省经济工作正常运行面临异常困境。

第 十 六 章
从“全面夺权”到革命委员会的成立

到 1966 年底，“文化大革命”已经在全国各地和各个领域大规模地发动起来。1967 年初至 1968 年春，中共辽宁省委、辽宁省人委以及各级党政领导机关都被夺了权，领导机关和经济管理部门无法正常履行工作职能，许多正确的政策和规章制度不能完全执行，国民经济受到严重影响。全省各地造反派组织分成三大派系，严重对立，互相斗争，造成停工停产，有的地方甚至酿成“武斗”。随着军队全面介入地方工作，以及中共中央一系列制止动乱强制性措施的逐步贯彻落实，各派组织初步实现大联合。省、市(地)、县各级革命委员会先后成立，全省局势初步趋于缓和。

一、全省夺权风暴和驻辽部队执行“三支两军”任务

党政机关被全面夺权

1967 年元旦，《人民日报》、《红旗》杂志发表题为《把无产阶级文化大革命进行到底》的社论。社论提出：1967 年，“将是全国全面展开阶级斗争的一年”，“将是无产阶级联合其他革命群众，向党内一小撮走资

本主义道路的当权派和社会上的牛鬼蛇神，展开总攻击的一年”。在这种导向下，发生了使全国性动乱进一步升级的上海“一月夺权”事件。1967 年 1 月初，上海《文汇报》《解放日报》的造反派相继“夺权”，宣布“接管”报社。随后，“工总司”（上海工人革命造反总司令部）等造反派组织夺取中共上海市委的领导权。1 月 11 日，中共中央、国务院、中央军委、中央文革小组联名发出贺电，肯定上海“一月夺权”以来的“一系列的革命行动”。此后，《人民日报》、《红旗》杂志连续发表社论、文章，宣传和介绍上海“一月夺权”的经验，号召“展开全国全面的夺权斗争”。

由于上海“一月夺权”得到中央的肯定，辽宁省各地造反派纷纷效仿，迅速开始夺权斗争。1967 年 1 月 11 日，《沈阳晚报》和东北工学院、中共沈阳市委机关的 14 个造反派组织，宣布对《沈阳晚报》夺权。1 月 12 日，造反派接管《辽宁日报》并先后发表题为《一切权力归革命左派》和《天下者我们的天下》的社论。1 月 20 日，部分群众组织冲击中共中央东北局，扬言夺东北局的权，但未得逞。1 月 23 日，沈阳市的 19 个造反派组织夺了沈阳市委、市人委的权，沈阳市党政机关陷入瘫痪状态。1 月 31 日，由东北工学院“毛泽东思想红卫兵”等 24 个群众组织发起成立的“辽宁省革命造反夺权联合指挥部”，正式宣布接管中共辽宁省委、省人委的一切权力，并发表声明称“省委、省人委今后一切日常工作，由联合指挥部负责”，“除支持造反派并得到造反派谅解的干部外，其余干部一律停止工作，检查交待问题”。至此，省委、省人委及其直属各部门全部停止正常运转。辽宁地区除少数军管部门外，均被造反派夺权，造成极度混乱的局面。省、市委和省、市人委的许多领导干部被当作“走资本主义道路的当权派”而打倒、罢官和批斗。

除党政机关外，辽宁的一些国有大型企业和军工企业，如沈阳重型机械厂、沈阳五三工厂、沈阳黎明机械公司、丹东鸭绿江造纸厂等单位党政部门，均在 1 月 19 日至 26 日之间被夺权。随后，省内各级政法机关均被砸烂接管。在此情况下，驻辽部队奉命于 2 月 20 日对辽宁省公、检、法和邮电等要害部门实行军事管制。

在辽宁省委、省人委处于瘫痪半瘫痪状态期间，为了尽量保证和维持经济活动的正常运行，1967 年 3 月 27 日，以辽宁省军区为主，吸收原省人委有关业务厅、局和部分地方干部，组成辽宁省“抓革命，促生产”指挥部，代行辽宁省人委的部分管理职能，以维持全省经济活动的正常进行。

全面夺权是辽宁省“文化大革命”进入新阶段的重要标志。在较短的时间里，从省委到基层，从机关到学校，从工矿企业到城市街道、农村社队，夺权狂潮一浪高过一浪。五花八门的造反组织争相占领党政机关，抢夺机关公章，扣押以至绑架领导干部，封闭报社，冲击电台，占据办公场所。在夺权派同支持原党政领导的群众之间，在各派夺权组织之间，发生了激烈的冲突。尽管按照毛泽东的意见，中央指示在夺权中要实现“大联合”，要正确对待干部，但实际上，许多地方的夺权是造反派组织之间的“争权”“抢权”，必然造成各派之间的武斗出现。全面夺权极大地助长了无政府主义的思潮和行为，给全省的政治、经济、文化、科技、教育带来了空前灾难。全省各级党政机关均陷于瘫痪或半瘫痪状态，公、检、法等专政机关也都无法正常行使职能，大批工矿企业面临停产或半停产，商店无法保证正常营业，社会秩序陷于空前的混乱之中。

大联合的失败与武斗升级

党中央高度重视辽宁地区安定局面的恢复，以及生产、工作秩序的恢复。当时为了对社会混乱局面加以约束，毛泽东号召“各地革命组织实现革命的大联合”，实行革命群众代表、解放军代表和革命领导干部代表组成“三结合”的“革命委员会”。周恩来总理多次指示中共中央东北局和沈阳军区领导人，努力促进辽宁省各派群众组织的“大联合”和“三结合”。为贯彻毛泽东和周恩来的指示精神，1967 年 2 月上旬，经过反复协商，决定成立“辽宁省革命造反派大联合委员会”（简称“辽联”），以实现军、干、群和老、中、青“三结合”，并准备在此基础上成立辽宁省革命委员会，尽早结束混乱局面。

正当“辽联”向“大联合”和“三结合”的革命委员会过渡之际，群众组织更大的分裂和更激烈的派性争斗又开始了。主要原因是：1967 年 1 月前后夺取省、市党政大权时，虽有众多群众组织参加或表示支持，但仍有一部分群众组织持怀疑甚至反对态度，其中反对最强烈的是辽宁大学红卫兵组织。该组织因在干部等问题上与其他群众组织有分歧，没有加入联合夺权指挥部，而于1月30日串联一部分观点相同的工人造反派组织，单独成立“八三一沈阳革命造反总司令部”（简称“八三一”），并于2月7日冲砸了沈阳市公安局，后又提出“炮打宋任穷，揪出刘（少奇）、邓（小平）在东北的黑爪牙”等口号，树立了比“辽联”更为激烈的“造反”目标。

中共中央东北局书记处领导人支持“辽联”并通过“辽联”抓生产恢复等工作，引起林彪、江青一伙的仇视，他们通过各种机会渗透“辽宁没有乱透”，“东北局没有乱透”等观点。1967年4月10日，群众组织数百人进驻东北局机关。4月16日，东北工学院、沈阳轻工学院、沈阳体育学院等单位十几个群众组织1万多人在东北局机关召开“彻底砸开东北局阶级斗争盖子，打倒马明方誓师大会”，揭所谓“东北局阶级斗争盖子”，并揪斗东北局第三书记马明方。在此情况下，东北局书记处于4月21日发表《关于当前无产阶级文化大革命运动的三点意见》（简称“三点意见”）。“一是最近进驻或冲进东北局机关的‘东工红旗造反团’、‘革命造反团’和‘辽大红卫兵’是保守组织。还有一些保守组织也进入东北局院内支援他们的行动。这些组织中的绝大多数群众是受蒙蔽的，希望他们觉悟起来，回到以毛主席为代表的无产阶级革命路线上来；二是他们进驻或冲进东北局机关是违反毛主席亲自指示的军委八条命令和中央2月21日的通知的，是非常错误的，希望他们按照中央军委八条命令和中央2月21日的通知精神撤出；三是我们坚定不移地站在以毛主席为代表的无产阶级革命路线一边，坚决支持一切无产阶级革命派，坚决同他们战斗在一起，胜利在一起……”①

“三点意见”发表后，辽宁地区一些单位把赞成或反对“三点意见”作为划分革命派或保守派的标准。特别是中央东北局和沈阳军区在“支左”（支持左派革命群众）工作中的分歧也因“三点意见”而公开化了，一些群众组织和军队的关系对立起来。

1967年4月27日，“辽联”出现分裂，一部分反对“三点意见”的

① 高峰主编：《中共辽宁党史大事记（1949—1989）》，辽宁人民出版社1995年版，第249页。

造反派另起炉灶，他们以沈阳农学院红卫兵为主，成立“辽宁无产阶级革命派联络站”（简称“辽革站”）。“辽革站”与部分工厂的群众组织串连后，于5月10日在沈阳站广场召开30万人参加的大会，宣告“辽宁无产阶级革命派联络站”正式成立。到1967年5月，辽沈地区形成“辽联”“八三一”和“辽革站”三大群众组织鼎足而立的局面。

“辽革站”成立后，同“八三一”一道坚决反对东北局书记处的“三点意见”，并给东北局部分领导人冠上“支一派压一派”的罪名予以猛烈攻击。7月4日，东北局第一书记宋任穷被迫以个人名义作出《收回“三点意见”的决定》。8月6日，中共中央作出《东北局停止对东北各省市领导的决定》。宋任穷、马明方、顾卓新、喻屏、徐少甫等东北局和中共辽宁省委负责人先后遭到公开批斗。

辽宁省群众组织“三大派”形成后，在对“五大机关”干部问题和两级军区“支左”等问题的认识上存在严重分歧，而且分歧愈演愈烈，由文斗转变成武斗，各地各派群众组织都成立了“武卫队”（武力自卫队），武斗事件层出不穷。仅沈阳地区1967年5月至8月就发生十几起大规模的武斗事件，其中影响最大的是8月22日发生的轰动全国的“东塔机场武斗事件”。辽沈地区多个造反组织冲击东塔机场，发生大规模流血事件，致使几十名解放军战士和群众伤亡。此外，东北工学院发生的“六一事件”和营口发生的“八一六”武斗抢枪事件等，均造成极坏影响。此时，辽宁有许多工厂停工，商店关门，粮食、蔬菜以及日用生活品的供应极度紧张，人民群众的生产和生活受到极大影响，生命财产遭受严重威胁，局面愈加混乱。

签订“九九协议”制止武斗

中共中央对辽宁特别关心。1967年8月26日，周恩来总理专门抽出时间，代表党中央接见了辽沈地区的“辽联”“辽革站”“八三一”三派群众组织赴京代表及中共中央东北局、中共辽宁省委和中共沈阳市委的部分领导干部代表，着手解决辽宁地区的问题。周恩来首先就东塔机场事件对参加武斗的各方进行严厉批评，对维护团结、制止武斗而牺牲的解放军指战员表示深切哀悼。他要求三派代表负起责任，坚决制止武斗,恢复生产,恢复正常秩序。他还深入浅出地阐述了辽宁省作为国家重要工业基地的战略地位和实现“大联合”的必要性和迫切性。接见期间,江青、康生、陈伯达等人乘机继续挑拨干群关系,分裂三派组织,但因周恩来始终坚持“三大派都是革命群众组织”的基本观点和“大联合”“三结合”的原则立场,使江青等人的倒行逆施没有得逞。

1967 年 9 月 9 日,在周恩来主持下,辽沈地区三派代表在北京签订《关于拥军爱民,制止武斗,恢复生产协议书》(简称“九九协议”)。为了监督和推动“九九协议”的贯彻执行,加速辽宁问题的解决,周恩来派中央赴辽宁调查组到沈阳,并要求沈阳军区和辽宁省军区对中央调查组的工作给予协助和配合。

在极左思潮大肆泛滥的背景下,辽沈地区各派群众组织之间的矛盾和分歧是不可能很快从根本上消除的,加之林彪、江青一伙的蓄意挑唆煽动和极力破坏,“辽联”“辽革站”“八三一”三派之间的矛盾有时还有所激化,制止武斗的工作并不顺利。1968 年 1 月 6 日,中央调查组在给周恩来的报告中指出:由于阶级敌人的破坏和各派中一部分极左分子的干扰,去年 11 月份以来,抢掠、袭击事件时有发生,各派互相猜疑、互相戒备,武斗有所回升。

1967 年 12 月 18 日,在中央调查组的主持下,三派代表与沈阳军区代表联合发出《关于制止武斗,实行联合的紧急通知》。1968 年 1 月 6 日,经中央调查组协调,三派达成《关于进一步贯彻“九九协议”,彻底制止武斗的十条规定》。随后,在中央调查组的监督指导下,采取果断、有力的措施,进一步制止武斗,使武斗回升的局势得到遏制。1 月 21 日,辽沈地区三派群众组织在北京正式签订《沈阳三大革命群众组织关于实现革命大联合的协议》。1 月 30 日,“辽联”“辽革站”“八三一”三派在沈阳市人民广场联合召开三大革命群众组织实现革命“大联合”大会,中央调查组和沈阳军区负责人出席大会并讲话。在周恩来的关怀和中央调查组的指导下,全省掀起革命“大联合”高潮。2 月 1 日,抚顺两派群众组织也达成相应协议。2 月 13 日,沈阳财贸系统 200 多个单位实现“大联合”。2 月 20 日,沈阳市大专院校三派签订《革命大联合协议》。2 月末,省委机关三派组织签订《实现革命大联合协议书》。到

1968年4月末，全省90%以上单位的群众组织实行了“大联合”，街面上的武斗工事随之拆除。辽宁地区各派群众组织“大联合”局面的初步形成，使全省的混乱局面开始好转。

驻辽部队奉命执行“三支两军”

1967年“一月夺权”开始后不久，毛泽东即一再强调不准武斗，打人的要法办。为维护工农业生产和社会生活秩序，以保证造反派顺利地从“走资派”手中夺权，毛泽东决定派军队全面介入地方工作。

1967年1月23日，中共中央、国务院、中央军委、中央文革小组作出《关于人民解放军坚决支持革命左派群众的决定》，要求军队积极支持左派的夺权斗争。3月19日，中央军委作出《关于集中力量执行支左、支农、支工、军管、军训任务的决定》（简称“三支两军”）。据此，大批解放军指战员投入“三支两军”，直接介入地方“文化大革命”的夺权斗争，并且承担其支援地方工农业生产的任务。

从1967年3月19日开始，沈阳军区、辽宁省军区陆续派出大批指战员，充实到各级党委、政府和报社、电台、学校、工厂等部门和农村，执行“三支两军”任务，对稳定辽宁省的混乱局面产生了积极作用。

在辽宁省的“三支两军”工作中，广大军代表发扬我军的优良传统，无论工作在省直机关、各市（地），还是工矿企业、农村等基层单位，都发挥了共产党员的先锋模范作用。在“支左”工作中，不计较个人的荣辱得失，积极争取“左派”群众组织，团结老干部，积极促成“大联合”与“三结合”；在清理阶级队伍与“一打三反”① 运动中，认真学习《北京新华印刷厂军管会发动群众开展对敌斗争的经验》，区别两类不同性质的矛盾；在“支工”工作中，大部分时间工作在车间，与广大工人师傅、技术人员一道“抓革命、促生产”；在“支农”工作中，田间、地头经常出现他们的身影，与广大农民一道兴修水利，搞农田基本建设；在“军管”工作中，广大指战员尽职尽责，忍辱负重，确保了公、检、法和机要部门等重点单位不受冲击和破坏；在“军训”工作中，把人民子弟兵的光荣传统、优

① “一打三反”，即打击反革命破坏活动，反对贪污盗窃、投机倒把和铺张浪费。

良作风带给学校。此外,沈阳军区、辽宁省军区还派出大量军宣队,深入工厂、农村、机关、学校进行正面宣传。

据 1971 年下半年统计,沈阳军区共派出“三支两军”的干部战士 42590 人,其中派到辽宁省 9169 人。广大指战员服从组织安排,经过不懈努力,使全省“三支两军”工作取得较大成绩,社会秩序日趋稳定。

1972 年 8 月 21 日,中共中央发出《关于征询对三支两军问题的意见和通知》和《关于三支两军若干问题的决定(草案)》。规定,在已建立党委的地方和单位撤销和撤出“三支两军”的机构和人员。9 月,为落实中央文件精神,辽宁省直机关和各市(地、盟)都积极地作了政治上、思想上、组织上的准备。

1973 年 5 月,中共辽宁省委组织部拟定了“三支两军”人员的具体撤离原则。随着地方秩序的进一步稳定,“三支两军”人员逐步分批撤离,1975 年 6 月撤离工作基本结束[①]。

在“文化大革命”期间,辽宁省奉命执行“三支两军”任务的部队和指战员做了大量有益的工作,在一定范围内缓和了当时全省的严峻局面,维护了社会的稳定,减少了工农业生产的损失,保护了人民生命财产的安全。但在“文化大革命”这样全局性的错误中,执行“三支两军”任务的部分指战员既缺乏思想准备,又缺乏地方工作经验,特别是受林彪、江青反革命集团的干扰、破坏,工作出现一些错误,在一定程度上给部队的思想、作风、组织建设以及军队和地方的关系带来消极影响。

二、成立革命委员会

辽宁省革命委员会的成立

经过持续 20 个月“全面夺权”的动乱和反复,到 1968 年 9 月,全国 29 个省、市、自治区相继成立革命委员会。按照毛泽东的指示,革委会

---

① 《1975 年三支两军人员统计说明》,辽宁省档案馆馆藏档案。

内部实行“三结合”的体制。革委会的成立,在一定程度上结束了“文化大革命”前期的大动乱局面,填补了国家和地方权力的真空半真空状态,承担起组织工农业生产和管理社会生活的责任,使国家的各项工作有可能逐步恢复和展开。

随着辽宁省各派群众组织之间的矛盾和争斗有所缓和,由造反派向“走资派”夺权和造反派内部相互夺权而引起的社会大动乱也趋于“平静”。辽宁省各级革命委员会相继成立。

1968 年 5 月 8 日,中共中央、国务院、中央军委、中央文革小组作出《关于成立辽宁省革命委员会的批示》,同意辽宁省革命委员会由 175 名委员组成,设常委 45 人,陈锡联任省革命委员会主任,李伯秋、杨春甫、王良、杨迪、杨奔、毛远新、尉凤英、任宝成、王凤恩、刘忠礼、于桂兰、张治国、魏礼玲、郝义田、刘盛田任副主任①。

1968 年 5 月 10 日,辽宁省革命委员会和沈阳市革命委员会在沈阳市政府广场隆重举行“辽宁省暨沈阳市革命委员会成立大会”。参加大会的解放军及各界群众 60 多万人,辽宁省革命委员会主任陈锡联,副主任杨春甫、尉凤英,沈阳市革命委员会主任王从周先后在大会上讲话。沈阳军区副司令员江拥辉代表驻军指战员祝贺辽宁省革命委员会和沈阳市革命委员会成立。大会给毛泽东发了致敬电,并举行了大规模的庆祝游行。5 月 12 日,《人民日报》《解放军报》发表《东北大地红烂漫——热烈欢呼辽宁省革命委员会成立》的社论。随后,全省各地相继举行庆祝大会,庆祝辽宁省革命委员会成立。

辽宁省革命委员会成立后,辽宁省党、政、财、文一切权力归省革命委员会,实行党政合一、政企合一、高度集权的一元化领导体制,是辽宁省的最高权力机构。5 月 15 日,辽宁省革命委员会决定成立辽宁省革命委员会办事组、政治工作组、人民保卫组和生产指挥组。

1968 年 5 月 12 日至 18 日,辽宁省革命委员会召开第一次常委会议,学习中央 5 月 8 日批示,研究贯彻落实措施。会议决定,从 12 日起,将《辽宁日报》作为省革命委员会的机关报,派五人领导小组进驻报社。

---

① 高峰主编:《中共辽宁党史大事记(1949—1989)》,辽宁人民出版社 1995 年版,第 256 页。

会议认为，当前事情千头万绪，最根本的就是高举毛泽东思想伟大旗帜，更广泛、更深入地开展活学活用毛泽东思想的群众运动。以大力办好毛泽东思想学习班为中心，斗私批修，全面落实毛主席的最新指示，夺取无产阶级“文化大革命”的全面胜利。会议作出《在阶级斗争中活学活用毛泽东思想，把辽宁建设成为红彤彤的毛泽东思想大学校的决定》和《关于进一步开展拥军运动的决定》。

截至 1968 年 8 月底，辽宁省省辖的 10 个市、4 个专区、1 个垦区及市（专区）所辖的 41 个县革命委员会全部成立。革委会实行革命领导干部、革命群众组织负责人、人民解放军当地驻军代表的“三结合”，对于稳定全省局势、逐步恢复社会秩序和生产秩序等，起到一定的积极作用。

全省局势进一步稳定

辽宁省革命委员会成立后，为落实中共中央“抓革命、促生产”和“要进一步实行节约闹革命”的指示精神，为恢复全省社会秩序，加大收缴武器、制止武斗的力度，积极致力于全面“大联合”。在沈阳军区、辽宁省军区和辽宁省革命委员会的直接领导下，全省各市（专区）革命委员会都同当地驻军联合组成收缴武器领导小组，下设收缴武器办公室，坚决收缴武器，制止武斗。1968 年 7 月 3 日、24 日，中共中央、国务院、中央军委、中央文革小组先后就广西、陕西等地严重武斗发布“七三”布告和“七二四”布告，要求各地停止武斗，上缴武器，群众组织成员无条件回厂、回校，坚决镇压反革命等。辽宁省革命委员会及时对如何贯彻落实“七三”布告和“七二四”布告精神作出安排部署，号召全省各级革命委员会要坚决贯彻执行，并要求采取开大会、开小会、广播演唱等多种形式，进行学习宣传，做到家喻户晓，人人皆知。此后，全省宣传贯彻落实“七三”布告和“七二四”布告精神取得一定成效：制止了武斗，收缴了一大批武器；在外人员纷纷回到原单位工作；对打、砸、抢、流氓盗窃、谋害群众、吸扎毒品等集团性案件进行了检举揭发和打击。

1968 年 8 月 5 日，在辽宁省革命委员会主持下，沈阳市各派群众组织联合召开撤销群众组织大会，“三足鼎立”局面宣告结束。随后，遵照毛泽东和中共中央的指示，全省城乡大中小学及上层建筑领域，从 8 月

27 日开始陆续进驻“工人毛泽东思想宣传队”（简称“工宣队”）和“贫下中农毛泽东思想宣传队”（简称“贫宣队”）。工宣队、贫宣队的进驻，对稳定局势起到一定作用。

为稳定局势，促进大联合，促进生产，辽宁省革命委员会按照中央“要办学习班”的指示，大办“毛泽东思想学习班”。相继抽调省直各部门干部上千人，组成毛泽东思想宣传队，深入城乡，协助工厂和农村办好毛泽东思想学习班。在各级革命委员会的领导下，城乡各地毛泽东思想学习班发展迅速，仅一个月时间就遍及全省。为了提高学习效果，8 月中旬至 11 月初，省革委会分别召开三次活学活用毛泽东思想讲用会，总结交流学习体会。讲用会期间，省革委会组织与会代表到沈阳、鞍山、本溪等地的一些工厂、矿山和农村参观学习。到 1968 年底，全省参加毛泽东思想学习班的干部群众达数百万人。学习班对在干部群众中普及马列主义、毛泽东思想基本知识，改变社会风气起到一定作用，也进一步促进了全省的“大联合”。但学习中，也出现了形式主义、实用主义和简单化倾向，助长了个人崇拜之风。

1968 年下半年，辽宁省革命委员会对全省抓革命促生产等各项工作进行多次部署，号召全省广大干部群众，一是以大寨为榜样，贯彻执行以粮为纲，多种经营，农、林、牧、副、渔全面发展的方针和“八字宪法”①；二是工业、交通系统要认真落实“抓革命、促生产”的方针，努力增加生产，提高产品质量；三是财贸工作必须贯彻执行中共中央《关于进一步实行节约闹革命，坚决节约开支的紧急通知》的规定，按照“增加生产，节约支出”和“发展经济，保障供给”的方针，做好物资供应，支持工农业生产和外贸出口任务的完成；四是各单位要尽快建立健全和充实调整领导班子，农村基层单位按照中共中央指示，生产队不搞夺权，干部要正确对待群众，正确对待群众运动，积极领导抓革命促生产；五是各级革命委员会和全省各地驻军要大力组织毛泽东思想宣传队，深入生产第一线，宣传毛泽东思想，搞好工农业生产。此后，全省掀起增加生产、增加收入、反对浪费、厉行节约的群众运动。

---

① 毛泽东总结农业“八字宪法”：土、肥、水、种、密、保、管、工。

第十七章

“斗、批、改”运动与“四五”计划的制定

1969年4月1日至24日，中国共产党第九次全国代表大会在北京举行。党的九大使“文化大革命”的理论和实践合法化，加强了林彪、江青两个集团在中央最高领导层的地位。九大在思想上、政治上、组织上的指导方针都是错误的，在党的历史上没有任何积极作用。会后，按照中央的部署，辽宁省全面开展以“清理阶级队伍”“整党建党”“教育革命”、知识青年上山下乡、干部下放劳动等为主要内容的“斗、批、改”运动[①]。与此同时，为尽快扭转“文化大革命”造成的国民经济严重困难的局面，辽宁省确定了第四个五年计划的方针和任务。

一、“斗、批、改”运动全面开展

中国共产党第九次全国代表大会的政治报告把整个社会主义历史阶段始终存在着阶级和阶级斗争作为党的“基本路线”，并规定了“斗、批、改”的任务。“斗、批、改”的任务最先是在“十六条”中提出来的，党的九大以后，按照毛泽东的部署，运动在全国全面展开。他认为：“建立

---

① “斗、批、改”，即“斗垮走资本主义道路的当权派，批判资产阶级的反动学术权威，批判资产阶级和一切剥削阶级的意识形态，改革教育，改革文艺，改革一切不适应社会主义经济基础的上层建筑，以利于巩固和发展社会主义制度”。

三结合的革命委员会，大批判，清理资产阶级队伍，整党，精简机构，改革不合理的规章制度、下放科室人员，工厂里的斗、批、改，大体经历这么几个阶段。”

按照省革委会常委会议的安排部署，全省各地贯彻落实九大精神，开展“斗、批、改”运动。

“清理阶级队伍”

从 1968 年下半年至 1970 年，“清理资产阶级队伍”在全国范围内达到高潮。清理资产阶级队伍，是“斗、批、改”的一项主要工作，当时提出的矛头针对的，一方面是所谓“走资派”和叛徒、特务、地、富、反、坏、右，另一方面是群众组织里的“坏头头”和“混进群众组织里的坏人”。1968 年 5 月 25 日，中共中央转发《北京新华印刷厂军管会发动群众开展对敌斗争的经验》，要求全国各地区、各单位“有步骤地、有领导地把清理阶级队伍这项工作做好”。

5 月 27 日至 29 日，辽宁省革命委员会召开常委会议，研究如何开展大批判，把“东北地区党内最大的走资本主义道路当权派宋任穷揭深揭透，批倒批臭”的问题。6 月 1 日，省革委会和沈阳市革委会联合召开有 6 万多人参加的“打倒宋任穷大会”，对宋任穷以及马明方、顾卓新、喻屏、周桓等人进行批判和斗争[①]。6 月 1 日至 3 日，《辽宁日报》连续发表《革命委员会应成为向阶级敌人进攻的战斗指挥部》《向最主要最危险的敌人猛烈开火》《依靠贫下中农稳、准、狠地打击敌人》三篇社论，号召革命群众进行“大检举、大揭发、大批判”。同时，各级革委会组织专案人员开展内查外调，抓所谓的“叛徒、特务、反革命和走资本主义道路的当权派”。6 月 28 日至 7 月 10 日，省革委会召开常委会议，提出要“紧密结合大批判，认真清理阶级队伍，深挖叛徒、特务和反革命分子，打击没有改造好的地、富、反、坏、右分子，特别是要把那些伪装革命，混入党内的叛徒、特务和反革命分子统统挖出来，彻底摧毁党内一小撮走资

① 辽宁省地方志编纂委员会办公室主编：《辽宁省志・政府志》，辽海出版社 2005 年版，第 438—439 页。

派复辟资本主义的社会基础”。会后，在全省范围内开展了“清理阶级队伍”和“群众专政”的政治运动。

从1968年5月至1971年9月，按照辽宁省革命委员会的部署，各市和各事业单位及大专院校等通过清查敌伪时期历史来确定“清理阶级队伍”的斗争对象。据统计，仅沈阳市就清查出所谓“投敌、叛变自首分子、特务、情报人员”和“伪军、政、警、宪、反动党团骨干、反动会道门道首”17949人，并通过外省、市提供的有关清查线索落实确定11164人为“叛徒”“特务”等清理对象。在极左思潮的影响下，一些单位在“清理阶级队伍”中采取逼供信的手段，把阶级斗争严重扩大化，制造了一大批冤、假、错案。其中，林彪、江青反革命集团在沈阳蓄意制造的所谓“城工部叛徒特务集团”特大案，使从中央到地方的各级领导同志以及普通干部和群众315人被审查，并分别被扣上“叛徒”“特务”“反革命”等罪名，长期蒙受不白之冤。国营一一二厂的所谓“反革命特务集团”案，株连14个省市的44个单位，近1000人，仅在一一二厂就有133人被关押。

1970年1月和2月，中共中央先后发出《关于打击现行反革命破坏活动的指示》《关于反对贪污盗窃、投机倒把的指示》和《关于反对铺张浪费的通知》，大规模地部署开展“一打三反”运动。根据中央指示精神，2月23日，辽宁省革命委员会号召在全省范围内迅速开展“一打三反”运动。省革委会成立辽宁省“一打三反”运动领导小组，各市（地、盟）、县（旗）也相继成立专门的班子，指导“一打三反”运动，“一打三反”运动在辽宁全面展开。

1970年3月，中共中央发出《关于清查“五·一六”反革命阴谋集团[①]的通知》。按照《通知》精神，在辽宁省革命委员会的统一部署下，沈阳市先后分两批，在169个单位展开清查“五·一六”反革命集团的“斗争”。到1971年5月，全省清查“五·一六”反革命集团的单位增至

---

① 所谓“五·一六”反革命集团，原指1967年春夏，由北京几个大专院校少数人秘密串连组成的名为“首都五·一六红卫兵团”的小组织。该组织曾进行秘密活动，散发诬蔑攻击周恩来的传单。对此，毛泽东在1967年9月8日《人民日报》发表的姚文元的《评陶铸的两本书》一文中加了一段话，提出“五·一六”的组织者和操纵者，是一个搞阴谋的反革命集团，应予彻底揭露。

313个，沈阳、旅大、鞍山、抚顺、本溪、丹东等市、地共揭、摆“五·一六”嫌疑分子527人，对123名重点嫌疑对象办班审查。

在极左思想的指导下，连续不断的“清理”“打击”“清查”运动，严重破坏了宪法和法制，任意侵害了公民权利，制造了许多冤假错案，使大批干部群众遭到残酷迫害。

“整党建党”

“整党建党”是“斗、批、改”阶段一项重要任务。这次整党的一个主要内容是“吐故纳新”。1967年底至1968年间，有关整党的指示和经验强调“吸收那些朝气蓬勃，富有无产阶级革命造反精神，勇于在阶级斗争中冲锋陷阵的无产阶级分子入党”。在这样的指导思想下，一些派性严重的单位出现了“大吐大纳”“造反入党”“吐疏纳亲”等问题。其结果是一部分符合条件的党员不能恢复组织生活或被错误地开除党籍，而接纳的新党员则有一部分不符合党员条件。1967年12月2日，中共中央、中央文革小组下发《关于整顿、恢复、重建党的组织的意见和问题》，要求建立革命委员会的省份要尽快将本地区的“斗、批、改”运动推进到“整党建党”阶段。

辽宁省革命委员会成立后，全省在“清理阶级队伍”的同时，“整党建党”开始试点并逐步全面展开。在省革委会统一安排下，全省部分市、地单位从1968年10月开始进行整党试点，至1969年5月，全省城乡近30%的单位开展整党。在整党试点中，清除、劝退出党的4000余名，吸收新党员7000余名，选拔一批当时认为优秀的党员到基层党组织的领导岗位上来[①]。

1969年7月，在总结整党试点工作的基础上，辽宁省革命委员会召开会议，研究部署全面“整党建党”工作。会议提出“整党建党”工作本身是“一场激烈的阶级斗争和路线斗争，是革命大批判和清理阶级队伍的继续和深入”。在此错误思想指导下，会议要求各级领导班子成员和被下放到“五七”干校的广大干部，要在思想上整顿和建设，提高党

① 《整建党工作的情况和意见》（1969年5月31日），辽宁省档案馆馆藏档案。

员的路线斗争觉悟，解决继续革命的思想问题。“整党建党”期间，由于林彪、“四人帮”反革命集团的干扰和破坏，被清除出党和受到各种纪律处分及挂起来的党员，大部分是久经考验、德高望重、立场坚定、有实践经验的老党员、老干部和忠于党忠于人民的好党员。他们被错定为“叛徒”“特务”“修正主义分子”“走资本主义道路的当权派”和强加的其他罪名而遭到处理，给辽宁党的建设造成严重损害。辽宁省“整党建党”工作于 1973 年基本结束。

“整党建党”“吐故纳新”的开展，为林彪、江青反革命集团迫害革命干部，在各级领导机关安插“造反起家”或“打、砸、抢”帮派分子提供了机会。那些不具备中共党员条件的人进入党内，甚至突击提干，造成党员队伍严重不纯。但是，这次整党，毕竟重新建立了从中央到地方的各级党组织，恢复了大多数党员的组织生活。这对于遏制造反派势力，稳定局势，推进工农业生产起了一定作用。

“教育革命”

“教育革命”是“斗、批、改”的另一项重要内容。1968 年 8 月 25 日，中央发出《关于派工人宣传队进学校的通知》。《通知》要求，在学校的领导权上，要将原来党委（或党支部）领导的校长负责制改革为工（贫）宣队、革命师生和领导干部三结合的领导体制，还包括学制改革、招生制度改革、教材内容改革、教学方法改革、毕业分配制度改革。按照中央的通知要求，辽宁省的“教育革命”创造出许多推广全国的“先进经验”。

“抗大小学”经验。“文化大革命”前，曾经离开学校上山下乡的小学高年级学生返校后全部升入中学，小学毕业生全部升入中学后，一个突出的矛盾就是校舍严重紧张。三年自然灾害导致人口出生率下降，1963 年以后补偿性生育高峰出现，在这一阶段出生的儿童到 1969 年以后陆续达到入学年龄，造成小学校舍拥挤、无法接纳大量适龄儿童入学的严重困难。1969 年 7 月，沈阳市市内五区以市区公社（相当于现在的街道办事处）为单位，利用市内离城家庭的空闲住宅，由当年符合留城条件的中学毕业生任代课教师，在短短 20 多天里，建起千余所“抗大小学”,解决了6万多名适龄儿童入学的困难,创造出办“抗大小学”的经验。当时,“抗大小学”的办学条件非常简陋,几乎是在无正规教室、无桌椅、无操场、无教材的状态下勉强维持。但由于“抗大小学”的创建,全省大部分市区中小学校都采取小学一二年级在“抗大”,三至七年级(其中六七年级为初中)在小学,八九年级(高中)在中学的办学模式,缓解了因校舍紧张而造成的适龄儿童入学困难的局面。沈阳市“抗大小学”的经验很快得到辽宁省革命委员会的肯定,被全国推广。

水源公社学制改革经验。1968年,《红旗》杂志第3期向全国推介辽宁省营口县水源公社的“教育革命经验”。主要内容有三项:一是“贫下中农管理学校”。水源公社革委会经反复讨论并征求贫下中农意见,决定废除原来的校长负责制。公社内各学校成立教育革命委员会,成员必须是贫下中农代表、革命师生代表和干部代表。二是“破四关”,即废除原有的入学考试关、留级关、退学关、升学关。此经验可保障贫下中农子女就近读书,无障碍升学。三是“缩短学制”。小学六年制改为五年制,中学六年(初、高中三三分段制)改为四年(二二分段制)。这项改革实施后,水源公社中小学20多所学校,做到了“学生读初中不出大队(当时六七年级在小学称为‘戴帽初中’),读高中不出公社”。在《红旗》杂志的肯定与推动下,水源公社学制改革经验很快在辽宁省内全面铺开。

自编教材经验。1968年9月后,辽宁城乡陆续恢复教学秩序。在全面否定“十七年修正主义教育路线”的同时,营口县建一公社松树小学围绕珍宝岛事件[①]编写各学科“单元教学提纲”,此经验很快向全国推广。之后,全国各省、市纷纷出现“结合本地实际,自编乡土教材”的热潮。松树小学将“珍宝岛事件”纳入小学各科教材单元教学大纲中:政治课讲“苏修叛徒集团挑起珍宝岛事件”是“纸老虎”,我们要提高警惕,准备打仗;地理课讲乌苏里江主航线及珍宝岛位置以及中国与邻国的地理关系;历史课讲沙皇俄国的侵华史;算术课讲沙俄掠夺中国领土面积及相关各种比例关系;语文课则选讲与珍宝岛有关的报刊文章。松

① 1969年3月,苏联军队入侵乌苏里江主航道中国一侧的珍宝岛,造成严重流血事件。

树小学自编乡土教材，弥补了当时中小学语文教材内容中只有“老三篇”[①]、样板戏剧本和大批判文章的不足。自编教材经验被宣传为工人阶级、贫下中农管理学校的“成功之路”。

知识青年上山下乡

从20世纪50年代末和60年代初开始，党和政府为缓解城镇就业压力，号召城镇青年上山下乡，从事农业生产，这是党和政府为了探索解决城镇中学毕业生就业途径和改变农村落后面貌的一种尝试性措施。“文化大革命”开始后，由于各大专院校停止招生，工厂不招工，商业和服务行业处于停滞状态，大批城镇初、高中毕业生既不能升学，也无法就业，成为一个严重的社会问题。1968年12月22日，《人民日报》刊登《我们也有两只手，不在城市里吃闲饭》的报道，文章的编者按中发表了毛泽东的重要指示：希望广大知识青年和没有工作的城镇居民到农村生产第一线去，接受贫下中农的再教育。由此，全国掀起了知识青年上山下乡运动的热潮。

辽宁省的知识青年上山下乡动员工作从1968年7月开始，辽宁省革命委员会根据文件精神，确定沈阳市第三十九中学为对毕业生进行上山下乡教育的试点学校。自9月起，全省城镇初、高中毕业生（包括1966、1967、1968年届毕业生）经过誓师动员后开始下乡。据统计，从当年9月15日开始到11月止，全省初中、高中、大学毕业生有78万余人上山下乡，遍布全省4个专区、41个县和10个郊区共1000多个公社的生产大队，占毕业生总数的95%以上。

为了切实做好知识青年上山下乡工作，1968年12月20日，辽宁省革命委员会发出《关于进一步做好知识青年再教育工作的指示》，要求各级党组织把知识青年上山下乡工作当作一项重要政治任务来抓。辽宁地区的广大农村干部和贫下中农群众以极大的热情积极响应毛主席的号召，热烈欢迎知识青年的到来，让知青们感受到家的温暖。广大知

① “老三篇”是对抗日战争期间毛泽东所写《纪念白求恩》《为人民服务》和《愚公移山》三篇经典文献的一个统称。

识青年到农村后,立即参加农业生产和当地农村正在开展的“斗、批、改”运动。他们凭着满腔热情,在贫下中农的帮助下,克服生活上的困难,熟练掌握劳动技能,冲锋在农业生产和阶级斗争第一线,在生产斗争和阶级斗争中磨炼自己,为改变农村落后面貌作出了重要贡献。

“文化大革命”期间,辽宁省各级地方组织,对知识青年上山下乡工作十分重视,几乎每年都召开上山下乡知识青年工作会议,研究部署下一年度的工作。在近10年的时间里,涌现出许多先进集体和模范人物。如:20世纪六七十年代被称为辽宁“南大荒”的盘锦,在知识青年与当地群众的共同开发和建设下,从1968年到1975年,全地区知识青年开垦荒地和旱田改水田约70万亩。在生产实践中,广大知识青年很快成长起来,有的成为当地中小学教师,为广大农村传播科学文化知识;有的成为赤脚医生,为缺医少药的农民解除病痛;有的被选为大队会计和保管员,成了“红管家”;有的被选拔到农村各级领导岗位,成为受农民爱戴的带头人。到1976年5月,全省共有124万知识青年上山下乡,其中,有2.4万多人入党,28.6万多人入团,5.6万多人成为农村各级领导骨干。知识青年上山下乡运动,随着党的十一届三中全会以后城市经济体制改革,城镇就业渠道的拓宽,大量知青返城而结束。

广大知识青年在农村和边疆经受了锻炼,接触了生产实践,增长了才干,培养了吃苦耐劳的品质和艰苦创业的精神。他们中间也出现了一批国家建设人才。但是,在青春年华失去接受学校教育的机会,造成人才生成的断层,给国家的现代化建设带来长远的危害。

干部下放劳动

为贯彻毛泽东“五七指示”(1966年5月7日,毛泽东看了总后勤部《关于进一步搞好部队农副业生产的报告》后,给林彪写了一封信,这封信后来被称为“五七指示”[①]。1968年5月7日,黑龙江省革委会在

① “五七指示”的主要内容:毛泽东要求全国各行各业都要办成一个大学校,学政治、学军事、学文化、又能从事农副业生产、又能办一些中小工厂,生产自己需要的若干产品和与国家等价交换的产品,同时也要批判资产阶级。“五七指示”成为“文化大革命”中办学的方针,造成了教育制度和教学秩序的混乱。

庆安县创办柳河“五七”干校,组织大批省直属机关干部去干校下放劳动。毛泽东高度评价这一做法,指出:“广大干部下放劳动,这对干部是一种重新学习的极好机会,除老弱病残外都应这样做。在职干部也应分批下放劳动。”10月5日,《人民日报》发表《柳河“五七”干校为机关革命化提供了新经验》的编者按,对黑龙江省革委会创办“五七”干校的经验进行推介。党的九大以后,全国各地干部下放达到高潮。1970年12月1日至1971年1月26日,中央和国务院各部门“五七”干校工作会议在北京召开。会议强调,办“五七”干校对于促进机关革命化,加速“斗、批、改”有深远意义,必须长期办下去。

为贯彻中央指示精神,1968年10月14日和16日,《辽宁日报》先后发表《灵魂深处的一场大革命——创办柳河“五七”干校的基本经验》《到劳动中去重新学习》两篇文章。与此同时,辽宁省在盘锦垦区成立辽宁省“五七”干部学校,沈阳市在拉塔湖成立“五七”干校。之后,辽宁省、市、县先后办起95所“五七”干校,将原中共中央东北局和中共辽宁省委、省人委及市、县在“斗、批、改”运动中“靠边”未使用的干部、知识分子下放到各级“五七”干校进行“劳动改造”。

1969年10月3日,辽宁省革命委员会派人赴江西省学习下放干部插队落户经验。10月28日,省革委会作出《关于认真学习、推广江西省干部插队劳动经验的决定》,成立省精简下放领导小组,统一领导全省下放干部到农村插队落户工作。《决定》要求,省“五七”干校学员带头,于1969年冬季首批下放到边远地区、山区和条件艰苦的农村插队劳动。《决定》指出,“各市、专、盟、垦、县、旗的干部精简下放插队落户工作,也应该积极地进行”。《决定》规定,插队干部要实行“五带”,即带党团组织关系,工资关系,行政关系,户口、粮油关系和家属①。

插队干部凭着对党和人民的忠诚,凭着在艰苦环境中改造主观世界的愿望,在农村安家后,“第一句话是向贫下中农报到,第一课就上阶

---

① 《关于认真学习、推广江西省干部插队劳动经验的决定》(1969年10月28日),辽宁省档案馆馆藏档案。

级教育课，第一天就参加集体劳动”[1]。他们怀着“插队农村奋斗终身，改天换地多作贡献”的崇高理想，不惧脏、苦、累，在许多方面为改造农村落后面貌作出了贡献。许多干部、知识分子、医务工作者，利用自己的专业特长为农民排忧解难，受到当地群众的赞扬和好评。但是，一些干部和知识分子长期疏离于自己熟悉的业务领域之外，造成了人才使用的浪费，给国家建设造成了损失。

这种简单、快速处理“多余”干部的安置办法，带来一系列难以解决的社会问题：城市干部到农村插队落户，不仅是简单的个人和家庭的迁移问题，也改变了他们的生活环境、生活条件和工作方式，造成绝大多数干部心理无法适应的问题。因为“五带”，干部下放插队面临许多需要解决的具体困难，不仅涉及许多政策性问题，而且涉及家属安置问题，与子女两代人团聚问题，被下放干部要求回原籍的问题，跨省（市）插队问题，干部身份认定问题，家属的工资、口粮、组织关系、档案管理问题，等等。

二、中共辽宁省第四次代表大会的召开

1971 年 1 月 9 日至 13 日，中国共产党辽宁省第四次代表大会在沈阳举行，出席会议的代表共 953 人。

会上，辽宁省革命委员会党的核心小组组长陈锡联作了题为《高举毛泽东思想伟大红旗，沿着毛主席革命路线奋勇前进》的工作报告。报告指出，辽宁省是在伟大领袖毛主席亲切关怀下建设起来的我国重要工业基地之一。1960 年，毛主席亲自批示的“鞍钢宪法”，指明了办好社会主义企业的方向。特别是各级革命委员会成立后，在毛主席革命路线指引下，全省社会主义革命和社会主义建设的形势越来越好。革命推动了生产，广大贫下中农广泛开展“农业学大寨”、打好农业翻身仗

① 《转发辽宁省“五·七干校”插队落户工作情况的报告》（1969 年 12 月 15 日），辽宁省档案馆馆藏档案。

的群众运动，去年粮食产量比1969年增长了30%，超过了历史最高水平；工业战线经过深入进行群众性的路线分析活动，“进一步肃清反革命修正主义办企业路线的余毒”，去年工业总产值比1969年增长21.7%，创造了历史最高水平。报告强调，各级党组织要牢固树立全局观念，切实加强党对经济工作的全面规划和统一领导，认真贯彻执行毛主席关于“备战、备荒、为人民”的伟大战略思想，贯彻执行“鼓足干劲，力争上游，多快好省地建设社会主义”的总路线，贯彻执行“以农业为基础，以工业为主导”的发展国民经济总方针。进一步开展“农业学大寨”的群众运动，继续打好农业翻身仗，粮食产量要力争尽快达到《全国农业发展纲要》规定的指标。工业战线要贯彻执行毛主席关于“工业学大庆”的指示，全面落实“鞍钢宪法”，深入开展增产节约运动，大搞综合利用，努力完成或超额完成1971年的计划和发展国民经济的第四个五年计划。

会上，产业工人、贫下中农、解放军、革命干部、革命知识分子、少数民族的党员代表和妇女党员代表作了发言。会议通过了陈锡联所作的工作报告。选出81名委员和28名候补委员，组成中国共产党辽宁省第四届委员会。1月13日至15日，中共辽宁省委四届一次全体委员会议召开。会议选举陈锡联、曾绍山、李伯秋、杨春甫、毛远新、白潜、刘盛田、杨迪、张海棠、杨弃、王良、尉凤英、崔修范13人组成省委常委会，宣布了中共中央原则同意陈锡联任省委第一书记，曾绍山任第二书记，李伯秋任书记，杨春甫、毛远新（没有进行选举）任副书记的决定。

中共辽宁省第四次代表大会是具体贯彻落实九大精神的会议。会议肯定了“文化大革命”的错误理论和实践，把当时一系列“左”的错误说成是“成绩”，是“伟大成就”。会议的报告和决议违背绝大多数党员的意志。这次会议在思想上、政治上、组织上和指导方针上都带有“左”的色彩。尽管如此，这次会议还是从组织上重新恢复了中共辽宁省委，选出了省委委员、候补委员，成立了省委机关工作机构，取代了省革命委员会党的核心小组，对于党组织的恢复与建设起到一定的促进作用。之后，各市、县（区）和企事业相继召开党的代表大会或代表会议，选举各级党的委员会。

三、“三五”计划的完成和“四五”计划的制定

“三五”计划的完成

根据九大“狠抓革命，猛促生产，完成和超额完成发展国民经济的计划”的号召，特别是1969年初全国掀起的战备高潮，以战备为主要任务的“三五”计划建设得到迅速恢复和扩大。1969年2月至3月，全国计划会议在北京召开。会议在讨论1969年计划工作主要任务时强调，要“大力加强国防工业、基础工业和内地工业的建设”，重申了“文化大革命”前“三五”计划对三线建设的部署。会议还讨论修改了《1969年国民经济计划纲要（草稿）》。

在“文化大革命”开始之前的国民经济调整时期，根据全国的步骤安排，1963年11月召开的辽宁省计划会议对“三五”计划编制工作作出部署。按照国家“三五”计划纲要要求，辽宁省计划委员会于1965年9月制定了《辽宁省地方经济第三个五年计划纲要》。《纲要》要求全省在“三五”计划时期要充分发挥现有企业潜力，提高技术水平，充实工业内部薄弱环节，尽快发展农业生产，安排人民生活。主要方针是：第一，立足于战争，从准备打仗出发，搞好战备，支援大三线，建设小三线，注意平战结合，平时要打好生产仗，多出产品，多积累，支援国家建设；战时能坚持生产，独立作战。第二，积极挖掘生产潜力，积极推广新技术，采用新工艺，在提高老产品质量的基础上，向高精尖发展，多生产高级、精密产品和物美价廉的产品。有步骤地进行技术改造，提高机械化、自动化水平，提高劳动生产率，降低产品成本。第三，调动广大农民的积极性，治山治水，增加肥料，提高单产，开展多种经营，增加农民收入。第四，积极试办和推行半工半读和亦工亦农制度。文教卫生事业面向农村，面向基层，为广大农民和职工群众服务。要控制城市人口发展。

“三五”时期，经过全省广大干部和群众的努力，一些主要经济指标基本上达到甚至超过“三五”计划原定的目标。到1970年末，工农业总

产值计划260亿—275亿元,实际完成264.1亿元;其中工业总产值计划230亿—250亿元,实际完成226.4亿元;农业总产值计划25亿元,实际完成37.7亿元;财政收入计划35亿元,实际完成37.7亿元;财政支出计划11亿元,实际为13.3亿元;粮食总产量计划170亿斤,实际完成174.1亿斤;棉花计划5575万公斤,实际完成3850万公斤;造林计划350万亩,实际完成360.5万亩;原煤计划3390万吨,实际完成3959.6万吨;原油计划34万吨,实际为38.6万吨;天然气计划2.0亿立方米,实际为2.1亿立方米;发电量计划164亿—166亿千瓦时,实际为164.2亿千瓦时;钢计划534万—549万吨,实际为613.2万吨;生铁计划644万—647万吨,实际为683.1万吨;钢材计划322.8万—333.8万吨,实际为371.3万吨;合成氨计划22万—22.7万吨,实际为21.9万吨;化肥计划71.7万—74万吨,实际为72.9万吨;机床计划16630台,实际为21785台;拖拉机计划700混合台,实际为1227混合台;棉纱计划46万件,实际为52.1万件;棉布计划3.6亿米,实际为3.9亿米;化纤计划10550—10860吨,实际为12800吨;社会商品零售额计划为45亿—48亿元,实际为45.6亿元;全民所有制职工人数计划8.4万人,实际为50.8万人①。

1966年开始的“文化大革命”打乱了社会经济正常秩序,各级党政机关和企事业单位的领导班子一度瘫痪,生产陷入无政府状态,企业的规章制度废弛,工业企业处于停产、半停产状态。1969年和1970年进入“斗、批、改”阶段后,辽宁省革命委员会提出“抓革命、促生产”的要求。辽宁在农业上要大搞群众运动,打好农业翻身仗,摘掉缺粮户的帽子;工业要大力支援大三线建设,加快小三线建设。因此,“三五”计划期间,辽宁省经济发展出现了很多问题,主要表现在:物资供应缺口大,特别是生产建设物资供求缺口逐年扩大,国民经济关系日趋紧张;产品质量差,商品供不应求,生活资料供应不足;企业管理十分混乱,企业收入下降,设备维修欠账增加,事故增多。

---

① 辽宁省地方志编纂委员会办公室主编:《辽宁省志·计划志》,辽宁科学技术出版社1999年版,第161—181页。

“四五”计划的制定

1970年2月15日至3月21日，全国计划会议召开。会议讨论拟定了《1970年国民经济计划和第四个五年国民经济计划纲要（草案）》。《纲要（草案）》的总要求是：“四五”期间要狠抓战备，集中力量建设战略后方，建立不同水平、各自特点、各自为战、大力协同的经济协作区，初步建成我国独立的、比较完整的工业体系和国民经济体系。

“四五”计划时期，辽宁省发展国民经济的方针和任务是认真执行国家“四五”计划纲要提出的主要任务，即狠抓战备，集中力量建设战略后方，大力发展农业，狠抓钢铁、军工、基础工业和交通运输的建设，大力发展新技术，赶超世界先进水平。在国家统一计划下，本着“充分利用，适当发展”的原则，提出建成东北地区以至全省工农业协调发展的、比较完整的、适应独立作战要求的经济体系，更好地担负起支援大三线、支援全国建设的任务。具体的任务和目标是：

第一，在农业方面，发扬自力更生、艰苦创业的革命精神，大打农业翻身仗，尽快实现粮食自给。具体要求是，贯彻“以粮为纲、全面发展”的方针，在抓好粮食生产的同时，适当扩大经济作物面积，大力提高单产水平。抓好集体副业生产，为发展轻纺工业提供更多的原料，满足各方面的需要。充分发动群众，广泛开展“农业学大寨”群众运动，认真落实“八字宪法”，大力改良土壤，大修方田、水平梯田和台（条）田。五年造林2500万亩，首先完成西北部防护林带、军事要塞及交通要道的造林任务，并注意搞好风沙危害严重地区的水土保持。充分利用辽宁省丰富的水产资源，加强渔业技术改造，积极建造渔轮。同时，加快农业机械化进度。“四五”期间，各种机械化水平达到耕作机械化、排灌机械化、农村运输机械化、农副产品加工机械化以及渔业、林业和畜牧业的机械化，并抓好农电设备的建设和配套。到“四五”计划完成时，全省机耕面积达到可机耕地的70%左右，全省灌溉面积达到耕地的40%，每个生产大队都有粮谷加工点，平均四五个大队配备一台小型榨油机，绝大部分生产队都有脱谷机、扬场机、饲料粉碎机、铡草机和其他副业加工机械。全省平均每亩用电达到20千瓦时左右，全省有电的生产队达到75%。同时，大力发展小钢铁、小煤炭、小电站、小化肥以及小机械企业。

第二,在工业方面,一是大力开发矿业。全省要大力支援鞍钢、本钢,大打矿山之仗,集中力量加强采矿、造矿、烧结等薄弱环节。二是狠抓煤、电、运。充分发挥老矿井的潜力,加速新矿井的建设,努力增产焦煤。电力紧张是“四五”期间工业生产中的一个突出问题,积极改造现有发电设备,提高电力;加速新电站建设,大搞热余电和农村小型水力发电;狠抓计划用电、节约用电。加强铁路、公路和航运工作,加强港口和铁路建设,大连港原油装船能力要达到1000万吨。三是加强机械工业。为以鞍钢、本钢为重点的基础工业改造和农业机械化及其他方面的需要提供装备。狠抓矿山、冶金设备制造,努力增产大型、精密、专用设备和仪器、仪表,提高全省机械配套水平。四是加速开发辽河油田。到1975年,年产原油能力要达到330万吨、天然气16亿立方米。五是支援“大三线”建设。搞好军工、援外任务,进一步加强“小三线”① 建设,抓好企业搬迁工作。六是积极发展轻纺工业和手工业。辽宁轻纺工业和手工业数量不足,质量不高,品种规格少。因此,要积极开展综合利用,大力发展石油化学工业,开辟轻纺手工业新的原料来源,大力增产日用工业品,尽快实现轻纺工业产品省内自给。

第三,在财贸方面,强调立足于生产,促进国民经济的发展。在生产发展的基础上增加财政收支,搞好市场供应。切实做好支农工作,促进农村多种经营的发展。搞好计划用粮、节约用粮,压缩吃商品粮的人口,把粮食销量减下来,力争当年粮食收支平衡。

第四,在科教文卫方面,一是加快科学技术前进的步伐,坚持“生产、科研、使用”和“领导干部、工农群众、科技人员”三结合的原则。二是继续普及小学五年教育,加强高等教育,有计划地适当发展中等专业和技工学校。积极扩大业余教育,大力扫除文盲。对农村的普通中学要着重抓好巩固提高工作。积极开展勤工俭学活动,落实教育与生产劳动相结合的方针。三是继续落实毛泽东关于“把医疗卫生工作的重点放到农村中去”的号召,努力办好农村卫生事业。巩固和发展合作医疗制度。继续搞好城市、工矿的卫生工作。把计划生育工作作为一件大事切实抓好。

---

① 地处一线、二线的省份,各自建一批省属的“小三线地方军工企业”。辽宁的小三线在朝阳凌源等地。

第十八章
批判极左思潮和落实党的政策

正当“斗、批、改”运动在全国范围内进行的时候，林彪反革命集团夺取最高权力、策动武装政变阴谋被彻底粉碎。毛泽东从这一事件中汲取了一些教训，对极左思潮进行了一些纠正。在他的支持下，周恩来把批判林彪反革命集团的罪行和批判极左思潮结合起来，在落实党的干部政策和其他各项政策方面取得了一定成效。中共辽宁省委积极贯彻落实党中央的决策部署，努力推动并加快落实党的政策步伐，得到广大干部群众的拥护与支持。辽宁人民也在实践中对极左思潮进行了多方面的抵制和斗争，在困境中坚持生产和工作，辽宁的经济建设取得了一定进展。

一、对极左思潮的批判

“批陈整风”运动的开展

1970年8月23日至9月6日，中共九届二中全会在江西庐山召开。毛泽东主持会议。会议期间，载有陈伯达等人发言的全会第六号简报印发后，立即在各组引起强烈反响。8月31日，毛泽东写了《我的一点意见》，严厉批评陈伯达等人，要求全党站在马列主义的立场上。按照毛泽东的意见，全会开始揭发批判陈伯达等人。在闭幕会上，毛泽东就党的路线教育、高级干部的学习、党内外团结等问题讲了话，并要求大家读几本哲学书。会上，中央宣布了对陈伯达进行审查的决定。以毛泽东《我的一点意见》的发表为标志，九届二中全会上的斗争实际上转化为毛泽东领导的反对林彪集团的斗争。根据毛泽东在九届二中全会闭幕会上要高级干部读几本哲学书的号召，11 月 6 日，中央发出《关于高级干部学习问题的通知》（1970 年底到 1971 年上半年，开始了大规模的学哲学、批先验论和路线教育运动）。

11 月 16 日，中共中央发出《关于传达陈伯达反党问题的指示》。《指示》指出：“在党的九届二中全会上，陈伯达采取了突然袭击，煽风点火，制造谣言，欺骗同志的恶劣手段，进行分裂党的阴谋活动。”“为了教育干部，让较多同志了解这个问题，中央决定将毛主席《我的一点意见》一文印发给党的地区级核心小组成员、部队师级党委委员和同级党员负责干部以及中央各专案组人员宣读和传达。传达内容主要以毛主席《我的一点意见》一文为准。”指示号召全党同志站在马列主义的立场上，同陈伯达划清界限，努力学习马克思列宁主义。随后，全党开始了“批陈整风”（对外称“批修整风”）运动[①]。1971 年 1 月 26 日，中共中央发出《反党分子陈伯达的罪行材料》，揭露了陈伯达的部分罪行；2 月又发出《关于扩大传达反党分子陈伯达问题的通知》，并转发毛泽东有关“批陈整风”的一些指示。

根据中央的通知和毛泽东的指示，1971 年 2 月 24 日至 3 月 12 日，中共辽宁省委召开全省第一次县以上党员干部会议。会上，省委第一书记陈锡联、第二书记曾绍山、沈阳军区副司令员江拥辉分别传达了“批陈整风”精神，学习了中央关于“批陈整风”的文件，深入揭发批判了反党分子陈伯达的罪行，研究部署了全省的“批陈整风”工作，陈锡联作了会议总结。从此，“批陈整风”运动在辽宁省大规模开展起来。

4 月 15 日至 29 日，中央召开“批陈整风”汇报会，进一步揭发、批判陈伯达，并交流各地“批陈整风”的经验。4 月 29 日，中共中央发出《关于把批陈整风运动推向纵深发展的通知》，决定把“批陈整风”运动

---

① 中共中央党史研究室著：《中国共产党历史》（第二卷）（1949—1978），中共党史出版社 2011 年版，第 840 页。

扩大到全国各基层单位。

5月20日至24日，辽宁省委、沈阳军区党委召开辽宁省第二次党员干部会议。会上，再次学习了毛泽东《我的一点意见》，讨论学习了中央关于“批陈整风”的指示文件，交流了前一阶段全省“批陈整风”运动的经验，研究如何把“批陈整风”运动推向纵深发展的问题。会后，辽宁省开展了基层单位的“批陈整风”运动。

“批林整风”运动的开展

在“批陈整风”运动进行之际，毛泽东采取一系列措施，削弱了林彪集团的权势，林彪集团决心铤而走险，加快了策划反革命武装政变的步伐。在一系列阴谋活动破产之后，林彪等人于1971年9月13日外逃叛国，所乘飞机在蒙古人民共和国温都尔汗附近坠毁，机上人员全部身亡，林彪反革命集团策动的武装政变阴谋彻底破产。9月18日，中共中央向党内高级干部发出《关于林彪叛国出逃的通知》。林彪反革命集团阴谋夺取最高权力、策动武装政变的事件，是“文化大革命”毁弃党的一系列基本原则造成的恶果。九一三事件客观上宣告了“文化大革命”理论和实践的破产。10月6日，中央再次发出通知，要求各级党委将传达、讨论和揭发批判林陈反党集团的罪行，当作当前头一位的大事来抓，并准备在10月下旬扩大传达到全体共产党员、解放军指战员和广大工人、贫下中农。随着林彪反革命集团罪行材料陆续发出并传达到基层，全国范围内开始了“批林整风”运动。

从10月12日开始，中共辽宁省委陆续向党员干部和群众传达中央印发的有关林彪叛党叛国事件的文件。广大党员、干部和群众对林彪反革命集团极其愤慨，一致表示坚决拥护毛主席和党中央对林彪反革命集团所采取的一系列决策。辽宁省省直机关和各市（地、盟），在10月中旬分别组织召开“批林整风”大会。“批林整风”的主要内容是：对林彪一伙抢班夺权、制定《“571”工程纪要》[①]、阴谋策划杀害毛泽东、发动反

① “571”工程纪要：指1971年3月22日，林彪、叶群指使林立果、周宇驰等人在上海制订的反革命武装政变计划。“571”为“武装起义”的谐音。

革命政变、分裂党和国家、叛国外逃的罪行进行揭发批判，清查与林彪集团阴谋活动有牵连的人和事，同时揭发批判他们的反革命两面派行为，以及他们宣扬的“天才论”唯心史观和形而上学。

“批林整风”运动的开展，使广大干部群众在“批林整风”运动特别是批判极左思潮和无政府主义的过程中，提高了对“左”的错误危害性的认识，并开始注重经济工作和人民生活，极左狂热的思想有所降温；受林彪一伙打击陷害的领导干部有相当一部分从插队农村和“五七”干校被抽调回城，重新走上领导岗位。

1972 年，辽宁省将“批林整风”运动推向高潮。不仅省直机关和各市（地、盟）开展了广泛的“批林整风”运动，而且省内各个系统、各大厂矿也都以“批林整风”推动抓革命、促生产。1 月 15 日至 17 日，省委召开全省工交系统“斗、批、改”工作会议。会议总结了 1971 年工交系统的工作，部署了 1972 年的主要任务，提出要在各企业中广泛开展“批林整风”运动，进一步开展“工业学大庆”群众运动，全面落实“鞍钢宪法”，不断提高企业管理水平。要加强党的一元化领导，全面落实党的各项政策，调动一切积极因素；改革一切不适应社会主义经济基础的上层建筑，深入进行“斗、批、改”，抓革命、促生产，多快好省地全面超额完成 1972 年各项任务。

6 月 28 日至 7 月 13 日，沈阳军区党委、辽宁省委联合召开“批林整风”会议。会上，沈阳军区司令员、省委第一书记、省革委会主任陈锡联传达了中央“批林整风”汇报会议精神，讨论了“批林”以及用“批林整风”带动各项工作问题。陈锡联在会议总结时指出，要进一步提高对“批林整风”运动意义的认识，领导干部要带头，通过整风加强党的一元化领导。各级党委应贯彻民主集中制，加强党委的集体领导和政治上的团结，切实做好落实干部和知识分子政策，纠正存在的特权思想和“走后门”、拉关系、请客送礼等不正之风。整风的重点是县团级以上领导班子和机关。

1973 年 1 月 13 日至 20 日，辽宁省委召开“批林整风”座谈会。会议根据《人民日报》元旦社论《把“批林整风”这个头等大事继续抓好》的精神，着重分析了“批林整风”的形势，讨论研究了“抓住实质批林的问题”。

2 月 12 日至 3 月 2 日，中共辽宁省委召开四届三次全委（扩大）会议。会议研究了“批林整风”的形势和今后“批林整风”工作,贯彻执行“以农业为基础,以工业为主导”的方针,按农、轻、重的次序安排国民经济计划,从人力、物力、财力等各方面加强农业。会议要求工业部门必须把工作转移到“以农业为基础”的轨道上来,动员全体党员和群众,大办农业、大办粮食,各行各业都要大力支援农业。

3月19日至4月5日,辽宁省委召开知识分子“批林整风”工作会议。会议学习了毛泽东、中共中央关于“批林整风”的指示,学习了省委四届三次会议纪要精神,传达了全国科技会议精神,交流了参加“批林整风”“三大革命”[1]和改造世界观的心得体会,研究了进一步做好知识分子工作、落实党的知识分子政策和贯彻执行“双百”方针的问题。《辽宁日报》为此配发了《在深入“批林整风”中自觉改造世界观》的社论。

“批林整风”运动在当时各种文件限定的范围内,在不能触及“文化大革命”根本错误的前提下,批林只能是一些不得要领的形式主义,整风运动也难以深入下去。1972年5月21日至6月23日,中央在北京召开“批林整风”汇报会。7月上旬至8月上旬,各省、市、自治区也陆续召开“批林整风”会议,但这些会议都未能解决批林如何深入的问题。“批林整风”运动的开展,对于广大党员干部和群众认清和揭露林彪反革命集团的罪恶行径起到了重要作用。

二、落实党的政策

落实干部政策和知识分子政策

九一三事件的发生,使越来越多的干部、群众对“文化大革命”产生了怀疑,开始了更为深入的思考,这在客观上为批判极左思潮提供了有利条件。毛泽东也从事件中受到极大震动,开始思考“文化大革命”造成的严重问题,加深了对极左思潮和做法的不满,特别是把它与林彪集

① 三大革命:指阶级斗争、生产斗争和科学实验。

团的破坏活动联系起来，并在他认为必要的范围内着手纠正某些错误，调整某些政策。九一三事件后，根据毛泽东的决策，周恩来因势利导，在更大的范围展开对极左思潮的批判。以此为基础，展开对各地区、各部门一系列工作的调整和整顿。1972 年 4 月，《人民日报》发表题为《惩前毖后，治病救人》的社论。社论强调，经过长期革命斗争锻炼的老干部都是党的宝贵财富，要求排除干扰，积极落实中共中央关于干部工作的指示。周恩来领导批判极左思潮的努力，首先是在毛泽东的支持下，落实党的干部政策，即根据“绝大多数的干部都是好的，不好的只是极少数”的估计指示，推倒加在许多干部头上的不实和诬陷之词，把他们从被打倒、被专政的状态下解放出来，恢复原有待遇，安排一定的工作。

这在全国引起广泛影响，各地纷纷召开专门会议，结合本地实际落实干部政策和知识分子政策。辽宁省在落实干部政策中，以“批林整风”为纲，排除“左”的和右的干扰，狠批林彪、陈伯达反党集团在干部工作中所推行的反革命路线，提高了执行正确路线的自觉性，推动了干部的审查、结论工作，解放了一大批干部，充实到各级机关和企业中。

在落实干部政策和知识分子政策过程中，中共辽宁省委也着力抓紧落实党的科教、文化、民族、统战等政策，为一些被打倒的干部和科研人员恢复了名誉和工作。

辽宁省落实干部和知识分子政策工作，取得了较大成绩。一批被打倒的党政军领导干部重新走上重要领导岗位，加强了党内抵制和纠正“文化大革命”错误的力量。但是，由于极左思潮的干扰，有些政策落实得还不彻底。

经济调整取得初步成效

批判极左思潮、落实政策的又一项重要内容，是对国民经济的调整和整顿。1972 年至 1973 年间，根据周恩来的指示，国务院采取果断措施，对国民经济的若干基本关系进行调整。

1972 年 2 月 29 日，中共辽宁省委、省革委会召开全省计划会议。会议传达了全国计划会议和省委四届二次全委扩大会议精神，总结检查了一年来全省经济工作的经验教训，讨论安排了 1972 年全省国民经济计划。3 月 8 日,省委发出《关于下发我省 1972 年国民经济计划的通知》。《通知》强调指出,各级党委一定要加强党对经济工作的一元化领导,树立全国一盘棋思想,服从统一计划,做好综合平衡,缩短基本建设战线,集中力量打歼灭战;发扬共产主义风格,开展社会主义大协作;加强企业管理,搞好改章建制;狠抓产品质量,大搞技术革新;大力压缩非生产人员,提高劳动生产率;进一步做好清仓查库、清产核资和回收废金属工作;加强财政监督,严格财经纪律。

为落实省计划会议精神,财贸系统召开工作会议,提出在认真贯彻“发展经济,保障供给”总方针的前提下,要加强党对企业管理工作的领导;加强财产管理,建立健全必要的规章制度;严格财经纪律,加强财务监督,开展群众性的增产节约运动;建立健全职能机构,充实专业人员。在此基础上,对农村财贸工作提出了具体实施策略,即认真落实党在农村的各项经济政策,搞好多种经营和副业生产。认真落实农村人民公社“六十条”、《国务院关于北方地区农业会议的报告》等中央文件精神,以及辽宁省有关发展多种经营和副业生产的政策和规定。要求各级商业部门要在党的领导下,配备一定数量的人员专管发展多种经营和副业生产工作,要注意抓好典型,总结经验并及时推广。

1973 年 4 月 9 日至 26 日,辽宁省委再次召开计划会议,明确提出如下要求:一是全党动手,大办农业。各行各业都要牢固树立“以农业为基础”的思想,大力支援农业。二是深入开展“工业学大庆”的群众运动,落实“鞍钢宪法”。加强基础工业,积极抓好支农产品和轻工产品的生产,并且抓好军工生产。要进一步加强企业管理,不断改革不合理的规章制度,制定和坚持合理的规章制度。加强安全生产教育,防止事故发生。要搞好生产管理和计划管理,努力抓好产量、质量、品种、消耗、成本、利润和劳动生产率等指标,加强经济核算,提高积累水平,亏损企业限期转亏为盈。要认真整顿“五小企业”,抓好巩固和提高工作,对一些没有原材料或生产条件不具备的,方向不对头的,要进行合理调整。大力开展增产节约运动。各地区、各部门一定要搞好技术改造,充分挖掘企业潜力,做到减人增产、节约增产。三是缩短基本建设战线,提高投资效果。认真贯彻全国计划会议精神,下决心缩短基本建设战线,集中力量打歼灭战，多快好省地增加新的生产能力。对基本建设项目，逐个进行审查。对已确定的重点项目，应集中人力物力，加速工程进度，保证工程质量，降低工程成本，力争按计划建成投产。对停建、缓建的项目要做好维护工作，避免不必要的损失。四是精简职工，提高劳动生产率。迅速把临时工减下来，新投产的企业，车间需要的人员和精简临时工时出现的缺员，要着手调剂解决。压缩基建用民工，今后一律不再录用家属工。五是认真贯彻执行“发展经济，保障供给”的方针，做好财贸工作。财贸工作要立足于生产，大力促进国民经济的发展。在发展生产的基础上，努力增加财政收入，搞好市场，安排好人民生活。今年主要的工作是与工交部门一起抓好企业的经营管理，加强经济核算，努力降低成本。今年全省商品资源与购买力的差额有 4 亿元左右，要千方百计挖掘商品资源，扩大商品供应，力争做到当年购销平衡。六是加强科学研究，办好文教卫生事业。全面落实党对知识分子“团结、教育、改造”的政策，坚持“生产、科研、使用”和“领导干部、工农群众、科技人员”两个三结合的原则，大搞技术革新，更多地采用新技术、新工艺、新材料，促进工农生产的发展①。

在省计划会议的指导下，辽宁省内各市、地、盟以及各系统相继召开有关计划会议，认真落实国家和省计划会议精神，坚持贯彻调整整顿国民经济的方针，提出相应的调整整顿措施，使 1973 年辽宁国民经济计划执行取得较好成效。

农业生产获得丰收。全省粮食、大豆总产量达 186.6 亿斤，为计划 185 亿斤的 100.8%，比上年增长 37.1%。烤烟、棉花、花生、水果等经济作物产量均创历史最高水平。农田基本建设取得显著成绩。

工业生产增长较快。全省工业总产值 297.1 亿元，为计划 285 亿元的 104.3%，比上年增长 9.8%，14 个市、地、盟都超额完成了总产值计划。轻工业发展快于重工业，地方工业快于中央企业，集体所有制企业快于全民所有制企业。全省已组成“三结合”技改小组 3500 个，形成 4 万多人的技术革新队伍，共实现技术革新项目 6 万多项，其中重大项目 3000

① 《一九七三年辽宁省计划会议总结发言稿》（1973 年 4 月 26 日），辽宁省档案馆馆藏档案。

多项,改造和自制设备 1.3 万台。推广和应用新工艺、新技术、新产品、新材料 9000 多项,共实现机械化流水线、半自动和自动线 190 多条。增产节约运动成效显著,全省共节约煤炭 140 万吨,电力 4.62 亿度,钢材 2.5 万吨,木材 19 万立方米,石油 3.2 万吨。

基础工业进度加快。全省基建投资完成 20.3 亿元,比上年增长 13.3%。建成投产和交付使用的项目占施工项目的 46.8%,比上年提高 4.1%;新增固定资产 15.19 亿元,占完成投资的 74.7%,比上年提高 21.6%。全省 79 个国家大中型和省重点项目,已有 34 个项目、57 个单项工程全部或部分建成投产。以鞍钢、本钢改造为中心,以矿山建设为重点的基础工业建设进度显著加快。

财政收入完成较好,市场购销两旺,库存增加。全省财政收入完成 80.5 亿元,为计划 79.8 亿元的 100.9%,比上年增加 4.1%。商业纯购进总额 58.9 亿元,比上年增长 17.2%;纯销售总额 77.7 亿元,比上年增长 9%,年末库存 41.97 亿元,比上年增长 8.6%。全社会商品零售总额为 63.25 亿元,比上年增长 11.5%,其中消费品零售额增加 9.2%,农业生产资料零售额增加 27.3%;银行现金投放 2.19 亿元,城镇储蓄净增 6731 万元。

职工人数和工资总额比计划略有减少。全省职工人数为 363.7 万人,比国家修订后的计划 364.8 万人节约 10625 人,工资总额为 25.15 亿元,比国家修订后的计划 25.2 亿元节约 558 万元。城乡集体从业人数为 134.7 万人(包括农村公社直属企业挣工资人员),工资总额为 6.2 亿元①。

1974 年,辽宁省国民经济计划完成情况比 1973 年又有所提高,粮食产量突破 200 亿斤,工业发展上了新水平,基本建设重点工程加快实施,人民物质文化生活水平进一步提高。

辽宁人民在各级党委的领导下,坚持"发展经济,保障供给"的方针,经过几年艰苦卓绝的努力,推动实现全省经济恢复和发展,为国家调整和整顿国民经济作出了较大贡献,为 1975 年的实施"全面整顿"打下了坚实基础。

---

① 辽宁省统计局:《一九七三年全省国民经济计划完成情况》(1974 年 4 月 10 日),辽宁省档案馆馆藏档案。

第十九章

1975年全面整顿与“文化大革命”的结束

从1974年开始，全国范围内开展了“批林批孔”运动。江青集团以“批林批孔”运动为契机进行极力反扑，并得到其在辽宁代理人的积极配合。他们推出“白卷先生”、朝农经验、“哈尔套大集”等各类典型，导致极左思潮再度抬头。但是，随着邓小平主持中共中央、国务院和中央军委的日常工作，中央采取一系列措施对各方面工作进行了全面整顿。辽宁广大干部群众积极贯彻党中央“抓革命、促生产”的指示，集中抓好经济领域的恢复、整顿与落实工作，完成了“四五”计划的各项指标。1976年10月，党中央顺应人民的意志，采取果断措施，一举粉碎江青反革命集团，结束了“文化大革命”这场灾难。辽宁终于恢复了正常的经济社会秩序，各项工作重新走上健康轨道。

一、“批林批孔”运动和极左思潮再度抬头

1973年8月24日至28日，中国共产党第十次全国代表大会在北京召开。党的十大是由于林彪事件的发生而提前召开的。十大代表不是由省级党的代表会议或代表大会选举产生的，而是通过“协商”，

由党委扩大会议选举产生的。这就为江青集团的骨干分子、帮派体系骨干搞政治投机提供了便利条件。从总的方面看，在极左思潮再次抬头的背景下，党的十大不论是在思想路线、政治路线还是在组织路线上，都继续了九大的“左”倾错误。党的十大前后，毛泽东在多次谈话中提出要把批判林彪与批判孔子和儒家、推崇法家联系起来。1974年元旦，江青等人控制下的“两报一刊”[①]联合发表社论，提出：“要继续开展对尊孔反法思想的批判”，“批孔是批林的一个组成部分”。1月12日，王洪文、江青联名写信给毛泽东，建议把北京大学、清华大学大批判组汇编的《林彪与孔孟之道》（材料之一）转发全国。18日，中央以一号文件转发这份材料。一场“批林批孔”运动在全国开展起来。江青集团为了巩固和扩大在“文化大革命”中既得的权势，竭力利用“批林批孔”运动大做文章，把攻击的矛头指向周恩来等老一辈革命家。

为贯彻中央要求，1974年1月27日，中共辽宁省委向全省各市、地（盟）委和省直各单位发出通知，要求各地党委认真学习贯彻中共中央一号文件精神，深入开展“批林批孔”运动。28日，沈阳军区党委和辽宁省委联合召开“传达学习中央一号文件，深入批林批孔动员大会”。省委书记、省革命委员会副主任、沈阳军区政委毛远新传达和宣讲了中央一号文件精神，沈阳军区和辽宁省委的其他一些负责人也在会上作了动员讲话。

1月29日，辽宁省委号召全省各大专院校工农兵学员和教师到农村去宣讲中央一号文件。2月1日到2日，省革委会文教组召开辽宁省各市、地（盟）文教组、教育局和高等院校负责人以及辽宁省直有关部门参加的会议，具体研究如何贯彻落实省委的指示精神，重点讨论高等院校师生到农村宣传中央文件精神的任务。省教育局组织召开了大、中、小学师生和工宣队员参加的“批林批孔”座谈会。省内各高等院校还纷纷举办各种类型的学习班，组织学习讨论中央文件精神和培训“批林批孔”运动骨干。

---

① “两报一刊”是指《人民日报》《解放军报》和《红旗》杂志。

1月30日，《辽宁日报》在头版刊登题为《批林批孔是意识形态领域的一场伟大革命》的文章。文章强调，正在开展的“批林批孔”斗争是当前阶级斗争和路线斗争的头等大事，抓紧抓好这件头等大事，对于“巩固和发展无产阶级文化大革命的成果，防修反修，巩固无产阶级专政，具有重大的现实意义和深远的历史意义”①。2月1日，《人民日报》发表题为《把批林批孔的斗争进行到底》的社论。社论提出，各级领导要站在斗争的前列，把“批林批孔”运动作为头等大事来抓，要“联系现实的阶级斗争和路线斗争坚持革命，反对倒退，正确对待无产阶级文化大革命，满腔热忱地支持社会主义新生事物”②。2月2日，《辽宁日报》全文转载了这篇社论。2月3日，《辽宁日报》又发表题为《批林批孔要打人民战争》的文章。此后，“批林批孔”运动迅速在辽宁全省范围内展开。

2月10日，中共辽宁省委常委会作出决定，省委常委按分工到所分管的系统加强对“批林批孔”运动的领导。按照决定要求，省委部分常委和各组、委、局的负责人，带领有关干部分别到工厂、生产队、商店、学校、医院等基层单位宣讲中央文件精神。2月13日，省委成立“批林批孔”办公室，同时，省内各市、地（盟）也相继成立“批林批孔”机构。

辽宁省各地区和各部门纷纷举行“批林批孔”群众大会。2月12日，沈阳市总工会召开“批林批孔”大会，全市公交、基建、财贸等系统5万余名职工在55个分会场收听了大会实况。

2月20日和3月15日，《人民日报》发表两篇社论，核心内容是强调批判林彪要联系现实的阶级斗争、两条路线斗争的大是大非问题，要解决正确对待“文化大革命”的问题，“巩固和发展无产阶级文化大革命的伟大成果”。社论还提出要通过批判林彪进行反修防修教育，“坚持无产阶级专政下的继续革命”。根据这两篇社论精神，辽宁省的“批林批孔”运动进入到揭批林彪的反革命罪行及其修正主义路线阶段。

---

① 《批林批孔是意识形态领域的一场伟大革命》，《辽宁日报》1974年1月30日第1版。

② 《把批林批孔的斗争进行到底》，《辽宁日报》1974年2月2日第1版。

3月5日至7日，辽宁省委召开“批林批孔”座谈会，参加座谈会的有省委委员及各市、地（盟）委书记等90人。主要目的是，贯彻毛泽东和中共中央关于深入“批林批孔”的指示精神，要求在“批林批孔”运动中，要批判林彪罪行及其修正主义路线，批判孔孟之道，批判各条战线上的“修正主义回潮”。要把县以上领导机关作为重点，强调进一步清查同林彪反党集团有关的人和事。由于将“批林批孔”运动的矛头指向各级领导干部，导致辽宁省各级党政军领导干部或被打倒、或被迫“让贤”，人人自危、左右为难。极左势力在辽宁省的代表则培植亲信、网罗党羽，从上到下实行大换班，把持各级党政领导班子，为其篡党夺权创造条件。同时通过树立“白卷先生”、朝农经验、沈阳机电学院的两张大字报，以及“哈尔套社会主义大集”等典型，借助“批林批孔”运动，极力推行极左路线，使辽宁省极左思潮再度泛滥。

大树“白卷先生”典型。1973年6月，辽宁省兴城县知识青年、农村生产队队长张铁生参加了当年的大学招生文化考试。这次考试，张铁生的物理化学成绩只得了6分。他在试卷背面写了一封信，提出自己上大学的愿望并批评通过文化考试招生的做法，抱怨“几小时的书面考试，可能将把我的入学资格取消”，“希望各级领导在这次入考学生之中，能对我这个小队长加以考虑为盼”。7月19日，《辽宁日报》头版头条以《一份发人深省的答卷》为题，发表了张铁生的这封信，并配发了编者按语。按语说，张铁生在物理化学这门课的考试中似乎交了白卷，然而对整个大学招生的路线问题，却交了一份颇有见解、发人深省的答卷。在群众评议、群众推荐的基础上进行适当的文化考核是需要的，“但是，文化考核的目的，主要是了解分析问题、解决问题的能力，还是检查记住多少中学课程？录取的主要标准，是根据他在三大革命实践中的一贯表现，还是根据文化考试的分数？是鼓励知识青年积极接受贫下中农和工人阶级再教育，努力钻研和完成本职工作，还是鼓励他们脱离三大革命斗争实践而闭门读书？”[①]8月10日，《人民日报》转载了这封信和《辽宁日报》的编者按语，并加上自己的编者按语：“这封信提出了教育战线上

① 《一份发人深省的答卷》，《辽宁日报》1973年7月19日第1版。

两条路线、两种思想斗争中的一个重要问题，确实发人深思。”之后，各地报纸纷纷转载，并发表文章指责高校招生进行文化考试是“资产阶级向无产阶级反扑”，是“复辟回潮”。张铁生由此一举成名，不仅上了大学、入了党，成为铁岭农学院的领导成员，后来还当上第四届全国人民代表大会常务委员会委员，成为红极一时的“反潮流英雄”和“闹而优则仕”的典型。

竭力鼓吹“朝农经验”。1973 年 11 月 28 日，《光明日报》发表一篇题为《一所深受贫下中农欢迎的大学》的文章，首次系统地介绍了朝阳农学院的所谓“朝农经验”：第一，学生实行“社来社去”，即学生由社队保送，毕业后返回原社队当农民；第二，学校建立若干科研课题组，围绕科研活动来组织、带动教学；第三，具体办学方式实行“几上几下”，每年分几次组织学生回社队参加农业学大寨的群众运动和在校学习。“上”就是在校学习，“下”就是回社队参加农业生产实践①。1974 年 12 月 21 日至 28 日，国务院科教组、农林部和中共辽宁省委联合召开学习辽宁朝阳农学院教育革命经验现场会。会议认为，不仅农林院校，而且各类各级院校、各级教育部门的领导机关都要学习、研究朝阳农学院的经验。1975 年三四月间，教育部在朝阳农学院举办两期各省、市、自治区教育部门负责人学习班，学习“朝农经验”。4 月 12 日，教育部向国务院提交了《关于推广辽宁朝阳农学院经验和有关政策问题的请示报告》，4 月 23 日，国务院批转了教育部的报告。8 月，辽宁省委召开教育革命经验交流会。为了适应教育革命深入发展的需要，省委研究决定，全省各类院校从 1975 年开始，全部实行“社来社去”“厂来厂去”“哪来哪去”的招生、分配办法。随着“朝农经验”在全国范围内的推广，大批人员到朝阳农学院参观、考察、学习。

大肆宣传沈阳机电学院的两张大字报。1975 年初，沈阳机电学院提出“学朝农，迈大步”的口号，并提出第一年半工半读、第二年典型任务带教学、第三年下厂毕业实践的所谓“新三段”教学模式。按照“新

① 《一所深受贫下中农欢迎的大学》，《光明日报》1973 年 11 月 28 日第 1 版。

三段”的规定，学员在校三年，理论专业课不到一千学时①。这些忽视文化学习、专业学习做法严重破坏了教学秩序，引起了学院师生的强烈不满。2 月 24 日，自动化专业 03 班 7 名同学贴出一张题为《我们绝不单纯做普通劳动者》的大字报，讲道，经过大学三年的学习，工农兵学员的政治思想水平和路线斗争觉悟会有进一步的提高，掌握更多的科学文化知识，分析问题和解决问题的能力也得到提高，学到更多为人民服务的本领，毕业回到生产岗位后，必须要为社会主义建设作出更大贡献，不能“完完全全当一个普普通通的工人”。大字报对“出去当工人，学那么多干啥？”“学学拉计算尺，毕业当个修理工就行了”“现在少学点没关系，以后到实践中再学”的言论进行了批驳，认为应努力学习技术，学业务，学理论，成为工人阶级的知识分子，要“当个有社会主义觉悟的有文化的劳动者”。2 月 26 日，铸造专业 73 届 02 班的 12 名学生，由于受极左路线的影响，贴出另一张大字报——《这个口号意味着什么》。这张大字报曲解第一张大字报的本意，将为革命学文化的要求指责为“学而优则仕”“上智下愚”的残余幽灵，声称当工人、农民，即所谓“纯”的普通劳动者，而且越“纯”越好。4 月 23 日，《辽宁日报》全文刊登两张大字报，并配发编者按，号召全省广大师生、工农兵群众和革命家长参加讨论。从 3 月到 10 月，中央和省、市的各类报刊杂志发表有关文章 100 余篇。辽宁省教育局发出《关于组织师生讨论两张大字报的通知》，要求着重批判“大学毕生不能同普通劳动者划等号的”观点，实质上是压制在培养目标上的正确主张，大肆宣扬“宁要没有文化的劳动者”的谬论。两张大字报的讨论轰动全国，沈阳机电学院先后接待多个省市、多所院校的来访。

精心策划“赶哈尔套社会主义大集”。1974 年 1 月 28 日至 2 月 8 日，辽宁省委召开全省农村工作会议。会上，主管农业的国务院副总理陈永贵对辽宁一些农村地区存在的“猫冬”现象进行了批评。2 月 14 日，省委下发《辽宁省农村工作会议纪要》，提出要在全省范围内大搞农

① 中共沈阳机电学院委员会：《一发反革命的炮弹——清算“四人帮”死党导演所谓“两张大字报讨论”、反党反中央、破坏教育革命的罪行》，《沈阳机电学院学报》1977 年第 2 期。

田基本建设，变冬闲为冬忙，坚决克服“猫冬”思想，迅速改变农业生产条件。12月初，辽宁省委书记毛远新到阜新市彰武县听取彰武县和阜新市领导的工作汇报，得知哈尔套[①]是“猫冬”和搞集市贸易最厉害的地方，便决定将哈尔套作为割“资本主义尾巴”、破“猫冬”习俗，以及在农民中“树立社会主义观念”的典型来抓。12月30日，哈尔套公社柳树大队300多人进行了第一次“赶大集”活动。12月31日晚，哈尔套公社一万多名贫下中农和社员收听了元旦社论的广播，并连夜进行学习讨论。讨论中，社员们都表示要把这些农副产品卖给供销社。1975年元旦，哈尔套进行了第二次“赶大集”活动。社员们把自产的黄烟、大葱、席子、茓子[②]等农副产品送到供销社的采购站。1月5日，哈尔套公社又组织了第三次社会主义大集。同日，辽宁省委在哈尔套公社召开现场会议，介绍哈尔套公社经验。会议期间，与会者参观了哈尔套公社修建水平梯田的现场及社会主义大集的场面。现场会后，哈尔套公社所谓“开刀割资本主义尾巴”的经验迅速推广，“社会主义大集”之风也迅速在全省蔓延。据统计，仅彰武县在1975年一年中，就组织72次“社会主义大集”。由于“大集”规定农民必须将自己生产的农副产品只卖给供销社，不准到集市上出售，也只能从供销社购买自己所需要的用品，这实际上取消了国家政策所允许的农村集市贸易，挫伤了农民发展正当家庭副业的积极性。

二、全面整顿与“四五”计划的完成

进行全面整顿

江青等人为了巩固和扩大在“文化大革命”中既得的权势，竭力利用“批林批孔”运动大做文章，加紧阴谋活动。毛泽东虽然发动和支持

---

① 哈尔套归属于辽宁省阜新市彰武县，地处山区、半山区，土地贫瘠，自然条件恶劣，冬季十分寒冷。

② 方言，做囤用的狭长的粗席子，通常是用高粱秆或芦苇的篾儿编成的，也称“踅子”。

开展“批林批孔”运动,但在发现江青等人借机搞乱全国的图谋后,便果断加以制止,并对他们进行严厉批评。根据毛泽东的意见,1974年4月至7月,中共中央先后发出系列通知,规定“批林批孔运动在党委统一领导下进行,不要成立战斗队一类群众组织,也不要搞跨行业、跨地区一类的串连”。强调要防止和纠正运动中的偏差,“要注意掌握党的政策,注意严格区分和正确处理两类不同性质的矛盾,以利团结百分之九十五的干部,团结百分之九十五的群众”,“清查的范围应限制在同林彪反党集团阴谋活动有关的问题,不要扩大化”。重申“我们的干部,绝大多数是好的和比较好的”,批评了所谓反潮流的歪风。在批判煽动停工停产等错误言论和做法的同时,通知还明确提出凡擅离职守的领导干部与其他擅自离开工作岗位的人员,必须迅速返回工作岗位,逾期不归的,停发工资或按旷工处理。这些规定和要求对“批林批孔”运动造成的社会混乱和损失起到了一定的抑制作用。

1975年1月8日至10日,党的十届二中全会在北京召开。会议讨论了四届全国人大一次会议的准备工作,追认邓小平为中央政治局委员,选举邓小平为中共中央政治局常委、中共中央副主席。1月13日至17日,四届全国人大一次会议在北京举行。会议的议程是:修改宪法,讨论周恩来作的《政府工作报告》,选举和任命国家机关领导成员。四届全国人大一次会议虽然是在肯定“文化大革命”“批林批孔”运动的前提下召开的,但是大会重申“四个现代化”的宏伟目标,并确定以周恩来、邓小平为核心的国务院领导人选,为邓小平主持国务院工作奠定了组织基础。这是“文化大革命”发动九年后,为使国家政治生活逐步转入正常轨道所采取的重要措施,使身处反复动乱中的广大干部和群众又看到了党和国家的希望。至此,“批林批孔”运动实际上已经结束。

四届全国人大一次会议后,周恩来的病情加重。1975年2月1日,在周恩来主持的国务院常务会议上,确定由邓小平主持国务院会议和呈批主要文件。这一决定得到毛泽东的支持,邓小平开始主持国务院工作。他根据毛泽东提出的反修防修,要安定团结,要把国民经济搞上去的指示,先后召开工业、农业、商业、财贸、文教、科技、军队等各方面的全国性工作会议，明确提出了进行全面整顿的要求，果断地对被搞乱了的各条战线进行整顿，提出摆脱动乱、加快经济恢复和发展的一系列措施，进行了当时条件下所能进行的拨乱反正。

按照中共中央的部署，中共辽宁省委先后召开铁路、公交、基建、卫生等一系列工作会议，开始进行全面整顿。

首先从解决铁路交通运输问题开始。1974 年 11 月 16 日至 18 日，辽宁省召开由各市、地（盟），省交通局，鞍钢、本钢、大连港、沈铁、锦铁以及沈阳、大连、丹东、锦州、阜新五个铁路分局负责人参加的铁路交通运输会议。会议听取了沈阳和锦州两个铁路局关于抓革命促生产情况的汇报，分析了交通运输中存在的问题：一是运能和运量问题突出，列车通过能力紧张，站场设备不适应；二是运输效率低，质量指标完成得不好；三是运输治安秩序混乱，客、货列车时常晚点，运行正点率只有 60%—70%，铁路沿线和站场偷盗货物事件不断发生，刑事犯罪活动有所增加；四是事故多。针对这些问题，会议决定，从 11 月 20 日起到 30 日，在全省交通运输系统开展交通运输会战，打一个“抓大事、促大干、抗风雪、战严寒，快卸多装，满载超轴，安全正点的运输战役”[①]。11 月 20 日，辽宁省革委会决定成立辽宁省交通运输指挥部，主要任务是在中共辽宁省委领导下，贯彻执行中共中央、国务院有关交通运输工作的指示精神，组织完成全省交通运输任务，组织各地区和有关运输的各部门、各单位搞好协作，实行必要的调度指挥[②]。

1975 年 2 月 10 日，中共中央发出《批转一九七五年国民经济计划的通知》。《通知》要求各地、各部门坚持抓革命、促生产，把国民经济搞上去，当前特别要把交通运输和煤炭、钢铁生产抓上去。2 月 25 日至 3 月 8 日，中央召开解决铁路运输问题的全国各省、市、自治区主管工业的书记会议。会上，邓小平指出，要将国民经济搞上去，首先要解决铁路这一薄弱环节，一是要加强集中统一；二是要建立必要的规章制度，增强组织性纪律性；三是要反对派性。3 月 5 日，中央作出《关于加强铁路工作

① 《关于铁路交通运输会议情况的报告》（1974 年 11 月 20 日），辽宁省档案馆馆藏档案。

② 《关于成立“辽宁省交通运输指挥部”的通知》（1974 年 11 月 20 日），辽宁省档案馆馆藏档案。

的决定》,强调铁路要加强党的集中统一领导,实行以铁道部领导为主的管理体制,铁路的管理、运输的指挥、职工的调配、政治工作都由铁道部统一管起来;铁路要建立健全岗位责任制、技术操作规程、质量检验制、设备维修制,要确保安全正点;铁路职工要一切行动听指挥;反对派性,整顿铁路秩序,任何人不得以任何借口妨碍正在进行指挥、调度和各种勤务的工作人员的正常工作。这份文件不仅是铁路整顿的纲领性文件,对其他领域的整顿也具有指导作用。

《关于加强铁路工作的决定》下达后,沈阳和锦州两个铁路局立即分别向全局传达贯彻,并采取了以下几项措施:一是为了保证铁路运输的安全,沈阳铁路局成立整顿铁路治安秩序领导小组,严厉打击各种刑事犯罪活动,大力整顿站、车、线的治安秩序,初步稳定了铁路运输秩序;二是各路局充实领导班子,使铁路在管理方面存在的“软、懒、散”状态有所改变;三是各路局进一步建立健全各项规章制度,从而使生产管理和指挥系统的工作得到加强。通过努力,铁路运输形势不断好转,货物和旅客发送量均有明显增长。

钢铁工业以鞍山钢铁公司为重点开始进行整顿。由于“批林批孔”运动的开展,“四人帮”的干扰破坏以及长期的高指标、长战线、瞎指挥,使全国钢铁工业出现了倒退。1975年前4个月,全国钢铁生产没有能够完成计划,欠产195万吨,尤以包头、武汉、鞍山、太原等钢铁公司欠产严重①。为扭转钢铁生产现状,1975年5月8日至29日,中央主持召开全国钢铁工业座谈会。邓小平在会议讲话中专门讲到鞍钢的问题,他说:“特别是鞍钢,它的产量要是上不去,一天掉下来两三千吨,别的厂是没有办法补起来的”②。6月4日,中共中央发出《关于努力完成今年钢铁生产计划的批示》。《批示》指出:“钢铁工业没有一个大的发展,就不可能实现农业、工业、国防和科学技术的现代化,就会严重地影响战备,就会不利于巩固和加强无产阶级专政。”中央要求各省、市、自治区党委加强

① 中共中央党史研究室著:《中国共产党历史》(第二卷)(1949—1978),中共党史出版社2011年版,第924页。

② 邓小平:《当前钢铁工业必须解决的几个问题》(1975年5月29日),《邓小平文选》第2卷,人民出版社1994年版,第8页。

对钢铁工业的领导,对问题多的单位进行调查研究,采取有力措施,认真加以解决,不要久拖不决,贻误大局。批示中,点名批评了鞍钢等欠产企业,要求辽宁省委一定要把鞍钢的生产搞上去。批示下达后,辽宁省委立即召开常委会,就鞍钢的问题进行认真分析和讨论,研究制定了贯彻落实中央精神的具体措施。

鞍钢的整顿主要以解决领导体制问题为突破口。“文化大革命”期间,在极左思潮影响下,鞍山钢铁公司的名称和鞍钢党委被取消,其业务由鞍山市革委会第一工交组具体负责。由于没有一个强有力的生产指挥系统和机构,没有一个坚强的领导班子,钢铁产量不断下降。1975年9月15日,邓小平在国务院常务会议上,专门针对鞍钢领导体制问题作出重要指示,他说:“鞍钢这么大的企业, ……要有一个强有力的生产指挥机构,现在由市委直接管厂子的办法,不是管生产的好办法。事实上,市委是抓不过来的,因为忙于其他多于抓生产。市委第一书记可以兼公司第一书记,但是公司必须单独有个班子。”根据中央和邓小平的指示精神,9月19日,辽宁省委将鞍山市委提交的《关于成立鞍山钢铁公司,建立鞍钢党委的请示报告》转报给党中央。党中央于11月18日正式作出《关于成立鞍山钢铁公司,建立鞍钢党委问题的批复》,同意成立鞍山钢铁公司,建立鞍钢党委和革委会,并规定,鞍钢党委和革委会归鞍山市委和鞍山革委会领导。《批复》指出,鞍钢要加强各级领导班子建设,切实落实党的政策,充分调动广大工人群众的积极性,发挥技术人员的作用,整顿好企业管理,把鞍钢的革命和生产搞好。鞍山钢铁公司重新成立和鞍钢党委重新组建后,逐步组建了鞍钢的各级党委领导班子,提拔任命了一大批有经验的干部,进一步落实了干部政策及技术人员政策,加强了基层党的组织工作和政治思想工作。同时,为了进一步理顺鞍钢的领导关系,党中央又决定撤回在鞍山和鞍钢的支“左”部队,结束“三支两军”工作。这一切有力地推动了鞍钢生产状况的改善,经过整顿,鞍钢等省内欠产严重的钢铁企业逐步向好的方面转变。

钢铁工业的整顿也带动了其他工矿企业的整顿和建设。到1975年6月,阜新煤矿完成全年计划的50%以上,红透山铜矿和青城子铅锌矿完成计划也比较好。中央转发的国务院《关于今年上半年工业生产情况的报告》,对上述三家企业以及大连、抚顺钢厂给予表扬。

基本建设方面的整顿工作也取得较大的进展。辽宁省承担的辽阳石油化学纤维总厂(简称辽化)、辽河化肥厂、鞍钢弓长岭新选矿厂、清河电厂、元宝山电厂、大连港务局等全国重点基建工程项目,由于极左路线的干扰和破坏,工程建设进展缓慢。1975 年 7 月 4 日,国务院副总理谷牧到辽化建设工地视察时,对辽化的“欠账”问题进行了批评;在 1975 年中央印发的 17 号文件中,也对辽化的问题进行了点名批评,因此辽宁基本建设系统的整顿主要是以辽化为突破口的。8 月 27 日至 29 日,辽宁省委在辽化工地召开的常委扩大会议决定,进一步动员全省各行各业的力量,充分利用现有的工业基础,组织辽化建设的大协作、大会战。会后,全省 9 个市、地的会战大军开赴辽化工地,与部队和地方的施工单位协同会战,工程进度迅速加快。经过各路大军共同努力,1975 年 12 月 26 日,辽化完成当年的建设计划。

9 月 23 日至 27 日,经辽宁省委批准,全省基本建设工作会议召开。会议指出,全省各项生产建设任务取得了较好的成绩,1 月至 8 月,国家指定的 61 个大中型项目,已完成计划的 55.6%。国家要求辽宁省在 1975 年全部建成投产的 9 个重点项目和 28 个单项工程,分别完成全年计划的 65.9% 和 75.9%。本溪、朝阳、旅大、盘锦、营口等市、地,也已完成全年计划的 60% 以上①。会议认为,整顿基本建设工作,重要的在于要认真清理在建项目。凡国家急需且建设条件好的项目,要列入计划,并保证按期建成投产;虽属需要但建设条件目前尚不具备的项目,要暂缓建设。对于工艺不过关、产品未定型或建成后无法正常生产的项目,要坚决停下来。按照省委的统一要求与部署,全省基本建设形势也逐步趋于好转。

此外,整顿工作在电力、能源、科技以及农业等方面也逐步展开,并取得一定成绩。

经过几个月的全面整顿,全省的经济形势有了明显好转。全年工业

---

① 《全省基本建设工作会议综合简报》(1975 年 10 月 6 日),辽宁省档案馆馆藏档案。

总产值比上年增长7%,工业企业经济效益上升,实现利税总额达86亿元,创历史最高水平;农业总产值增长14%,粮食产量达到223.8亿斤,比上年增加17.3亿斤,创历史最高水平。这种状况表明全面整顿工作抓住了要害,深得人心,成效显著。

“四五”计划如期完成

第四个五年计划期间,中共辽宁省委、省革委会认真贯彻执行“鼓足干劲,力争上游,多快好省地建设社会主义”的总路线和“以农业为基础、工业为主导”的发展国民经济总方针,采取有力措施,确保了“四五”计划如期完成。

在农业方面,全省每年利用冬春农闲时间开展群众性农田基本建设,重点是抓好一人一亩旱涝保收、高产、稳产田。一是大力提高昭盟(今内蒙古自治区赤峰市,当时为辽宁省辖区)、朝阳、锦州、阜新和旅大等干旱地区的抗旱能力。通过大力开发地下水源,修建大、中、小型水库,增加灌溉面积。二是提高辽河流域的抗洪排涝能力。通过治理辽河,修建柴河、绕阳河水库,使辽河的防洪能力达到50年一遇的标准,绕阳河达到20年一遇的标准。同时,采取自流排水与机械排水相结合,排水与台(条)田建设相结合等措施,使全省1400万亩涝洼地除涝能力达到5年一遇的标准。三是狠抓水利工程配套,充分发挥已有的水利工程效益。利用秋后和春播前的时机,发动群众,以大打人民战争的办法修渠和平整土地,狠抓排灌设施的建设与配套。截至1974年11月,相继建成的汤河、太子河、柴河等水库,不仅增加了抗旱排涝的能力,而且提高了灌溉水田、发电,以及工业和城市用水保障的能力。四是搞好水土保持。东部山区植被较好,主要采取封山育林、严禁乱砍滥伐等措施。西部山区植被较差,水土流失严重,主要采取植树造林的方法。同时,积极治理坡耕地,大搞水平梯田。农田基本建设为辽宁省农业带来了连年丰收,也为社队企业的兴起提供了充分和必要条件。

在工业方面,与国家有关部门密切配合,采取会战的办法组织实施基础工业大型项目的改造和建设。一是鞍钢、本钢的改造。通过会战,统一安排,促进地区配套,增加产品品种,打破行业界限,组织大协作。二是建设抚顺至鞍山、铁岭至秦皇岛、铁岭至大连的输油管道。1972年5月,辽宁省革委会根据国家计委、建委召开的“八三”工程[①]会议和沈阳军区、辽宁省革委会《关于建设抚顺至鞍山、铁岭至秦皇岛两条输油管道的会议纪要》精神,下达了输油管道工程基本建设计划。沈阳、旅大、鞍山、抚顺、锦州、阜新、辽阳和铁岭8个市参加会战。抚顺至鞍山输油管线,于1972年11月底建成,管道全长132公里,设计能力年输油650万吨。铁岭至秦皇岛输油管道从1972年5月开始正式输油,管道全长356公里,设计能力年输油2000万吨。1974年9月26日至28日,沈阳军区、辽宁省革委会在沈阳召开铁岭至大连输油管道工程会议,具体安排了铁大线输油管道施工问题(1975年9月,该工程建成投产)。三是组织辽河化肥厂和辽化的会战。1974年2月7日,辽宁省革委会决定成立建设辽河化肥厂、辽化会战领导小组,由省委书记杨春甫任组长,辽宁省革委会副主任苏羽任副组长。8月5日,省革委会发出《关于组织辽河化肥厂、辽阳化纤总厂建设会战的通知》,要求动员全省力量,组织大协作、大会战,搞好这两项重点建设。

强化增产节约。“四五”计划期间,全省每年召开计划会议部署关于增产节约、综合利用和技术革新等方面的措施。在节约用电方面,一是实行计划用电;二是抓好鞍钢、抚顺铝厂和大连化工厂等耗电大户的节电工作;三是大搞技术革新和技术革命,认真推广行之有效的节电经验;四是抓好生活用电的节约工作。在节约煤炭方面,狠抓发电、供热、机车、炼焦、钢材等单位的煤耗,大力采用代用燃料,改炉、改窑、改灶,大搞余热利用。在节约钢材方面,进行机电产品设计改革,缩小产品体积,减轻重量;改革基建工程工艺设计,改变肥梁、肥柱、厚墙、重盖和深基础;积极采用新的加工工艺,以压力代替切削加工,努力发展新材料和代用材料。在节约木材方面,大力推广无木建房,建筑工程中以土模、砖模和钢模代替木模,降低采煤、造纸、铅笔和火柴的木材消耗定额

① “八三”工程是指1970年开始修建的大庆至抚顺输油管道工程。因工程建设领导小组第一次会议在1970年8月3日召开,所以被称为东北“八三”工程。

等。在节约石油方面，降低各种车辆、拖拉机、船舶、机具设备的油耗，大搞技术革新，推广行之有效的节油经验，加强油料管理和车辆、机具设备的维修与管理，大搞废油回收再利用。在提高劳动生产率方面，充分发挥现有设备的生产能力，积极增产短线产品，提高产品质量，减少废次品。

“五小”工业的发展。地方“五小”工业，主要是指地县两级办的小钢铁、小机械、小化肥、小煤窑和小水泥厂。根据加强战备和加快农业机械化的要求，1970 年二三月间的全国计划会议和 8 月北方地区农业会议，都强调各地要建立自己的“五小”工业。“四五”计划期间，全省进一步提出大力发展“五小”工业，在此基础上，增加了“小机械厂”和“小电站”等地方基础工业。“五小”工业的生产和建设，为支援农业提供了充足的原料、材料、燃料和技术装备，逐步建立起初具规模的为农业服务的地方工业体系，切实把一切工业部门的工作转移到以农业为基础的轨道上来。“四五”计划还特别要求对各县的小化肥厂，要按实际情况适当核定产量，定分配指标，多产多用①。在各级政府的积极支持与推动下，全省各地以“五小”工业为主要组成部分的社队企业迅速兴起，其中，岫岩县、营口县、昌图县、锦西县等发展较快。

大力发展社办工业。由于社队企业的发展存在不平衡性，为加强对社队企业的领导、进一步推动社办工业的发展，辽宁省革委会于 1975 年 3 月制定以下几项措施：一是各级党委要把社办工业纳入议事日程，指定专人负责；二是树立以农业为基础的思想，发扬自力更生、艰苦奋斗、勤俭办企业的革命精神，坚持社会主义道路；三是坚持就地取材、就地生产、就地销售的原则和为农业服务、为大工业服务、为人民生活服务、为出口服务的方针；四是对社办工业基础较薄弱的地方，省、市、县要对发展社办工业所需要的设备、资金重点给予支持。在全省各级政府的高度重视和支持下，各社办工业厂点依靠自力更生、艰苦奋斗的革命精神，摒弃“等、靠、要”的懒汉思想，充分发动群众，开展“工业学大

---

① 辽宁省地方志编纂委员会办公室主编：《辽宁省志・计划志》，辽宁科学技术出版社 1999 年版，第 168 页。

庆”群众运动，自己动手，克服困难，因地制宜，因陋就简，由小到大，由土到洋，走出了一条充分利用本地资源，大搞综合利用，不断地改善经营管理，多快好省地发展社办工业之路。如：把社办工业的产供销纳入计划，全面规划，统筹安排；对社办工业制造和维修农机具、小农具所需要的原材料、燃料、设备等，进行适当安排和供应；国营农机工业有计划地把一些定型产品、配件，安排到农村社办工业生产。有计划地组织为城市大企业带料加工；对农村社办工业开办的小矿山，生产的砖、瓦、砂、石等建筑材料，以及一些轻工产品纳入县统一计划等①。全省社办工业的发展，从技术设备上装备了农业，促进了农业生产的发展，为农业“四化”积累了资金。壮大了公社、大队两级经济力量，缩小了工农之间、城乡之间的差别。对于加强工业机械化，繁荣轻工市场，改造小生产都具有重大的意义，也在为大工业、为出口和人民生活服务等方面作出了贡献。

努力压缩基本建设规模。贯彻落实中央关于缩短基本建设战线、控制基建规模的指示要求，1972年3月，辽宁省革委会发出《认真搞好基本建设工程排队的通知》。《通知》指出，1972年全省基本建设任务重，材料设备、设计和施工力量都有一定缺口，必须认真搞好工程排队，集中力量打歼灭战，保证收尾项目和重点投产工程的完成。9月，省革委会又发出《关于推迟建设一批基建项目和缩短基本建设战线的通知》，要求各地在排队的基础上拟定出一批推迟建设项目，下发各地遵照执行，并提出除确定推迟的项目本年一定不能再开工外，计划开工的项目还要分出先后次序，集中保配套、收尾项目，集中力量保重点。

控制职工人数与粮食销量。从1973年起，国家和省采取了严格控制招工人数，清退计划外用工等措施。在粮食销售方面，城乡非农业人口从1972年11月开始，每人每月节约1斤粮归国家，城市副食用粮在上年基础上压缩90%；工业用粮压缩50%，工业用油压缩70%；认真整顿城市粮食定量，全省非农业人口定量从29.6斤压缩到29斤。

---

① 《批转省计委、农业组、财贸组〈关于农村社办工业发展情况和意见的报告〉》（辽革发〔1975〕36号）（1975年4月15日），辽宁省档案馆馆藏档案。

由于积极采取各项措施，“四五”计划期间，辽宁省计划安排的主要任务，包括改善农业生产条件，推进农业机械化、加强基础工业，发展石油化工工业、“五小”工业和社办工业等方面，都取得了一定的成就，“四五”计划如期完成。

三、“反击右倾翻案风”运动

1975年，邓小平主持国务院和中央日常工作，对各条战线进行整顿，江青等人十分不满，采取各种手段诬陷周恩来，打击邓小平。他们利用所控制的舆论宣传工具，攻击邓小平全面整顿是否定“文化大革命”，“搞右倾翻案风”。毛泽东听信“四人帮”及其亲信的诬告，动摇了对邓小平的信任。11月20日，根据毛泽东的意见，中共中央政治局召开会议，以“讨论文化大革命问题”为由，对邓小平进行错误的批评。11月下旬，中央在北京召开有130多名党政军领导干部参加的打招呼会议。会上，宣读了经毛泽东审批的文件《打招呼的讲话要点》。文件说：“清华大学出现的问题绝不是孤立的，是当前两个阶级、两条道路、两条路线斗争的反映。这是一股右倾翻案风”；“有些人总是对这次文化大革命不满意，总是要算文化大革命的账，总是要翻案”；“要向一些同志打个招呼，以免这些同志犯新的错误”。11月26日，中央向各省、市、自治区转发了《打招呼的讲话要点》。此后，“反击右倾翻案风”运动在全国开展起来。

12月1日至5日，中共辽宁省委召开“打招呼”会议。省委常委，省直各组、委、局主要负责人，各市、地（盟）委书记和分管教育工作的书记或常委、各大专院校党委书记、工宣队长参加会议。会议传达了中央在北京召开的“打招呼会议”精神和《打招呼的讲话要点》，辽宁省“反击右倾翻案风”运动自此开始。省委发出《关于进一步开展反击右倾翻案风斗争的通知》，要求全省“集中火力反击右倾翻案风”。

1976年1月16日，辽宁省委书记毛远新指使亲信召开秘密会议，以中共辽宁省委办公厅的名义收集整理了邓小平、李先念、谷牧等领导人在国务院召开的科技会议上的讲话材料，攻击这些讲话是“没有解决三个正确对待问题”，是“为修正主义路线招魂”，“鼓吹专家治厂”，“唯生产力论”，“白专道路”，等等。1月17日至21日，辽宁省革委会文教组召开全省教育系统大辩论“经验”交流会，研究如何深入开展大批判，把“反击右倾翻案风”进行下去的问题。在毛远新的煽动和组织下，辽宁省的“反击右倾翻案风”愈演愈烈。

2月9日至15日，省委召开市、地（盟）委书记会议，深入学习《打招呼的讲话要点》《清华大学教育革命大辩论的情况报告》，学习毛主席的两首词《重上井冈山》《鸟儿问答》和《人民日报》元旦社论。会议要求要分析“反击右倾翻案风”的阶级根源，进一步提高对当前这场斗争的性质、意义的认识。会议还研究了怎样把“反击右倾翻案风”的斗争深入开展下去的问题。2月20日至3月1日，省委召开“理论讨论会”，批判邓小平提出的“三项指示为纲”① 和讨论阶级关系“新变化”，散布“共产党内产生了新的资产阶级，成为威胁无产阶级专政的最危险的敌人”，“资产阶级法权的存在，是党内产生资产阶级的重要经济基础”等反动谬论。此后，又召开几次“理论讨论会”，诬陷邓小平。这几次“理论讨论会”，把人们的思想搞乱了，为江青等人篡党夺权大造舆论。1976年3月，《人民日报》把辽宁的讨论会当作“新生事物”大加宣扬，使“讨论会”流毒遍及全国。

经毛泽东批准，从2月下旬起，中共中央召集各省、市、自治区和各大军区负责人会议，“继续打招呼”。会议传达了“反击右倾翻案风”的指导性文件《毛主席重要指示》，并部署各地各部门的运动。《毛主席重要指示》汇集了毛泽东自1975年10月至1976年1月的多次谈话要点。在这些谈话中，毛泽东重申“阶级斗争是纲，其余都是目”。

3月5日至8日，辽宁省委召开市、地（盟）委书记会议，传达贯彻

---

① 1975年5月29日，邓小平在钢铁工业座谈会时说：“毛主席最近有三条指示，一条是关于理论问题的，要反修防修，再一条是关于安定团结的，还有一条是要把国民经济搞上去。这三条重要指示，就是我们今后一个时期各项工作的纲。这三条是互相联系的，不能分割的，一条都不能忘记。”

中央召开的会议精神,学习讨论《毛主席重要指示》。会议集中研究了“批邓、反击右倾翻案风”运动问题,强调要按照中央的部署逐步扩大传达学习范围,各级领导要站在运动的前列,把这场斗争摆在一切工作的首位。3月21日,《辽宁日报》发表题为《坚决把那条复辟倒退的修正主义路线批深批透》的文章。文章指出,省直机关广大干部要把注意力集中在学习和批判上,领导要带头学、带头批,斗争锋芒直指党内那个不肯改悔的走资派,决心把反击右倾翻案风的斗争进行到底。全省由此掀起了“批邓、反击右倾翻案风”的高潮。3月下旬,省革委会召开座谈会,着重分析所谓敌情新动向,确定“对那些恶毒攻击党中央、破坏反击右倾翻案风斗争的新的资产阶级分子和反革命分子,作为重点狠狠打击”。会后,炮制了《关于反击右倾翻案风的敌情报告》并报送公安部。

1976年1月8日,党和国家的主要领导人之一、中国人民解放军的主要创建人之一周恩来逝世。他的逝世引起了全国各族人民的巨大悲痛,也进一步加深了人们对国家前途的担忧。1月9日,中共辽宁省委收到中共中央、国务院关于周恩来总理逝世的电报通知后召开紧急会议,研究悼念周恩来总理有关问题。根据周恩来同志治丧委员会答复意见,省委、省革委会决定“地方不开追悼会,除中央指定单位和个人外,都不发唁电、不送花圈”,着重强调要化悲痛为力量,把各项工作做好,要切实加强治安保卫工作。“四人帮”在辽宁的帮派势力把持的辽宁省委不允许广大人民群众对周总理进行各种方式的悼念,十分害怕人民群众的正义呼声。

4月5日,北京天安门广场爆发悼念周恩来、拥护邓小平、反对“四人帮”的天安门事件。4月6日,辽宁省委召开常委扩大会议。会后,向各市、地(盟)委下发了《关于保证反击右倾翻案风的斗争向前发展,防止和打击阶级敌人破坏活动》的电话通知。4月7日,辽宁、吉林、黑龙江三省通电话,讨论东北三省清查现行反革命分子和刑事犯罪分子、打击一小撮阶级敌人破坏活动,保证反击右倾翻案风胜利进行的统一行动方案。4月9日,在沈阳举行东北三省公安局长联席会议,确定东北三省于4月20日夜同时进行调查。这次统一行动拘留1779人,其中定为

“现行反革命”和“嫌疑分子”的有395人。

4月7日，中共中央政治局通过《中共中央关于华国锋任中共中央第一副主席、国务院总理的决议》和《关于撤销邓小平党内外一切职务的决议》。4月9日，中共辽宁省委召开辽宁省暨沈阳市50万人参加的“坚决拥护中共中央两项决议，愤怒声讨不肯改悔的走资派邓小平罪行大会”。会后，进行了大规模的示威游行。《辽宁日报》连续报道全省城乡有1000多万人举行集会和游行，“拥护中央两个决议”，要把“反击右倾翻案风的斗争进行到底”的消息①。4月26日至28日，省委召开市、地（盟）委书记会议并吸收公安局长参加，传达了毛远新关于“对敌斗争”的指示，强调“注意社会主义时期阶级斗争新变化，要看到资产阶级就在党内，走资派还在走，反革命确实有”，“要把追查反革命谣言作为打击反革命的突出重要任务，抓紧抓好”②。会后，全省规模的“追谣打反”运动大张旗鼓地展开。对悼念周恩来总理、为邓小平鸣不平、声讨江青集团罪行的言行均被当成“反革命谣言”而遭受追查。

5月18日至25日，辽宁省委召开全省文艺系统反击右倾翻案风经验交流会，总结交流文艺系统“反击右倾翻案风”运动和“文化大革命”以来文艺系统同“修正主义路线”对着干的经验，讨论和研究下一步运动的做法。6月18日至19日，省委召开市、地（盟）委书记会议，听取省工交、基建系统的典型经验介绍。省委第一书记曾绍山在会上传达了毛远新6月2日、6月3日两次讲话的主要内容，研究了如何“批邓”，打击“反革命”，追查政治谣言，以及抓革命、促生产的问题。7月6日至12日，省委召开农业系统深入“批邓、反击右倾翻案风”经验交流会，分析了农业系统运动的形势，总结交流了开展“反击右倾翻案风”运动的经验。会议要求，要进一步把全省农村“批邓、反击右倾翻案风”运动引向深入，促进农业学大寨运动的发展。财贸系统、总工会、共青团、妇联等组织、团体也召开了“批邓、反击右倾翻案风”经验交流会。

---

① 高峰主编：《中共辽宁党史大事记（1949—1989）》，辽宁人民出版社1995年版，第373页。

② 高峰主编：《中共辽宁党史大事记（1949—1989）》，辽宁人民出版社1995年版，第374页。

在“反击右倾翻案风”运动的冲击下，辽宁省已经开始好转的生产、生活和工作秩序再次被打乱，各级领导班子建设遭到严重破坏，已经被纠正的一些错误做法又死灰复燃，全省再次陷于混乱。

四、庆祝粉碎江青反革命集团的胜利

“四人帮”出于篡党夺权的政治目的，积极培养他们在辽宁的党羽，营造强大的组织基础，逐渐形成了“四人帮”在辽宁的帮派势力。

1975年，“四人帮”及其亲信加快了篡党夺权的步伐。在政治上，积极开展“批邓、反击右倾翻案风”，扫除其篡党夺权的最大障碍；在思想上，容不得党内的不同意见，推行极左路线，不惜一切手段排除异己；在组织上，大办“工农干部学习班”，培养“头上长角、身上长刺”“有棱有角、有造反精神的”青年干部，并以各种方式“结合”到各级组织的关键岗位，以达到排挤、替换老干部的目的；在工作上，完全不顾国家和人民的利益，拉帮结派，结党营私，以达到篡党夺权的目的。在“四人帮”的大力支持下，以毛远新为核心、以省委内部和省直机关为基础的“四人帮”辽宁帮派势力日渐形成，遍及各市、地（盟）和财贸、工交、文教、农业等各个系统。

1976年9月9日零时10分，中国共产党、中国人民解放军、中华人民共和国的主要缔造者，中国各族人民的伟大领袖毛泽东逝世。中共中央、全国人大常委会、国务院、中央军委联合发出《告全党全军全国各族人民书》，全国人民沉浸在巨大的悲痛之中。9月9日1时40分，中共辽宁省委接到通知，立即召开常委会议，研究部署悼念毛主席的有关问题。“四人帮”在辽宁的帮派势力也加紧进行篡夺各市地领导权的活动。毛泽东主席逝世的当天，毛远新给他在辽宁的所谓“学习小组”成员写信称：“要研究斯大林逝世后赫鲁晓夫怎样上台的历史教训。”在毛远新的指挥下，辽宁的帮派势力异常猖狂。9月中下旬，辽宁的帮派势力召开全省公安局长、组织部长会议（即所谓“两长会议”），预谋对所谓“党内资产阶级进行镇压的问题”。他们排列了将被专政的老干部名单,并且上报国家公安部,对名单所列人员采取监控手段[①]。

毛泽东逝世后,“四人帮”加紧了夺取党和国家最高领导权的阴谋活动。“四人帮”的篡党夺权活动,使老一辈革命家深感忧虑。中共中央第一副主席、主持中央日常工作的华国锋,同叶剑英、李先念、汪东兴等人共同研究和反复商量,得到中央政治局大多数同志的支持,决定对“四人帮”采取断然措施,于1976年10月6日一举粉碎王洪文、张春桥、江青、姚文元“四人帮”。粉碎“四人帮”,得到了全国亿万人民的衷心拥护,举国上下一片欢腾,热烈庆祝这一历史性的伟大胜利。粉碎“四人帮”的胜利,标志着长达十年之久的“文化大革命”结束。

10月22日,辽宁省暨沈阳市250万军民冒雨集会游行,热烈庆祝粉碎“四人帮”的伟大胜利。与此同时,全省其他大中城市也都举行了大规模庆祝游行活动,声讨“四人帮”的罪行。

五、辽宁经济在“文化大革命”中缓慢发展

尽管“文化大革命”使辽宁省各方面受到冲击和损害,但是,全省各级领导干部和工人、农民、知识分子等广大人民群众,逐步觉醒,开始对“文化大革命”进行消极观望和抵制反对的态度。他们在各自岗位上坚持工作和生产,使这场运动的破坏程度受到一定的限制,全省的经济在逆境中有所发展,在一些重要领域取得了一定进展。工业方面。“文化大革命”时期,辽宁省的工业受到严重冲击,但在广大干部群众的共同努力下,工业建设仍然取得了一定成绩。全省工业投资175.9亿元,建成重点项目222个,新增固定资产105亿元[②]。这些重点项目的建成投产,不但使辽宁工业主要产品的生产能力有了进一步增长,而且一些新

① 朱川、沈显惠主编:《当代辽宁简史》,当代中国出版社1999年版,第274页。

② 当代中国丛书编辑部:《当代中国的辽宁》(上),当代中国出版社1994年版,第298页。

兴工业生产出一批创新产品。

钢铁工业。鞍钢新建了2025立方米的大型11号高炉、第三炼钢厂150吨1号转炉和齐大山大型露天铁矿；本溪钢铁公司新建了1座65孔焦炉、第二炼钢厂和歪头山铁矿；新建了凌源钢铁厂、保国铁矿、营口中板厂、沈阳市钢铁总厂，扩建了本溪北台钢铁厂等，为发展地方钢铁工业打下了基础。全省的有色金属工业在这十年里也取得了很大发展①。

电力工业。进行了较大规模的建设，重点新建了大型火力发电厂——清河发电厂1期和2期工程，先后安装了4台10万千瓦发电机组，并建设了该电厂地下工程，安装了1台10万千瓦发电机组；新建了辽宁西部大型电厂——朝阳发电厂，安装了2台当时全国最大的国产20万千瓦发电机组，有力地增强了全省的发电能力。

石油工业。经过广大石油工人的顽强拼搏，取得了重大突破性进展。1967年开始对辽河盆地展开石油地质勘探。1970年全面开展了辽河石油勘探开发工作，到1975年初步建成了全国大型油田之一的辽河油田，为改善辽宁能源供应和促进全国石油工业发展发挥了极其重要的作用。

化学工业。为了支援农业，进一步发展了化学工业，到1976年，全省合成氨总生产能力达到99.85万吨。开工建设了全国第一个大型石油化纤联合企业——辽阳石油化纤公司及一系列配套工程，使辽宁合成树脂与合成纤维工业的发展进入新的历史时期。

机械工业。到1975年，全省机械工业总产值达到94.7亿元，比1965年增长2.1倍②。

农业方面。经过全省广大农民的艰苦奋斗，农业生产也有一定发展。尽管粮食的生产发展缓慢，但基本上保持了增产态势，特别是1975年整顿时期，农业总产值达到53.82亿元，主要农产品——粮、豆产量达到247.3亿斤，创历史最高水平③。这一时期兴修并建成了汤河、葠窝、柴

---

① 当代中国丛书编辑部:《当代中国的辽宁》（上），当代中国出版社1994年版，第324页。

② 当代中国丛书编辑部:《当代中国的辽宁》（上），当代中国出版社1994年版，第400页。

③ 朱川、沈显惠主编:《当代辽宁简史》，当代中国出版社1999年版，第283页。

河等水库,打了部分深井,辽河治理取得了新的进展,改善了农业生产条件。加强海洋渔业资源开发利用,建造开发外海资源的机动船,更新改造近海木帆船,大大增强了捕捞能力。贻贝海区半人工采苗和养殖技术也取得突破。

科技方面。全省广大知识分子和科技人员,虽然受到林彪、“四人帮”的迫害,却仍然潜心研究,重大发明创造不断出现。抚顺钢厂军工产品科研和生产取得新进展,研制生产了钛合金、钼合金、超高强度钢,为火箭燃料箱、导弹壳体、我国第一颗人造地球卫星提供了急需材料。大连有机合成厂采用管式炉裂解深冷分离法抽取乙烯和丙烯获得成功,为发展石油化工迈出了第一步。锦州炼油厂建成了年产 6000 吨顺丁橡胶生产装置,为全国发展合成橡胶作出了历史性贡献。大连合成纤维厂研究成功以混合二甲苯为原料制取涤纶树脂,并与大连氯酸钾厂合作建起了全国第一套年产 300 吨的聚酯装置。随后又建起乙苯脱氢制取乙烯生产装置,为辽宁发展涤纶树脂和聚苯乙烯、离子交换树脂系列产品打下了基础。辽宁航空工业自行设计试制出新型高空高速歼击机——歼 8 型飞机,航天工业开始形成自己的制造科研体系。核工业系统研制了中国第一支镭标准源,填补了国家空白,结束了镭和镭制品依赖外国的历史。港口建设上,1976 年建成了中国第一座 10 万吨级生产泊位的现代化深水油港——大连新港。农业科技经过广大技术人员的积极努力也有所突破,首次育成了粳稻杂交种,以及全国推广面积较大的优良玉米杂交种丹玉 6 号。

这一时期,辽宁还经受了重大自然灾害的严峻考验,表现最为突出的是 1975 年全省人民共同抗击海城、营口大地震灾害。1975 年 2 月 4 日 19 时 36 分,在辽宁省南部地区的海城、营口一带发生 7.3 级强烈地震,波及 6 市 10 县,人口总数 834.8 万人。这次地震,是辽宁省历史上记载的最大震级、破坏最为严重的地震。由于辽宁省地震工作者通过大量艰苦细致的工作,提前 9 个小时发出准确预报,使震区及时采取了有力的预防措施,除房屋、道路等基础设施不可避免地遭受了重大损失,死亡人口占总人口的 0.02%,受伤人口占总人口的 0.29%。这次强烈地震的成功预报,是当时党和政府对人民生命财产极端负责、高度重视,通过辽宁地震工作者艰苦细致工作，并紧紧依靠广大人民群众的群测群报取得的。这次地震预报及其成果，受到国务院的通报表扬，获得了全国科学大会奖、国家地震局科技成果一等奖和辽宁省重大科技成果奖。先后有 30 多个国家和地区的 140 名地震专家和学者前来震区考察，都给予高度评价，称赞这是人类地震史上成功预报大地震的一次创举。

当然，这些成绩绝不是“文化大革命”的成果，如果没有“文化大革命”，可以断言全省的经济社会发展会取得更大更多的成就。

第 四 编

在徘徊中前进和
实现伟大的历史转折

（1976 年 10 月—1978 年 12 月）

从 1976 年 10 月粉碎“四人帮”到 1978 年 12 月党的十一届三中全会召开，是党和国家逐步扭转“文化大革命”造成的混乱局面，实现历史性转折，开辟社会主义事业发展新时期的重要阶段。由于“文化大革命”和长时期“左”倾错误造成的政治上、思想上的混乱不容易在短期内消除，使指导思想上的“左”倾错误仍然延续，党和国家的许多工作出现在徘徊中前进的局面。为扭转这种局面，以邓小平同志为主要代表的中国共产党人，团结带领全国各族人民进行了不懈努力。从 1978 年 5 月开始，全国范围内展开了真理标准问题讨论，中共辽宁省委不失时机地发动广大干部群众参与讨论，在全国产生极大影响。而后，邓小平在辽宁等地发表重要谈话，调动了各方面的积极性，进一步支持了真理标准问题大讨论，推动了全省拨乱反正工作的稳步进行，为辽宁省工作中心向社会主义现代化建设转移奠定了基础。

第二十章

揭批“四人帮”罪行和初步进行拨乱反正

粉碎“四人帮”后，在党中央的领导和关怀下，中共辽宁省委领导全省人民掀起揭发和批判“四人帮”的热潮。全省各级党组织和广大干部群众深入开展揭批“四人帮”及其在辽宁的代理人的斗争，清查“四人帮”在辽宁的残余势力。平反冤假错案、调整政治关系工作在全省逐步展开，国民经济和各项事业开始走上正轨。但由于受“两个凡是”（凡是毛主席作出的决策，我们都坚决维护，凡是毛主席的指示，我们都始终不渝地遵循）错误方针的影响，揭批“四人帮”和拨乱反正工作的开展受到较大的局限，全省的工作在徘徊中前进。

一、揭批“四人帮”罪行

开展揭、批、查运动

1976年10月7日至14日，中共中央政治局在北京分批召开有中央党、政、军机关，各省、自治区、直辖市，各大军区负责人参加的打招呼会议，揭露“四人帮”篡党夺权的阴谋和罪行，部署粉碎“四人帮”后党和国家的重要工作。10月18日，中共中央发出《关于王洪文、张春桥、江青、姚文元反党集团事件的通知》,通报“四人帮”的罪行和毛泽东1974年2月以来对他们的批评,号召全党紧密团结起来,开展揭发批判“四人帮”的斗争,并希望跟随“四人帮”犯了错误包括犯了严重错误的同志,尽快觉悟过来。11月15日至19日,中央在北京召开全国宣传工作座谈会。提出要揭发批判“四人帮”的罪行,把他们的一切谬论收集起来,一个一个地批深批透。

10月14日至15日,中共辽宁省委召开市、地、盟委书记会议,传达中央政治局打招呼会议精神。10月30日至11月1日,省委再次召开市、地、盟委书记会议,中心议题是揭发批判“四人帮”反革命集团篡党夺权及其在辽宁帮派体系的罪行,研究部署如何进一步深入开展斗争。11月10日,省委决定成立揭批“四人帮”办公室。11月26日,省委常委会议决定成立清查“四人帮”领导小组。由此,揭、批、查“四人帮”及其在辽宁的帮派体系罪行的运动在辽宁全面展开。

11月27日至12月3日,辽宁省直属机关召开彻底揭发批判“四人帮”及其在辽宁的代理人毛远新罪行大会。大会设55个分会场,2.8万余人参加。由于毛远新的心腹操纵控制了省委清查“四人帮”领导小组的领导权,所以他们上欺中央,下压群众,包庇反党帮派。清查办公室和一些专案组也被毛远新的亲信所把持,他们划框子、定调子,设置重重障碍,千方百计破坏清查工作。在清查中,他们提出省委常委的问题不准查、省委常委及其秘书不准找、工作人员不准自己提出要查什么问题、揭发毛远新的罪行材料未经批准不准看,等等。他们拖延、扣压甚至有预谋地篡改基层上报中央揭发毛远新等人问题的材料;他们弄虚作假,向中央写假报告,为毛远新帮派势力等人开脱罪责①。12月29日,在辽宁省工业学大庆筹备会议上,革委会负责人在讲到揭批“四人帮”问题时说,“我们省委相信,我们能够领导好这次运动,我们自己能够解决自己的问题的”,继续以捂盖子、压群众、保自己的方式,阻碍清查工作的进行。

清查组的工作人员顶着巨大压力,冲破重重阻碍,冒着被打击迫害的风险,同他们进行了针锋相对的斗争。许多人通过给华国锋主席、中

① 朱川、沈显惠主编:《当代辽宁简史》,当代中国出版社1999年版,第289页。

共中央写信或大字报等方式，揭露他们破坏清查工作的罪行，强烈要求“踢开绊脚石，改组清查组”。清查组工作人员的行动得到省直机关广大干部和群众的支持。

由于毛远新的亲信党羽阻挠破坏揭、批、查工作，不但揭发批判江青反革命集团的工作开展不下去，而且坏人嚣张，好人受气，社会治安秩序混乱，人民生活困难，辽宁到了急需中央采取果断措施，扭转被动局面的关键时刻。

1977 年 2 月，为着手解决辽宁问题，中共中央决定调整中共辽宁省委领导班子，调任仲夷任省委第二书记、省革委会第一副主任，陈璞如任省委书记、省革委会副主任。同时委托中央政治局委员、沈阳军区司令员李德生指导和帮助辽宁省委的工作。9 月，任命张新村为省委副书记、省革委会副主任。在充实调整后的辽宁省委领导下，全省各级党组织放手发动群众，迅速扭转沉闷、被动局面，深入推进揭、批、查运动。

辽宁省委首先采取果断措施，改组省委清查组，清除“四人帮”帮派骨干，把一批立场坚定、旗帜鲜明的革命干部，特别是受“四人帮”迫害的革命老干部充实到清查组的领导班子和各专案组中，将清查工作的领导权从“四人帮”的党羽和亲信手中夺回来。这一举措，为彻底把问题揭开，做好清查工作扫清了障碍。

在对清查组进行组织整顿并掌握清查工作领导权后，省委依据中共中央下发的三批《王洪文、张春桥、江青、姚文元反革命集团罪行》材料，结合辽宁省的实际，采取专案清查和群众运动相结合的办法，连续组织三个战役，对“四人帮”及其在辽宁的帮派势力所犯罪行进行揭发批判，很快在全省掀起揭、批、查运动高潮。

第一个战役的重点是揭开省和市、地、盟两级领导班子、领导机关的阶级斗争盖子，把“四人帮”在辽宁的党羽、亲信以及参与搞阴谋活动的人和事揭露出来。从 1977 年 2 月末开始，连续召开省委常委扩大会议和省直机关干部大会，对李伯秋等人进行面对面的批判斗争，揭露出的问题和罪行线索数千件，促进了专案清查工作的深入，形成了群众性清查工作的局面。3 月 8 日，中共中央复电辽宁省委 3 月 5 日的请示，同意停止李伯秋、魏秉奎、刘盛田的工作并令其交代问题。

第二个战役的主要任务是全省进行总体战，深揭深挖重点人的问题。从省直部门到各市（地、盟）自上而下打总体战，使“四人帮”在辽宁的帮派体系土崩瓦解，进而为深挖他们的阴谋活动创造更为有利的条件。

第三个战役是把“四人帮”同林彪反革命集团的罪行“捆起来批”，进一步清查他们互相勾结，推行极左路线，破坏国民经济发展，危害国计民生的罪行。本溪市在揭批林彪、“四人帮”及其辽宁代理人推行反革命政治纲领，煽动、教唆一些人大搞打砸抢的罪行时，还批判了当地打砸抢的首恶分子，从而把揭、批、查运动引向深入。1977 年 11 月下旬，省委召开市、地、盟党委负责人会议，推广本溪揭、批、查运动的经验，要求全省把清查打砸抢工作作为第三战役的重要组成部分来抓。会后，清查打砸抢工作和平反冤假错案工作很快在全省展开。

在揭、批、查运动中，辽宁省委和各市（地、盟）、县党委坚持实事求是，重证据、重调查研究的科学态度，核实证据时不单凭口供定案，只有本人交代而找不到证实的，即使是重大问题也不写入定案材料；不仅仅满足于有证据，而且要求证据充分；不仅仅只听一面之词，而且要听正面的、反面的，包括本人的申辩，作认真分析，不断章取义，以偏概全，做到定案准确无误。在揭、批、查过程中，还特别注意执行党的政策，积极做好相关人员的思想转化工作。在监护犯罪分子时，坚持做到“五不”原则，即不搞逼供信、不打骂、不歧视、不侮辱人格、生活上不虐待。同时，对年老体弱、家庭困难者予以照顾，帮助他们解决生活上的实际困难。这一切不仅使一些受“四人帮”及毛远新影响而犯错误的人幡然悔悟，而且使较为顽固的帮派骨干也发生了思想转化。

在中央关于“既要解决问题又要稳定大局”的指示精神和一系列方针政策指导下，全省及时排除各种干扰，揭、批、查斗争步步深入。到 1978 年党的十一届三中全会召开前夕，全省范围的大规模群众性揭、批、查运动告一段落，基本上完成揭、批、查任务。

平反冤假错案和落实党的各项政策

“文化大革命”期间，林彪、江青反革命集团制造了大量冤假错案。

粉碎“四人帮”后，平反和纠正“文化大革命”中的冤假错案，为大批无辜遭受迫害的干部群众平反昭雪、恢复名誉、落实政策，成为当时一项极为迫切的任务，也是广大干部群众的强烈要求。中共辽宁省委根据中共中央指示精神，结合辽宁省实际，在全省开展了平反和纠正冤假错案工作。

1977 年 7 月 13 日，辽宁省委发出《关于组成中共辽宁省委干部审查结论审批小组的通知》。省委决定，成立省委干部审查结论审批小组，由省委第三书记黄欧东任组长，省委组织部长刘异云、副部长李雨文任副组长，有关部门的负责人为小组成员。小组下设办公室，抽调干部 30 余人，对“文化大革命”中的冤假错案进行平反昭雪。全省市、县两级党组织也先后建立相应机构，抽调大批干部，开展此项工作。1978 年 2 月 4 日，省委批转省委组织部《关于当前审干工作几点意见的请示报告》，要求各级党委把“四人帮”强加给人们的一切诬蔑不实之词推倒，把“落实党的干部政策工作作为当前一项重大政治任务，抓紧抓好”。《请示报告》还规定了具体政策和原则要求：一是要实事求是，重证据、重调查研究，反对弄虚作假，严禁逼供信，坚持无产阶级党性，反对资产阶级派性；二是审查干部要着眼政治问题，对已列为审查对象目前尚未进行工作的，凡是没有什么问题或有问题过去做过结论并且结论合适的，可不再审查；三是对已经做结论的要进行复查，对搞错了的要坚决纠正过来；四是对结论为犯走资派错误或严重方向路线错误的，不要做组织结论，已经做了的，应予取消，原卷宗的路线问题证实材料一律剔除，本人的检查退还本人，“文化大革命”中填写的《中国共产党党员登记表》，问题较多，应予剔除；五是加强审干队伍建设，选那些党性强、作风正派，办事公道，敢于坚持原则，有工作经验的党员干部充实到审干部门。4 月 9 日，省委在鞍山市召开揭批“四人帮”斗争经验交流会，部署全省平反冤假错案工作。会后，按照中央指示精神和省委要求，各市、地、盟委普遍建立了平反冤假错案办公室或落实政策小组，各县（旗、区）和较大企事业单位也建立相应的专门工作机构。

4 月 19 日，中共辽宁省委就辽宁省冤假错案的基本情况向中共中央进行报告。提出处理平反案件的六条具体请示意见：一是对遭受诬陷迫害致死的干部群众，要彻底平反昭雪，恢复名誉，有的还要召开追悼会或举行骨灰安放仪式；二是对遭受诬陷迫害致残的干部和群众，要妥善安排他们的工作和生活；三是对被牵连的家属子女及其亲友，要消除错误影响；四是一切虚构的罪证和捏造的材料，要彻底进行清理，经领导审查批准，一律销毁；五是对极少数进行阶级报复，有意制造假案、冤案的主谋策划者或打人成性、情节恶劣、致死致残、民愤很大、认罪态度很坏的打人凶手，要清查出来，依法处理，而对那些由于执行错误路线，在造成假案、冤案过程中犯了逼供信错误，包括那些犯了严重错误的人，主要是提高认识，接受教训，分清路线是非，取得群众谅解，不追究个人责任；六是对林彪、“四人帮”支持纵容打砸抢分子制造冤案、假案、错案的罪行，要发动广大群众深入开展革命大批判，加强社会主义法制和遵纪守法教育，彻底肃清他们的流毒和影响[①]。7 月 20 日，省委批转省揭批办《关于冤案、假案、错案平反工作进展情况和下步工作意见的报告》，要求各级党委进一步加强领导，坚决排除一切干扰和阻力，切实把这项工作抓紧抓好。强调“各级党委都要建立相应的专门班子，抽调立场坚定、旗帜鲜明、同案件没有瓜葛，有一定经验的同志来办这件事”。要求各地要集中力量、集中时间，狠抓重大集团性冤案、假案、错案的平反和纠正工作，有些过去没有彻底平反的冤案、假案、错案也要一件一件认真地调查，抓紧平反。对于那些行动迟缓的部门和单位，上级领导机关要认真去查一查是什么原因，如果是认识问题，就要帮助他们提高认识；如果有人故意打横，给坏人当保护伞，成为平反的绊脚石，不迅速转变立场，就要采取坚决的组织措施，把他们从领导岗位上撤下来，情节严重者，要严肃处理。

辽宁省在平反冤假错案工作中，首先对一批影响大、危害深、后果严重的重大案件和“文化大革命”中的集团性、政治性冤假错案进行彻底平反。其中，张志新冤案的平反昭雪在全国范围内影响较大。张志新是原中共辽宁省委宣传部干事。在“文化大革命”中，她出于对党和国家

① 《中共辽宁省委〈关于我省错案假案冤案的基本情况和下步平反处理意见的报告〉》（辽发〔1978〕50 号）（1978 年 4 月 19 日），辽宁省档案馆馆藏档案。

前途命运的关心，对林彪、“四人帮”一伙野心家、阴谋家疯狂篡党夺权，残酷迫害革命老干部等罪恶行径深恶痛绝，并以无产阶级大无畏的革命英勇气概，同他们进行了坚决的斗争。1969 年 9 月，张志新被“四人帮”及其在辽宁的帮派定为“现行反革命”，于 1975 年 4 月 4 日惨遭杀害。张志新的案件，是林彪、“四人帮”反革命集团在辽宁制造的一起骇人听闻的奇冤大案。中共辽宁省委于四年后为沉冤十年的张志新彻底平反昭雪，并追认她为烈士[①]。此外，1978 年 5 月 5 日，省直机关召开平反假案冤案大会，省委对所谓“国民党军统沈阳情报联络站”特务集团案宣布彻底平反，对在这起假案中遭受迫害的李荒、周桓、王堃骋、柳文、卫之等，以及牵连此案被诬陷的 300 多人彻底平反。省广播事业局党组对所谓“中国国民党中央统计局沈阳站特务团体”案，省邮电局对所谓“沈阳电信局军统情报组集团”案也宣布彻底平反。

辽宁省平反冤假错案工作开始后，各地区、各部门明确分工、同心协力、互相配合、各司其职，有力推动了平反冤假错案工作的开展并取得一定成绩。但是，由于受到“四人帮”帮派体系残余的阻挠，加之在思想和认识上还受到“两个凡是”的束缚，工作进展较为迟缓。

在开展平反冤假错案工作的同时，辽宁省委认真落实党的各项政策。

落实党的干部政策。“文化大革命”期间，“四人帮”及其在辽宁的帮派体系出于篡党夺权的目的，以清除所谓“威胁红色政权的隐患和祸根”、防止“复旧”为名，把辽宁省、市（地）机关一大批干部和他们的家属、子女赶到农村“插队落户”。1977 年 12 月，省委召开插队干部揭批“四人帮”罪行大会，清算“四人帮”、毛远新等人打击迫害干部的罪行，落实党的干部政策。这次大会后，插队干部陆续调回省直和各市直机关重新安排工作。1978 年 2 月 4 日，省委批转省委组织部《关于当前审干工作几点意见的请示报告》，5 月 9 日，省委组织部发出《关于“文化大革命”中非正常死亡干部处理政策规定的通知》，指出：妥善处理“文化

---

① 1979 年 3 月 26 日，中共辽宁省委作出《关于为张志新同志彻底平反昭雪、追认她为革命烈士的决定》。张志新冤案的平反昭雪，成为党的十一届三中全会后全国拨乱反正的一个重要事件。

大革命”中非正常死亡干部问题，是落实党的干部政策一个重要方面。各地要按照中共中央关于落实干部政策的指示精神，结合我省实际情况，对“文化大革命”期间非正常死亡的干部，尽快作出正确结论，认真做好善后工作。

落实党的知识分子政策。遵照中央文件精神及要求，1978 年 5 月，辽宁省委召开落实知识分子政策座谈会。会议强调：必须提高对落实知识分子政策重要意义的认识；抓紧做好“文化大革命”以来受审查知识分子的结论和复查工作；合理解决用非所学，充分发挥专业特长；认真做好恢复职称和技术晋级工作，下决心保证六分之五业务活动时间；积极地逐步地帮助知识分子解决生活实际困难及实行奖励制度等。6 月 17 日，省委印发《落实党的知识分子政策座谈会纪要》，制定了在政治上信任、工作上支持、生活上照顾等一系列措施，要求把落实党的知识分子政策工作纳入党委的重要议事日程，指定一名书记分管，切实抓好。

落实党的知识青年政策。对全省百万上山下乡知识青年，区分各种情况，采取多种形式，进行妥善安置。

与此同时，中共辽宁省委采取一系列措施，认真落实党的统一战线政策、民族政策和宗教政策。省委充分肯定各民主党派，无党派爱国人士和工商业者的贡献，对涉及民主党派、无党派爱国人士和工商业者的冤假错案进行平反，归还或赔偿他们在“文化大革命”中被查抄的财物，恢复相应的政治待遇和生活待遇；恢复爱国宗教团体组织，归还一些被占用的宗教活动场所；“文化大革命”中被赶下乡的朝鲜族、回族城镇居民，按政策规定回城，对遭受经济损失的少数民族群众查明情况，由政府拨专款给予适当经济补贴。落实原国民党起义投诚人员和台胞、台属政策，对他们的生活和工作进行妥善安置。摘掉地主富农分子的帽子，给予农村人民公社社员待遇，等等。这一系列落实政策措施，受到广大群众的衷心拥护。

通过平反冤假错案，落实党的各项政策，化解了大量人民内部矛盾，抚平了人们心灵创伤，调动了各阶层人民群众的积极性，清除了党内各种隐患，初步实现了全省安定团结的局面。

二、国民经济的复苏

粉碎“四人帮”后，中共中央在部署揭发批判“四人帮”罪行、稳定全国局势的同时，立即着手工农业生产的整顿和恢复工作，并重新发出为建设社会主义现代化强国而奋斗的号召。1976年12月和1977年4月至5月，中央先后召开第二次全国农业学大寨会议和全国工业学大庆会议，号召全国人民掀起一个“抓革命、促生产”的高潮，努力把国民经济搞上去。中共辽宁省委积极响应党中央的号召，调动一切积极因素，带领全省广大干部群众以极大的热情投身到整顿经济秩序和恢复国民经济的工作中。

根据中央提出的“抓纲治国”“一年初见成效”“三年大见成效”的要求，从1977年初开始，全省先后召开工业学大庆、农业学大寨以及财贸、铁路、煤电等各系统的工作会议。根据这些会议精神，各地区各部门一方面继续批判“四人帮”破坏国民经济的罪行，进一步摆脱极左思潮的束缚，重新树立发展生产，抓技术、抓管理，把国民经济搞上去的正确指导思想；另一方面，积极推进企业整顿，建立各项规章制度，加强生产组织的指挥和调度工作，使全省工农业生产，特别是工矿企业生产逐渐恢复正常秩序，产品数量和质量也出现逐步回升的良好势头。

在农业方面，按照中央的指示精神，辽宁省广泛开展了农业学大寨、普及大寨县运动。1977年2月7日至14日，省委召开全省农业学大寨会议。会议传达了全国第二次农业学大寨会议精神，总结交流了全省一年来学大寨、普及大寨县的经验，讨论制定了1977年普及大寨县的规划，表彰了农业学大寨的先进单位和个人。7月16日，黑龙江、吉林、辽宁三省决定开展农业学大寨革命竞赛活动。三省省委书记和三省部分市、地、县负责人共同商定，根据建设大寨县的六条标准，结合三省实际情况，拟定了《辽宁、吉林、黑龙江三省关于开展农业学大寨革命竞赛意见》。《意见》提出，到1980年，保证三分之一、力争二分之一的县、市、旗、区建成合乎标准的大寨县，要把一半左右的公社和大队建成大寨式社队，为普及大寨县打好基础。8 月 12 日，辽宁省委转发了《意见》，要求全省各级党委切实加强对革命竞赛的领导，使农业学大寨革命竞赛活动轰轰烈烈地开展起来。11 月 26 日，省委在抚顺召开全省普及大寨县工作会议，传达中央领导的重要讲话精神及中央普及大寨县工作座谈会精神，集中讨论研究全省加快农业发展速度以及相关的若干重大问题。1978 年 1 月 10 日，省委、省革委会作出《关于农村若干经济政策问题的规定（试行草案）》，对所有制、保证农业生产第一线有足够劳动力、减轻社员负担、勤俭办社、劳动管理和劳动报酬、集体积累和社员分配、粮食分配、经济作物的生产和收购、社队集体和社员家庭的副业生产、社队办企业、养猪养禽、林权和护林、渔业蚕业、农田基本建设协作、扶持穷社队等问题作了明确规定，重申了党在农村的经济政策，改变了“文化大革命”时期农村单一经营的面貌，使农民得到了增产增收的实惠，对全省的农业和农村工作起到了推动作用。

在工业方面，积极开展工业学大庆运动。1977 年 3 月 22 日至 28 日，辽宁省召开工业学大庆会议。会议命名了 29 个大庆式企业，表彰了 116 个先进单位和 156 个先进集体及 201 名先进个人；总结交流了贯彻“鞍钢宪法”、深入开展工业学大庆运动、普及大庆式企业的经验；讨论制定了学大庆的长远规划和措施。5 月 20 日，中共辽宁省委发出《关于认真贯彻全国工业学大庆会议精神，深入持久地开展工业学大庆运动的通知》。《通知》要求，全省要认真贯彻学习全国工业学大庆会议精神和先进单位的经验，联系本省实际，总结经验教训，提高对学大庆重要意义的认识。各市（地、盟）、县（旗）、区，各工业部门，各企业、车间、工段、班组，要对照大庆经验和大庆式企业的六条标准，制定或修订学大庆的规划。各级党委要首先抓好三分之一，特别是抓好重点骨干企业。省委要求，“两钢”（鞍钢、本钢）、“两煤”（抚顺、阜新矿务局）、“两铁”（沈阳铁路局、锦州铁路局）、“一油”（辽河油田）要提前建成大庆式企业。6 月 9 日，省委印发《关于辽宁、吉林、黑龙江三省开展工业学大庆革命竞赛的意见》，要求采取积极措施，掀起一个学大庆，赶吉林、黑龙江的热潮，提出要在 1980 年以前把三分之一至三分之二的企业建成大庆式企业；

加快工业生产的步伐，特别要加快钢铁和燃料动力工业的发展速度；增加支农产品和轻工产品的生产，加快实现农业机械化；大搞技术革新、技术革命，对老设备、老工艺、老产品进行革新改造；所有企业都要努力在两三年内达到本行业的国内先进水平，努力赶超世界先进水平。7月2日，省委、省革委会在鞍山召开全省重点企业学大庆座谈会，推广鞍钢“跑步”学大庆的经验。会后，在全省范围内开展了群众性学大庆运动情况大检查。

1978年，辽宁全省开展了工业企业的恢复性整顿工作，主要从四个方面进行：一是深入揭批“四人帮”反革命罪行，从政治上、思想上、组织上整顿领导班子；二是整顿基础工作，加强企业管理；三是贯彻调整方针，开展增产节约运动；四是制定企业在调整时期的发展规划和整顿标准。各单位普遍落实建设“大庆式企业”规划，建立以岗位责任制为中心的各项规章制度，组织开展了岗位“练兵”活动①。

在辽宁省委的领导下，经过全省人民的共同努力，全省国民经济得到初步恢复。1978年工业总产值比1976年增长10%，钢铁、发电量、原油、化肥、水泥、棉纱、化纤、纸及纸板等主要工业产品产量都超过历史最高水平；财政收入比1976年增长19.9%，40%的职工调高了工资，工资总额比1976年增加17.7%；农业总产值比1976年增长12.6%，粮食是继1975年后第二个高产年，主要经济作物都有较大增长②。

随着国民经济的初步恢复，省委开始着手抓人民生活质量的改善，在解决吃、穿、住、用等人民生活问题上做了一系列工作。

在日用工业品方面，除着力增加产量和种类、提高产品质量外，还重点改善城市居民副食品供应。1977年9月，省革委会发出《关于大力发展油料生产，实现全省食油自给的通知》，提出力争做到食油自给，争取到1980年城镇人口每人每月由供应3两油提高到供应5两油。1977年至1978年城市副食品供应状况比“文化大革命”期间有了一定的好

① 辽宁省地方志编纂委员会办公室主编：《辽宁省志·政府志》，辽海出版社2005年版，第457页。

② 任仲夷：《全省党员动员起来，为加速社会主义现代化建设而奋斗》（1979年8月25日在中国共产党辽宁省第五次代表大会上的工作报告）。

转。1978 年 3 月，省委批转《全省蔬菜工作会议纪要》，制定了城市郊区发展蔬菜和其他副食品生产的相关经济政策。

在解决城市职工住宅困难方面，1977 年和 1978 年全省用于城市居民建设的投资 4.4 亿元，较之前两年均有所增加，取得初步成效。1978 年 7 月 15 日至 16 日，辽宁省委召开全省城市工作会议。会议传达了国务院召开的第三次全国城市工作会议精神，研究制定了贯彻执行《关于加强城市建设工作的意见》的具体措施，为全省各城市的发展提供了必要的政策保证。1978 年，全省 10 个城市的住房居住面积比 1976 年增加 560 万平方米，使部分困难职工的居住条件得到改善。

在开辟新的就业门路方面，省委、省革委会采取措施，对当年需要就业的毕业生、回城的下乡知识青年，以及需要安排工作的其他社会青年，根据具体情况作出统筹安排，一定程度上缓解了全省就业困难的状况。

由于国民经济的恢复和着力解决人民生活方面的突出问题，全省城乡人民生活得到改善，城市职工和农民收入均有所增加。

三、政治秩序的恢复

各级领导班子的整顿和调整

辽宁省是“文化大革命”的重灾区。“文化大革命”期间，大批经验丰富的领导干部被迫离开各级领导岗位，而有各种严重问题的人被提拔到各级领导岗位。粉碎“四人帮”后，把“四人帮”的帮派势力从各级领导班子中清除出去，成为当时保持社会政治稳定的一项重要任务。

1977 年 7 月 24 日至 27 日，中共辽宁省委召开四届七次全委（扩大）会议，强调要把解决好省、市、县和厂矿企事业单位各级领导班子问题，作为揭、批、查运动的重点和最关键的头等大事来抓。1978 年 9 月，中共中央对辽宁省委领导班子进行调整，任命任仲夷为辽宁省委第一书记。10 月，中央又任命黄欧东为省委第二书记。陆续增补李荒、徐少甫、郭峰、张正德、沈越为省委书记，省委领导班子得到明显加强。

与此同时，在辽宁省委的指导下，全省各市、县以及省属各部门进行了领导班子的调整和整顿工作。各级党委主要采取了以下措施：

一是结合揭、批、查运动，在揭露与“四人帮”篡党夺权阴谋活动有牵连的人和事基础上，对“四人帮”的亲信、党羽及中毒很深阻碍运动开展的人员，采取停止工作等组织措施，进而对他们查清定案，把不宜留在领导班子中的人员调整或清除出去。对厂矿企事业单位的领导班子，根据不同情况，也采取了相应的组织措施。

二是恢复被“四人帮”排挤的干部，特别是经受考验、立场坚定的老干部的工作，把他们充实到领导班子中担任主要领导职务。“文化大革命”中，全省有 113300 名干部到农村“插队落户”，还有很多干部被下放到企事业单位劳动或当工人①。粉碎“四人帮”后，省委积极推进这些干部的安排和使用。到 1978 年春，原在中共中央东北局、省委、省人委工作的厅局级干部，除调出辽宁省、去世和犯有严重错误的之外，已全部安排工作。

三是选拔一大批中年干部进入各级领导班子。在揭、批、查运动中，虽然充实了老干部到各级领导班子中工作，但由于调整或撤换了大批不宜留在领导班子中的干部，领导班子缺额问题十分突出。为了健全领导班子，省委十分注意选拔在揭、批、查运动中立场坚定、旗帜鲜明、品德端正、作风正派、熟悉业务，有管理水平和领导能力的中年干部充实到各级领导班子中。

在加强省、市、县三级领导班子建设的同时，还十分注意对企事业单位领导班子，尤其是大型工交企业领导班子的充实和调整工作，全省党政机关和企事业单位各级领导班子的整顿和调整工作取得良好效果。

人大、政协等机构恢复工作

从 1966 年“文化大革命”开始到 1977 年 10 月，在长达十多年的时间里，辽宁省没有召开过人民代表大会，政协组织、民主党派等也停止活动，民主与法制建设遭到严重破坏。1977 年 10 月 15 日，中共中央发出

① 辽宁省地方志编纂委员会办公室主编：《辽宁省志 · 中国共产党地方组织志》，辽宁民族出版社 2005 年版，第 173 页。

《关于召开第五届全国人民代表大会的通知》。根据通知精神，中共辽宁省委、省革委会对选举出席第五届全国人民代表大会代表工作进行部署，由省革委会召集和筹备召开省第五届人民代表大会第一次会议。

1977 年 12 月 23 日至 28 日，辽宁省第五届人民代表大会第一次会议在沈阳召开。大会共有代表 1200 人，实到代表 1161 人。中共辽宁省委第二书记任仲夷致开幕词。会议分析了粉碎“四人帮”以来全省的政治形势，强调指出，要进一步动员全省各族人民，调动一切积极因素，坚决把揭批“四人帮”及其代理人的斗争进行到底，高速度地发展国民经济，努力完成抓纲治国的各项斗争任务。会议通过了《第五届人民代表大会第一次会议关于辽宁省革委会工作报告的决议》，选举产生新的革命委员会主任、副主任和委员共 140 人。曾绍山当选为省革委会主任，任仲夷、黄欧东、陈璞如、胡亦民、王光中、杨波、谢荒田、赵奇、唐宏光、王纪元、程义太、左琨、张知远当选为副主任。会议还选举丁国田等 148 人为辽宁省出席第五届全国人民代表大会代表。此后，全省各级地方人民代表大会得到恢复，省、市、县、区、人民公社先后召开新的一届人民代表大会。辽宁省人大五届一次会议的召开，标志着辽宁省地方国家权力机关的职能开始恢复。

“文化大革命”期间，被“红卫兵”“造反派”进驻的政协辽宁省委员会被迫停止一切活动。1977 年 11 月 8 日至 10 日，辽宁省政协召开粉碎“四人帮”后第一次常委会议（即三届二十二次常委会议），着重讨论关于召开政协辽宁省第四届委员会的建议。12 月 21 日至 28 日，政协辽宁省第四届委员会第一次会议在沈阳举行，这是粉碎“四人帮”、恢复全省政治协商活动后召开的第一次全体会议。黄欧东在致开幕词中指出，要把这次会议开成一个揭批“四人帮”的大会，开成一个实现四个现代化强国、鼓足干劲的大会，开成一个团结的大会、胜利的大会[①]。会议听取了章岩代表省政协第三届委员会常务委员会所作的工作报告；协商了辽宁省出席第五届全国人民代表大会的代表和省革委会主任、副主

① 辽宁省地方志编纂委员会办公室主编：《辽宁省志·政协志》，辽宁科学技术出版社 1999 年版，第 66 页。

任、委员候选人名单以及辽宁省参加全国政协第五届委员会委员的建议名单；选举产生了省政协第四届委员会主席、副主席、秘书长和常务委员；通过了有关决议。会议经过充分酝酿与协商，以无记名投票的方式选举产生政协辽宁省第四届委员会，黄欧东任主席，仇友文、周桓、黄达、巩天民、张子衡、曲径、王堃骋、陈北辰、王家善、张庆泰、陈恩凤、章岩、娄尔康、任志远、陈美福、刘多荃、沈洪涛、牛平甫任副主席，常务委员 117 人。此后，各市（地、盟）、县、区政协会议相继召开。辽宁省政协会议的召开，标志着辽宁省的政协组织已恢复工作。

工会、共青团、妇联等群众团体恢复工作

粉碎“四人帮”后，随着人大、政协恢复工作，辽宁省总工会、共青团、妇联和工商联、侨联、台联等组织也先后恢复职能并开展工作。

“文化大革命”期间，辽宁省工会组织和工作受到严重冲击，停止一切活动。1977 年 9 月，中共辽宁省委作出关于撤销辽宁省总工会党的核心小组、组建辽宁省总工会党组的决定，由金直夫任省总工会党组书记、省总工会主任。新组建的省总工会领导集体，带领工会组织与各级行政部门密切配合，认真贯彻“调整、改革、整顿、提高”的方针，以饱满的工作热情，积极开展工会工作。9 月 29 日，省总工会在沈阳召开劳动模范座谈会，动员全省广大职工群众响应党中央的号召，大干一百天，迎接全国科学大会的召开，为实现一年初见成效，完成和超额完成 1977 年国家计划而奋斗。参加座谈会的有著名劳动模范、先进生产者、工程技术人员和市、地、盟工会负责人共 70 人，参加座谈会的劳动模范向全省职工发出倡议书。

1978 年 9 月 10 日至 15 日，共青团辽宁省第六次代表大会在沈阳召开，出席会议的代表 1200 人，这是粉碎“四人帮”后辽宁省召开的第一次团代会。大会的主要任务是：遵循党的十一大路线，深入揭批“四人帮”及其在辽宁的代理人毛远新和党羽、亲信干扰、破坏共青团工作的罪行，认真总结 28 年来特别是“文化大革命”以后全省青年工作正反两方面的经验教训，制定共青团今后的工作任务。会议选举产生共青团辽宁省第六届委员会和出席共青团第十次全国代表大会的代表。会议

动员全省团员和青年为实现新时期的总任务而奋斗。

“文化大革命”结束后,辽宁省各级妇联领导班子逐步进行调整,妇女工作开始走上正轨。1977 年 10 月 25 日至 30 日,省妇联在沈阳召开妇女工作会议。会议听取了省妇联副主任吴芳城代表省妇联党的核心小组作的《坚决贯彻党的十一大路线,充分发挥妇女组织应有作用》的报告。省妇联主任王哲作了会议总结。1978 年 3 月 7 日,省妇联召开辽宁省和沈阳市各界妇女 2000 多人参加的纪念“三八”国际劳动妇女节 68 周年大会。会议的中心内容是:发动妇女为完成全国五届人大提出的各项战斗任务,建设社会主义现代化强国而奋斗。5 月 15 日至 19 日,省妇联在沈阳召开辽宁省妇女社会主义革命和社会主义建设积极分子代表大会,命名了 17 个妇女社会主义革命和社会主义建设红旗单位、21 名标兵,表彰了 189 个先进集体、373 名积极分子[①]。国庆节前后,省妇联在全省妇女中掀起对全国第四次妇代会精神的大宣传、大学习、大贯彻、大落实的热潮[②]。省妇联各项工作的相继开展,标志着恢复工作已经胜利完成。

在中共辽宁省委的关怀和指导下,辽宁省工商业联合会、辽宁省归国华侨联谊会和辽宁省台湾同胞联谊会也逐步恢复工作。

四、科技、教育、文艺事业的恢复

1977 年 7 月召开的党的十届三中全会决定恢复邓小平的全部职务。邓小平复出后,主动要求分管科学和教育工作。8 月 4 日至 8 日,邓小平主持召开科学和教育工作座谈会,当面听取科学家和教育工作者的意见。在充分听取与会同志意见后,邓小平讲了关于科学和教育工作

① 辽宁省地方志编纂委员会办公室主编:《辽宁省志・妇女志》,辽宁科学技术出版社 2000 年版,第 234 页。

② 辽宁省地方志编纂委员会办公室主编:《辽宁省志・妇女志》,辽宁科学技术出版社 2000 年版,第 235 页。

的几点意见，有力地驳斥了林彪、“四人帮”鼓吹的“教育黑线专政论”和“文艺黑线专政论”，指出新中国成立后的17年，教育战线、科研战线的主导方面是红线，我国知识分子绝大多数是自觉自愿为社会主义服务的。1978年3月18日至31日，全国科学大会在北京隆重召开。中共中央副主席、国务院副总理邓小平在开幕式上的讲话指出：党中央决定召开这次大会的目的，就是动员全党全国重视科学技术，加速我国科学技术的发展。他强调指出：“四个现代化，关键是科学技术的现代化。没有现代科学技术，就不可能建设现代农业、现代工业、现代国防。没有现代科学技术的高速度发展，也就不可能有国民经济的高速度发展”，并提出“科学技术是生产力”这一马克思主义的观点；中国知识分子的绝大多数已经是工人阶级和劳动人民自己的知识分子，已经是工人阶级的一部分。邓小平关于科学技术和知识分子在社会主义现代化建设中地位和作用的论断，为科学、教育、文艺工作走上正确发展轨道指明了方向，使科学、教育、文艺工作者受到极大鼓舞。辽宁省积极贯彻中央精神，使科技、教育、文艺事业得到恢复。

在科技工作方面。1977年，辽宁省多次召开以科技为主题的重要会议。在9月召开的全省广播大会上，中共辽宁省委提出“要切实加强对科技工作的领导，努力造就一支宏大的科技队伍，在全省掀起向科技现代化进军的新高潮”。在11月召开的全省科学大会上，揭发批判了“四人帮”及其在辽宁的帮派体系破坏科技事业的罪行，讨论通过了《1977—1985年辽宁省科学技术发展规划纲要》，表彰了332个科技工作先进集体和553名先进科技工作者。会议号召“全党动员，大办科学，为实现辽宁省科学技术现代化而奋斗”。12月，省委组织部、省科委联合发出《关于对科技队伍状况进行一次普查的通知》，要求对科技人员队伍的基本情况和使用、生活状况等进行全面普查。全面和细致的调查，为解决科技人员队伍建设问题和恢复科教工作正常秩序，提供了可靠的依据，起到了重要作用。全国科学大会后，1978年4月15日，省委召开广播大会，传达贯彻落实全国科学大会精神。会议要求，进一步掀起学习、宣传、落实全国科学大会精神的热潮；全面落实党的知识分子政策，抓紧科研机构的整顿；保证科研工作时间，狠抓科研规划落实；积极做好科技人才的选拔、培训工作；大力开展群众性的科学实验活动和科学普及工作。5月5日，省委作出《关于贯彻落实全国科学大会精神的决定》。在一系列政策指导下，辽宁科技事业迎来了春天。全省科技队伍不断壮大，相继恢复和新建了自然科学和社会科学科研机构，陆续恢复和健全了各级科研管理机构、科技学会及所属学术团体，进一步调动了广大科学技术工作者的积极性。

辽宁省委特别重视对知识分子的政治培养，积极吸收他们加入中国共产党。省委组织部和有关部门分别到沈阳、旅大两市，深入25个大专院校、科研单位和大型企业，对高级知识分子入党问题进行调查。调查发现，知识分子入党的愿望是强烈的，具备入党条件的知识分子也是大量的。但由于“四人帮”的干扰破坏，“文化大革命”十年中这些单位没有在知识分子中发展党员。为解决知识分子入党难的问题，省委专门召开座谈会，下发文件，在市、县建立组织员制度，加强培养吸收知识分子入党，要求各级党委要把一般号召和具体检查指导联系起来，发现问题立即研究，逐个解决。同时，针对科技领域学非所用、人才浪费严重的情况，省委出台政策，调整所学非所用人员的工作，明确要求调整工作要从政治上考虑，用全局观点对待，要克服本位主义，跳出本单位的小圈子，以局部的需要服从全局的需要，积极把用非所学的人员调整到最急需、最能发挥作用的岗位上去。

在教育工作方面。首先，以推翻“两个估计”[①]为突破口，以揭露“炮制反潮流典型”“利用两张大字报讨论”“篡改朝农教改经验”为重点，深入开展清算“四人帮”破坏辽宁教育工作的罪行，并且采取一系列政策和措施，使辽宁省教育系统正常工作秩序得到恢复，名噪一时的所谓“朝农经验”宣告破产。原沈阳农学院被“四人帮”及其党羽亲信肢解出去的农田水利系的人员和全部仪器、设备、图书资料，从朝阳迁回沈阳原校址，恢复沈阳农学院农田水利系。“文化大革命”中被强行解散的沈阳工业学院等学校，陆续开始恢复。被迫外迁的沈阳师范学院、沈阳化

---

① 即新中国成立后17年“毛主席的无产阶级教育路线基本上没有得到贯彻执行”，“资产阶级专了无产阶级的政”；大多数教师和新中国成立以后培养出来的高等学校学生的“世界观是资产阶级的”。

工学院等学校也陆续迁回沈阳。被挤占的校舍全部清查、清退，被毁掉的教学设施重新修建起来，被遣散的教师又重新归队，教师的教研、职称评定及学校管理等各项规章制度得以恢复，正常的教学秩序开始重新建立。“文化大革命”时期通行的工厂管理学校模式被彻底纠正，恢复学校教育由教育行政部门领导和管理。

其次，积极贯彻中共中央精神，恢复高等学校招生考试制度。1977年10月，中共辽宁省委召开教育工作座谈会，传达全国高等学校招生工作会议精神，研究和部署恢复高考工作。会议决定，成立以主管教育工作的省委书记挂帅的省普通高校招生委员会。省革委会批转省普通高校招生委员会《关于1977年高等学校和中等专业学校招生工作的补充意见》，确定1977年11月5日至15日为全省高考报名时间，12月1日至2日为文化课考试时间。1977年辽宁省高考报考人数创历史之最。考生年龄跨度从十几岁到三十几岁，下乡、回乡知青和在职人员占报考人数的近80%。这是恢复高考后的第一次文化考试，由于报考人数众多，知青比例很大，所以考场一直设到公社（乡）。1978年1月，高考录取工作开始，全国共有121所高等学校在辽宁招生。3月，又进行了一次补录。全省计划招生8732人，实际共招生10844人。

辽宁省通过表彰优秀教师和落实全国教育工作会议精神，大力弘扬尊师重教的良好社会风尚。1977年11月，辽宁省委召开全省教师代表会议，来自全省各地的1000余名先进教师代表参加。会议揭发批判了“四人帮”、毛远新破坏教育革命的罪行和所谓“两个估计”等谬论，奖励了优秀教师197人。1978年6月，全省教育工作会议召开。会议传达了邓小平在全国教育工作会议上的讲话精神，讨论制定了落实全国教育工作会议的具体措施。

学校教学秩序的恢复与重建，高校招生考试制度的恢复，带动大、中、小学教育在整顿恢复中不断走向新的发展阶段，广大群众对教育重新树立了信心。1978年的高等学校在校学生比1976年增加31.5%，中等专业学校在校学生增加70%[①]。为了进一步推动成人教育的发展，1977年

① 朱川、沈显惠主编：《当代辽宁简史》，当代中国出版社1999年版，第304页。

至 1978 年，相继成立辽宁教育学院和辽宁广播电视大学，为培训中等学校的教职员工和领导干部提供了良好平台。

在文艺工作方面。1978 年 3 月，中共辽宁省委召开文艺座谈会，开始文学艺术界的拨乱反正。会议肯定了新中国成立以来辽宁省文艺工作的成就，否定了“文艺黑线专政论”。会议强调，要把一切积极因素充分调动起来，为文艺事业贡献力量，认真落实对作品的政策，要对被“四人帮”恣意扼杀的各种形式的文学艺术作品，加以实事求是地鉴别和处理[①]。3 月 17 日，辽宁省文学艺术界联合会一届三次全会（扩大会议）召开。会议决定恢复省文联活动，所属各协会陆续恢复活动，结束因“文化大革命”造成的文联及各协会十余年没有活动的历史。随着集中批判“文艺黑线专政论”的不断深入，一些文学作品的产生，也有力地批驳了“四人帮”在文艺问题上的种种谬论，为推动和促进辽宁文艺界的思想解放起到了重要作用。其中包括著名作家马加于 1977 年 2 月在《鸭绿江》发表的《文艺与民主》，12 月 12 日在《辽宁日报》发表的《“文艺黑线专政”论必须推翻》。随后，《辽宁文艺》陆续刊登《坚决推倒“文艺黑线专政”论，彻底砸碎精神枷锁》《镇压文艺工作者的镣铐和枷锁——批判“文艺黑线专政”论》等文章。与此同时，为被错批的作品恢复名誉，也是当时省内文艺界拨乱反正的重点工作之一。平反的作品主要有京剧《海瑞背纤》、话剧《兵临城下》、评剧《小女婿》和小说《生命》。为被错批的文艺作品平反，还原了历史和真相，使广大人民群众接触到了真正的艺术作品。

为进一步加强对文艺工作的领导，全省各级党组织重新强调了党的文艺政策，充实和加强了文艺团体和文化部门的领导班子，初步整顿了文艺队伍。1978 年 2 月，辽宁省哲学社会科学研究所[②]恢复文学研究室，成为辽宁省专门从事文学研究的学术机构。一度被解散的省作家协会和省文联重新恢复。中国音乐家协会辽宁分会、中国曲艺工作者协会辽宁分会也陆续恢复活动。随着各文艺团体陆续恢复职能和活动，辽宁

① 《省委召开文艺工作座谈会》，《辽宁日报》1978 年 3 月 28 日第 1 版。

② 辽宁社会科学院前身。

省广大文艺工作者重新焕发出强烈的创作热情，“怕写文章，怕写戏，没有小说，没有诗歌”的沉闷局面被打破，各种形式和题材的文艺作品大量涌现。其中，较早发表的作品有金河的《重逢》、关庚寅的《不称心的姐夫》、达理的《失去的爱情》。1978 年，陈屿创作的多幕讽刺喜剧《白卷先生》成为揭露批判“四人帮”的生动艺术教材。创作的活跃推动了演出的活跃，表演团体的艺术生产恢复秩序，舞台面貌发生深刻变化，广大演职人员焕发了艺术青春。1978 年 4 月，辽宁省举办粉碎“四人帮”后的第一次综合性文艺汇演。此外，全省还举办了节目形式多样、充满地方特色的曲艺会演。话剧《报春花》《市委书记》及相声《假大空》《特殊先生》等一批新鲜活泼、脍炙人口的文艺作品脱颖而出，丰富了人民群众的文化生活。

科学、教育和文艺战线的拨乱反正，充分调动了广大知识分子建设社会主义的积极性，尊重知识、尊重人才的良好社会风气开始形成，科学、教育、文艺事业的百花园不断绽放夺目光彩。

第二十一章

开展真理标准问题讨论和迎接历史性的伟大转折

1978 年 5 月，全国开展了真理标准问题讨论。1978 年底召开的中央工作会议和党的十一届三中全会，实现了新中国成立以来党的历史上具有深远意义的伟大转折。在党中央领导下，中共辽宁省委不失时机地动员广大干部群众开展真理标准问题大讨论，批判“两个凡是”的错误方针，认真贯彻落实党的十一届三中全会精神，带领全省人民统一思想和行动，开始了工作重心由“以阶级斗争为纲”到“社会主义现代化建设”的转变，开启了改革开放和社会主义现代化建设历史新时期。

一、开展真理标准问题讨论

“左”倾错误思想对辽宁的影响

在揭批“四人帮”的斗争中，辽宁各条战线不断冲破“左”倾错误的藩篱，努力进行思想上、政治上和组织上的拨乱反正。但由于党的指导思想仍然没有从根本上转变，“两个凡是”的思想严重阻碍着拨乱反正工作的深入开展。

在政治方面，粉碎“四人帮”后，辽宁平反纠正冤假错案工作的开展,受到“左”倾错误的严重干扰与束缚。在粉碎“四人帮”后的头几个月,全省的揭、批、查运动障碍重重。1977年11月,由于在揭、批、查工作第三个战役中推广了本溪经验,辽宁全省清理打砸抢工作进展很快。但是,同年底中央下发文件传达了中央领导人关于“不要开展控诉运动”的讲话精神,在群众中引起了思想波动。一些人认为辽宁省清理打砸抢工作“搞过了头”,个别有问题的人也乘机闹事,使这项工作一度受阻。在对待冤假错案平反的问题上,一段时间只对“文化大革命”中抵制批判林彪、“四人帮”而受迫害的案件平反,而对因为否定“文化大革命”、批评毛泽东晚年错误而蒙冤受屈的案件没有及时平反。在平反纠正冤假错案工作的起始阶段,少数部门和单位对平反工作抓得不紧,行动迟缓,极力阻挠平反工作的进行。

在经济方面,一些不切实际的高指标和根本不可能实现的口号,对辽宁省经济工作产生极其不利的影响。主要表现在:在指导思想上,不顾当时国民经济的实际情况,片面强调要大干快上,如进行不切实际的鞍钢、本钢改造计划;在发展模式上,继续实行高积累、低消费,造成积累和消费的比例关系严重失调;在发展途径上,仍然把扩大基本建设当作扩大再生产、发展生产力的唯一手段;在所有制问题上,重全民、轻集体、鄙弃个体;在思想认识上,停留在社会主义经济是计划经济观念上,认识不到它同时具有在社会主义公有制基础上的商品经济属性;在生产指挥上,仍然沿用过去的“大会战”“翻身仗”等违背客观规律的做法;在对外经济关系上,闭关自守的状况没有完全改变。这一切都使全省国民经济在基本恢复之后没有取得突破性进展,仍处于徘徊状态。

在农业和农村政策方面,一直坚持开展的农业学大寨运动,并没有给全省农村带来根本性的变化,处于艰难困境中的辽宁省农村经济,迫切需要突破“左”的政策的束缚。

在教育与科技方面,“四人帮”炮制的“两个估计”对教育与科技工作的影响仍然存在,对知识分子的地位与作用问题未能得到正确认识,知识分子政策没能得到真正落实,平反与待遇问题没有能够及时解决。

由于受到“两个凡是”的限制,全省各项工作的恢复受到严重阻碍。面对这种情况,辽宁省广大干部群众期盼进行一次思想解放,对“文化大革命”以来乃至新中国成立以来的历史经验,有一个重新的总结,对一个时期以来一些重大政治是非问题,以及涉及到的一些人和事,有一个重新的审视、判断和处理。

开展真理标准问题讨论

1978年5月10日,中共中央党校内部刊物《理论动态》刊发经中央党校副校长胡耀邦审定的《实践是检验真理的唯一标准》一文。5月11日,《光明日报》以“本报特约评论员”名义公开发表这篇文章,新华社当天发了通稿。5月12日,《人民日报》《解放军报》以及《解放日报》等全文刊载。由此,在全国引发了一场真理标准问题的大讨论,揭开了批判“两个凡是”观点和从思想上拨乱反正的序幕。

5月14日,《辽宁日报》全文转载《实践是检验真理的唯一标准》一文。6月2日,邓小平在全军政治工作会议上作重要讲话,精辟地阐述了毛泽东一贯倡导的实事求是、一切从实际出发、理论与实践相结合的原则。6月24日,《解放军报》发表《马克思主义的一个最基本的原则》特约评论员文章,进一步从坚持马克思主义基本原则的高度阐明了坚持实践是检验真理的唯一标准的重要性。

邓小平的讲话和《光明日报》《解放军报》两篇特约评论员文章的发表,引起中共辽宁省委的极大重视。7月25日至31日,省委宣传部召开理论与实践关系问题讨论会。出席讨论会的有各市、地、盟委宣传部负责人和专业理论工作者60多人。省委书记张树德和省委常委、宣传部长刘异云分别在会上讲了话。会议认为,讨论真理标准问题,就是要坚持实践第一的观点,用马克思主义哲学的基本原理重新教育干部和群众。检验真理的标准问题,不仅是一个理论问题,而且是一个政治问题。马克思主义的普遍真理一定要坚持,但也要同具体实践相结合,理论只有与实践相结合、并不断地接受实践的检验才能向前发展。讨论中,代表们一致认为必须用发展的观点对待马克思主义,马列主义、毛泽东思想也要随着实践的发展而发展,不能停滞不前。在这次讨论会的推动下,辽宁社会科学院、东北工学院、辽宁大学等相继召开会议,研究和讨论真理标准问题,进一步形成从思想理论上拨乱反正的浓厚氛围。

8 月 18 日，省委发出《关于在全省范围内开展真理标准问题讨论的通知》，对真理标准问题讨论的重要性、主要内容和参考文件都作了详细说明，为广大干部群众参与讨论提供了动力、标尺和依据。《通知》要求，要把为什么要讨论实践是检验真理的唯一标准，林彪、“四人帮”怎样颠倒了理论与实践的关系，应当怎样看待马列主义、毛泽东思想，怎样做才算真正高举毛主席旗帜作为重点题目。不久，省委常委会召开理论学习会，专门听取中国社会科学院哲学研究所副所长邢贲思讲述了真理标准问题讨论的重大政治意义和理论意义。8 月 25 日，省委第二书记任仲夷在《理论与实践》(1978 年 8、9 期合刊)发表《理论上根本的拨乱反正》一文，旗帜鲜明地表明支持实践是检验真理唯一标准的立场，表明省委和省委主要领导对这场讨论给予支持和积极参与的态度。

根据省委在全省范围开展真理标准问题讨论通知的要求，全省各市、地、盟宣传部和沈铁、锦铁宣传部(处)分别召开讨论会。沈阳、旅大、阜新、铁岭、朝阳等市地委还召开常委会或常委扩大会，专门讨论真理标准问题。各市、地、盟的同志在讨论中，都以检验真理的实践标准对本地区有争论的重大路线是非问题展开讨论，来统一思想认识。都一致认为，在新形势下，在检验真理标准问题上明辨是非有着深刻的现实意义。

通过真理标准问题的讨论，全省广大干部和群众逐步冲破“左”倾思想的禁锢，从过去盛行的个人崇拜和教条主义枷锁中解放出来，开始能够正确看待和运用马列主义、毛泽东思想，出现了坚持解放思想、实事求是思想路线，勇于探索真理和坚持真理的新局面。

二、邓小平视察辽宁

1978 年 9 月 13 日至 18 日，邓小平在结束对朝鲜的访问后，先后到本溪、沈阳、鞍山等地视察，多次发表谈话，对解放思想和冲破“两个凡是”的禁区，实行改革开放和加快发展生产力，作了重要的思想发动。

9月13日，邓小平接见中共本溪市委、国务院工作组、中国人民解放军本溪驻军、本溪钢铁公司和本溪矿务局负责人，并发表简短谈话。他在谈到本溪、本钢发展时说，要到发达的国家去看看，看看人家是怎样搞的。长期把自己锁在本乡本土，不了解外界，不与外界交往，闭关自守，只能把我们的国家搞得贫穷落后，愚昧无知。他强调，同国外的水平相比，我们在许多方面，还是比较落后的。现在就是要好好向世界先进经验学习，不然，总是跟在人家后面爬行。当中共辽宁省委领导向邓小平汇报说本溪市工作还是搞得不错时，邓小平指出，在国际上同发达国家相比，还是落后的。谈到治理污染问题时，邓小平说，我们有的企业太脏，管理不好，而日本的企业则管得很好，他们首先抓卫生，第二抓安全，我们的企业管理，也要一抓卫生，二抓安全。没有好的环境和秩序，就不可能抓好生产。

9月17日，邓小平结束对黑龙江、吉林两省的视察后返回沈阳。在听取辽宁省委的工作汇报后，对于如何坚持解放思想、实事求是，邓小平指出："我们的思想开始活跃，现在只能说是开始，还心有余悸。要开动脑筋，不开动脑筋，就没有实事求是。不开动脑筋，就不能分析自己的情况，就不能从实际出发提出问题，解决问题……只凭上级指示，或中央发的文件，或省里下发的文件，能解决所有具体问题吗？要提倡、要教育所有干部独立思考，不合理的东西可以大胆改革，也要给他权。"当省委常委汇报辽宁工业还不现代化，农业还很落后时，邓小平明确指出：农业要现代化，才能适应工业的现代化。工业越发达，越要把农业放到第一位。这就要工业支援农业。工业支持农业要具体化。邓小平还指出："我们现在必须发展生产力，改善人民生活条件。一个是实事求是，一个是怎样高举，一个是怎样发展生产力。""要把农业放到第一位。"邓小平还把解放思想、破除思想僵化同发展马克思主义、毛泽东思想这一重大问题紧密联系起来。省委第二书记任仲夷将《理论上根本的拨乱反正》文章送给邓小平审阅，并谈了自己对这个问题的看法。邓小平十分赞同任仲夷的观点，他指出，要完整地、准确地掌握和运用毛泽东思想科学体系，恢复和发扬党的解放思想、实事求是的思想路线，"千万不要搞思想'禁区'。'禁区'的害处是使人们思想僵化，不敢根据自己的条件考虑问题”[①]。

9 月 18 日，邓小平到鞍山钢铁公司视察。在听取中共鞍山市委和鞍钢负责人的汇报后，他指出：“现在摆在你们面前的问题是鞍钢如何改造。引进技术改造企业，第一要学会，第二要提高创新。许多工作从现在起就要着手，如培训工人、干部，不然许多外国技术不能掌握。”对于如何引进技术，引进什么样的技术，邓小平提出：凡引进的技术设备都应该是现代化的，我们要以世界先进的科学技术成果作为我们发展的起点。引进先进技术设备后，一定要按照国际先进的管理方法、先进的经营方法、先进的定额来管理，也就是按照经济规律管理经济[②]。在谈到企业改革改造时，邓小平着重谈了减人、减机构问题。他说：“鞍钢减人、减机构的设想，我看是好的。划出去的单位、领导班子和机构不要搞很多人。现代化、自动化，人多了不行，人多了管理不好。日本年产六百万吨钢的企业，行政人员只有六百人。鞍钢现在的年产量是六百万吨，行政人员有两万三千人，这肯定不合理”。邓小平十分重视在现代化建设中从各方面不断提高人的素质的作用。他指出：“我们改造企业，为了保证较高的技术水平、管理水平，要有合格的管理人员和合格的工人。应该设想，经过技术改造，文化和技术操作水平较高的工人应当是大量的，否则不能操作新技术、新设备。”为了达到这一要求，邓小平进一步指出：“干部和工人都要经过考核，不合格的作编外处理，要保证他们的生活，当然不在职的人不能享受在职的待遇。要组织他们学习，对他们进行培训，开展新的就业领域。要下这个决心。”邓小平还特别注重教育和科研在提高人的素质中的作用，他指出：“你们要注意编制里面一定要有相当规模的科学研究机构。美国和日本的大企业，都有相当规模的科学研究机构。我们也要把科研队伍加强和扩大起来”。邓小平强调，要贯彻按劳分配原则，打破平均主义大锅饭，以利于调动人的积极性。“合格的管理人员、合格的工人，应该享受比较高的待遇，真正做到按劳分配。这

---

① 中共中央文献研究室编：《邓小平年谱（1975—1997）》（上），中央文献出版社 2004 年版，第 381—382 页。

② 邓小平：《用先进技术和管理方法改造企业》，《邓小平文选》第 2 卷，人民出版社 1994 年版，第 129—130 页。

个并不是资产阶级的,平均一百元二百元的工资,变不成资本家。这会不会打击其他人的积极性?讲怪话的会有,但可以刺激大家努力向上。发展经济,工人要增加收入,这样反过来才能促进经济发展。农业也是一样,增加农民收入,反过来也会刺激农业发展,巩固工农联盟”。“我们要在技术上、管理上都来个革命,发展生产,增加职工收入”。邓小平对发展生产力和改革的问题讲得更为迫切和坚决。他说:“社会主义要表现出它的优越性,哪能像现在这样,搞了二十多年还这么穷,那要社会主义干什么?我们要在技术上、管理上都来个革命,发展生产,增加收入。要加大地方的权力,特别是企业的权力。大大小小的干部都要开动机器,不要当懒汉,头脑僵化。以后既要考虑给企业的干部权力,也要对他们进行考核,要讲责任制,迫使大家想问题。现在我们的上层建筑非改不行”[①]。

邓小平在辽宁的谈话,在广大干部群众中引起了巨大反响。许多同志感到,粉碎“四人帮”以来,各个领域的拨乱反正虽然已经开展,但在思想理论和方针政策上的确存在不少禁区,必须解放思想,实事求是,打破思想僵化,才能适应形势发展的需要。我国虽然已经进行了 20 多年的社会主义建设,但社会生产力并没有得到应有的发展,仍然受到很多束缚,所以必须对现行的经济管理体制进行大胆改革,通过改革加快发展生产力,开辟社会主义建设新道路。人们这时所关注的,不仅仅是如何揭批“四人帮”,而是在拨乱反正的实践中如何解放思想,切实端正党的思想路线,真正做到实事求是;也不仅仅是如何引进国外的先进技术设备,加快我国的建设速度,而是怎样适合现代化的要求,通过改革推动我国社会生产力的发展。这就为党在指导思想上实现历史性转变奠定了思想基础,创造了条件。

邓小平的谈话,点燃了辽宁省思想解放之火,促进了真理标准问题讨论的深入。中共辽宁省委立即传达邓小平的指示精神,带领省委领导班子推动全省开展真理标准问题大讨论。10 月 7 日至 14 日,省委召开

① 邓小平:《用先进技术和管理方法改造企业》,《邓小平文选》第 2 卷,人民出版社 1994 年版,第 129—130 页。

常委扩大会议。会议指出,辽宁省是深受“四人帮”破坏的重灾区,必须坚持实践是检验真理的唯一标准这个马克思主义的基本观点,弄清重大路线是非问题,把各项工作做好。根据省委常委会议精神,全省各地区、各行业认真学习贯彻邓小平谈话精神,部署各项政策和具体规定的落实,研究搞好工作提高效率的措施。邓小平在辽宁视察的谈话,极大推动了辽宁省真理标准问题的讨论由上层领导到基层群众,由理论界到实际工作部门,由城市到农村,普遍地开展起来,形成热潮。

三、突破思想束缚

随着真理标准问题大讨论的逐渐深入,全省广大党员、干部和群众的思想获得极大解放,打开了辽宁各项工作的新局面。

深入进行平反冤假错案工作。1978 年 9 月 14 日,中共辽宁省委作出《关于所谓“东北帮”叛党投敌反革命集团案件的平反决定》。10 月 21 日,省委召开万人大会,宣布为在此案中被定为“特务”“叛徒”“历史反革命分子”“重大叛、特嫌疑分子”彻底平反,清理销毁全部材料,为遭受打击迫害的 90 名党政军领导干部、知名爱国人士,平反昭雪,恢复名誉。省委还在 10 月 16 日作出《关于为胡明等 53 名同志平反的决定》,为在林彪、“四人帮”横行时期,被诬为“党内最大的一小撮走资派的代理人”“叛徒”“特务”“反革命”的一些地方的负责人,彻底平反,恢复名誉[①]。11 月 4 日,省委统战部在沈阳召开大会,为在“辽宁省党外人士毛泽东思想学习班政治迫害案”和“爱国民主人士王理寰等四人被关押案”两起错案中受迫害的近 40 名爱国民主人士平反昭雪。这些集团性冤假错案的相继平反,有力地推动了辽宁省平反冤假错案工作的开展。11 月 21 日,省委作出《关于为因天安门革命行动而受迫害的同志彻底平反的决定》,充分肯定了 1976 年清明节期间,辽宁省广大干部

---

① 中共辽宁省委党史研究室编:《拨乱反正在辽宁(1976—1982)》,辽宁大学出版社 1998 年版,代序第 11 页。

和群众到北京或在本地区、本单位，以各种形式沉痛悼念敬爱的周恩来总理，声讨祸国殃民的“四人帮”，反映了全省广大干部和群众的共同心愿，“完全是革命行动”。对于因悼念周总理、反对“四人帮”而受到迫害的同志一律平反，恢复名誉，同时对立场坚定、旗帜鲜明，勇于同“四人帮”作斗争的干部和群众予以表彰。

1978 年，辽宁省为一大批冤假错案进行了平反纠正。如涉及中共抚顺市委原书记等 130 多人的所谓“抚顺地下黑市委”案件；涉及中共旅大市委领导干部的所谓“宋黎特务集团”案件；涉及沈阳市公安局原局长等 100 人的所谓“沈阳市公安局特务网”案件；涉及 1900 多人的沈阳纺织厂所谓“地下国民党反共救国军反革命纵火集团”案件等。同时，为涉及一批模范人物、著名演员的冤假错案进行了平反纠正。全国劳动模范孟泰、工人工程师王崇伦、沈阳金属研究所所长李薰、中国医科大学教授高文翰、“刀具大王”金福长，以及著名演员韩少云、花淑兰、筱俊亭、李默然、王秋颖等冤假错案，都给予平反纠正[①]。

辽宁省还对“文化大革命”前的历史遗留问题进行了进一步复查处理，对历次政治运动中的错案予以纠正。1978 年 12 月 21 日，中共辽宁省委作出《为中共中央原东北局第三书记马明方平反的决定》，推倒林彪、“四人帮”强加的一切不实之词。同月，省委按照中央组织部指示精神，集中力量对案情重大、涉及省委领导较多、影响较大的“以王铮为首的反党宗派活动”案件进行复查，为后续省委对王铮、杜者蘅、李涛等人平反打下了基础。

切实落实知识分子政策。到 1978 年底，落实知识分子政策工作取得明显成效。其中包括为 980 名被迫退职退休的老科技人员、老教师复职；将被赶下乡的 2 万名科技干部调回并安排工作；对专业不对口顶岗劳动的 1.4 万多名大学毕业生重新安排工作；为 6 万多名科技人员恢复专业职称，部分科技人员、教师两地生活和住房问题得到解决。另外，还对高级专业人员的优诊和细粮供应等方面作出特殊规定。这对消除知识分子后顾之忧，进一步调动知识分子积极性，起到了重要作用。

---

① 《我省“三案”平反工作取得很大成绩》，《辽宁日报》1979 年 1 月 4 日第 1 版。

积极开展对外贸易。1978 年 11 月 8 日至 14 日，辽宁省委、省革委会召开全省外贸工作会议，宣布大力发展外贸工作的九条措施：解放思想、消除余悸，理直气壮搞外贸；多出口，多创外汇，认真落实出口供货任务；办好一批农副产品基地和工矿产品专厂专车间，拿出“拳头”产品、名牌产品，在国际市场上站住脚；用好、管好外汇贷款；充分利用丰富的劳动力资源和设备能力以及有利的资源条件，努力扩大国外来料加工、来件装配业务，积极开展补偿贸易，协作生产、协作贸易等；在商品的加工整理、运输装卸等方面，可以研究实行计件、定额加奖励的工资形式；为了引进新技术，大量利用外资，简化贷款手续，简化出国批准手续，搞好同外商洽谈业务；要把领导班子整顿好，组织好外贸干部队伍，恢复外贸中等专业学校，不断地培养人才；加强党对外贸工作的领导。辽宁省对外开放迈出了探索的脚步。

努力探索农业新政策。1978 年 11 月，辽宁省委召开市（地、盟）委和县（旗）、区委书记会议，落实邓小平谈话精神，专门讨论农村工作。省委第一书记任仲夷在会上作了题为《全省人民行动起来，为在明年把我省农业提高到新水平而奋斗》的报告。报告分析了辽宁省农业形势，明确提出：必须真正树立以农业为基础的思想，切实把发展农业放在首位。要从计划、组织甚至体制上加强党对农村工作的领导。特别强调在大力发展社队企业、增加集体经济收入的同时，一定要提高社员生活水平。全省各地积极贯彻会议精神，一些县区的领导干部从“左”的思想枷锁中解放出来，开始结合本地实际，大胆地对农村政策进行一定调整，尤其在发展社队企业、开展农村多种经营方面，做出许多探索，使多年来农村工作中“左”的做法在一定范围内得以纠正。1978 年 11 月 24 日，在安徽省凤阳小岗村 18 位农民以立“生死状”决心包产到户的影响下，铁岭市西丰县成平公社铜台大队在全省最先搞起包产到户[①]。从 1978 年 12 月起，辽宁省农村开始重点推行以家庭联产承包为主要内容的各种责任制。

---

① 中共辽宁省委党史研究室编：《见证辽宁：决策者访谈录（2）》，中共党史出版社 2011 年版，第 250 页。

四、实现历史性伟大转折

真理标准问题大讨论带来的思想解放，不仅推动了各条战线的拨乱反正，而且促使对社会主义建设的历史经验和今后的发展道路进行全面思考。1978 年 7 月至 9 月，国务院召开为期两个月的务虚会，专门研究如何加快我国现代化建设速度问题。华国锋、李先念等领导同志要求，要敞开思想，发扬民主，认真总结经验，为加快现代化建设积极出谋划策。与会人员在认真总结经验教训的基础上，纷纷提出改革僵化的经济管理体制、积极引进国外先进技术和设备等建议。9 月 9 日，李先念在总结讲话中指出：我们应该有魄力、有能力利用国外的先进技术、设备、资金和组织经验来加快建设。国务院务虚会后不久，全国计划会议又提出，经济工作必须实行三个转变：一是把注意力转到生产斗争和技术革命上来；二是把管理制度和管理方法转到按照经济规律办事的科学管理的轨道上来；三是从闭关自守或半闭关自守状态转到积极引进国外先进技术，利用国外资金，大胆进入国际市场的开放政策上来。经过一段时间的酝酿，实行改革开放的主张已经在党内具备了思想基础。

1978 年 11 月 10 日，中共中央工作会议召开。在老一辈革命家的推动和绝大多数与会同志的共同努力下，会议打破“两个凡是”的束缚，开成了一次为全面拨乱反正和开创新局面作准备的会议。12 月 13 日，在闭幕会上，邓小平作了题为《解放思想，实事求是，团结一致向前看》的重要讲话。经过中央工作会议的充分准备，党的十一届三中全会于 1978 年 12 月 18 日至 22 日在北京召开。全会开始全面认真纠正“文化大革命”及其以前的“左”倾错误，坚决批判了“两个凡是”的错误方针，充分肯定了必须完整、准确地掌握毛泽东思想的科学体系，高度评价了关于真理标准问题的讨论，确定了解放思想、开动脑筋、实事求是、团结一致向前看的指导方针，果断停止使用“以阶级斗争为纲”的口号，作出把党和国家工作中心转移到经济建设上来、实行改革开放的历史性决策。这次全会结束了粉碎“四人帮”之后两年中党的工作在徘徊中前进的局面,实现了新中国成立以来党的历史上的伟大转折,开启了我国改革开放和社会主义现代化建设新时期。从此,党领导全国各族人民在新的历史条件下开始了新的伟大革命。

1979 年 1 月 4 日至 16 日,中共辽宁省委召开常委扩大会议,传达贯彻十一届三中全会精神和中央工作会议精神,集中讨论和研究如何把全省的工作着重点转移到社会主义现代化建设上来的问题。省委第一书记任仲夷在讲话中明确指出,把全党工作的着重点转移到社会主义现代化建设上来,是十一届三中全会和中央工作会议作出的重大战略决策。为了顺利实现工作着重点转移,必须把全体干部和群众的思想和行动统一到这个共同目标上来。会议认为,进一步解放思想是保证工作着重点转移、加快现代化建设的重要思想条件,必须完整准确地领会和掌握马列主义、毛泽东思想体系,密切联系群众,尊重实践,开阔视野。加快建设能够适应现代化要求的各级领导班子,改进各级党委的领导方法,是实现工作着重点转移的组织保证,各级领导班子要把注意力从主要搞政治运动转到抓现代化建设上来,政治工作必须围绕现代化建设进行,结合经济工作来做。会议指出,要适应工作着重点的转移,必须继续认真贯彻执行党的各项政策,用政策的力量推动社会主义现代化建设。因此,要进一步落实党的干部政策、老工人政策、知识分子政策、知识青年政策以及工业、农业、商业、劳动、价格、分配等各方面的经济政策。会议认为,按照经济规律领导经济建设,积极引进先进技术扩大出口等,是实现工作着重点转移、加速现代化建设的重要措施,必须引起极大重视。会议要求各级党委要把传达、学习、宣传党的十一届三中全会精神和中央工作会议精神作为一件大事认真抓好,在全省迅速掀起大学习、大宣传的热潮。在传达贯彻中,各地、各部门、各单位还要根据工作重点转移的要求,着手研究和制定实现社会主义现代化的规划。

中共辽宁省委和各级党委坚决拥护和认真贯彻落实党中央把党和国家工作中心转移到经济建设上来这一具有极其重要历史意义的战略

决策，通过一系列决策部署和措施积极为党的工作重点转移创造条件，并着重统一全省干部群众的思想认识，彻底排除“左”的和右的思想干扰，在实践中集中精力抓社会主义现代化建设。全省人民在党中央及辽宁省委的坚强领导下，坚定以解放思想、开动脑筋、实事求是、团结一致向前看为指针，迅速把工作中心转移到经济建设上来，大步踏上改革开放、社会主义现代化建设新征程。

后　记

经中共辽宁省委批准，由中共辽宁省委党史研究室组织撰写的《中国共产党辽宁历史》第二卷（1949—1978）（以下简称《辽宁党史二卷》），经过编写组和统改组人员的多年辛苦努力，终于付梓出版了。

《辽宁党史二卷》全面反映了自1949年10月中华人民共和国成立至1978年12月党的十一届三中全会召开的29年间，在中共中央的领导下，中共辽宁省委团结带领全省人民进行社会主义革命和建设的历史，是广大党员、干部和群众深入了解中国共产党在辽宁走过的极不平凡历程的党史基本著作。全书坚持以马克思列宁主义、毛泽东思想、邓小平理论、"三个代表"重要思想、科学发展观、习近平新时代中国特色社会主义思想为指导，以辩证唯物主义和历史唯物主义为基本原则，遵循党的三个历史决议，既着重记述党中央决策部署在辽宁的贯彻执行情况，又注重记述颇具辽宁特色、在全国产生重要影响的重大事件和重要人物。

中共辽宁省委高度重视《辽宁党史二卷》的编写工作，省委领导同志多次听取汇报并提出具体要求。中共辽宁省委党史研究室多年来始终将其作为党史工作的重中之重，有关同志为此倾注了大量心血，付出了辛勤努力。《辽宁党史二卷》编写工作启动后，中共辽宁省委党史研究室原主任王意恒、副主任高峰多次主持召开专题会议研究部署，组织编写组撰写初稿。2018年，中共辽宁省委党史研究室组成了由时任主任王中明、副主任许晓敏牵头的统改组，对书稿进行了多轮系统修改，并分别于2022年2月、2023年1月报送中共中央党史和文献研究院审读。2023年9月，中共中央党史和文献研究院第二次审读意见反馈后，中共辽宁省委党史研究室主任宿建军、一级巡视员许晓敏带领相关人员认真落实审读意见，逐章逐节校订全书，进一步规范表述、核查史实、添加注释、调整结构、完善内容。中共辽宁省委党史研究室副主任王建立、刘志刚也提出了许多宝贵意见。

《辽宁党史二卷》由编写组集体讨论、分工撰写而成。初稿第一编由程兆申、卢骅、李景峰、初卓、陈发水执笔；第二编由王恩宝执笔；第三编由戈福录、程兆申、杜学斌、高燕宁、李正鸿、郭作为执笔；第四编由李正鸿、孙海涛、肖四汉、韩巍巍执笔。初稿撰写完成后，曾由刘金树、高峰、李景峰、程兆申、戈福录、王恩宝、刘家征、刘石国等专家进行审读。中共辽宁省委党史研究室统改组成员刘一力、王超、韩巍巍、刘欣、贾晓川做了大量修改、补充工作；研究二部张晓冬、陈岩宏、侯雪薇参与了书稿的核实、校对工作。

在本书出版之际，衷心感谢所有给予本书帮助和支持的单位与同志！中共党史出版社对本书的出版做了大量细致的工作，在此一并表示感谢！由于编写者学识水平、研究能力和所掌握的资料有限，本书难免存在不足之处，敬请广大读者批评指正。

2024 年 5 月

丛书后记

历史是最好的教科书。党的十八大以来，以习近平同志为核心的党中央高度重视党史和文献工作。全国党史和文献部门深入贯彻落实习近平总书记关于党史和文献工作的一系列重要论述，扎实开展党史研究和编写工作，推出系列党史编研成果，充分发挥了以史鉴今、资政育人的作用。

为庆祝中国共产党成立100周年，中央党史和文献研究院组织各省（自治区、直辖市）党史和文献部门编写和修订本地区新民主主义革命时期的中国共产党历史基本著作，由中共党史出版社推出《中国共产党历史（地方卷）集成·新民主主义革命时期》（简称“一卷集成”），为开展党史学习教育和“四史”宣传教育提供了重要读本，受到社会各界的好评。

为迎接党的二十大胜利召开，深入贯彻落实中共中央办公厅《关于推动党史学习教育常态化长效化的意见》，“推动正确党史观更深入、更广泛地树立起来，让正史成为全党全社会的共识”，中央党史和文献研究院组织《中国共产党历史（地方卷）集成·社会主义革命和建设时期》（简称“二卷集成”）编写出版工作，用党的光辉历程和伟大成就鼓舞斗志、明确方向，用党的光荣传统和优良作风坚定信念、凝聚力量，用党的实践创造和历史经验启迪智慧、砥砺品格，为实现中华民族伟大复兴的中国梦提供不竭精神动力。

“二卷集成”编写出版工作，坚持以习近平新时代中国特色社会主义思想和习近平总书记关于党史、文献工作的重要论述为指导，以党的第二个历史决议、第三个历史决议为遵循，注重吸收最新研究成果。中央党史和文献研究院院务会高度重视此项工作，曲青山院长给予大力指导。各地党史和文献部门积极配合，26个省（自治区、直辖市）完成了“二卷集成”的编写出版任务。“二卷集成”的出版，是全国党史和文献部门向党的二十大献上的一份厚礼！

党有所需，史有所为。编写出版中央和地方党史基本著作，是党中央赋予全国党史和文献部门的重要职责。我们将继续做好后续集成丛书的编写出版工作，全面系统讲好党的历史，修好红色家谱，为广大党员干部群众在新时代新征程深入学习党史、从党史中汲取前进的智慧和力量，不断作出新的贡献。

中央党史和文献研究院第七研究部

2022年9月